白水社

新倉俊一・松村剛▼訳

ジョルジュ・デュビー

十二世紀の女性たち

十二世紀の女性たち＊目次

I

エロイーズ、アリエノール、イズーとその他の女たち　9

II　先祖の女性の記憶　131

III　イヴと司祭たち　293

凡例

一、本書は Georges Duby, *Dames du XIIᵉ siècle*, Paris, Gallimard, 3 vol., 1995-1996, 175+238+219 pages の全訳である。

一、原著の（　）と［　］は、おおむねそのまま訳文でも使用した。

一、訳者による補足ならびに注記は訳文中に〔　〕によって示した。

I　エロイーズ、アリエノール、イズーとその他の女たち

序文

わたしはここにいくつかの覚書を届ける。これは無謀で、長きにわたるものの、いまだ不完全な調査の成果である。十二世紀のフランスにおいて、領主と結婚したために貴婦人・奥方と呼ばれていた、あの女性たちがどのようであったかをもっとはっきりと見届けたいと望み、彼女たちの世界、われわれが封建的と呼ぶ粗暴かつ洗練された社会の上層、あの上流世界で、どのような運命が彼女たちに用意されていたのかを知るために、わたしは最善をつくして調査してきた。わたしは対象を意図的にこのような上層部にとどめたが、それだけがかなり明らかにされているからだ。とはいえ、ここですら、依然として闇は深いのである。歩みにつれ限界は絶えず後退するものの、歴史家は難儀な地表を苦しみ喘ぎつつ進む。

これらの遠い時代の貴婦人たちは、歴史家にとって顔も体も持たない。聖堂の正面口やステンドグラスの聖処女と聖女たちが身にまとうのと似たローブやマントを、宮廷での大パレードの際に、貴婦人たちが着ていたと想像する権利は歴史家にある。しかしながら、ローブやマントに包まれながら、あらわに見えることもある身体の実体は、常に歴史家の視線から逃れるだろう。画家・彫刻家たちは、実際、詩人たちもまた同様だが、当時はリアリズムなど気にもかけなかった。彼らは象徴を表現し型にはまった様式に固執した。だから、きわめて稀である人物像の中にこれらの女たちの特徴的な容貌を発見しようと期待してはならないが、そもそもわれわれのところにまで届いたのは、その中でも最も権勢のある女たちの人物像なのだ。それに劣らず稀であるのは、かつて彼女たちが手にしていて、現在われわれが触れることのできる品物がそうだ。聖遺物箱の聖遺物をくるむために寄進された、彼女たちを装っていたと考えられる、あれらのオリエント渡来の豪奢な布地の切れ端、いくつかの宝石を別とすれば、女たちの身につけた装飾品は一体どこにあるのか？　したがって、具体的な図像は皆無、あるいはほとんど皆無。すべての情報は書かれたものに由来する。

そこでこの調査をするにあたりわたしはテクストから、この時代の残されたわずかなテクストから出発し、何人かの女性像の特徴を抽出しようと努めた。幻想は持たずに。実際、男たち、それも最も著名な者たち、世の中を変えた者たちについても、何らかの具体的な観念を抱くのがすでにして困難なのだ。アッシジのフランチェスコ、フィリップ・オーギュスト、そしてジョワンヴィル〔『聖王ルイ伝』の作者〕がいるにしても聖王ルイですら、人は彼らの個性について何がわかる？　だとすれば、語られることのはるかに少ない、女たちは？　彼女たちは未来永劫、輪郭のない、深みをもたぬ、生気の失せた、模糊たる亡霊にすぎないだろう。

わたしは直ちに告げる。わたしが懸命になって示そうとしたのは現実の体験ではない。それを示すのは不可能だ。それは反映、書かれた証言が反映するものにすぎない。わたしはそれらの証言が語ることを信用する。真実を語っているか、偽りを語っているかは、それはわたしにとって重要なことではない。わたしにとって重要なのは、ある女についてそれらがもたらすイメージ、そして、これを通しての、女たち一般についてのイメージ、テクストの書き手が女たちについて抱き、自分に耳を傾けた者たちに引き渡そうと望んだイメージである。ところで、この反映の中では、生き生きとした現実は不可避的に歪められるが、それは二つの理由からだ。なぜならば、わたしの研究している時代の文書は――そして、その性格はフランスでは十三世紀末まで変わらなかった――すべてが表向きで、ある公衆に向かって発せられ、内面や腹心に向かい合うことが決してないからだ。また、それらは男たちによって書かれたからである。

文字、美しい文字、時の風化に耐えて、わたしが読むそれは、重要な言葉だけを書き留めている。それも、ラテン語あるいは社交の集いで用いられたソフィストケートされた言語という、人為的な形式で。たしかに時にはそれは内輪の席で読まれた――ただし常に声高に、一語一語を噛みしめるようにして――、修道院の回廊で、あるいは貴婦人たちの部屋で、あるいはまた書物に囲まれ、何人かの男たちが懸命に字句を筆写したり新たにひねり出したりしていた小部屋で。とはいえ、これらのテクストはすべて、聴衆の前で、朗唱されるために、しばしば歌われるために作られたのである。すべては、物語、歌、笑い話といった、主として人を楽しませるのが狙いのものですら、教化の機能を持っていた。あるがままを描くことに配慮せず、それらは日常の体験から、それも修正を自らに禁じることなく、道徳的教訓をもたらすものを抽出するのであった。知るべきこと、あるいは信じるべきことを断言し、模範的なイメージを押しつけようとしたのだ。結局のところ、彫刻もしくは絵画と同様に、十二世紀の文学とはリアリストの文学ではない。社会がそうありたいと望み、そうあるべきだと考えたことを描いている。これらの、繰り返して言うが、高い分かりやすい声で発せられた言葉から出発して、ある価値の体系を復元すること、それがわたしにできることのすべてである。また男性権力によって貴婦人たちに割り当てられた場所を、この体系の中で見分けることが。

実際この社会では、文字を始め、公的なもの、公に属することはすべて、男の領分なのである。『雄の中世』、『中世人〔中世の男〕』という自著に与えた表題によって、わたしはそのことを告白している。この時代の男だけがいくらか目に入るが、連中は歴史家に残りを、とりわけ女たちを隠す。彼女たちの何人かは確かにいる。しかし表象されているのだ。象徴的に。男たちによって、それも大部分は公教会〔組織としての教会〕の、したがって、あまりその近くに接近しないように強制された男たちによって。十二世紀の貴婦人たちは書く術を心得ていた、おそらくは騎士たち、夫、兄弟より巧みに。ある女たちは書いた、何人かはおそらく男たちについて思うことを書いただろう。しかしながら、女性が書いたものはほとんど何も残っていない。諦めよう。男たちの視線を通さぬかぎり、女については何一つ立ち現れない。けれども、詰まるところ、事はそれほどラディカルに変わっただろうか？　今日でもまた過去においても、社会はおのれについては人目にさらしてよいと判断するものを見せているだけだ。とはいえ、それが語るもの、とりわけおそらく語らぬものが、その構造を垣間見せてくれる。

そこでわたしはテクストを読み直し、後の時代にその意味を混乱させてきた誤った考えを一掃するために、テクストを書いた者たちとわたしを同一化するように努めた。わたしもまた男であるから、女たちについて抱く意見を忘れようと努めながら読み直したのだが、もしかすると必ずしもそこまではいたらなかったかもしれない。わたしの研究の領分を明らかにするために、最も不明瞭ではない姿のものから選んだ六人の女性像をここに提出する。これは一つの始まり、有効な始まりだ。Ⅱが先祖の女たちの思い出を、上流貴族身分の家に保たれていたままに取り上げるだろう。そうすれば別のイメージ群が立ち現れ、もっと不鮮明ではあるが、それでもこの時代の騎士たちが貴婦人たちに抱いていたイメージを明確にするだろう。さらにわたしは、女たちの良心の指導にあたり、生来の背徳から彼女たちを救い出すように努めた公教会の男たちが、これらの女たちにどのような判断を下していたか、それをⅢで考察するつもりだ。

第一章　アリエノール

フォントヴローの聖堂——十二世紀フランスで、それは最も広大で、最も名声の高い女子大修道院の一つであったが——、その聖堂の中央穹窿の下で、昔の葬礼記念物の名残りである四体の横臥像を今日人は目にする。これらの彫像の三体は柔らかい石灰岩に刻まれている。プランタジネット王家のヘンリー〔二世〕の彫像、これは父方の系譜でアンジューおよびメーヌ伯、母方の系譜ではノルマンディー公およびイングランド王。その息子で後継者のリチャード獅子心王の彫像。アングレームのイザベルの彫像、これはリチャードの弟、一一九九年に王となったジョン失地王の二番目の妻。四番目の、彩色された木彫の人物像は、アキテーヌ公領の女相続人、ヘンリーの妻、リチャードとジョンの母親、アリエノールの姿を刻んだものだが、彼女はついにヴェールを被ったここフォントヴローで、一二〇四年三月三十一日に没した。

この女性の像は、葬儀の間じゅう遺体安置台に展示されていたように、平墓石の上に横たわっている。体の全体が服の襞に包まれている。ウィンプル〔小型のヴェール〕が顔を締めつけている。顔立ちは完璧に端正そのものだ。目は閉じている。両手は開いた本を支えている。この体、この顔を前にして、想像力を自由に働かせることができる。しかしながら、生きていたときの、この体、この顔について、この素晴らしい横臥像は何一つ真実を語らない。これが制作される何年も前に、アリエノールは死んでいた。彫刻家は自分の目で王妃を一度でも見たことがあるのか？　実際には、それは大したことではなかった。この時代の葬礼芸術は似ているかどうかを気にかけなかった。静謐の極みにあるその像は、人々の視線が棺台《ひつぎ》の上に見たであろうもの、人生を相手に苛烈に戦った八十歳の女の体、顔を再現するつもりはなかった。死者甦りの日に、この体とこの顔が全き姿で現れ出るところを見せるように、との注文を芸術家は受けていたのである。したがって、一一三七年に、最初の夫、フランス王ルイ七世の手に委ねられたとき、アキテーヌ公領の女相続人が天から授かっていた誘惑する力がどれほどであったかは、誰も決して推し量ることはできまい。

彼女はそのときおおよそ十三歳、彼は十六歳であった。「彼は若い娘への熱烈な愛に燃えた。」少なくともこれは、半世紀もあと、そのころ非常に巧みな筆運びで、過ぎ去った時代の事件の顚末を再現していたイングランドの修道士の一人、ニューバーグのウイリアム〔ギヨーム〕の伝えるところだ。ウイリアムは付け加える――「カペー王家の若者の欲望はきつい網にからめ捕られた。」「何ら驚くにあたらない、アリエノールの授かった肉体の魅力はそれほど強烈であったのだ。」年代記作者、ウァテルローのランベールもまた、その魅力をきわめて上質なものだと判断した。実のところ、このような賛辞に何の値打ちがあるのか？　この時代の書き手は礼儀上、すべての王女の美しさを、最も魅力のない王女の分さえも、褒めたたえることを余儀なくされていた。それにまた、この女性はすでに一一九〇年、すべての宮廷で、スキャンダラスな伝説のヒロインであった。彼女について語るはめになった者は誰であろうと、かつて彼女が活用した性的魅惑に、例外的な呪縛能力を賦与したがるのであった。

この伝説はしぶとく生き続ける。今日でもなお、何人かの歴史小説家は喜んでそれを信じているし、真面目な歴史家でありながら、彼女がその想像力に火をつけ、逸脱させ続けている人たちをわたしは知っている。ロマン主義以来、アリエノールは、能力不足で狭量な最初の夫と、粗暴で移り気な二番目の夫の冷酷な仕打ちのか弱い犠牲者として、またあるいは自分の肉体の支配者となり、聖職者に反抗し、えせ信心家の道徳に挑戦し、猫かぶりの無粋野暮に対し、北仏の圧政に対して、輝かしく、歓喜に溢れながらも不当に窒息させられた文化、南仏文化を擁護する旗手として、けれども常に男たちを翻弄し、浮気で、豊満で、彼らを手玉に取る、自由な女として描かれてきた。最も峻厳な書物の中で、彼女は「トルバドゥールの女王」、彼らの寛大なミューズと見なされたのではないか？　からかい半分に、アンドレ・ル・シャプラン〔アンドレアス・カペラヌス〕が『愛について』の中で彼女について述べたことを、つまり彼がでっちあげてアリエノールのものだとした滑稽な判決を、多くの者が真に受けたのではなかったのか？　たとえば、当時はどの読者も容赦ない皮肉を賞味した、あの判決――「愛から逃れるために、婚姻状態を理由にすることは誰にもできない。」愛といっても宮廷風恋愛の戯れからだ。すんでのところで、アリエノールがこの宮廷風恋愛を発明したとさえ言われた。こうしたギャラントリーの流儀は、いずれにせよ、生地のアキテーヌからヨーロッパ全土に、彼女を介して普及したのであろうと。実を言うと、近代の碩学たちの誤った判断も無理はない。この女性の思い出はずいぶんと早くから歪められていた。彼女が死んで五十年もたたないうちに早くも、ベルナルト・デ・ヴェンタドルンの架空の伝記が、この非常に偉大な詩人の愛人に仕立てあげた。説教家エチエンヌ・ド・ブルボンは、触覚がもたらす罪深い快楽を罵倒しつつ、邪悪なアリエノールを例に挙げた――ある日、老教師ジルベール・ド・ラ・ポレの手が自分の好みにあうと見ると、彼女はその指で自分の腰を愛撫するように誘ったとか。メネストレル・ド・ランスはどうかと言えば――この愛すべき語り手には聞き手を楽しませるため、作り話をする性癖が強いことは周知の通りだが、ここで彼は、十字軍従軍の間、フランスの王妃がサラセン人たちに体を任せるまでしたと語る連中、それも数を増す一方の連中の話を繰り返しただけだ——、これら不信者のうち最も高名な人物、サラディン相手の牧歌的な愛を彼女に押しつけるのであった。すでに船に片足を乗り入れて、相手と駆け落ちする手筈が整ったときに、夫のルイ七世がどうにか彼女を取り戻すことができたと彼は言う。洗礼を受けた体を異教徒に任せるとは、単なる浮気に非ず。夫ばかりか、神を裏切る所業。破廉恥の極みなり、と。

存命中、老いゆく王妃について触れ回った悪口に、このような荒唐無稽な尾ひれが十三世紀に付け加わった。それらのうちのいくつかは、一一八〇年から一二〇〇年代に編まれた歴史著述のうちの九作品に採録されたが、それらはわれわれに伝わり、彼女について知ることのできるほとんどすべてのことをもたらしている。五作品の著者はイギリス人だが、それも道理、当時はイングランドでまともな歴史が書かれたのだ。いずれも教会人、修道士あるいは聖堂参事会員の著述であり、いずれもアリエノールを好意的ではない見方で提示する。その理由は四つある。第一の、根本的な理由は、女だからだ。これらの男たちにとって、女は本質的に悪しき生き物であり、女によって、現に人が目にするすべての混乱と共に、罪がこの世に導入されたのだ。第二の理由は、アキテーヌ公妃の祖父がギヨーム九世であったこと。ところで、この大豪族は、伝説によって最古のトルバドゥールに仕立てられたが、彼もまた在世のみぎり年代記作者たちの想像力をかき立てたのであった。連中は、彼が聖職者の説くモラルにほとんど敬意を払わなかったことを、素行の放埒、過度の情事癖を告発し、女子修道院のパロディのように、快楽のために美しい娘たちの群れを囲ったハーレムのようなものに言及する。さらには、そしてとりわけ、それ以外の二つの理由でアリエノールを断罪した。神意によって定められたヒエラルキーが妻女に課した服従から逸脱し、二度にわたって、彼女は重大な過ちを犯した。最初は、離婚を要求し、かつ承諾を得たことで。二度目は、夫の後見に揺さぶりをかけ、息子たちを父に反抗させたことで。

この、直後に再婚を伴った離婚は、一一五二年のヨーロッパの大事件であった。年代記でこの年代にたどり着くと、シトー会修道士オブリー・デ・トロワ・フォンテーヌはこの年の出来事として、唯一これだけを語っている。簡潔に、それだけ力強く。イングランドのヘンリーは、フランス王が厄介払いしたばかりの女を妻に迎えたと彼は書く。ルイは別れたのであったが、彼女は王妃としてではなく、むしろ娼婦として振舞ったのである。「この女の不身持ちのゆえに、妻を一方の夫の寝台から他方の夫の寝台に移すことは、高位特権階級にあっては頻繁に起きなかったわけではない。」この件がこれほどの反響を引き起こしたことは説明がつく。そのまとまりがキリスト教世界のまとまりと同一視され、それゆえ、教皇が十字軍のために指導、動員し、国家間の均衡を維持することで平和状態に保つよう念じていたヨーロッパでは、当時の西欧を巻きこんだ非常に活気のある飛躍的成長期にあるこれらの国々が力を強化し始めていた。それが競合する二大王領、フランス王が支配する領土と、イングランド王が支配する領土のケースだ。とはいえ、まだごく粗削りの政治構造にあっては、このような政治的権力形態の運命は、相続権の帰属と姻戚関係に、したがって相続人の結婚に大きく依存していた。ところで、アリエノールは三つ目の、たしかに前二者には劣るが、しかし相当な規模の国、ポワチエとボルドー間に広がり、トゥルーズを睥睨する地方、アキテーヌの女相続人であった。夫を替えることで、彼女はアキテーヌ公領の権利を持ち去った。他方、公教会は、十二世紀の中葉に、監督権を確保するために、結婚を七つの秘蹟の一つに仕立て終えていた。婚姻の絆を決して断ち切らぬことと、それと矛盾するが同時に、近親相姦の場合、すなわち配偶者が七親等以内の親族の場合、直ちにその絆を断ち切ることを強制した。特権階級にあっては、全員がそれに該当した。王たちの結婚に事が関わっていた場合、そのことのために教会権力が、実際には教皇が思いどおりに介入して、絆を結んだり断ち切ったりし、そうすることで政治の大きな駆け引きを牛耳ることができたのである。

もっと後になって、メネストレル・ド・ランスは、離婚を決定づけた理由をこのように語る。ルイ七世は、と彼は報告する。「王妃をどうするかについて家臣一同の意見を求め、彼女がいかに振舞ったかを述べた。――信仰にかけて、と家臣たちが言った、われらが差し上げる最上の助言とは、けだし相手が悪魔なれば、黙って立ち去らせること、もしこれ以上お引き留めになれば、お命を奪われると存じます。それに何より、あの方との間にお子がありなさらない。」悪魔性、不妊、事実これは二大欠陥であり、ルイ七世はしかるべき処置をとった。

十二世紀のユマニスト的ルネサンスの高名な代表者、明晰で、完全な事情通のソルズベリーのジョンは、もっと上質の証人である。彼が書いたのは、もっとはるかに早い時期、事件からわずか八年後の一一六〇年であった。一一四九年、彼が教皇エウゲニウス三世のそばにいたとき、当時ローマは、別の第一級の知識人、ただし体制告発者、ブレシアのアルノルドゥスの支配下にあったため、教皇はフラスカーティにルイ七世とその妻を迎えた。夫妻はオリエントからの帰途であった。フランス王は、第二回十字軍を指揮するにあたり、アリエノールを同行していた。遠征の挫折と、その結果、聖地のラテン系植民地に起きた困難のあと、公教会関係者はこれらの失敗の原因を詮索して、まさにそのことに由来したと主張した――つまり「妻に対する激越な情熱に捕らわれ」とニューバーグのウイリアムは言う（そしてそれを説明するために、彼は王妃の肉体的魅力を強調する）、ルイ七世は、嫉妬して、「王妃を背後に残しておけず、合戦に同行すべきだと判断した。」彼は悪例を示した。「貴人の多くはそれに倣い、しかも貴婦人たちが侍女なしで済ませぬために」、キリストの軍勢は、本来男だけの純潔の姿を示すべきであったのが、女たちに満ち溢れ、破廉恥な言動に侵食されたのであった。神はこれに苛立った。

旅を通して、実際、何もかもうまくゆかなかった。一一四八年三月、アンチオキアで、アリエノールは父親の弟、町の支配者のレイモンに出会った。叔父と姪はうまが合った。夫の目には合い過ぎたため、彼は不安に駆られ、エルサレムへの出発を急がせた。アリエノールは同行を拒否した。彼は力ずくで連れていった。確かにその歴史著述は三十年後に、伝説が花盛りの時に書かれはしたが、ただし、忘れてはなるまい、王妃存命のみぎりであり、それにまた、事件の反響を収録するのに最適の立場にあったティル大司教、ギヨームの言を信ずるならば、レイモンとアリエノールの関係は非常に深いところまで進んでいたらしい。王を引き留め、その軍隊を自分の政略に利用しようとして、アンチオキアの大領主は「暴力もしくは策略により」その妻の略奪を計画したらしい。彼女は、この歴史家によれば、同意していた。実際、と彼は言う、「すでに人が目にしたように、またあとでその振舞いに及ぶのを必ず目にするように、軽はずみに行動することで、彼女は狂女の仲間入りをしており、王家の威厳に逆らって、結婚の掟を愚弄し、婚姻の床に敬意を払わなかった。」オブリー・デ・トロワ・フォンテーヌのもたらした告発が、ここではすでに露骨の度合いを減じながらも表現されている。アリエノールは人妻に、とりわけ王の妻女にふさわしいあの慎み深さ、情欲に流される生来の性向にさからう慎み深さに欠けていた。

ソルズベリーのジョンはどうかといえば、彼は一つの過ちを、ただしそれだけでも十分すぎる過ち、反抗するという過ちだけを強調する。夫に、したがって主人に逆らい、アンチオキアでのアリエノールは、彼と別れることを要求した。もとより許しがたい要求だ。男が妻を、悪しき使用人を厄介払いするように、離縁することは一般に容認されてはいたが、その逆はスキャンダラスに映った。離婚するために、王妃は最上の口実、近親結婚であることを持ち出した。彼女と彼は四親等の親族であり（それは事実であった）、罪に陥っているからには、もとよりこれ以上は一緒に暮らせないと、彼女はそう主張した。実のところ、奇妙な暴露だ。誰の目にも明らかな、このような血縁関係について、彼らが結婚してから十一年このかた、論じた者は一人もいなかった。ルイは敬虔であった。彼は動揺し、「度を越えた愛で王妃を愛していたにもかかわらず」、彼女を去らせる覚悟を決めた。アリエノールのほうでも好きになれず、また彼女を好かなかった顧問官の一人が、次のような理屈を言い立てて、王を制したようである――「王が言いなりに妻を娶ったこと、あるいは妻に棄てられたことが人に知られたら、フランス王国にとって何たる恥辱!」パリから、ルイ七世のメントル〔相談役〕、修道院長シュジェが同じ助言を与えた――恨みを抑え、旅の終わりを待ちつつ、毅然とされよ、と。

二人の配偶者は不和を募らせて生きていたが、エルサレム巡礼からの帰途、教皇に迎えられた。彼は両名を和解させるべく懸命になった。そのことに彼は利益を見出していた。一方で、婚姻制度に対する監督権を声高に表明した。他方、この離婚が引き起こす可能性のある政治的トラブルを、彼は恐れていた。夫妻は教皇の前に出頭した――ここはソルズベリーのジョンの言葉に従うことができる、彼は同席していた。教皇は彼らの苦情に耳を傾けた。彼らをなだめた。王は有頂天になった。ジョンが「子供じみた」と評する欲望に、およそ人が男、真の男、ましてや王であれば、みずから制御すべきあの欲望に、相変わらず支配されていたから。教皇エウゲニウス三世は、形式を大いに尊重して、必要な儀礼をやり直して、配偶者たちを再び結婚させることまでした――第一に、声に出して、また書面で表明された誓約を交わすこと、次いで、豪奢に飾られた新婚の床に威儀を正して導くことだが、教皇はその場所で父親の役を務め、すべてが滞りなく運ぶように目を光らせる。終わるにあたって、彼らがこの結びつきを断つことを、近親結婚に再度言及することを厳かに禁じた。

それから三年もたたぬうちに、またその話になった。そして今度もまた、離婚を正当化するためだった。オルレアンに近い、ボージャンシーに大勢集まった高位聖職者を前にしてであった。証人たちが出頭し、これは疑問の余地はないが、ルイとアリエノールは同じ血縁だと宣誓した。それゆえこの結婚は近親相姦であり、したがって、これは結婚ではなかった。絆を断つまでもない。絆は存在しなかったのである。誰も教皇の禁令を斟酌しなかった。王は家臣たちの助言、この点に関しては多分信用できる、メネストレル・ド・ランスの伝える助言を聞いて諦めていた。アリエノールはこの間に限界を越えてしまっていたのか？　前年の、プラタジネット王家父子のパリ訪問の際、尻軽女として振舞ってしまったのか？　第一の理由とは、わたしはそう確信しているが、彼女が石女《うまずめ》だということだ。しかし、実を言うと、彼女は石女ではなかった。完全な石女ではなく、子宝に恵まれなかったのも、新しい夫の腕に抱かれて彼女が証明したあの旺盛な多産ぶりから察するに、彼女のせいではなかった。しかし、十五年の結婚生活で、彼女が産んだのは娘二人だけ、それもほとんど奇蹟的なやり方であった。長女は流産のあとで生まれたが、七年空しく待ち望んだあげく、サン＝ドニ大教会堂での対話の結果であった。アリエノールは、子を産むのを妨げる神の厳しさを、クレルヴォーのベルナールに訴えたのであった。もしルイ王を操ってシャンパーニュ伯と和解し、それに多分彼女が火元であった戦いを終わらせてくれれば、多産間違いなしと、聖人は約束した。フラスカーティでの和解、やり直しの新婚の床と教皇のおびただしい祝福が効を奏し、ボージャンシーの公会議のわずか十八か月前に、次女が生まれた。ところで、フランス国王が男の後継者をもうけることは緊急の要務であった。この女は王に後継者をもたらす気配がなかった。その魅力にもかかわらず、また結婚にあたって持参した（結婚解消の直後に宮廷を離れる際、持ち去ることになる）美しい地方、アキテーヌにもかかわらず、彼女は追い出された。

一一五二年にアリエノールは、十三歳のときにそうであったように、素晴らしい結婚相手に、彼女を手に入れようと望む連中にとってもっけの幸いの存在にまたしてもなった。大勢が彼女をねらっていた。オルレアンからポワチエに至る短い旅の間に、二人の男があわや彼女をものにするところであった。ブロワの領主、チボー伯に力ずくで妻にされるところを、彼女は夜陰に紛れ、町からの脱出に成功。そして守護天使の指示にしたがって、プランタジネット家のヘンリーの弟が待ち構える道を避けた。しかし彼女が落ちたのはそのヘンリーの腕の中だ。カンタベリーのジャーヴィスは、アリエノールのほうが相手の攻撃の下ごしらえをしたのだと示唆する。秘密の使者を立て、いつでもどうぞとノルマンディー公に伝えたのだと、彼はそう断言する。「この女性の血筋のよさもさることながら、帰属する領地にいっそう心そそられて」、ヘンリーは突進した。五月十八日、彼はポワチエで彼女と結婚した。障害があったにもかかわらず。わたしは年齢の差についても（ヘンリーは十九歳、アリエノールは二十九歳、当時は中年と考えられていた年頃にとうに入っていた）、その前の縁組と同じくらい明らかで、同じくらい濃い血縁関係についても言わない。わたしが言うのは、前フランス王妃に重くのしかかる不妊の疑い、そしてとりわけ、ヘンリーの父親である、王国家令、ジョフレー・プランタジネットが彼女について息子に申し渡した禁止のことだ。あれに手を出すな、と彼は言ったようだ、ふたつの理由から――「あれはお前の主君の妻だ。それにお前の父親がとっくに味見をしておる。」実際に当時の人は、主君の伴侶と寝るのは不謹慎であり、公教会が考えているような近親相姦を犯すことよりも、もっと罪深いと考えていた。父親と性的パートナーを共有するのは、「第二タイプの」近親相姦に当たるが、これはフランソワーズ・エリチエの立証によれば「極めて重大で」、それゆえに、どの社会においても糾弾された。歴史家九人のうちの二人――なるほど後の時代の饒舌家だが――ゴーチエ・マップとカンブリアのギローは、ジョフレーが（一方の言い分によれば）、「ルイの寝台にあったものの分け前を手に入れた」ことを喚起する。このふたりの証言は事の信憑性を納得させ、アリエノールが世にも人見知りする女の部類ではなかったことを裏づける。

宮廷での集まりの際に、一同は明らかにこの情事の話を楽しんだが、フランス王に嫉妬していた連中、王を恐れていた連中は、あるいはただ単に笑うのが楽しみの連中は、彼のことを嘲弄した。伝説の根拠はこの辺にあった。修道院や大聖堂の図書室で、彼らの時代に起きたことを思い出すのに熱中していた作家たちがこのような噂話の採録を楽しんでいたのだが、ボージャンシー公会議から十年後、アリエノールがまたしても反逆の姿勢を明らかにした。彼女は二番目の夫に反旗を翻したのである。

彼女は五十歳であった。このさき子供は産めず、魅力もおそらく前ほど圧倒的ではなく、夫にとってはもはや役に立たない存在であった。十二世紀の女たちが絶え間ない出産のあとも生き延びた場合、大抵は夫からようやく解放され、結婚の際に受領した寡婦産を手にして、ふつうは子供たちから、とりわけ長男から大切にされて、生まれて初めて真の権力を掌握して享受する、あの人生の段階に入りかけていた。アリエノールはそのような自由を手にしていなかった。ヘンリーがまだ生きていた。決して腰を据えず、相続の偶然を利して併合したおびただしい所領の端から端まで、アイルランドからケルシーへ、シェルブールからスコットランド国境へと常に飛び回っていた、このイングランド王、ノルマンディー公、アンジュー伯、アリエノールの名においてアキテーヌ公は、彼女のことを大いに気遣ったことは一度もなかった。そばに置いて見せびらかすのが得策であったころは、英仏海峡の両岸に時々同行させた。ここかしこで、それも大急ぎで、彼女を孕ませたものだ。いまや完全にほったらかして、ほかの女たちと遊んでいる。それでも彼は相変わらず生きていた。

残されたチャンスを活用するために、アリエノールは息子たち、とりわけその一人、リチャードを頼みとした。長男のウィリアムは夭折していた。一一七〇年、成長し、待ちきれずに権力の一部を要求する次、三男に責め立てられ、ヘンリーは譲歩を余儀なくされた。彼は十五歳のヘンリーを王座に加えた。十三歳のリチャードには、母親の相続領、アキテーヌを譲与した。アリエノールは、当然のことながら、少年の背後に控え、彼の名で行動することで、ようやく父祖伝来の財産の女主人になれると信じた。一一七三年の春、彼女はさらに危険を冒した。これら満たされない二人の息子と末っ子の反逆を支持した。息子たちと死に遅れている父親とを対立させる、この種の反乱は、この時代、日常茶飯事ではあったが、混乱の張本人たちの母親が彼らの味方となって、夫を裏切ることなどはめったに見られぬ光景だ。アリエノールの態度はしたがってスキャンダルであった。再び夫婦制度の基本的な規則を侵犯するように思われた。ルーアン大司教が彼女に知らせたのはそのことであった――「妻に罪がある」と彼は言う。「夫から離れるときは、婚姻の契約を誠実に尊重しないときは［……］。そなたがこのように夫と別れていることを、われら一同は嘆いている。いまや体が体から遠ざかり、手足が頭に奉仕せず、しかも限度を越えることに、主君たる王の内臓とそなたの内臓がその父に反抗するのを、そなたは許している［……］。そなたの男のもとに戻られよ、さもなくば、教会法に基づいて、強制的にそなたを彼のもとに戻す。」このような叱責は、ヨーロッパの主君の誰もが口に出せたことであろう。この高位聖職者が確言したように、彼らはみな確信していた。「男は女の頭であることを、女が男から引き出されたことを、女は男に結びつけられ、男の力の支配下にあることを。」

ヘンリーは蜂起に止めを刺した。十一月、男の服を着て――これまた掟に対する重大な違反だ――前夫、フランス王のもとに難を避けようとして、彼女は捕まり、夫の手に落ちた。彼はこれをシノン城に幽閉した。この度もまた、血族結婚を口実にし、彼が離縁を考えたと何人かは言っている。それは危険な大ばくちだ。経験で彼にはそれが分かっていた。一一八九年の、自分の死の直前まで、あちこちの城塞に囚人として閉じこめるほうを選んだ。これらの年月の間中、彼女は大いに話題になったが、それは今日の夢想家たちがそうするように、彼女を尊敬し、彼女の美徳を称賛し、フェミニスト闘争もしくはオック語文化圏の独立運動の最初のヒロインに仕立てるためなどでは全然なく、その反対に彼女の性の悪さを告発するためであった。カペー王家での事件を想起して、いたるところで彼女を話題にしたが、淫乱で裏切り者の女に生来備わる恐るべき力を、彼女の行為がすっかり明るみに出したからだ。騒ぎと罪をまき散らすために、悪魔が彼女を使っていることは、その行動で証明済みであり、そのことによって明らかに必要なことは、娘を父親の、人妻を夫の厳重な監督下に置き、寡婦を修道院に閉じこめることだ。たとえばフォントヴローに。十二世紀末、アキテーヌ公夫人の振舞いを知った男たちはみな、彼らを誘惑すると同時に不安にするものの典型的な女性の姿を、彼女の中に見出していた。

事実は、アリエノールの運命とは、偶然によって兄弟を奪われ、領主采地の相続人となった、高貴な家柄の女性たちのそれとほとんど変わらない。彼女たちが手にした将来の権力は欲望をかき立てた。結婚の志願者たちは彼女たちを競い、家に入りこんで身を固め、産んでくれる息子たちの成年までは財産を搾取しようとして張り合うのだ。そのため彼女たちは、子供が産める体の間は引っ切りなしに結婚し、再婚するのであった。この女の運命を例外的なものにしたのは二つのアクシデント、離婚と反乱につきるが、これらの事件の主たる興味は――彼女が王妃で、しかも大きな政治に絡んでいたから――この時代の女性の地位がどのようなものであったかについて歴史家が少しは発見できるような、一連の書かれた注釈を引き出した点にあり、通常そこまで調査は及ばないのだ。アリエノールについて、われわれはごくわずかなことしか知らない。肖像画は皆無、少しばかり中味のある九つの証言、すでに言ったとおり、それ以上のものはなく、いずれにせよ非常に短い証言だが、それでも同時代の大抵の女性よりは、彼女についてはるかに多くのことを知っている。

すべての少女のように、アリエノールが十三歳の、ぎりぎり結婚できる年齢に達したばかりの時に、父親は彼女がそれまで見たこともない男を選び、その男に与えた。この男は彼女をもらいに父親の家にやって来た。婚礼が終わるとすぐ彼女を連れて自分の家へ向かったが、敬虔な家庭での習慣どおり、結婚が成就したのは、ようやく三日間の敬神の猶予のあと、道中でのことであった。すべての花嫁がそうであるように、アリエノールは不妊状態が続く不安の中に生きた。その腹から男の子が出てくるのを待たせ過ぎたという理由で、多くの花嫁がそうであるように離縁された。遠い地方からやって来たために、彼女の話し方と物腰態度のいくつかが人を驚かせたために、夫の親族からはよそ者扱いにされ、絶えず見張られ、中傷されていた。アンチオキアで、叔父のレイモンが彼女を、性的ではないにしても、少なくとも政治的な玩具にしたのは確かである。彼は一族の唯一の雄であった。それゆえ、彼女に対し父親のような権力を握っていた。自分の利益にかなう形で、自分の手で再婚させる魂胆から、血族結婚を理由に離別を要求するよう圧力をかけたと考えることも可能だ。高貴な大家のごった返す雑居状態で、夫の家令の襲撃に負ける貴婦人たちに事欠かなかった。いずれにせよ、彼女たちすべてに、家付きの作者たちは夫におもねるべく作品を捧げ、へつらいの賛辞で煽《おだ》てあげるが、だからといって愛人であるわけでもない。貴婦人たちは絶えず孕んでいた。それはプランタジネットの寝台に入るとすぐ、アリエノールの身に起きたことだ。ルイ七世には娘二人を与えただけなのに、ヘンリーには三人の娘と五人の息子を与えた。二十九歳から三十四歳の間、十二か月ごとに妊娠して、五人の子を産んだ。そののちテンポは緩くなった。一一六五年、歴史家の知る最後の子を出産した。歴史家が知るという理由は、彼らは予定どおりに生まれて、そのうちの一人以外は、思春期以前には死ななかったからだ。これが十人目であった。二十年間に。彼女は四十一歳であった。その再生産能力は、彼女が生きていた世界のあらゆる貴婦人のそれと同様、徹底的に搾取されていた。彼女たちと同様、閉経期以後は、主婦の地位で腰を据え、息子たちに支配力を行使し、嫁たちをいびり、執事たちに寡婦産の管理を任せ、孫娘たちの結婚を画策した——その一人、ブランシュ・ド・カスティーユは、次の世紀、同じく手に負えない義母になった。その後、彼女の地位にあるすべての寡婦と同様、三番目の夫、天なる夫に身を捧げるために、ついに俗世から身を引き、生きている間、離婚の後も同様、過ちから身を清めるために、彼女の一族と、彼女自身が厚意のかぎりを尽くしてきた修道院に入った。フォントヴローであった。彼女の祖父、トルバドゥールのギヨーム〔九世〕は、これをたっぷりと嘲弄したが、あとになって、彼自身の寄進で報いたのである。ヘンリーはすでにそこに、地下にいた。彼女はリチャードの亡骸をそこに運んだ。アリエノールはそこに憩う、最後の審判を待ちつつ。

*

イングランドで多くの人が本気で彼女について考えていたことが、一一八九年七月の、ヘンリー二世の悲劇的な死を年代記作者たちが解釈したそのやり方に現れている。あろうことか、これほど強力な元首が嫡出の息子全員に裏切られて死ぬのを、奉公人たちから身ぐるみ剝がれ裸で墓に運ばれるのを、どうして神は黙視したのか？　確かに彼もまた寄進によって富ませはしたが、それはアリエノールが自分に害をなすのを止め、そこで修道女となってくれることを衷心から切望したからであり、墳墓として自ら選んだわけでもないフォントヴローに埋葬されるのを、どうして神は認めたのか？

それは神が、とカンブリアのギローは「王侯の教育のために」書いた本の中で言う、おそらくトマス・ベケットの暗殺者にして悪魔の娘、妖精メリュジーヌの末裔を罰したのだ。紛うことなく神が、彼において妻の過ちを罰したのである。まずはその重婚を。重婚者ということでは、アリエノールは異論の余地なくそうであり、誰もそれを疑わぬうえに、二重に近親相姦者であった。カペー家の夫と同じ程度にプランタジネット家の夫の従姉妹で、二つの結婚はどちらも罪深いものであった。ヘンリーが手を貸した。神はその彼に復讐した。しかしながら、とりわけ「第二タイプの」近親相姦のゆえに、悪魔の道具、アリエノールの不吉な魅力の下に犯したこの非常に重大な罪ゆえに、神は彼を罰したのである。

フランス北部の宮廷で何人かが、おそらく多くの者がアキテーヌ公夫人について抱いたイメージについては、十二世紀末に輝かしい成功をみた長い滋味掬《きく》すべき韻文物語――『ルナール狐物語』にその特徴を見出すことができる。イザングランの不運に耳を傾けながら、ルイ七世がアンチオキアで耐え忍び、三十年後もいたるところで戯れ言の種となった結婚生活の幻滅を思わない者がいたであろうか？「ひどい焼餅やきで、／間男されたと信じこんで」〔第一枝篇『ルナール狐の裁判』一五五行以下〕、「この種のことは、口にして何の価値もない」のに、不名誉を白日の下にさらし、破廉恥にも「妻を辱める」間違いをしでかした夫は嗤《わら》いものとなった。この潑剌かつ嘲笑的な話を通して、アリエノールその人を思わぬ者がいたであろうか？　三人の女たち、あの三人の奥方たち、エルムリーヌ、フィエール、「偉大なるやり手」ルナール狐が喜々としてその「葡萄を踏みにじった」エルサンはどうか？　自分の男を厄介払いしたと思うと早速、新しい夫、新しい主人にするつもりの相手、「一儀をいと心地よくやれる」のが分かっていればこそ選んだ若者を「ひしと口づけし」、「愛をこめて抱き締めに」向かうエルムリーヌは？　夫に腹を立てて、離れて眠っている間に、ルナール狐が夜ごと横取りした王妃、ライオンの妻、誇り高きフィエール夫人のことで、フランス宮廷を訪問中の、プランタジネット家のジョフレーの艶聞を思い出さぬ者がいたであろうか？　アリエノールもまた、賢者たちの意見〔「神がそなたを不名誉から護り給うように」〕を軽蔑して、この証しで約束した「愛のために」、彼女と「ひそかに物音を立てずに語らいに」、間もなく戻って来るのを期待して、男たちに指輪を与える気になっていたのではないか？　そして詩人は、スキャンダルの長い反響を利用して、あの産褥の床から、夫の怒りを怖がりすぎる、望み通りに寝室に訪ねて来ないといって伊達男たちを非難する女、愛想がよく、進んで遊びのすべての快楽に身を委ねる不義の女エルサン、挑発する女、誘惑する女エルサンの特徴の下に、聞き手が王妃アリエノールを見出すように工夫したのではなかったか？　この遊びが彼女にとっての生存理由であり、もはやイザングランがその一人ではないことを証明すると、その彼を見放すエルサン――「一儀ができないのだもの、そんな彼に何の用があるというの？」エルサン、「夫を持ちながら別の夫を手に入れる」「売女」エルサンとは？　重婚者だ。

この時代にアリエノールの噂を聞く者は、誰でも性のことを考えた。性こそ、社会批判が最もきらめく『ルナール狐物語』の主要テーマ。アリエノール＝エルムリーヌ、アリエノール＝フィエール、アリエノール＝エルサン、この女は色欲の、淫乱（lecherie）の化身である。彼女はそれしか考えないが、結局は男たちはそれでよしとする。なぜなら彼らにとって、女とは、欲望に燃えていればそれだけいっそう魅力的な玩具なのだ。重要なのは、その下に性が正体を隠している遊びの規則を女が尊重することだ。すべてが控えめに、風波を立てず、激しさ抜きで進行すること。そして苦情なしで。人が非難する相手はルイ七世だ――自分で伴侶の情炎を消すことができず、嫉妬深さを露呈する悪趣味の持ち主であった。ルナール狐については、彼は愛しているから、愛におけるエクスパートであるから、人は彼を宥す。もちろん、宮廷風恋愛だ。貴婦人が男たちの言い寄りに応えると、彼らの「愛」を受け入れると、男たちは彼女を追いかけ手に入れる権利をもつ。アリエノールは絶好の口実であった。推定された彼女の行状は逸脱を、結婚しているにもかかわらず自由に楽しむことを正当化した。おそらくそれゆえにアンドレ・ル・シャプランは、それ自体が道化じみた『愛について』の中で、彼女を愛の法廷の中心に据え、宮廷風の掟の想像上の、滑稽な立法者としての役を割りふった。不幸なのは、トルバドゥールへの粉飾過剰の賛辞同様に、人がこのような道化話を真に受けたこと、今日でもなお真に受けていることである。アリエノールの美徳を賞揚するためにか、彼女の欠点を嗤うためにか、憤慨するためにか？　わたしとしては、むしろ彼女に同情したくなるくらいだ。

第二章　マリ＝マドレーヌ

十二世紀の中葉、サンティアゴ〔聖ヤコブ〕・デ・コンポステラへの巡礼者用に一冊の小冊子が書かれた。今日、旅行代理店が配布する観光パンフレットに似ている。フランス王国を縦断してピレネー峡谷で合流する四つの道筋にそって、それは足を停めるに値するのみならず、回り道に値する聖地を指示する。なぜなら使徒ヤコブと同じかほとんど同じくらい強力な聖人たちが眠っているからで、彼らの墓所の近くで生じた奇蹟がそのことを証言する。これらの治癒者、これらの保護者の中に、聖女フォワと聖女マリ＝マドレーヌがいる。前者はコンクに、後者はヴェズレーに。

敬虔な巡礼道路網にあって、そのころヴェズレーは非常に強力な地点であった。「サンティアゴへの道」四本のうち一本はここに発するのであり、聖ベルナールは、訪れる者の多いこの地を選び、まさに『巡礼者用案内書』の書かれたこの何十年かの間に第二次十字軍を説く。この本は手短にこの地の魅力を宣伝する。そこで人が目にするのは、と本は告げる、「壮大で非常に美しいバジリカ聖堂」――建築が完成しつつあった、われわれを驚嘆させるあの聖堂だ。七月二十二日には華やかな祝典がそこで繰り広げられるが、なぜならその場所には「福者マリ〔マリア〕＝マドレーヌ」、「主の御足を涙でうるおし〔……〕」、――それゆえに数々の罪の赦されたのも、むべなるかな、――すべての人を愛された方、イエス、贖《あがな》い主を大いに愛した、かの栄光のマリアのいとも聖なる体」があるからだ。数ある善行の中で、彼女は盲者に視力を、唖者に言葉を、身体不随の者に動きを、狂乱の者に鎮静をもたらす——これらはまさにキリスト自身が成し遂げた奇蹟ではないのか。さらに、とりわけ「マリ＝マドレーヌへの愛ゆえに、主は罪人たちの過ちをお赦しになる。」すべてがそこにある。治癒、罪、愛、涙、贖いが。巡礼の目覚ましい成功——当時西欧で最も人気のあるものの一つ——、民衆の集結、修道院共同体の富裕化、賛嘆すべき聖堂を説明するものだ。それはまた、集団の想像力の中に、女の姿、神に愛される女、赦された女の絶えざる存在を説明するものであり、その積極的な宣伝が巡礼者の話とあいまって、いたるところで名声を博するのであった。十二世紀には、マリ＝マドレーヌは生き、存在する。アリエノールと同じくらいに。アリエノールの肉体へと同様に、想像した彼女の肉体に男たちの恐れと欲望が照射される。

＊

多くの女たちが福音書の物語に登場する。十八回も引用されて、マドレーヌは女たちの中で最も目立つ存在である。その態度、その感情が最も明確に描かれた存在であり、もう一人のマリア、神の母に比べて、はるかに色あせず、抽象的でなく、はるかに伝説の域を脱している。「七つの悪霊を追い出していただいた（とルカが言う）マグダラの女と呼ばれるマリア」（『ルカ』八章二節）はガリラヤでイエスに仕えた。彼女同様、イエスが悪霊もしくは病から癒した何人かの仲間と一緒に、エルサレムに同行し、ゴルゴタにまで付き添った。これらイエスのお供をした女たちは、遠くから目を光らせて、イエスが十字架につけられる場面に立ち会った。それから、十字架に磔にされた男の遺体が降ろされ、墓に納められると、彼女たちは香料および香油を塗ろうと思った。死者の亡骸の世話をするのは当時女たちの務めであった。それは十二世紀においても依然そうであった。けれども香料を買うためには安息日の終わるのを待たねばならなかった。復活の日の朝、日の出とともに、彼女たちが墓に戻ると、石が転がされて、墓が空であるのを目にした。恐れおののいて、彼女たちは逃げ出し、使徒たちに告げた。ペテロとヨハネが駆けつけた。マグダラのマリアも一緒であった。彼らは亡骸のないのを確認して立ち去った。マリアだけが、墓の入り口にとどまり泣いていた。「なぜ泣いているのか」(『ヨハネ』二〇章一三節)と二人の天使が尋ねた。「わたしの主が取り去られました。どこに置かれているのかわたしには分かりません。」そう言って、後ろを振り返ると、男の姿が目に入るが、彼女は園丁だと思う。相手がマリアと名前で呼んだため、そこにイエスのいることに気づく。彼女は引き留めようとする。彼はそれを遮って、弟子たちに復活を告げよと命じる。復活に関しては、彼女が最初の証人、したがって使徒のなかの使徒であった。

福音書はマドレーヌと混同しうる別の二人の女に言及する。一人は、無名で、「この町の一人の罪深い女」(『ルカ』七章三七節)、すなわち公衆用の女、娼婦である。ルカは、イエスが食事をしたガリラヤのファリサイ人の家での彼女を紹介する。「後ろからイエスの足もとに近寄り、泣きながらその足を涙でぬらし始め、自分の髪の毛でぬぐい、イエスの足に接吻して香油を塗った」(『ルカ』七章三八節)。もしもこの男が予言者であるならば、とそのときファリサイ人は言った、この街娼が何者かを知るだろうに、と。イエスは答えた——「この人が多くの罪を赦されたことは、わたしに示した愛の大きさで分かる」(同七章四七節)。『巡礼者用案内書』の著者が要約したのは、このくだりなのだ。とはいえ、彼はこの場面をほかのところに、ガリラヤではなく、ユダヤのベタニアに、受難の直前、癩者シモンの家に配置する。マルコとマタイが非常によく似た挿話をこの家に設定しているから、混同には弁解の余地がある。すなわち、イエスが食卓につくと、「一人の女が、純粋で非常に高価なナルドの香油の入った石膏の壺を持って来て、それを壊し、香油をイエスの頭に注ぎかけた」〔『マルコ』一四章三節〕。貧者に金を与えるほうがよかったと言って憤るイスカリオテのユダに、イエスは反論する――「するがままにさせておきなさい。〔……〕前もってわたしの体に香油を注ぎ、埋葬の準備をしてくれた」〔同一四章六節以下〕。福音史家ヨハネもまたこの出来事を伝え、香油をもたらした女の名前はマリアだと明言する〔『ヨハネ』一二章三節〕。マリアはナザレ人〔イエス〕の親しい友、マルタとラザロの姉妹、ルカはそのマリアがナザレ人の足もとに坐り、彼の言葉に聞き入る姿を紹介するが、マルタはもてなしに忙しくて不平をもらす〔『ルカ』一〇章四〇節〕。

したがってはっきりと区別のつく、三人の違う人物なのだ。とはいえ、この女たちはいずれも香油を、生きているイエスの体に（あるいは死んだイエスの体に、けれどもそれは同じことだと、イエスは言う）注いだ、あるいは注ごうとした。三人ともが見とれるような、恋い慕うような様子で、師の前にひれ伏し、ひざまずいたのである。六世紀に教皇大グレゴリウスは福音書解説の説教の中で、とりわけ三十三番目の説教の中でこう断言してもいいと信じた――「ルカが罪ある女として示し、ヨハネがマリアと呼んだ女は、七つの悪霊から解放されたとマルコが証言する女と同じである。」中世全期を通して、この解釈の承認をためらう者は稀有であった。

少なくともラテン・キリスト教世界ではそうであった。ギリシア・キリスト教世界は、実際、マグダラのマリア〔マリ＝マドレーヌ〕をほかの二人のマリアと区別し続けた。七月二十二日を彼女の祝日とし、エフェソスの彼女の墓を敬った。地中海東部から、南イタリアをへて、この聖女への崇拝が西方世界に、それもまずイングランドに広まった。遅いキリスト教化の初めからローマと、そのことから、ビザンツ起源のものと密接に結びついたこの地方では、八世紀に、その最も古い痕跡が現れる。その地のベネディクト会修道院はそのころ宗教的探求の最先端にあり、これらの大修道院出身の布教者はマドレーヌ信仰の萌芽を大陸に運んだ。その代わり、当時の典礼刷新の活発な現場であったフランク大修道院、とりわけサン=ブノワ=シュル=ロワールの大修道院において、復活祭大祝日の夜の聖務からはじまる舞台劇、カンタベリー大司教ダンスタンが十世紀末の上演を記述した舞台劇がはっきりとした形をとった。この宗教劇の萌芽的作品の中で、マドレーヌは教会の内部に、肉体的に存在するようになる。祭壇では、死んだキリストを表す布に包まれた十字架が、聖金曜日には、聖墓の代わりの聖遺物箱の上に置かれた。土曜日の夜の間、十字架が片付けられて、布、すなわち屍衣《しい》しか目に入らない。復活祭ミサの冒頭、白いアルバをまとった天使役の修道士が墓の右側に控えていた。別の三人の修道士が、聖なる女たちの身振りをまねながら進み出る。彼らと端役との間に、いくつかの言葉、マルコによる福音書の言葉が交わされる——「あなた方は誰を探しているのか」——「ナザレのイエスを」——「あの方は復活なさって、ここにはおられない」〔『マルコ』一六章六節〕。われわれは演劇の遠い起源に居合わせる。なぜなら、そこが重要なことだが、この対話が徐々にふくらみを増し、同時にまた復活祭の典礼が充実し、マリ=マドレーヌの人物像も聖なる女たちのグループから抜け出す。サンティアゴの『巡礼者用案内書』と同時代のトゥール写本の中で、マドレーヌはいまや舞台の中心を占めている。ひとりで開かれた墓に近づき、苦悩に泣き叫び、愛の長い嘆きの果てに失神して倒れ、連れの女たちが起こしに来る——「親愛な妹よ、あなたの魂にはあまりにも悲しみが……。」この十二世紀の中葉に、スペクタクルが修道院を出て、世俗のものとなっていたこともありうる。とはいえ長いこと、それは修道院世界に閉じこめられていたのであり、忘れてはなるまい、そこでは主の愛される女の役を演じたのは男であった。

＊

男たちの修道院からはまた、聖女の祝日、七月二十二日に、男たちの前で読まれるための最古のテクストが生まれるが、作ったのは男だ。伝統的には、この『マリ＝マドレーヌを称える説教』は十世紀初頭のクリュニー修道院長オドンの作とされている。事実は、その作者も制作年代も分からず、最も確かな仮説は一世紀あとにブルゴーニュで仕上げられたということだ。カロリング期末期に、オセールのサン＝ジェルマン修道院の学者たちが用いた演繹的方法に基づく、それは福音書テクストの注釈なのである。聖書から道徳的教訓を引き出すために、言葉から意味を、多重の意味を抽出しようとしている。われわれはそれを通して、西暦千年のころに一修道士が女人に対して抱いたイメージを垣間見ることができるが、彼は宗教教育のために、その女人の姿をほかの修道士たちに示したのである。

実際、事はまさしく一人の女に関わる。女（mulier）――この言葉が絶えず繰り返される――として、マドレーヌは称えられている。だが、どのような種類の女なのか？　罪ある女か？　そうではない。説教の知られざる作者は、彼女を貴婦人の姿で、ようやく地上のことどもから解脱し、天上のことに近づく女の姿で見る。この女は裕福で、世にも気前がよく（largissime）、世にも生まれがよく（clarissime）、そのため自分の財産を自由に使える。彼自身が最高位特権階層出身の、この修道士が彼女にあたえた顔立ちは、幼少期の彼を取り巻いていた女たち、寡婦の公女たち――このころクリュニー修道院長オディロンがその墓碑銘を作っていた、皇帝の妻であり母でもあるアデライデのような――、当時全力で修道院制度を支える、寡婦産を受けた女たち、修道士が顔を赤らめずに足しげく訪れた唯一の女たちのそれであった。年齢が女性性の剣呑《けんのん》な魅力を奪ってはいたが、かつては彼女たちも男と床を共にし、快楽を、したがって罪を経験していたのだ。引退して、犯した罪を嘆き悔やんでいた。説教の作者は女たちのこのような嘆きを強調する（ここでは復活の表象であるラザロを語るとき、嘆き、罪、宥しの関係はもっと目立つものにはなるが)。なぜなら、なるほど彼にとってマドレーヌは罪深いが、われわれのひとりひとりと同様に罪深いのである。罪を犯すのは人類の運命だ。福音書の言及がなければ、誰が娼婦のことを考えるだろうか? この点は強調されていない。性的汚れの強迫観念が、女を前にした不安が、これらの幼くして修道院に捧げられ、そこから決して出ずにきた、したがって童貞のままでいる男たち、ドミニック・イオニャ=プラがその理想と権力への意志を描いた「無垢の子羊たち」にはさほど強くはなかった。この強調の少なさからそう思えるのだ。

そこでこのテクストの中では、女性の本性が色情好みによってではなく、別の二つの特徴によって定義されている。第一の特徴とは、弱さ、臆病。そのことのために、マリ=マドレーヌが手本として雄たちに提示される。この弱さ、この恐れを、女でありながら、彼女は抑えたのではないのか? 彼女だけが開かれた墓の前に残っていた。第二の、本質的な特徴が、愛、「愛の最も熱烈な熱情」が、そしてこの女性性の沸騰がここでは重要な美徳として提示されている。聖女の堅忍不抜、忍耐心はそれを基盤としている。マドレーヌは涙するが、後悔のためではなく、欲求の、満たされぬ欲求のために涙する。「生きているときに、彼女が愛し過ぎた」かの男への欲求。イエスの足もとに身を投げるのは、悔い改める女のではなく、愛する女の動作だ。師への愛に燃え立って、マリアは墓をめざして出発した。墓が空であるの見ても、彼女は粘り強かった。恐怖と疑念を抑えこみ、探すのを、暗闇で待つのを止めず、その当然の結果として見ることができた。そうだ、われわれ男は女になるべきだ。十全に、しかるべく愛するために、女性的なものを自分の中に培うべきである。

そのことからこの修道士の文書には、亡夫たちよりももっと神に触れることができると、修道士たちが繰り返し述べていた、かの高貴な寡婦たちへのおそらく賛辞の形で、女性性の復権の兆しが見いだせる。

愛し、待ち、期待したことで、その弱さにもかかわらず――男的な恩着せがましい態度、男であることの度し難い誇りがここで露呈する――、彼女は使徒たちに奇蹟を告げることができた。この上ない名誉であり、「女類に対する主のいとも寛大なるご好意」を明示するものであったと説教は言う。一人の女、イヴによって、死がこの世界に入りこんだ。たしかに、別の女、神の母、マリアが天国への門を開いた。さて、いまやここに、この二人の女の間に、その中間に、接近可能な、真似の可能な、すべての女たち同様に罪人である、マドレーヌが位置する。神は望んだ、豊かで、慈悲深く、養い育てる彼女によって、死に対する勝利の告げられることを。彼女ゆえに、神の意志によって、「女という性にまつわる恥辱が除かれたのだ。」

この時代、学者の思考は単語から単語へ、イメージからイメージへ、飛躍しながら進行した。したがってこの女の姿に別の姿が、修道院共同体のそれが、教会制度全体のそれが自然に反映してきて、これらの反映を強調しながら、説教が教えを展開する。まず第一に、いかなる言葉よりも雄弁な動作に力点を置く――罪ある女は、ファリサイ人の家で、平伏して、口を開かなかった。跪いた姿。このへりくだった、自分を差し出す、愛の現れでもある姿勢は、当時、回心、生活の急変を示す通過儀礼の中核に位置していた。結婚の儀礼――婚約した女は、夫の前で、このさき自分の主人と呼ぶことになる男の前に跪いた。臣従を誓う儀礼。封臣は自分を部下として迎え入れた人物の前で跪いた。さらにはまたクリュニーの慣習法集が描くような修道請願の儀礼。その動作は服従を強制し、奉仕を強制するものであった。新婚の妻のように、新規奉仕の封臣のように、修練期間を終えた修道士のように、マドレーヌは生活を変え、まぎれもなく再生した。跪くことで、彼女は「精神だけではなく身体的に」奉仕の道に入る意欲を表明し、一人の師の家に、その家族(familia)に、その奉仕者たちに、保護される者たちに、彼が服従を期待し、その慈愛で養った者たちの集団に、実際「承認され」、受け入れられ、組みこまれた。その動作によって、マリ＝マドレーヌのイメージは、説教を聴く男たちに、主の意向に自分を委ね、主に奉仕する、それも彼女がしたように、見事に奉仕するように仕向けるのであった。

この点では、このテクストは、西暦千年の接近にともない跋扈し、異端として追及されていた反体制派に対して向けられたように見える。彼らのうちで最も剣呑な連中に対して、この女性像はキリストの受肉と贖いが真実であると断言する。彼らの全員に対して、それはまた、マグダラのマリアがそうであった以上、修道院が裕福であることは悪くはないと断言する。「マグダラ」(Magdala)という言葉は、塔を、城を意味し、切りそろえた見事な石で入念に建てられた、そびえ立つ建築を想起させるが、この時代、サン＝ブノワ＝シュル＝ロワール、サン＝ジェルマン＝デ＝プレでは、その種の鐘楼＝ポーチを建てることに決めていた。マドレーヌ〔マグダラのマリア〕は自分の喜捨で、何も持たない男たち、イエスとその弟子たちを養った。気前のよい彼女は、金勘定せずに浪費し、腹を立てたユダの前で、非常に貴重な香油をふんだんに使った。公教会の富裕を弾劾するとき、異端の徒はユダなのだ。ナルド香油をかけることは、建てること、飾り立てること、新しいバジリカ聖堂の白い衣をキリスト教世界に着せることだ。マルタとマリアが兄弟のラザロの家でそうしたように、当時の修道士たちは「世俗の壮麗さの威厳のうちに貴人や権力者」をもてなす義務があると感じていた。マリ＝マドレーヌが彼らを正当化した。

要するに、香油の香りが食卓から広がってシモンの住まい全体を満たしたように、修道院からはじまって、服従と、奉仕と、愛の要請が公教会全体に行き渡るべきなのだ。修道士たちがナザレ人の女友だちの手本にならえば、今度は彼らが聖職者に、公教会の在俗成員に手本を示すことになろう。後者は実際に罪深く、これまた跪いて、回心し、旧来の、不浄な生活を断念すべきなのだ。マリ＝マドレーヌを敬って作られた説教は、教会制度全体の改革を訴えるものであった。ところで、十一世紀の初頭、このような改革が進行中であった。教皇庁に後押しされて、それは加速した。マドレーヌは当然のことながら象徴的な人物像の一つとなった。改革者たちが清浄な律修生活を送る聖職者の模範として、二つの聖堂参事会員の共同体を、一つは一〇二三年、ロレーヌ地方のヴェルダンに、もう一つは一〇四八年、ブルゴーニュ地方のブザンソンに設立したとき、両方ともマドレーヌに捧げるものとした。このとき、彼女の遺体がそこから遠からぬところ、ヴェズレーにあるとの噂が広まっていた。

＊

しかし、八六〇年頃にこの修道院を建立するにあたり、ジラール・ド・ルシヨンは、キリスト、聖処女、聖ペテロだけに捧げたのである。それまでヴェズレーの修道士たちがマドレーヌの遺骸の、ほんの一かけらでも保存していると称したとは、いかなる兆候に照らしても考えられない。唐突に、一〇三七年と一〇四三年の間に作られた一テクストが誹謗者を相手に断言するのだ。彼女の遺骸がそこにあると、何度もその姿の現れたことと墓の上で起きた奇蹟のすべてがそれを証明すると、さらには奇蹟を求めてガリア全土から巡礼者が殺到していると。疑いの余地なく、十一世紀の第二四半期に、聖遺物が、当時の言い方によれば、inventées〔現在では「考案、発明された」の意〕、すなわち発見されたのである。

この時期、聖人たちがすべて地上に現存していることを、彼らの遺骸の残存するところでは、霊験あらたかであることを誰もが確信していた。誰もがこれらの遺骸のかけらを、全能者が君臨し裁く天上の法廷と生者とのいとも必要な結びつきに、最も有能な仲介役だとみなしていた。人々はこの時代、これらの聖なる遺体がいたるところから出土するのを見た。そのころブルゴーニュで執筆していた非常に慧眼の士、年代記作者ラウール・グラベールは、偽の聖遺物の製造者たちのことをはっきり告発する。にもかかわらず彼は、受難から千年の災厄のあと、ついにその民と和解した神の寛大さの最も説得力ある現れとして、このような功徳あるものの出現を慶賀する。とはいえ、この時代にはまた——そしてそれが革新であったが——、公教会の指導者たちの関心が決定的に新約聖書のテクストへと向けられ始めた。おそらく彼らは依然として、地方の聖人たちを、ローマの殉教者たちを、初期の福音伝道者たちを、あの聖なる泉のほとりで、キリスト教以前の時代の守護神たちと入れ替わった守護者たちを崇めるよう奨励していた。しかし、いまや彼らは信徒の信仰心を、福音書の物語や使徒行録を満たす人物たちへ向かわせた。ところが、これらの聖人の遺骸を、ラテン・キリスト教世界はほとんど何も持ち合わせなかった。そもそも、生身のイエスを目にし、その言葉を聞き、そのあとに従った人々を介して、使徒時代と、あえて言うならば身体的に結ばれたいという新たな関心と連結したこの欠乏感こそが、ローマとコンポステラ巡礼の成功をもたらしたのだ。十二使徒の中では、聖ペテロとともに、聖ヤコブだけが西ヨーロッパに埋められていた。この欠乏感はまた、学のある人々を駆り立て、数世紀前からガリアの地の聖遺物箱の中にその遺骸のかけらが憩う聖人あるいは聖女をキリスト自身に近づけようとした。たとえばアキテーヌの守護者、リモージュのマルシアルが、使徒ではないにしても、少なくとも最初の弟子の一人であることを、あるいはアレオパゴスのディオニシオスと混同された、モンマルトルのドニが聖パウロから直接教えを受けたことを、何がでも証明するようにした。であればこそ、サン＝ジャン＝ダンジェリーにおける洗礼者、聖ヨハネ〔ジャン〕の頭の発見を、王侯たちが天の寛大な贈り物として祝ったことが納得できる。同じ時期、ヴェズレーでマリ＝マドレーヌの聖遺物の発見が、そしてまたオータンで兄弟ラザロの聖遺物の発見がなされたことの説明がつく。

ヴェズレーとマドレーヌの場合、改革の企てが決定的なやり方で介入した。一〇三七年、新しい大修道院長、ゴドフレドゥスが選出された。彼はただちに、クリュニーの慣行に想をえて、風紀品行の堕落した古い修道院に規律を導入しようとする。立て直しが強固であるためには、修道院が繁栄し、すなわち人に賛美され、寄進が殺到するほどの感謝の念を捧げてもらう必要がある。それゆえ、格別で効き目のある聖遺物を擁する必要がある。よき経営者として、ゴドフレドゥスは巡礼を開始するために、奇蹟文集——さきほどわたしが言及したテクストだ——を書くように命じる。聖遺物の発見者＝発案者とは、彼なのだ。しかしながら、彼が手本にし、行動の支えとなるクリュニーでは、それまでマドレーヌが特別な崇敬の対象ではなかったのに、なにゆえゴドフレドゥスは修道院に保存された判読困難な墓碑銘の石棺の一つに、ほかの奇跡を行った有名な聖人よりもこの聖女を見出したのか？　おそらく主に仕えた女の名声が西方世界で高くなり始めていたからだが、とりわけこの地方で彼女が全体改革の守護聖女になっていたからだ。ゴドフレドゥスは実際、またそのために彼が指名されたのだが、熱烈な改革家であった。ブルゴーニュ地方における神の休戦の推進者の一人であった。一〇四九年、ヴェルダンのマドレーヌ聖堂およびブザンソンのマドレーヌ聖堂が教皇レオ九世によって聖別された年、ランスでの公会議の席で教皇のかたわらに彼の姿を見出すが、議題は姦淫の罪を犯した高位聖職者を罷免し、近親相姦や重婚の王侯を弾劾し、社会という建造物の高所における罪を、とりわけ性に関する罪を弾圧することにあった。翌年、ゴドフレドゥスは同じような集まりのためにローマにいたが、四月二十七日、修道院のために発布された教皇勅書の中では通常の書式が変えられ、ヴェズレーは常にキリストに、常に聖処女に、常に聖ペテロと聖パウロに、しかし同時に聖女マリ＝マドレーヌに捧げられていることが明確化される。八年後に、別の教皇勅書が発せられ、マリ＝マドレーヌがヴェズレーにたしかに「憩う」ことを厳かに確認する。ついには一一〇八年、教皇パスカリス二世によってこの修道院にあたえられた特権認可証の中で、古くからの守護者たちは忘れられ、マドレーヌの名しか現れない。巡礼の成功はいまや赫々《かつかく》たるものだ。それは全ラテン・キリスト教世界に、歴史家が好んで言うように、聖女信仰の「爆発」を惹き起こした。

この信仰をしかるべく称揚するためには、言葉の原義におけるまとまった légendes〔現在では「伝説」の意〕が、すなわち聖務の最中に読み上げられるべき聖人伝テクストが必要であった。さきほどわたしが主旨を分析した説教に、三つの話が接合された。それらは福音書の話を補い、次の二つの質問に答える――「甦ったキリストが目の前に現れた時と彼女自身の死との間に、マリ＝マドレーヌの身に何が起きたのか?」「どうしてそんなことがありえたのか(これは多くの者が訝しんでいた、と奇蹟文集は告白する)、生まれ故郷がユダヤ王国なのに、あれほど遠い地方からガリアの地に福者の遺骸が運ばれることが?」エフェソス巡礼者がすでに自問した最初の質問に答えるために、一つの話が、いわゆる隠遁本が、悔い改めた娼婦、別のマリアの伝記に想を得てオリエントで練り上げられた。すなわちこのエジプト女マリアは、テバイードの隠遁者たちが彼ら同様にその過ちを砂漠で清めていると想像した、あれらの烈日に焦がされ、黒ずみ、体毛に覆われた女の一人であった。南イタリアの隠修士の共同体で読まれた話、そして、そのあと八世紀以降イングランドの修道院に伝わった話は以下のとおり――「救世主のご昇天のあと、主に対する燃えるような愛と、その死のあとに感じた悲しみに動かされて」、マドレーヌは「もはや自分の目で男を、いや人を決して見まいとした。」彼女は「誰にも知られずに、砂漠に三十年も引きこもり、決して人の作った食べ物を食べず、また飲まなかった。聖務時課のたびに、主の天使たちが天からやって来て、一緒に祈るために彼女を空中に連れ出した。」ある日、一人の司祭が閉ざされた洞窟の上に天使たちが飛び回るのを見た。彼は洞窟に近づいて、声をかけた。自分の姿を見せずに、マドレーヌは自分の存在を知らせ、彼に奇蹟を説明する。彼女は衣服を運んでくるように命じる。「男たちの間に裸で現れるわけにはゆかなかったから」と。彼は戻ると、彼女を聖堂に連れてゆき、ミサを執り行った。彼女はイエス・キリストの肉と血とを拝領したあと、絶命した。「その聖なる功徳により、墓の近くに大いなる奇蹟が生じたのである。」

自分が責任を負う大修道院にこの墓のあることを認めさせようとしてゴドフレドゥスが躍起になっていたころ、マリ＝マドレーヌの別の伝記が、歴史家が伝道本と呼ぶものが出回っていた。それは主張していた。マドレーヌが聖霊降臨のあと、七十二使徒の一人、マキシミヌスと連れ立って海に乗り出したと、マルセーユで下船すると、どちらも説教をしつつ、エックス地方の教化を始めた。マドレーヌが死ぬと、マキシミヌスは立派な葬儀をしてやり、遺骸を大理石の棺、その表面の一つにシモンの家での食事の場面が彫刻された棺に納めた。第一の伝説が語る砂漠をプロヴァンスの山々、サント＝ボームに置き換えることで、第二の伝説を第一の伝説と結びつけるのは可能であった。しかし、この第二のテクストはブルゴーニュの修道士たちには邪魔であった。それは墓をエックスの近くに位置づけるが、エックスでは実際、マドレーヌ信仰の開花が十二世紀初頭以前に確証されており、競合する巡礼がおそらくすでに発達していたからだ。彼らを聖遺物の真の番人だと見なすのを拒む連中の口を塞ぐため、彼らは物語――それが第三の伝説だ――をこしらえ上げ、ジラール・ド・ルシヨンと初代修道院長の命令により、当時サラセン勢に荒らされていたプロヴァンスへ、一人の修道士が三世紀も前に聖遺物を盗みに行ったのだと語る。

このような伝説の補足は、改革派の主導権をより強固に支持するようすがとなった。砂漠のマドレーヌの例は、とりわけ在俗の公教会を、いまや浄化すべき公教会を励まして、教化の使命をよりよく果たすべく、肉の世界からさらに遠ざかるように、それを忘れるように、愛の観照の姿勢で天使の合唱に合流すべく、公教会自体が自分の身体を忘れるように仕向けるのであった。それにまた、第二の物語の細部が自浄の必要性を強調した。すなわち、マキシミヌスが霊廟の上に建立したバジリカ聖堂の中には、あらかじめ武具を脱ぎ、好戦的な意図を払拭しないかぎり、いかなる王侯も入りこむことができなかった。女たちについては、そこへの接近は厳重に禁じられていた――注目しよう、この排除はそれだけでも、マドレーヌ崇拝の躍進が何らかの女性の地位向上と関係がありとの想定を妨げるものだ。したがって武器、すなわち流血も不可、女、すなわち性の放埒も不可、これらは二つの重大な汚れであって、教皇レオ九世、ヴェズレーのゴドフレドゥスとその友人たちは、神の平和を説くことで、近親相姦と重婚を禁止することで、当時この世の大物たち、聖職と世俗の大物たちをそれらの汚れから救おうと望んだのである。とはいえ、十～十一世紀の説教もそうだが、これらの伝説は、罪も、贖いも強調しない。マグダラのマリアが自分の過ちを嘆き苦行するために砂漠に引きこもった、とは言っていない。失った愛人への燃える思い出に彼女を牽引したのは、情熱的な愛着であり、悲しみである。それらもまた愛を、炎の愛を、恍惚の愛を前面に押し出す。

＊

ところで、数十年後、十二世紀の初め、別のゴドフレドゥス――これはヴァンドームのトリニテ〔聖三位一体〕大修道院長――が彼の権威に従う者たちのために作った説教の中で強調した特徴は、まったく別のものである。この説教のテクストからわたしが要約するのは以下のとおり。

一、それはほとんどすべて、『ルカによる福音書』に描かれたファリサイ人の家での、食事の場面に立脚している。

二、非常にアクチュアルで非常に激しい論議に加わって、ゴドフレドゥスは罪ある女を放逐しようとしたファリサイ人を弾劾する。「女たちを軽蔑し、彼女たちは救済から外されていると判定し、彼女たちに心動かされることを受け入れない、情け知らずの男たち」と彼は言う。

三、マリ＝マドレーヌは、まずは「悪名高い罪ある女、次いで栄光ある説教者」であった、とヴァンドームのゴドフレドゥスは言う。伝道本と言われるテクストを踏襲して、彼女のことを「われらが主、イエス・キリスト、真の神のことを熱心に説き、その甦りの真実を証言する」ものとして示す。とはいえ、それは「言葉よりはむしろ涙によって」聖女が証言したことを明確にする。

四、最後の、最重要な点。ゴドフレドゥスが例として示す女は何よりもまず七つの悪霊、すなわち悪徳の総体の餌食であった女である。「罪ある女」（peccatrix）――この言葉はこの短いテクストに十四回も繰り返される――、だがまた「告発者」（accusatrix）、自分の過ちを意識し、それを告白し、主の足もとに崩れる女である。なるほど赦されはするが、ここでは愛の過剰ゆえではなく――ゴドフレドゥスはそのことはほとんど強調しない――、恐れと希望の過剰のゆえに。それにまた、女たちが常にそうであるべきように、身を委ね、言いなりになっていたマリ＝マドレーヌの罪が十全に贖われるのは、悔悛したあとのことである。隠遁本を自分流に解釈してゴドフレドゥスは、キリスト昇天のあと、彼女が自分の肉体に襲いかかり、断食、徹宵、絶えざる祈りで肉体を罰したと主張する。この意図的な荒行の結果、「犠牲」、「頑固な犠牲」のマリ＝マドレーヌは、救済の入り口で「天の門番」の地位をえた。「犠牲」（hostia）と「門番」（ostiaria）、この二つのラテン語は響き合う。前に述べたように、このような半諧音の遊びによって、この時代の学者たちの推論は進行したのである。

とはいえ、ヴァンドームのゴドフレドゥスの別の二つの文書、ある説教と、ルマン司教ラヴァルダンのヒルデベルトゥスあての手紙の中で、同じアレゴリー、門番のアレゴリーが使われるが、そこでもこの役割を手にするのは「女性」（sexus femineus）であることに注目する必要がある。しかし、それがここで開く門は過ちの門、転落の門なのだ。女は、すべての女は、その前で聖ペテロがイエスを否定した大祭司の女中は、アダムを不服従に駆り立てたイヴは、悪魔の手先である。彼女たちによって、劫罰がこの世界に導入された。彼女たちすべてのように罪の染みこんだマグダラのマリアは、すべての罪人の希望となるために、もはや地獄ではなく天国の門に陣取るために、自分の存在の女性的部分を苦行で完全に破壊し、焼き尽くす必要があった。まさしくこの点に、新しい方向転換が位置する。

そのことを説明するためには、裕福で、権力があり、情熱に駆られて愛する相手に服従し、その相手が消滅したと信じて悲嘆に沈み、それから彼が死に勝利したことをいたるところで宣言しに行く女のイメージを、悪の担い手で、後悔の念に憔悴し、虐待で自分の肉体を容赦なく痛めつける存在のイメージに置き換えるほどに、照明の当て方の変わったことを理解するためには、一〇七五年から一一二五年にラテン・キリスト教世界に起きたことを、教会改革の成功というこの重大事件を考察しなければならない。修道院に続いて在俗教会を浄化すること、これに修道士のモラルを課すことは、男たちを――わたしははっきり男たちと言う――二つのカテゴリーに分かつことになった。一方は女を用いることが厳しく禁じられた男たちと、他方は女一人を、ただし唯一正当な女を所有すべき男たち、そのため必然的に汚れ、価値の階層秩序では無性の者たちの下位に位置し、それゆえ彼らの権力に服従する男たちとに分かつことに帰着した。このような差別は、いまだに消えない特徴として西ヨーロッパ文化を際立たせている。罪の源泉はまず第一に性だという観念を何世紀もの間、意識の深奥に埋めこんだのである。一一〇〇年、改革は、このことから、最大の障害、女にぶつかる羽目になった。これは躓《つまず》きの石であった。

なぜならば、まず、教皇指導のもとに、浄化の企てを遂行した男たち、司教たち、悔い改めぬ堕落した連中を放逐したあとで任命したよき司教たちは、しばしば、ヴァンドームのゴドフレドゥスの友人、ラヴァルダンのヒルデベルトゥスのように、分別を取り戻したかつての姦淫者であった。消さねばならぬ「官能の炎」の何たるかを彼らは知っていた。自分自身を、やっとの思いで、改革しなければならなかった。彼ら自身の罪障感から完全に解放されようとして苦労したが、おそらくは若い日々の「酒場の若い娼婦たち」(meretriculae tabernae)の思い出が、時折りまた頭に甦ったでもあろう。女たちのことを、本能的に彼らは、現実にであろうと潜在的にであろうと、売春婦扱いにする傾向があった。ジャック・ダラランが作品を的確に分析したが、女を話題にしたときの、ロワール川流域の大学識者たちの筆になるあの執拗なメタファ——貪婪なる腹、キマイラ、妖怪——は、そのことに起因する。自分たちの体中にあって抗う女性的なもの、すなわち動物的なものと彼らが感じるところに過ちは存在する。

他方また、これらの高位聖職者たちは司牧職務において、女たちが具体的に提起する問題に絶えず直面していた。発展のさなかにあり、根無し草の移民労働者の侵入する都市で、売春が花盛りを迎えつつあった。とりわけ、ほかならぬ改革が路頭に放り出したあの男なしの女たち、司祭であったために、あるいは平信徒でも重婚あるいは近親相姦であったために、夫が棄てざるをえなかった妻たちがいた。哀れな女たち。男たちを堕落させ、躓くように仕向けるから、危険でもある女たち。完全な社会を目指す改革計画の中で、彼女たちにどのような場所をあてがったものか? ヴァンドームのゴドフレドゥスもその一人であったが——ファリサイ人に対する彼の意見がそれを示す——、多くの者は、彼女たちのために、彼女たちの魂の面倒をみることが、異端の枠内で受け入れられたように彼女たちを容認することが、彼女たちのために、危険だが不可欠の、見合った司牧神学を練り上げることが、必要だと確信していた。どこまで彼らが踏みこめたか?

ロベール・ダルブリセルは、自分の一味の中に彼女たちを受け入れたとき、イエスがそうしたように、自分の随員として引き連れ、修道士に対して支配的な地位でフォントヴローの男女混合の修道院に配置し、貴婦人に雅に奉仕する騎士が夫である主君の愛をかちうることを期待するのと同じく、彼女らの花婿たるキリストの愛をかちうるべく、修道士たちが身を屈して彼女らに奉仕するように命じた。しかしそのとき、ロベール・ダルブリセルはあまりにも危険を冒しすぎはしなかったか？　パラクレでの女たちの祈りを男たちのそれと同等視したとき、アベラールもまたそうではなかったか？　あまりにも「女たちに語りかける」とクレルヴォーのベルナールが非難し、激しく論難したアベラールは？　あまりにも女たちに接近しすぎ、罪から逃れられぬと想定された教会人に浴びせられた数々の呪詛は、不安感の大きさ、ためらいの強さ、性的汚れへの抑えがたい恐怖を証明する。女たちを聖なるものから離れたところに封じこめ、ある種の聖域への接近を禁じるほうがよいと、どれほどの高位聖職者が考え続けていたことか？　たとえば、オーヴェルニュのムナの聖域——ロベール・ダルブリセルは、キリストの聖体を拝領することで、男たちと同様に、女たちにもその建物に入る権利があると声を限りに繰り返し、ついにそこへの門戸を開かせたではないか。あるいはまた、プロヴァンスのマドレーヌ霊廟への接近は？

いずれにせよ、公教会のすべての指導者たちは、女が害を及ぼすのを防ぐのは必要だとの判断で一致していた。したがって女を囲いこむのが必要だと、結婚させることで。完全な女とは——この点ではマドレーヌの態度は模範的だ——、実際、主からすべてを待ち受け、主を愛する女、だがとりわけ主を恐れる女のことだ。そして主に仕える女。さらには涙し、しゃべらない女、自分の男の前にひれ伏し、従う女。したがって、思春期に入ったらすぐ、娘は妻になるべきものだ。手綱を引いてくれる主人の妻。あるいは、女子修道院に閉じこめられた、キリストの花嫁。さもなければ、娼婦になる機会が多々待ち受ける。男たちにとってと同じく、二分化だ、それも性的基準で――奥方（uxores）か街の女（meretrices）か。そういうわけで、よき司教たち、ラヴァルダンのヒルデベルトゥス、レンヌのマルボドゥスはこの時代、悔い改めた売笑婦たち、それも彼女たちの不吉な誘惑の力をまことに十全に、まことに完璧に罰したために聖女になることができ、進んで自分を痛めつけたことで誉め称えられる女、エジプト女のマリアやタイースの伝記を書き直すことに決めたのである。それも、大罪から引き離すため、これらの高位聖職者たちは、女を彼らにとって最も恐るべき姿のもとに、悪の道に誘い、装身具に覆われ、男たちの袖を引き、肉体の結合の最も下劣なものへと導く存在として提示した。それによって彼らは、いかに色欲で汚染されていようと、肉体的悔悛によって、魂が潔白になりうることを証明したかったのだ。そういうわけで、この時代、人が目にした新たなタイースたち、隠遁者たちは砂漠にではなく町の中心に腰を据え、独居房に閉じこもり、そうすることで証言し、人に教え、説教したのである。ただし説教といっても、言葉抜き、肉体の衰えによってのみ。そういうわけで、ヴァンドームのゴドフレドゥスのマドレーヌは、あれほどまでにエジプト女のマリアに似ているのだ。そういうわけで、罪人たちは自分の涙と彼女の涙とを混ぜて、ひたすら哀願するのであるし、またそういうわけで、コンポステラの『巡礼者用案内書』が述べていたように、彼女のおかげで主は彼らの罪科を宥すであろうと知って、あれほど多くの者がヴェズレーの丘をよじ登るのであった。粘り強い悔悛者であったからこそ、人が耳を傾ける仲介者となった彼女のおかげで。

＊

実際、十二世紀の初頭、教会権力がそれによって風俗の改革をもっと深く押し進め、信者のすべてに戒律の遵守を強制しようと図った道具が念入りに作られていた。それが悔悛の秘蹟であった。儀式はただ単に痛悔、告白にとどまらず、一般裁判の慣行に想をえて、修道院共同体で数世紀前から実行されていた償いの手続きを社会全体に投影させるべく、贖罪を要求した。それは支払うことを、罰に服することで判事を「満足させる」ことを強いるのであった。こうして贖いのための罰、したがって待機の場所、期間、つまり試練の場と期間に段階をつけること、科料一覧表の作成と、聖なるものの管理者、司祭によって運用される会計という考え方が定着した。その一方で、唯一の理由、愛ゆえに宥すイエスの行為は後景に退き、少しずつ消えていった。そういう次第で、この先、ほかの誰よりも激しくイエスを愛した女の肉体的外見は、集合的想像世界の中では、まずはその罪と贖いとを表象した。十二世紀および十三世紀を通して、ヴェズレーの聖遺物の名声がその極に達し、やがて少しずつ衰えだす間、民衆への説教が広まってゆき、フランシスコ会およびドミニコ会という新しい宗教チームの信仰心の中で、マグダラのマリアの人物像が非常によい場所を占めるようになる間、プロヴァンス巡礼の成功が最初はゆっくりと、次に聖女の遺骸が今度はサン＝マキシマンで新たに発見されてからは急激に顕著になる間、そうした特徴が確固たるものとなった。おそらくマドレーヌは依然として多くの者にとって「恋する福者」であったろう。「優しい恋する愛の語彙がロマンス語の聖者伝に導入され、説教師たちはそれを使って教えを広めた。「宮廷風性女」マドレーヌは、とそれらの伝記は言う、「彼女がいとも熱烈に愛した」、「真の恋人」キリストの中に、「宮廷風、温厚、大いなる優しさ」を見出した。そして、一二五四年、聖王ルイがシリアからの帰途プロヴァンスに上陸したとき、「マグダラの女が十七年間隠棲していたと伝えられる高い岩山」〔ジョワンヴィル〕をよじ登り、サン＝ボームに訪ねた場所は、おそらく彼にとって苦行よりはむしろ神秘的な法悦の場であったろう。とはいえ、罪は、身体の自己破壊によって贖われた肉の罪は、ヴァンドームのゴドフレドゥス以来、ヒルデベルトゥス以来、舞台の前景を占める。七月二十二日の福音書の読誦に際して、ヨハネの述べた復活の朝の挿話が、十三世紀の間に、徐々にルカが描いたファリサイ人の家での食事の挿話に席を譲ったこと、自分の過ちを嘆く娼婦の顔が泣き濡れた恋する女の顔を排除したことは、その明白な証拠を提供する。

信者たち、ヴェズレーのほうを見つめる者たち、サン＝マクシマンのほうを見つめる者たちは、まず涙にくれるマドレーヌを見出した。涙のほとばしり。涙の洪水。マドレーヌとマキシミヌスが「まことにおびただしく涙にかき暮れたがため、その涙に礼拝堂の舗床が染みたのみならず、しとどに濡れそぼったがため、いくつかの場所では水となって流れるほどであり」、また、その死の床では、聖女が「涙にかきくれ、創造主を迎え入れ、あたかも彼女の目は、水を流す泉の二本の水路のようであった。」マドレーヌの主題で説教をするジャック・ド・ヴィトリにとって、疑問の余地はない――これらは痛恨の涙であり、その源は「罪の苦悩」にある。マリ＝マドレーヌとは、以後はまず第一に罪を悔いる娼婦だ。説教師用にパリの学校の教師たちによって作られた手本、十三世紀にその数を増した書物の中に、彼女はそのようにして立ち現れるが、そこには民衆に流布すべきであったこの福者像についての、教会組織の意図が表明されている。

この理由から、このテーマについて彼らが作った説教は、決して――これらのテクストを熟知するニコル・ベリウがそのことを確証した――、特別に女向けではなかった。十二世紀末から、女たちは、それも数を増す一方の女たちが、マドレーヌの行動を真似することを選んでいた。彼女たちは悔悛者として、世間から離れて生き、涙を流し、自分たちもまた、天使のパンだけが糧のふりをする。カタリ派地方の既婚婦人たちがわが身に課した完全な自己放棄の輝きを封殺する意図で、彼女たちの言葉を集め、その美点を誉めそやしながらも、聖職者たちがベギン会修道女のことで、マグダラのマリア像を喚起しないほうが賢明だと判断したことは特筆に値する。彼女は女性の聖性の手本とはなりえなかった。当時人が女たちに繰り返し説いていたことは、彼女たちが処女の中にいるか、寡婦の中にいるか、人妻の中にいるかに応じて、多かれ少なかれ善行によって報いられるであろうということであった。処女でもなく、寡婦でもなく、人妻でもないから、マドレーヌはマージナルな存在そのもの、彼女自身があれほど長いこと捕らわれたあらゆる罪ゆえに、最も不穏な存在であった。罪ある女（peccatrix）、娼婦（meretrix）。いや、説教師たちはマドレーヌの話を男たちにしたが、それは彼らを無関心の眠りから目覚めさせるために、おのれの弱点で赤面させるためにであった。見たまえ、女ひとりが、その勇気、その堅忍不抜で何をなしえたかを。そして諸君は？　励ましの原動力は実際、根源的な女嫌いにあった。これらの説教におけるマドレーヌとは、結局は反女性存在なのだ。とはいえ、その罪とその魅惑ゆえに、すべての女たちよりもいっそう女である。

　女たちが男たちを破滅に導くようにと、サタンが彼女たちに与えたこれらの魅惑、これらの武器を、マリ＝マドレーヌに関するテクストに基づいて作られた説教の手本は、そのことに気づきもせず、危険な形で明らかにしてしまう。その一つ、おそらくエチエンヌ・ラントンの作品は、奇妙にもロンドーの形式で、パリで歌われたダンスの旋律で作られていて、またそれが当時の流行であったが、不幸な人妻の運命を嘆くものであった。ここでは、不幸な人妻とは、マドレーヌのこと、その夫たちとは、彼女を次々と手に入れ、それぞれが前夫よりいっそう性悪な、七つの大罪という悪魔であった。それらのうち最後に来るのは、もちろん、色欲の罪であり、それが操り、それがつけこむ相手は娼婦だ。蠱惑《こわく》的な女。誘惑の準備を怠らない女。もうひとりの説教師、オーヴェルニュのグイレルムスが喚起した、あの自分の肉体を誇りにし、それを「爪先から頭の天辺まで」飾り立て、ありとあらゆる手練手管、白粉、香水、「通りすがりの男たちを誘惑できる、淫らな装飾」を駆使する「われらの時代の女たちの」ような女。すべての説教が言うように、垂れ頭巾からはみ出た長い髪を、いとも特殊な使い方をする女。「女の持ち物のうち最も貴重なもの」と、シャトールーのオドは断言する。

ほどけ乱れた髪の毛、漂い広がる香料、そのどちらもが騎士身分の想像の中では寝台の快楽と密接に結びついていた。これらの官能の陥穽を喚起するものは、聴き手の頭の中に、隠遁本の読書が呼び覚ました妄想をかきたてる。岩の荒々しさのさなかにある裸身の、女体の柔らかさ、髪の流れの下に推測される肉の身、傷つきながらも光り輝く肉体。誘惑的だ。十三世紀末から、画家と彫刻家は、この曖昧な、人を惑わすイメージをマドレーヌに与えようとして躍起になった。絶えず、最も謹厳な人たちも、ジョルジュ・ラ・トゥールさえも。セザンヌにいたるまで。

第三章　エロイーズ

十二世紀フランスに生きたすべての貴婦人たちの中で、エロイーズは今日その記憶が蒸散すること最も少ない存在である。彼女について人は何を知っているのか？　実はわずかなことだ。古文書資料を渉猟しての綿密な調査の結果、彼女をイル＝ド＝フランスの高位特権階級に位置づけることができた。父方ではモンモランシーとボーモン伯の、母方ではシャルトル司教代理の後裔、アベラールもまたそうであるように、ルイ六世の側近で十二世紀初頭に権力を競う二つの閥族の一方に属していた。一一二九年、アルジャントゥイユ女子修道院の小修道院長である彼女を見出すが、これは生まれに負うところの重要な地位である。この年に、この共同体は解散させられた。エロイーズは、これらの追われた請願修道女の一グループをシャンパーニュ地方の、慰めをあたえる聖霊、パラクレ（Paraclet/Paracletus）の召命によってアベラールが創設した庵の近くに連れて行く。彼女は新しい修道院の院長となる。アベラールは、行き届いた心遣いから、これらの修道女たちのために讃歌と説教を作ってやるが、その一つは、聖女シュザンヌを題材として、貞潔を賛美するものである。エロイーズがアベラールに提出した四十二箇条の質問もまた保存されている。最後の質問、聖書のテクストの難解さに関わらない唯一の質問は、「神によって許され、のみならず命じられたことを実行しながら、はたして人は罪を犯しうるや否や」を問う。結婚について、夫婦のモラルについて、欲望と快楽を抑制する必要についての小論で、アベラールはそれに答える。

この女性についてわれわれが知っていることの最も重要な、それにまた最も確実なのは、一一四二年に書かれた手紙に由来する。それは三人の人物を舞台に乗せる。エロイーズ——彼女は四十代に入ったところ、すなわち当時の基準では、老女の仲間入りしていた。二人の男、どちらもピエールという名前の持ち主。一方は、クリュニーの大修道院長、ヨーロッパ全土に広まり、修道院制度の最も荘厳な観念を具現した巨大な修道会を指導する人物。人に尊敬され、崇拝されている。彼の精神的権威は教皇のそれに匹敵する、いやおそらくそれを凌駕しさえする。他方は、アベラール師、その時代で最も大胆な教師であった。尊者ピエール〔ペトルス・ウェネラビリス〕に引き取られたクリュニー大修道院付属の施設で、六十三歳の生涯を終えたところであった。

この手紙はエロイーズに宛てられている。クリュニー大修道院長がそれを書いた。高名の文筆家で、言葉を、文章を操り興ずるのを好む。彼はこの遊びに卓越する。この書簡を、十二世紀に修道院で多く書かれたような、慰めと励ましの手紙のように彫琢するために、持ち前のあらゆる技巧、レトリックの規則に関する完璧な知識を傾注する。一つの修道院から別の修道院に発せられたこのような言葉によって、その用語が長い時間をかけて吟味され、名宛人が決して内々にではなく、祈りと悔悛の生活を送る霊的家族の構成員の前で読み、また読み返すこのようなメッセージによって、最も出来のよいものが筆写され、回覧され、そして——この手紙がそのケースであったが——のちに文集に収録されるようなこれらの文書によって、修道士と修道女の間に、世の喧騒を避けて隠棲し、このように俗世を棄てることで人間的価値の序列の頂点に自らを高めることを確信したこれらの男たちと女たちの間に、心情と精神の緊密な交流が確立していたのである。この時代、ラテン語で表現された文学の中で、おそらく最も雄勁で、最もオリジナルで、いずれにせよ行動や心的態度を最も明らかにするものを、このような手紙の交換が培ったのである。

ピエールはシャンパーニュ伯を介して、エロイーズからの書簡を、不安な訴えを受け取り、彼女を力づけるために、アベラールの過ごした最後の月日がどうであったかを述べる。模範的な、教訓的な生き方。罪を赦され、すべての過ちから浄められた完璧な修道士として、彼はまことに美しい死を迎えた。しかしながら、わたしの関心を引くのは彼ではなく、エロイーズなのだ。彼女について、この真正であることに異論の余地のない文書資料は、二つの貴重な指示をもたらす。まずそれは、アベラールが「エロイーズのものである」ことを、彼が彼女に帰属することを述べる。実際、彼女は彼と――結婚のことはあからさまに言及しないが、ピエールは言う――「肉の交わり」によって結ばれ、そしてこの絆はのちに神の愛によって強化されたことを伝える。「彼と共に、彼の下で」、彼女は長らく主に仕えてきた。いまや神は、エロイーズの「代わりに」、「別の彼女自身のように、その懐の中で彼を暖め給う。」神は彼を彼女のために保存し、最後の審判の際に返して下さるであろう。この手紙はまた、エロイーズに対する長い賛辞に始まる。女子修道院長の手本として、「女の非常に昔からの不実な敵」、悪魔を相手に、休みなく戦う女たちの小分隊の勇敢な隊長として、彼女のことを描く。この蛇を、エロイーズは久しい前から踏みしだいている。いまにその頭を踏み潰すだろう。戦いへの熱意は、彼女を新たなるアマゾネスの女王ペンテシレイアに、旧約聖書が語る強き女たちに匹敵する者に仕立てるが、それは何よりもまず本人の知的資質に由来する。年少の頃から、エロイーズは世人を驚かせた。快楽を軽蔑して、学問のことしか念頭になかった。学問研究を遂行し、その結果、精神の領域では、女の身でありながら、おお、何たる奇蹟か、「ほとんどすべての男たちを凌駕する」までにいたる。宗門に入ると、ただ単に生き方のみならず、頭の中にあったことのすべてを変えた。完全な服従のしるしとして、それらをキリストへの奉仕に捧げ、そうすることで真に「愛知の女性」になる。それこそが彼女の力の源である。

このイメージは人の意表をつく。エロイーズの名前がわれわれに喚起するものと、それはうまく符合しない。この女性の人物像は、実際、ヨーロッパの想像力の中に揺るぎなく定着しているが、その人物像は、クリュニーのピエールが、その後クレルヴォーのベルナールが賞揚した模範的修道女のそれではない。ジャン・ド・マンは、十三世紀末のパリで、『薔薇物語』の中でエロイーズの賢知ではなく、その反対に、「多くの人から狂女」〔八七八二行〕だとみなされていたことを歌った。この狂気に、ペトラルカが驚嘆する。この狂気はルソーを、ディドロを、ヴォルテールをさえ感動させた。この狂気はロマン主義者たちを興奮させた。彼らはペール＝ラシェーズの女子修道院長の墓を訪れて瞑想に耽ったが、また今日でもなお人はノートル＝ダムの見下ろすセーヌ川岸で、一八三〇年ごろ建てられた家の壁に、この娘が激しい愛のあらゆる熱狂に身を任せた場所だと推定する標識を目にする。その後リルケが、それにロジェ・ヴァイヤンが、現在もなおかくも多くの人が感動してきた。ジャン・ド・マン以来、われわれの夢想するエロイーズとは、人を束縛し、肉体の無償の贈り物を義務に変質させるからとして、結婚を拒否した自由恋愛の女闘士である。修道服の下で官能に燃える、情熱の女、神自身にも楯突く反逆の女。女性解放の先駆的なヒロインなのだ。

この、第一のイメージと非常に違うイメージは、これまた真正の、少なくとも真正であるらしい、別の二通の手紙によってわれわれが知ることのできる出来事から構築された。この種のテクストについては、その多くは文学的な集いの席で際立つために組み立てられた美しい文体の手本、聞かせどころ、あるいは自由学芸課程の新人学生のための名文の実例として作られたもので、文句なしに確実なものは何一つとしてない。これらの二通の手紙は、アベラールが名宛人である。第一の手紙は、尊者ピエールのそれのように、慰めを目的とする。差出人は、モンモランシーに近い僧院、ドイユ大修道院の小修道院長フークだが、彼自身、アベラールとエロイーズがその一員であった有力家系の一員であった。アベラールは去勢されたばかりであった。恨みを抑えこむべし、復讐を求むべからず。サン＝ドニ修道院に入って、彼はいまや俗世の外にある。それにまた、彼を襲った連中は罰せられた、彼らもまた去勢され、しかも目をくり抜かれた。そして彼らに武装させた者は聖職者禄没収の憂き目をみた。しかしとりわけ、アベラールはこの試練から引き出す利益を勘案すべし。もはや彼は自由なのだ、解放され、救われたのだ。彼は自滅の道をたどっていた。それを、悲劇にいたるまでの道を描きつつ、フークは明らかにしている。アベラールの出だしは成功、おびただしい成功だった。「哲学のいとも澄明な源泉」たる師の言に耳を傾けんがため、各地から蝟集《いしゅう》した学生たち。次いで、失墜。その動機は、「人の語るところでは」、「愛」（この言葉は、雄の欲望を指すと理解されたい）、「あらゆる女たちへの愛である。欲望の網によって、彼女たちは快楽好きの男たちを捕らえるのだ。」フークはこの問題についてそれ以上は言わない。彼は修道士であり、およそ修道士はこのような事柄について語らない。その代わり、彼はアベラールの倨傲《きょごう》を強調する。「天賦の才に恵まれ過ぎ［……］そなたはおのれが他のすべての者に、のみならず、そなた以前に叡知の業に没頭していた学者たちにも優ると評価した。」まずは「高慢」（Superbia）。次に「強欲」（Avaritia）――パリの教授職はこの時代、それに携わる男を裕福にした。最後に「色欲」――「知識を売ることで稼ぎえたものを、そなたは淵に投じて蕩尽した、情交に費やしたのである。娘たちの激しい貪婪がそなたを魅了した。」いまやそなたは癒された、それもそなたの肉体の「一片」を切除するだけで。何という恩典か！　まず、たしかに稼ぎが少なくなるが、費やす機会もまた少なくなる。同じ屋根の下に住む女たちのことでもはや心配せずに、友人たちはそなたに門戸を開く。誘惑も、男色の妄想も終わりだ、夢精も終わった。去勢とは、それゆえ、解放のごときものだ。レトリックの規則に合致して、手紙は「哀歌」(planctus)、不幸への哀訴に終わる。パリ全体が悲嘆に沈む、司教、聖職者、市民、そしてとりわけ女たちが。「すべての女たちの涙を想起する必要があろうか? この知らせに接して、失った自分たちの騎士、そなたのために、彼女たちは顔を溢れる涙で濡らした。あたかもそれは、おのおのが戦争で自分の夫(vir)または愛人(amicus)を失ったかのように。」

ロスラン〔ロスケリヌス〕、かつてアベラールがトゥレーヌ地方でその講莚《こうえん》に列した師は、もう一つの書簡の書き手であるが、こちらは罵詈雑言を連ねてある。彼に逆らってロベール・ダルブリセルを弁護したアベラールへの返事である。この天啓を受けた使徒ロベールは、苦しみ悩む女たちをフォントヴローの、男女共棲の修道院に迎え入れたが、そこではパラクレでも採用された規則に基づき、自然のすべての秩序を逆転させて、修道士たちは修道女たちに従属し、女子修道院長の権威の下に置かれていた。ロスランは、社会秩序の擁護者として、ロベール殿への攻撃から始める。「わたしは見た」と彼は言う。「夫から逃れた女たちを、夫が要求する女たちを受け入れ、死ぬまで執拗に彼が引き留めるのを〔……〕。ところで、もし妻が夫に義務を果たさず、もし夫がその理由から、ここかしこで淫行を働くことを余儀なくされるならば、そのように振舞う男よりは、それを余儀なくさせる女に重大な過ちがある。姦淫の罪人は自分の男を顧みない女であり、男は止むなく罪を犯すのである。」そして、いっそう罪深いのはもちろんこれらの女を引き留める者だ。重要なことは、しかし、これが昔の弟子に対するロスランの直接攻撃だという点である。「わたしはかつてパリで見た、そなたが聖堂参事会員フュルベールの客人として、彼の家に迎えられ、友として、常連として丁重に食卓でもてなされるのを。そなたに教育してもらわんがため、彼はそなたに姪を、いとも賢き乙女を託したのであった〔……〕。激しい色情に動かされ、そなたは彼女に思惟することではなく、情交することを教えこんだ。この悪行の中にいくつもの罪が集積した。裏切りと、淫行と、処女の蕾を散らしたことで、そなたは有罪である。」それのみか、局所を切断された今日もなお、アベラールは女を介して罪を犯す。サン＝ドニ大修道院長はアベラールが教えることを許可している。ところで「偽り事を教えることで儲けたものを、なされた奉仕の報酬として、そなたはかの娼婦に届ける。そなた自身が届ける、それも、かつてそなたが不能でなかったころ、待ち望んだ快楽の代償に与えたものを、いまや褒美として与え、新たなる放蕩を購うより過去のそれに支払うことで、そなたはより重大な罪を犯す。」

言葉の行き過ぎに拘泥するのは止めよう。このバロック的な時代、書簡文の雄弁の規則は激越な表現を課すものであった。さしあたって、これらの三通の手紙の内容だけに話を限定しよう。ここに有名な、非常に有名な、二人の「哲学者」がいて、彼らは肉体的に、肉体の愛で結ばれた。交接、とピエールが言い、淫行、とロスランは言う。いずれにせよ、彼らはカップルを組んだのであり、またこのカップルは長続きした。どちらも修道院生活に入って、同じ足取りで救済への道を歩んだ、ただし女は男に服従し、「彼の下で」神に仕えながら。男は、当然のことながら、常に行為者である。事件の初めから終わりまで、行動するのは彼だ。

彼を破滅させたのは、「女たちへの愛」それも「すべての女たちへの」愛であった。才能、栄光、金銭と、彼は望むものを容易に満喫した。パリでは、学問は売り物になり、女たちは金で買える。若き日のアベラールは、したがって艶福家であった。真実はどこにあるのか？　これはむしろ、十二世紀の初め、女たちの魂を気遣う何人かの神の奉仕者を駆り立て、もはや彼女たちから離れていてはいけないとまで決意させた配慮、この新たな配慮に対する教条主義者の陣営の意地悪な解釈ではないのか？　ロベール・ダルブリセルやその競争者がそうだが、彼らの弟子たちが悔悛者の修道女と寝ていたという話を、人は好んで触れ回ったのではないのか？

　アベラールの場合は、しかし、事は明快である。彼はエロイーズを奪った。実を言えば、月並みな事件だ。当時の家庭内で性行為が盛んであったことは、誰もが知っている。大きな家中、貴族の聖堂参事会員の家中に、うら若い娘、主の姪、持ち主不在の女が暮らしていた。したがって、手を出して差し支えのない女が。要するに、騎士道物語の中で、歓待のよき習慣にしたがって、父親が夜の間、通りすがりの主人公に気前よく提供する、あれらの乙女たちと同様だ。この場合は、しかし、家の主が承知しなかった。彼は女たらしを去勢させた。どうやら、一一一三年のことらしい。翌年、去勢行為の扇動者で、フークによれば、財産没収の罰を受けたフュルベールの名前は、実際に五年間、ノートル＝ダム参事会員の名簿から消える。一つの事件にすぎない。とはいえ、パリの学校と王宮の小さな世界で、事件は顰蹙をかった。高名の学者が、女が原因で、同じく著名の女学者が原因で、去勢されたのだから。一九五〇年代のパリでジャン＝ポール・サルトルの身に、似たような不幸が起きたことを想像して見るがよい。人はしきりに話題にした、長いこと話題にした。この大評判の事例は、十二世紀初頭の北フランスで学者たちを悩ませていた問題のいくつかを提起するのに格好の教訓的物語を作り上げる機会となった。職業の問題、知的職業と俗界の虚栄、傲慢、強欲との関わりの問題。とりわけ性の問題。さて、パラクレ修道院に集められた一連の手紙の中に、この同じ問題が提起されている。これらの手紙は、遺憾な事件の十九年後、一一三二年頃に書かれたことになっている。実際には、これらの有名な文書を伝える最古の写本は、はるか後代の、ジャン・ド・マンと同時代のものだ。この男は、熱狂のあまり、往復書簡をラテン語からフランス語に訳した。これを読み直し、感動する世代は跡を絶たなかった。エロイーズとアベラールがそこにいるからだ。

劇的事件の中で向かい合い、彼らは語る。四景、結末。序幕としての、独白。

*

1

ある友人を慰めるという口実で、アベラールは長々と、得意げに、おのれの不幸を物語る。彼は幸せに生きていた。突如、と彼は言う。倨傲の罪の二つの源に対して二重の打撃が襲ってきた。精神においては、著作の断罪と焼却、肉体においては、去勢であった。したがって、われわれが知っている事件とその結果である。男は、ここでは、フークが冷やかした女の尻を追い回す輩ではない。彼は貞潔であった。だが金持ちで、「浮世の安寧は精神の力を弱め、その上肉の誘惑によって容易にそれを台なしにする。私はすでに自分のことをこの世における唯一の哲学者のように思い〔……〕これまでは最も節制的に生活して来た私が、情欲の手綱を緩め始めた」（畑中尚志訳二一頁）。フュルベールの家では、エロイーズが彼の気を引いた。「容貌も悪くはなく」、とりわけ「学問の豊富にかけては最も優れていた」（同二二頁）。彼女は彼の手に落ちた。彼はそれを享受し、磨きをかける。「愛の思い付き得るすべての数寄を味い取った」（同二四頁）。快楽の奴隷となり、エチエンヌ・ジルソンが指摘したことだが、物語のエレックのように「腰抜け」になって、身分上の義務を忘れ、研究をなおざりにし、「夜を愛に使」うのであった。「過労」にさせる女によって、軟弱になった彼は得意の絶頂から転落した。エロイーズがみごもった。彼女を拉致し、自分の故郷、ブルターニュへ連れて行く。彼女は息子を産んだ。叔父は名誉を口にし、償いを要求した。アベラールは結婚を承諾した、ただし、結合を秘密にしておくという条件で。同意が成立した。それは男たちの間の話で、娘は、結婚に同意しない。彼女は同意を強いられた。だが婚礼の、世をはばかる婚礼の直後、恥じた夫は、評判を慮って、妻をアルジャントゥイユ女子修道院に閉じこめた。彼女はかつてそこで養育されたから、結婚も出産の痕跡もなしに、あたかも何事もなかったかのようにそこに戻り、氏育ちのよい乙女たち、多少とも血の繋がった従姉妹たちと一緒に、自由寄宿生として、教育の仕上げをするのだと、パリではそう通すこともできた。エロイーズの親族は欺かれたと信じた。復讐した。去勢されて、アベラールは修道士となった。そうなると彼は、妻にヴェールをまとうことを、彼と同じく、修道女になることを強制した。この自伝的文書を書いたころ、彼は彼女をパラクレに住まわせていた。彼自身は四年前からブルターニュのサン＝ジルダ＝ド＝リュイス修道院の指導にあたっていた。

2

この長い手紙はエロイーズの手に落ち、そこで彼女の第一場の登場となる。今度は彼女が書き、彼女が「夫」、「主」と呼ぶ相手に差し出す。それも非常に大きな、非常に威厳にみちた声で、自分の苦しみを訴えるために。愛の無償性を守るために、彼女自身が言うように、彼の「娼婦」〔同八〇頁〕にとどまることを望み、欲しなかった結婚の直後、彼に対する彼女の愛はあまりにも狂ったものとなったため、心ならずも、彼の命令により、柔順に、神ではなく、彼に従って、修道女になることに同意したのであった。いまこそ彼が、夫としての義務を果たす番だ。これまでのところ、彼はなおざりにしてきた、彼女およびパラクレで彼女が羊飼いを務める女たちの小グループを。それは彼が自分の快楽のことしか考えていなかったからだ。もはや彼女を享受することができず、だからもはや配慮しない。彼女のほうは、その反対に、相変わらず愛のとりこだ。肉体と心の、真の愛のとりこのままだ。彼を必要としている。かつて彼は彼女を放縦な戯れへと手引きした。いまは神に近づくよう彼女に力をかすべきだ。

3

アベラールの返事は、よそよそしい。はるかに生気のない第二景。出頭しない夫は弁解する、手短に。便りを寄越さなかったのは、妻がいかに賢明であるかを、それにまた修道院で主に仕える女性たちは主が全力で支え給うことを知っているからだ。これまで同様にエロイーズが彼なしでいることが大いに必要だろう。おそらく彼は遠からず死ぬだろう。サン゠ジルダの修道士たちは彼を殺す気だ。遺体を埋葬するときを待ちつつ、パラクレの請願修道女たちが彼の魂のために祈るようにと、アベラールは要求する。女たちの祈りには、と彼は言う――なお、この時代そのように考えたものはきわめて稀だ――、男たちのそれと同じ効力がある。

4

第四書簡の美しさをなし、劇的緊張を頂点にまで高めるあの崇高な感情の奔流を促すためには、アベラールが返事を書き、死の可能性を仄《ほの》めかすだけで十分であった。「キリストに次ぐ彼女の唯一の者へ――キリストにおける彼の唯一の女より」（同九九頁）、この冒頭の文言は、恩寵の効果によってすでに形をなしてきた変化、キリストへの服従を明らかにする。とはいえ、何よりもまず、愛の強さなのだ。律動的な、均整のとれた――目につく破調は魂の動揺を表現するためにある――ラテン語の文章を通して、情熱が四方八方に噴出する。ここにおいて、人は叫ぶ――これこそ純然たる女性性の表出だ。ここにおいて、女性史の研究者はついに女たちの声を聞きわけ、八世紀前に彼女たちが心の奥底で本当に考えていたことを把握したと思う。身も心も震わせ、エロイーズはアベラールが自分より先に死ぬという考えに耐えられない。彼女を捕らえた混乱の中で、もはや自制がきかぬ、神を非難することを抑えられぬ。なぜ神は自分たちを罰したのか、それも秩序の回復としての結婚の後に？　なぜアベラールだけが？　自分のせいか？なぜなら、世に言われていること、「男の破滅は女を通してするのが一番容易である」〔同一〇六頁〕はまことに真実だから。であればこそ、結婚とは悪しきものであり、それを拒んだのは正しかったのだ。彼女は自分に痛悔を課すが、それは神のためではなく、アベラールがこうむったことへの償いからだ。彼は去勢されたが、彼女は違う。女はそうなりえない。そのため欲望の苛みから解放されない。女の本性からして、エロイーズは悔いることができない。祈禱勤行のさなかにあってなお、失われた歓楽の記憶に取り憑かれている。

5

彼女は急所を突いた。第四景のアベラールはいきり立つ。自分の返事の意味を明確にするために、「キリストの花嫁」宛てとする。実際、すべては結婚をめぐるものになるだろう。彼は悪しき夫であった。好色で、妻を追い回し、アルジャントゥイユ女子修道院の食堂にまで来て力ずくで捕まえ、言うことをきくようにと打擲《ちょうちゃく》を加えた。したがって彼は刑罰に値した。いまや健全だ、なぜなら彼の肉体の中の「欲望の王国」であったものから解放されたから。エロイーズだけが依然として欲望に苛まれている。彼女はそれを慰めとするがよい。苦しみ耐えればこそ、殉教の栄光に近づく。ヴェールを被ることで、主の花嫁になったが、主こそは完璧な夫、それればかりか完璧な恋人なのだ。アベラールはその従者である。それゆえ彼女はこれからは地上の夫を支配する。彼の「女主人」(dame)なのだ。彼女が毎日唱えるようにと、彼が草した祈りは結婚を祝福する――「人類創造の始めより〔……〕神聖なる結婚の秘蹟を定め給ひ〔……〕汝の欲し給ひしままに、合はせ又離し給へり。」汝が始め給いしことを成就させ給え。「汝が一度この世に於て互ひに離れしめし者どもを、天に於て永遠に汝に結び給へ」〔同一四〇～一頁〕。これこそまさに、十年後の一一四二年、クリュニーのピエールがエロイーズに約束することだ。

6

次の手紙、エロイーズからの最後の手紙〔第六書簡〕の冒頭で、ドラマは突如終息する。彼女は服従する。彼女は以後、女の弱い体を支配する激しい衝動に駆られて、唇からほとばしる言葉を書くことを自分の手に禁じるだろう。沈黙するように努めるだろう。沈黙の封印の下に閉じこめるのだ、自分の愛を、苦しみを、欲望の激情を。ほかのことに、と彼女は言う、話を移しましょう。いまや彼女がその「師」に求めることは、パラクレの共同体のために新しい規則を確立することだ。このあとは、いつ果てるとも知れぬ、われわれにとって退屈な『往復書簡』の続きで、問題とされるのはもはやこれだけである。

*

この荒々しい自由の要求、こと痛悔に関する沈黙、スタンダールによれば情熱恋愛。札つきの反逆者、エロイーズに、クリュニー大修道院長があのような賛辞を呈したことを、どのように理解したらよいのか？彼が彼女に帰した特徴と手紙のやりとりが明らかにする特徴から、いずれが真実であるかを、どうのように決めたものか。この女性の正体を、歴史家はどのようにして識別できるようになるのか？

歴史家はまずはじめに疑ってかかるべきだ。このテクストは疑わしい。その信憑性については、十九世紀の初めからさまざまな疑惑が持ち上がっていた。碩学たちは争ったし、いまなおその是非を争っている。それを贋作者の作品であると考える人たちもいる。エロイーズ作とされた書簡が、アベラール自身ではないにしても、少なくとも『ポルトガルの修道女』の手紙のように、男によって書かれたと考える人は多い。わたしはこの論争には加わらない。ただわたしは、大なり小なり手の込んだ贋作だと主張する人たちの、最も説得力のある議論に注目する――それは全体の整合性である。この書簡集は、ルソーの『新エロイーズ』やラクロの『危険な関係』の場合がそうであるように、すなわち一方が他方に答えるという形で配列されている点で、この時代に作られたすべての書簡集と違っている。それにまた、エロイーズまたはアベラールの手紙のいくつかが採録されなかったと思える。それは論理的な選択によって、引き締まった、説得力のある言説を構築したいと望んだからだ。最後に、すべて実際の出来事より少なくとも一世紀半あとの写本のテクストは、論文のテクストのように、装飾題字で告知される章に分かれている。のみならず、アベラールの筆になる部分には、前出のくだりへの参照指示まで含んでいる。これは異論の余地なく、細心な文学作品として制作されたのだ。それは物語のように読める。物語といっても、注意しよう、主役は男である。たしかに、ここでの女性役は騎士道物語の場合よりは重きをなす。だが注意はもっぱらアベラールに注がれる、トリスタンあるいはランスロに注がれるように。しかし、明白なことがある――

作品の題材には、ルイ六世とルイ七世治下のパリの学校社会への貴重で正確な示唆が多々あり、もっと後になってすべてが捏造《ねつぞう》されたと想像することはできない。制作時期は確実に十二世紀中葉だ。いずれにせよ、劣らず明白なことは、この題材が編集の対象となったことだが、張本人を知る者はこれからも決してあるまい。

わたし個人は疑っているが、エロイーズが三通の書簡をたしかに書いたと想定しよう。そのとき歴史家は、この資料全体の解釈を狂わせた、いまなお狂わせている誤読を避けねばならない。そもそも人は十二世紀に、レオパルディやフロベールの時代のようには、また――まだ書くとしての話だが――今日そうするようには、手紙を書きはしなかった。保存された手紙はすべて、前に述べたことだが、説教のように、悲劇の長せりふのように聴衆に向けて発せられたものであり、だからこそわたしは先程ドラマと言った次第である。トルバドゥールの正統宮廷恋愛詩と同様に、内心の秘密を打ち明けたりはしなかった。人から人への自然な感情の発露ではまったくない。手紙の書き手は、言葉の共鳴に、文章のリズムに戯れ、まずは文章家としての妙技を証明しようと思った。テクストに引用を詰めこみ、教養をひけらかした。エロイーズ作とされた手紙には煩わしいほどの引用がある。傷ついた愛の抑えがたい叫びと思えたもののさ中に、聖アンブロシウス、聖アウグスティヌス、聖パウロの文章がまかり出て、われわれ二十世紀の人間を捉え始めた感動に水を差す。ヨヴィニアヌスに対する論難で聖ヒエロニムスが述べるような強情な罪人の役を担い、完璧にその役割を演じるエロイーズを目にすると、これは告白ではなく学識の誇示なのだとの印象が強くなる。「悪徳を思い出すことで、魂がいやおうなしにそこに楽しみを感じ、たとえ行動しなくとも、ある意味で罪深い存在になる。」このような命題に完全に則って、このドラマのやま場は構築されているのだ。同じ文がすでにアベラールの告白に引用されていることに気づくとき、技巧は歴然とする――そこでは贖罪の行程の初め、救済に向けて歩みだし、夫としてすべきように道を示す際の、彼自身についてであった。最後に、当時の書法は、非常に明確に体系化され、教えられた規則に合致していた。人はそのことをよく知らないと、このように構築された言説の意味をはなはだしく読み違える恐れがある。一例をあげる。最後の手紙でパラクレ修道院長が自分に課す沈黙、屈するのを昂然と拒んだのだと思いこみ、人が恍惚とした沈黙とは、実は、ペーター・フォン・モースが証明したように、弁論術の中で「暗示的看過」(praeteritio)という名で記述されている、レトリックの文彩なのである。アベラールの同世代人は意見を交わす討論の際、一つの議論を締めくくるにあたって、これを頻繁に用いたものである。

誰であろうと誇らしげに書く者の思考は、必然的にこのような厳格な、常套的な形式で、われわれがその使い方を失ったレトリックの形式で表現された。エロイーズが発したとされる言葉は、このようにして伝わったのだ。それも、広範囲の聴衆を説得するために作られた文書によって。もしこの根本的なことを忘れなければ、もし今日では解決不能な信憑性の問題を排除し、編集した者たちがそう望んだようにこの書簡集を受け取り、これらの言葉が修道院で、宗教的感化の意図によって編纂されたことを――異論の余地のないことだが――考慮に入れるならば、そのときテクストの真の意味が明らかになり、と同時に、同時代人がエロイーズに抱いたイメージ、ロマン派が創りあげ、われわれの多くが今日もなお創り続けるのとは非常に違ったイメージが現出する。

まず、この書簡集は記念文集として、修道院施設に建立するのが慣わしであった記念碑のように、パラクレの二人の創設者を偲んで建立された記念碑として構想されたように思える。聖者伝の流儀で、彼らの「受難」(passion)――それぞれが耐え苦しんだことと、克己に成功し、最終的に一種聖なる境地に達するまで、彼らに課せられた試練のことだと解されたい――を、それは描くのである。往復書簡は、困難な、二つの回心の詳細な物語を展開する。とりわけそれは、悪から解き放たれることに、自分の罪を悔やむことに、悔い改めることに、人がどれほど苦労するものかを明示する。罪は行為にではなく意図にあるとするアベラールの哲学に則って、抜き難い罪業は肉体ではなく精神の罪業であることを、欲望に打ち勝たないかぎり、拒まれた快楽への哀惜を精神から放逐しないかぎり、最も厳格な禁欲生活のさなかでも人は罪深いままであることを、それは主張する。

このテクストはしたがって、当時、聖者伝と騎士道物語がそうであるように、基本的に道徳的、教化的論文なのだ。アヴァンチュール〔事件／恋の冒険〕を語りながら、ふさわしく振舞うことを教える。第一書簡の最初の文章で、教育的意図はただちに明確化された。「一般に言葉よりは実例（exempla）が、より多く人間の感情を刺激もし和らげもする」〔同一一頁〕。事実、手紙の全体は膨大な「説話」（exemplum）として書き上げられたが、その根本的な狙いは女がいかにして自分の魂を救いうるかを示すことであり、その目的のために、まずは結婚がよきものであることを、次いで修道院内部における男女間の適切な階級関係の樹立に腐心する者に、結婚が手本の役を果たしうることを、さらには女性性とは、その固有の欠陥と長所とは何であるかを述べる。これらの三点をもっと仔細に見てみよう。

*

女は弱い。ひとりでは破滅から逃れることはできない。男が助けてやらねばならない。父が、兄が、伯父がいなければ、夫が必要だ。ほかの教訓の中でも、『往復書簡』はとりわけ結婚への賛辞を含んでいる。エロイーズが質問を呈するにあたって――そのことに注目しよう――あらかじめ「これについても、服従することを」承諾して発した、四十二項の「質問」〔第九書簡、畑中訳に収録されず〕の最後にアベラールの与えた答えがまさにしかり。結婚の問題はしたがって、パラクレ修道院長の心を占めていたのだ。それはこの時代のすべての教会人の心を占めていた。婚姻の制度を七つの秘蹟に組み入れるのは危険ではないかと、神学者たちが依然問題にしていたのはまさにこの時期であった。わたしが分析するテクストはこの論争の中でひとつの立場をとる。明確なケースを描くことで、それは結婚の有益な効力を明証するつもりなのだ。それはしかし、ある種の結婚は悪しきものであると指摘することで、証明にとりかかる。二人の恋人たちの結婚の出発時はそのケースであった。三つの根本的理由から。まず第一に、こっそり式を挙げたことで。なぜなら、早朝、数人の親族の前での簡単な祝福のみ。結婚の儀式が要求する――近親相姦、重婚を避けるために結婚式は広く告知すべきものだ――大勢の、喜びを共にする列席者抜きであった。悪しきとする理由はまだある。なぜなら、新郎の意図がよろしくなかった。アベラールは告白しているが、この美味な肉体が拉致され、「身内の者どもの示唆なり、肉的満足の魅力なりから」〔同一三二頁〕、ほかの男たちに導かれるのを恐れ、この娘をしっかりつかまえておきたい、「永久に私のもとに止め置こう」との欲求に動かされたのであった。最後にそしてとりわけ、花嫁が結婚を拒否していたために、悪しき結婚であった。実際、婚姻の絆が双方の合意によって結ばれるべきだと、教会の権威者は声を大にして宣言していた。このように根源において腐っていたから、すべての秘蹟がふさわしく執行された場合のように、この婚姻が恩寵をもたらすはずがない。よき婚姻がそうであるような、情欲への治療法にこれはならなかった。結婚したあとも、アベラール師は情炎に燃え続け、アルジャントゥイユ女子修道院の内奥までエロイーズを追い求め、禁忌を蹂躙して、考えるかぎりの「汚辱」を共に働くよう彼女に強いたのである。したがって、「情交時代ではなく結婚時代に」〔同一二七頁〕神が復讐したのは、厳罰を下すために結婚が成立するのを待ったのは当然であった。実際、そこかしこで交接するよりはむしろ、神聖なるものを、婚姻を汚すほうがはるかに重大である。また男の方がまず罰せられたのは当然であった。妻を導き、責任を負う者として、結婚は彼を指定したのである。

とはいえ、正式に祝福されたから、この結婚はともかくも真の結婚ではあった。したがって、夫婦の贖罪は婚姻の「契約」（confederatio）の好ましい枠組で行われた。この「秘蹟」によって、とアベラールは言う。主は「われわれ二人をそのみもとへ転向させようと配慮されたのであった」〔同一三二頁〕。去勢され、剪定され、「心と精神に限定され」、修道院生活で再生され、アベラールは夫の義務を認識し、エロイーズを霊的進歩へと導くことを企てた。夫がそうあるべきように、彼女と神の力の仲介者として。彼女に及ぼす力を用い、支配して、自分の後に引き連れた。パラクレ修道院長は最初の手紙でそれを認めている、彼女を牽引したのは神への愛ではなく、自分が愛した男の命令に従ったことを。「あなたのご命令なら何でも〔……〕果して参ったのですから。〔……〕私自身を滅ぼすことさえ厭わなかったのです。どんな点でもあなたに抗うことのできない私でございました」〔同七九頁〕。そしてまた、依然としてサン＝ジルダ修道院長に要求することもそれだ――彼女を支配するのを止めないこと、かつて罪深い快楽へ手引きした彼が、彼女を最善へと導くこと。エロイーズを柔順な妻の立場におこうとするテクストの執念は驚くべきものだ。女たちにふさわしい立場、罪から逃れるなんらかの機会を彼女らに提供する唯一の立場に、エロイーズは文通の初めから終わりまで身を置いている。

この婚姻擁護論の真の意図がここにおいて明らかだ。結婚賛美は、それまでパラクレで守られていた規則を変える提案を支援するためであった。思い違いをしてはならない。一般に近代の刊本から削除されていて、われわれがもはや読むことのないもの、アベラールが改革を正当化したあと、修道院生活の新しい様式の計画をエロイーズに引き渡す最後の二通の手紙こそ、編集に携わった者たちにとって何よりも重要であり、これらのテクストが、明らかに、現にあるように組み立てられた理由をなすものであった。かまびすしい発展のさなかで、古い習慣を混乱させ、祈る人たちを分裂させていた、あの別の質問、激しい議論を呼ぶ質問——女性の修道生活をどうしたらよいか？——に、『往復書簡』は実際に答えている。その答えは、作品の本文に散在しているが、四つの論拠に立脚する。修道請願に入る女のいることはよいことだ。キリストの場合を初めとして、人が聖書の物語の中で読む最も驚くべき甦りには、女の証人がいることを第三書簡は想起させるが、このことは神の計画にあって、女たちが霊的甦りの業に加わるべきであることを証明する。第二の論拠。修道女のすべての共同体が、フォントヴローに見るように、修道士の共同体によって助けられることは健全である。実際、このような接近の危険を過大視するべきではない。アベラールは、ロベール・ダルブリセルの弁護者として、イエスとその弟子たちを例にとり、男たちが女たちと一緒に貞潔に生きるのは可能かつ正当であることを明示する。とはいえ、これが第三の論点だが、現在パラクレで実施されている規則の規定は——フォントヴローのそれも——自然の秩序を破っている。なぜならばそれは男たちを女の支配下に置いているから。聖パウロが明言するように〔『コリント信者への手紙一』十一章三節〕、女の頭は男である、なぜならば——そして今回はそれを言うのは女性のエロイーズだが——、女性は「その本性の脆さ、弱さがよく知れ切っている」〔邦訳一五〇頁〕から。第四の論点。修道女たちと彼女たちを導く者は、妻が夫の下にいるように、男の権威の下に置かれるべきである。夫婦の範例が必須である。それを証明するために、二人の創設者の模範的な物語があるのだ。とはいえ、この証明を完成するために、『往復書簡』はなお二つの展開を含んでいる、一方は女性の根源的な弱さについての、他方は愛が何であるべきかについての。

わたしがその意味を引き出そうと努める作品がいかに女嫌いか、人は見定めているだろうか？　それは何よりもまず男の機能的優越についての言説、最も激越な議論をいとも巧みに女の唇から吐かせる言説ではないのか？　エロイーズの弱さ、女を危険なものにする彼女たちの弱さ（「おお、女の重大にして恒常的な弱さよ」とアベラールの妻は宣言する）、手綱を引き締めることが必要な弱さとは何よりもまず、彼女たちを淫行に赴かせる肉の脆さなのだ。誘惑者によって快楽に目覚めさせられると――このことによく注意したいが、これらの手紙の中でもロスランの手紙の中でも、彼女が手ごめにされたとは、物語の迎合的な生娘たちよりもっと身持ちの固い態度であったとは言われていない――、この「乙女」はたちまち官能の奴隷となってしまう。セシル・ヴォランジュのように。彼女は誘惑に身を任せ、その後はセシルのように存在の奥底まで捕らえられ、最初の経験から肉の熱情のとりことなったが、処女喪失の十九年後も、肉体に突き刺さったこれらの「刺《とげ》」は抜き取ることができないと、パラクレ修道院長は告白する。それは相変わらず彼女を苦しめている。「激情の責苦は、責められる本性が弱いだけに、一層強く迫って」くる「とても甘美」な「愛の快楽」の思い出、これらの歓楽の「放恣な映像」〔同一〇八頁〕は祈りのさなかにあっても甦って彼女を戦慄させる。もはやうら若くはない、高名の女子修道院長の筆になるだけに、いっそう人の心を捕らえる告白。まさにこの、女たちの体に浸透した容赦ない官能性の中にこそ、男たちにとっての危険が潜んでいる。それは彼らを破滅へと導く。小娘と関係した途端に、アベラール師はとりことなり、快楽に完全に隷従した。

おそらく彼は結婚によって罪から逃れるつもりであった。ところがエロイーズはそれを拒否した。肉の白熱に曝されて、いかに脆く、傷つきやすくあろうと、女たちには第二の欠陥がある、生まれついて不従順であって、よき道を示す男たちに頑強に楯突く。このよき結婚擁護論の冒頭におかれた論争において、若き日のエロイーズは悪魔の弁護人の役割を演じる。アベラールが書いたとされる自叙伝がエロイーズに帰した反結婚主義の激越な攻撃――それがこの章のタイトルだが、「かの乙女の結婚に反対する発言」、キケロ、セネカからの引用に支持されたストア派的発言、パラクレ修道院長が第四書簡で再び取り上げる発言――は、この複雑な作品の中で、十二世紀の知識人たちをも熱狂させた論争と無関係ではない。聖職者、あるいはより正確には、教師たち、神の言葉を注解する者たちにとって、結婚することが許されるのか？ 妻を娶ることで、人間の条件のヒエラルキーの中でふりあてられた階層から落伍するのではないか？ エロイーズはためらうことなく答える。妻に、女に隷属させるから、結婚は学者を堕落させる。彼にとっての恥辱（turpitudo）は、従属すること（subjacere）、下落に同意することだ。この痛烈な弾劾が、しかし、何を強調する弁証法的機能をもっているか、それを忘れてはならない。すなわち、この強情な、譲歩しない女、修道女になっても、修道院長になっても、依然として反抗的で神を罵るまでにいたる女は、障害であり、また女は概して桎梏であって、男の開花を妨げるのだ。アベラールは、その歩みを通して、足枷のようにエロイーズを引きずっていた。彼が遠くから彼女の呼びかけに答えるときも、依然として引きずっているのだ。なぜなら彼女は相変わらず屈服しなかったからであり、この困難な屈服の階梯を注意深くたどるために、現在の書簡集にあるような形で手紙が配置されたのであった。

エロイーズのものとされたすべての言葉、反抗の叫び、彼女が表現する失われた歓楽への哀惜、自由の要求は確実に、今日われわれが評価するようには、感嘆すべきものだとの評価を受けてはいなかった。十二世紀には、人はそれらを彼女の罪と女たちの邪悪の証拠として認識した。それらによってパラクレの二人の創設者の功徳が――最後には女性性に打ち勝ったことゆえに女子修道院長の功徳が、妻を彼女自身から救うために遂行した粘り強い働きのゆえに夫の功徳が賞揚されるのであった。彼女の心の中における肉体愛の昇華を育成することで、彼はそのことに成功した。聖ベルナールの受肉についての考察、シトー派的神秘主義によって、人間はまず肉からなること、したがって肉から出発して、肉体の根源において愛の欲動を捉え、それが霊的向上の原動力となるべく、欲動を制止し、導くべしとの言明に、実際、『往復書簡』は合流するのだ。こうして『往復書簡』は、女の情熱に関して、正しき愛への考察を含む。

その発生期にあって、二人の恋人たちの愛には、何かしらわれわれが宮廷風と呼ぶ愛がある。なるほど、アベラールは聖職者だ。しかしながら、パリの女たちは、フーク・ド・ドイユが言うように、彼のことを「騎士」、あれらの若き独身の征服者、略奪者たちの一人、あたかもランスロ、あたかも物語の遍歴騎士のように見る。彼は非常な手練であって、美女たちを自分に「惹き寄せる」(allicere)、誘惑するものをすべて持っている。彼の成功の秘密を、エロイーズは第二書簡の中で明かす——「どんな人妻、どんな娘が蔭ではあなたに憧れ、面と向ってはあなたへ燃え立たなかったでしょう」〔同八二頁〕。なぜならばあなたは美男、なぜならばあなたは高名であり、とりわけ「あなたはあらゆる女性の魂(animus〔動物的部分〕)をたちどころに魅了する二つの要素を持っておられました。それは詩作する才能と作曲する才能でした〔……〕。女たちをあなたへの愛に喘がせたのも、主としてこれに由るのでした。」アベラールはここではトルバドゥールとして立ち現れる。十二世紀初頭のパリで人々が口ずさんだこれらの歌は——ついでながら、ギヨーム・ダキテーヌの時代に愛を歌うのはオック語圏の特権ではなかったことを、いわゆる宮廷風恋愛の北フランス宮廷への導入をアリエノールとその娘たちの功績に帰するのはおそらく軽率であることを、このことは証明するものだ——「愛人」を、愛される女を褒めたたえていた。「これらは〔……〕あなたのエロイーズの名を万人の口の端に絶えず上ぼせていました」〔畑中訳八二頁では「あなたの御名」とあり、畑中訳のほうが原文に忠実〕。

これは宮廷風恋愛のパターン——最初は視線の交換、次に言葉、接吻、ついには手による戯れ、といった誘惑の行程を含め――に完全に合致するが、例外は最後の接触だ。この詩人は慎みの規則を尊重しなかった。とはいえ、深い相違はそこにはない。それはこの恋人が、ベルナルト・デ・ヴェンタドルンのように、満たされぬ欲望を歌ったのではないことに起因する。獲物を捕らえたあとも、彼の歌は止まなかった。それどころか、増幅されて、勝利の歌となった。「これらの歌の大部分は私たちの愛を歌っていましたので、私は［……］沢山の女性の嫉妬心をそそり立てました」とパラクレ修道院長は書く。何を彼女に嫉妬したのか？　いささかの曖昧さもない。「喜び」、寝台での快楽だ。悦楽のあとに熱情が続くという点で、このような愛し方は宮廷風なやり方から明らかに外れる。情事が露見し、ひそかに分娩するため愛人がブルターニュに送られ、妻がアルジャントゥイユ女子修道院に閉じこめられると、「肉体を離されたこと」が「精神の結合」〔同二二六頁〕を強めたことを、なるほどアベラールは告白の中で認める。しかし、そのあとですぐ彼は訂正する。肉の喜び（gaudia）は、稀になるだけいっそう激しくなるのであった。要するに、エチエンヌ・ジルソンが言ったように、この物語は「淫乱な情事」のそれである。パリ社会の前衛部分における性関係をこれは露骨に示している。誘惑の手段としての歌曲、現実すなわち享楽の欲求をうまく隠せない、お飾りとしての、ヴェールとしての宮廷風。

この書簡体の物語で、男が追い求めていた女を味わったあと、欲望と快楽が弱まらないのは、結婚がここでは宮廷風の古典的図式に収まるものではなく、一九七九年にポール・ズムトールが『往復書簡』の普及版序文で主張したのとは反対に、喜びの中で愛し合うことを妨げる障害ではないからだ。肉体の喜びはここでは結婚しても消えない。それどころか、いっそうの熱気を帯びる。エロイーズは認める、婚約したあと、彼への愛が狂おしくなったことを、そして彼女が語る愛とは単に感情のそれではないことを――「あなたを私に結んだのは［……］激しい情欲です」〔同八三頁〕。恋する女で悔いる女、マリ＝マドレーヌ像が性的罪を処罰するために用いられた十二世紀のまっただ中、この教訓的なテクストにおいて、女の男に対する肉体的執着と、分かち合った快楽を維持する熱狂が、婚姻の絆が妻の上に「彼女の魂と肉体の唯一の所有者」たる夫の権力の重圧を加えるという意味での婚姻の制御的機能を完成させるとの宣言を目にするのは、注目すべきことだとわたしは判断する。結婚すると、エロイーズはもはや自分のものではなくなる。自分をすべて委ねたのであった。見返りは何一つ期待せず、自分のではなく、主人の「欲望」もしくは「望み」を満足させることに専心する。絶対的服従の状態で。従属した女、そしてこの宣言の光にあてて、この同じ第二書簡のくだりを解釈すべきなのだ。エロイーズが妻という名称よりはむしろ、「妾あるいは娼婦」〔同八〇頁〕——ロスランの使った粗野な言葉を彼女は使う——と呼ばれることを要求したのは、いっそう卑下するためである。それはまた、妻の身分にある力、権威の下に、「愛人」の優しさと陽気なくつろぎが残るようにとの思いからだ。結婚を心地よくするのは、したがって妻の服従、ただし愛人の熱情と結びついた服従なのである。愛人の愛が自由で、欲得と無縁であるかぎり。以上のような理由で、パラクレ修道院長は第二書簡の中で、かつて結婚よりは愛を、束縛よりは自由を好んだことを正当化したのである。美しい愛、一切の貪欲と無縁の愛を彼女は望む。

この宗教的な文書の偉大な教訓とは次のとおり——結婚とはまたその中で、色欲（amor）が回心し、変身し、持てる力を何一つ失うことなく、愛（dilectio）、すなわち魂の浄化された躍動となる坩堝《るつぼ》たりうる。この錬金術を主宰するのはもとより夫、案内役、主人。ここでは、天なる主が課した試練によって最初に、そして否応なしに癒されたアベラールだ。サン＝ドニ修道院入りのあと再び教えることが認められたが、もはや昔のように栄光と金のためにするのではなく、「神への愛ゆえに」そうするのであった。彼がエロイーズの肉体に抱いたあの激しい好みは、同様な変容をこうむった。「貪欲」（cupiditas）、手に入れ享受したいという欲望は、少しずつ「友愛」(amicitia)に、十二世紀が体験したユマニスト的ルネサンスにおいて、教養人がキケロとストア派の書物を読み直して、価値体系の非常に高いところに定位した、あの自由で、寛大で、無償の献身に――エロイーズが希求するのはまさにこの無償性だ――、あの相互尊重、あの誠実、あの自己犠牲に場所を譲り渡した。アベラールは、良心の指導者として、第五書簡の中で、彼女の期待に応え、自分こそ彼の妻であると叫ぶ相手を「友」と呼ぶことを承知するようになる。彼がこの言葉を用いるのは、なるほど彼女は自分の妻であるが、しかし彼女の愛人とはいまやキリストであり、彼、肉体の夫は、よき騎士がその貴婦人に奉仕するように、彼女に奉仕するためにのみ存在することを納得させるためだ。彼がこの言葉を用いるのは、尊者ピエールが手紙で言うであろうように、自分たちが「神の慈愛」によって結ばれていることを、「いまや精神的なものになった愛によっていっそう緊密に結ばれ」、その完成を友愛に見出していることを断言するためである。恋する女はようやくそれを理解し、ただちに武器を捨てる。十二世紀の読者が――それを疑ってはならない――女の不誠実と邪悪の嫌悪すべき表現として聞いた、あれらの情熱的な叫びを発するのを止める。彼女は沈黙する。「どうか話しかけて、私たちはあなたの言葉に耳を傾けましょう。」これらの言葉がパラクレ修道院長の最後の手紙を締めくくる。それは彼女の素行の改まったことを、彼女自身が去勢に成功したことを証明する――「あなたに従うために、私はすべての快楽を自分に禁じました。」かつて彼女が自分の肉体を任せ、その妻となった男によって、彼の意志(voluntas)、男性的な力が結局は――なぜなら彼女は依然として恋していたから――彼女を「快楽」(voluptas)から、女たちを脆く危険なものにする、あの悦楽に身を委ねることから遠ざけた男によって、エロイーズは救われたのだ。そして、十五世紀に『往復書簡』についてなした評釈の中で、最後にへりくだることに同意したとき、恩寵による贖罪のかなった罪深い魂のアレゴリーを彼女に見出したジャン・モリネは間違ってはいない。

このようにして、感動的なテクストに用心深く接近し、そもそもこれが書かれた相手の読んだように読むように心がけることで、『往復書簡』のエロイーズと尊者ピエールが励まそうとしたエロイーズとの間にある、すべての矛盾がついに解消するのを目にする。エロイーズ、真のエロイーズとは、まさにフランソワ・ヴィヨンの詩の「いと賢き」エロイーズだ。手紙を書くときに――まさしく彼女の手になっているとしてだが――、恋に引き裂かれる自分を見事に表現するために、ルカヌスの詩句〔同三五頁〕を朗唱する女学者。ああ、それにしても何という女学者か。感受性の強い、官能的な女だが、しかしその官能性が強みである。なぜなら女らしい本性の奥底にある、この激情こそが彼女をうながして、クリュニーのピエールが言うように、世俗の賢さから真の愛知に、すなわちキリストへの愛に移行させるのだから。夫の同意をえて、年とって修道院入りする貴婦人たち、その何人かは婚姻の床で時折り味わう機会のあった快楽を心残りに思っているやも知れぬ貴婦人たちすべての手本とも慰めともなる。男たちにとっての手本でもある。エロイーズの物語とは、マリ＝マドレーヌの物語と同様、男たちを怠惰と自惚れから引き出すために、愛の横溢が美徳によって抑止されるならば、およそ女の肉体がいかに弱く、いかに欲情に満ちていようとも、男たちの肉体よりもっと純粋に、もっと厳しくなれることを教えたのではないか？

第四章　イズー

ドニ・ド・ルージュモンが言い、そのほかの人も繰り返し言ったが、それは真実なのだ——十二世紀ヨーロッパは愛を発見した、神秘の愛と同時に世俗の愛を。それは必要であったからであり、苦痛もともなった。あらゆるものの急激な飛躍が風俗の急速な変化を決定づけ、貴族身分の最も洗練された集団の中で、女について、より正確には、愛の結びつきについて、問題が提起されたのである。上流社会はその粗暴さを失いつつあった。新しい秩序が確立されつつあった。この秩序が乱されることなく、愛に、身体の愛に、いかなる空間を委ねるべきか？　欲望に、その合法的な充足に、どのような場所を設けるべきなのか？

ヨーロッパで最も進んだ地方、フランスの北西部で、この問題がほかよりも早く、ほかよりも鋭く提起されたのは、二つの理由からであった。第一の理由は、これらの地方では、特権階級の家系における家族政策の指針、相続の際の世襲財産細分化を避けるため男子一人のみを結婚させようとする配慮が、成年男子の大多数から正妻を持つ機会を奪ったからである。正妻を所有する連中に嫉妬した彼らは、力ずくで奪わないまでも、自分たちもまた妻を迎えることを夢見た。焦燥に駆られながら、彼らは機会を待っていた。しばしば非常に長い間。たとえば騎士の典型、ギヨーム・ル・マレシャルは、五十歳近くでなお独身であったし、彼の戦友の大部分は死ぬまでそうであった。彼らは女たちのまわりを徘徊し、その誰かを捕獲しようと焦がれていた。政治構造が強化された時代、宮廷という、まさに女たちで、誘惑的な獲物で一杯の大社交場に集い側近にはべる騎士身分を、王侯たちがどうにか飼い馴らし、無事平穏に維持するのに腐心した時代、このような血気盛んなあるいは虎視眈々の求愛者たちが貴婦人がたや令嬢がたのまわりに苛立ちひしめき合うことは、あらゆる手段で阻止すべき秩序壊乱の要因であった。さて、そしてこれが第二の理由であるが、この同じ時代、十二世紀の後半、ヨーロッパのこの部分で、公教会は支配階級を根底からキリスト教化することに熱中していた。一夫多妻と近親相姦を糾弾し、とりわけその独自の婚姻観を貴族身分に共有させることに成功しつつあった。聖職者身分には厳しい純潔を強制する一方で、平信徒たちの間では、種の保存はこれに依存するため避けられない性の行使を、限定され聖別された婚姻制度の枠内に封じこめるよう要求していた。矛盾は誰にも見てとれる。結婚とは性衝動の解放が公認された唯一の場であるのに、その結婚が男たちの大多数には拒否されていた。この矛盾こそが、女は危険である、女は風紀の乱れの種である、だから男と女の関係を最善の形で調整する行動規範を精錬し、このような危険をかわすことは火急を要するという信念を、司祭であれ戦士であれ、すべての雄たちの頭の中に抱かせたのだ。

そのような関心事については、あらゆる種類の証言が豊富にある。宮廷社交界の楽しみのための、したがってこの社交界の理解できる言語、ロマンス語（roman）で作られた文学に由来する証言は、最も明快な部類に属する。職業的な演者を介在させて公衆の心をうつ、口承表現形式のこの文学は実際に教育的であった。それはあるモラルを、庇護者の王侯たちが広めたいと望むモラルを伝えたが、彼らはその目的のために館に詩人たちを抱え、物語詩を出し物とするのであった。これらの詩のほとんどすべては今日失われているが、幸いにしてその中で最も称賛されたものが書き写され、これらのいくつかのテクストによって、この時代の社交界人士が何を考え、どのように振舞ったかを、われわれは推察することができる。なぜならば、これらの物語は聴衆の態度を映し出す鏡なのである。それもかなり忠実に映し出す。なぜなら、これらの物語は楽しませながらも、聖者伝と同様に、よい振舞い方を教えるのを使命としていたからである。そこで、なるほど夢を見させることが肝心であるため、日常性から、実際の体験からいささか乖離してはいるものの、これらの主人公が模倣可能であるように、不似合いには見え過ぎないような感情と態度とを、登場させる主人公たちに与えたのである。円卓騎士たちの態度や彼らが愛で迫った女たちの態度が、実際に模倣されたことをもってしても、物語は聴衆のそれを映し出している。この文学に熱狂させられた彼らと彼女らは、登場人物たちの考え方、感じ方、振舞い方を真似する気になっていた。

一一六〇年から一一八〇年の間、文学創造の最も豊饒なアトリエは、イングランド王、プランタジネット家のヘンリー二世の差配する宮廷――主としてアンジュー、ノルマンディー、それに妻のアリエノールからの権利委譲により彼もまた支配者となったアキテーヌ公領――で活動していた。彼の主宰する集いで、流行が生まれたのである。まわりに集った騎士たちと、その館での躾に彼が目を光らせていた若者たちを楽しませ教育するために、仕える詩人たちは、これらすべての男たちに関係する主題について、男の欲望とその対象、もちろん生まれのよい女、貴婦人との葛藤関係について、彼の見解を展開していた。彼らはこのテーマをさまざまな形式で扱った――今日では宮廷風と呼ぶ愛、「至純の愛」(fine amour)を歌い上げる、抒情の吐露によって、あるいは古典期ラテン作家から借用した話を翻案することで、アキレウスまたはアエネアスの愛の冒険を自分の流儀で賞揚することで、あるいはまた、そしてこれは最も斬新な道に乗り出すことだが、「ブルターニュもの」、すなわちケルトの伝統に発する伝説群を加工することで。

コーンウォールあるいはウェールズ地方から渡来したバルド〔吟遊詩人〕たちはその三十年ほど前に、ヘンリー二世の祖父、同じくノルマンディー公のヘンリー〔アンリ〕一世の取り巻きに、どうやらこれらのケルト伝説を語って聞かせるようになったらしい。今日われわれの国でレゲエやサルサを歓迎するのにも似て、彼らはそこで最も熱狂的な歓迎を受けた。それも同じ理由から——これらの話は異郷感を与え、どこかよそへと連れ去り、驚きを与え、習慣を断ち切り、人生に新しい視線を投げるように促したからだ。これらの物語のうち最も蠱惑的なものは愛について語っていた。ただし野性の、馴致しえない愛、狂おしい愛について。あるいはむしろ狂おしい欲望について、相手の肉体の中で溶けたいという制御不能の渇望に捕らわれた男と女を互いの胸に飛びこませる、あの神秘的な力について。ほとばしる衝動、かくも強力で、あらゆる管理に対してかくも反逆的な衝動であるため、当時は進んで魔術的な飲み物の介入で説明したあの不可解な死のように、それは魔法の作用により、偶発的に、盲目的に、堰を切って流れ出すように思えた。そこでこれらの話の中心に置かれたのが媚薬、女同士でその秘法を伝える処方によって調合された奇怪な混ぜ物、ハーブ入り飲料、「薬草入りの秘酒」(vin herbé)であった。万が一、偶然に、この飲み薬を服用でもしたら、以後あなたはその捕らわれ人にされてしまう。その威力に対しては、効き目が消滅しないかぎり誰も何もすることができない。このようにして生まれた、それゆえ手に負えない欲望の不吉な結果を示すことは、宮廷社会の中で、秩序と無秩序について、とりわけこの性の乱脈が原因となるトラブルについて、健全な反省を培うのに絶好であった。

ある結晶化現象が、ただ一人の英雄的人間像、完璧な騎士の人間像、トリスタンのまわりに、散在する伝説の諸要素を凝結させた。一人の人間像、注意してほしいが、男のそれである。最初に聞いた人々にとって、この物語は、われわれにとってそうであるような、トリスタンとイズーではなく、トリスタンのみに関わっていた。『トリスタンの物語』、それがこの物語を伝える作品に彼らが与えた題であった。これは驚くにあたらない。騎士道文学はことごとく男たちによって、主として男たちのために作られたのだ。主人公はすべて男性である。女たちは、プロットの展開に不可欠ではあるが、脇役の役割を担うにすぎない。

トリスタンの武勲の話は、当時の修道士たちの書いた聖人伝がしばしばそうであるように――またアベラールの自叙伝がそうであるように――、主人公をもうけるために結ばれた男と女、その運命が主人公の運命を予示する男と女の回想に始まり、そのあと主人公の誕生から死まで続く。この直線上に主人公の冒険が挿入される。二度も怪物の敵と決闘し、二度とも勝者となり、その勝利によって、圧制から国民を解放し、二度負傷したが、トリスタンは二度とも一人の女によって癒された。これらの奇蹟的な武勇の背景にあるのが、海と、はるかに遠い、奇異な、水平線の彼方のアイルランド、ヨーロッパが幻想を投影する当時のヨーロッパの極西（ファー・ウエスト）であった。幼いときに容赦なく母親から、女の世界から引き離され、以後は仲間同士の間に暮らしてきたため、あの突然の別離以来、彼らにとって女性的なるものがノスタルジーと奇異の領域であり続けたこれらの聴衆でもある戦士たちを魅了するために、詩人たちがトリスタンの前に霧深い国出身の女を配置することに決めたのは、また、危険で、気紛れな海、別離と移動の場である海がこのフィクションの中でそのような位置を占めているのは、はたして偶然であろうか？

イズーをその未来の夫マルク王のもとに導くべく、コーンウォールを目指す船に乗りこみ、トリスタンが海上にあるとき、間違って「媚薬」（lovedrink）――少なくともしばらくの間は、娘が夫の腕の中で満たされるようにと、行き届いた母親たちが婚礼の前日に入念に仕込む愛の飲み物の一種――を、彼はイズーと分かち合う。たちまち、欲望に燃え上がり、まだ海上にあって、彼はイズーを抱く。以後この女を諦めることは不可能だ。たとえこれが他の男の女になっても、母方の伯父、マルク王に対して自然に抱く特権的な愛情にもかかわらず、嫉妬深い連中、ありとあらゆる罠にもかかわらず。さて二人の仲が露見すると、彼は獲物をさらって森に入る、野性の愛に生きるためだが、愛はひどく荒々しく交わされ、彼らの肉体はそのため、と詩人は言う、「やつれ果てた」。ふたたび海が登場する。すなわちイズーをマルクに返すと、トリスタンは別のイズーを娶り、その女の中で第一のイズーへの欲望から解き放たれることを空しく望む。後者は、真のイズーは海に乗り出す、傷ついたトリスタンがこれで三度目、死と欲望から癒してもらおうと呼んだから。不実にも、海はイズーを引き留め、ようやく下船がかなうとき、トリスタンはもはやいない、諦めて死んだのだ。

私のためにあなたは命をなくされた、
それなら私も真の恋人として振舞います、
あなたのために私も同じように死にたい。
〔トマ「恋人たちの最期」スニード写本断片(2)八〇六行以下〕

今度はイズーが死ぬ。決して欲望からではなく、古フランス語で言う「優しさ」(tendrure)のために。物語の成功は間髪入れず、衝撃的であり、持続的であった。原初の伝説が受容され、やがて練り上げられた場所から、アングロ＝ノルマン宮廷という騎士道文化のこの焦点から、美しい物語はヨーロッパ全土に広がるが、まずはドイツだ。そこでは皇帝フリードリヒ・バルバロッサが騎士道の慣わしを導入するのに躍起になっていた。フランスでは、一二三〇年ころ、物語を骨子として際限なく続く散文『トリスタン』の、果てしない、きらびやかなアラベスク模様が織り出された。半世紀遅れて、今度はイタリアがトリスタン的愛の魅力に捕らわれた。この魅力は数世紀を通じてその力を保ってきた。今日も消えるどころではない。トリスタンの物語は、誰もがそれに同意するが、ヨーロッパ特有の神話の中核に揺るぎなく定位している。

初穂の姿で味わうためには、この物語をその起源で捉える必要がある。したがって、話の残存する最古の痕跡へと、プランタジネット家のヘンリー〔二世〕がアイルランド制圧に躍起になっている一方で、十二世紀の七〇年代にその開花を援助した物語詩へと立ち戻る必要があるが、まさにそれは、パリのノートル＝ダム大聖堂内陣の建築が続いていた時期、ベネデット・アンテラミがパルマ大聖堂のためにキリスト降架像を彫刻していた時期、アッシジのフランチェスコ生誕の数年前で、ワルド派異端の広まっていた時期だ。英仏海峡両岸の社交界人士の話すフランス語方言で詩行を連ね、老練な文献学者でないかぎり、不幸にして今日直接読むことのできぬこれらの詩作品のうち、エレガントな筆致で語られ、物語の一挿話だけが展開するマリ・ド・フランスの短詩以外は、われわれには断片しか残されていない。最も重要な断片の作者、ベルールとトマは一度でもこの物語を、ノルウェーのハーコン王の命令で修道士ロベルトの記述した『サガ』にあるような形で、初めから終わりまで語ったことがあるのか？　いずれにせよ、彼らがそれぞれ作った話のうち今日残っているのは——この事実は驚くべきことだ——最も心をかき乱す、聴衆を最も感動させることのできる、まことに波乱に富んだ出来事なのだ。なぜならそれらは、狂おしい愛に捕らわれた、一人の男と一人の女を描いて見せるから。

＊

時が移るにつれ、人々の関心は気づかぬうちに女性像へと、イズーの役割へと移行し、ワグナーの楽劇やジャン・コクトーの映画の中では、ついにイズーの役割がトリスタンのそれを圧倒するにいたる。しかし、『トリスタンの物語』であったものの中では、すべての光は男の主人公に照射されており、人は次のように自問することさえ可能だ——公衆の前で微に入り細にうがち、この完璧な騎士の武勲を描いたとき、詩人たちが彼の激しい欲望を、抗いがたく恋人イズーに執着させる絆を歌うのを聞いたときと比べて、公衆が同じ程度に（それ以上とはいわないが）感動していたのではなかろうか。いずれにせよ、およそ十二世紀にさかのぼる世俗文学作品で、女がプロットにこれほどの地位を占めるもの、女性の役割がこれほど明晰に、これほど巧妙に、また是非言っておく必要があるが、これほど繊細に描かれ、作者の選び抜いた言葉で愛撫されたものをわたしはほかに知らない。この卓越した地位を、イズーは媚薬の効果に負うている。この飲み物を、彼女もまた飲んだ。彼女はそれをトリスタンと分かち合ったが、それは単に彼女を主人公の腕に投げ入れただけではなく——そして、これこそ愛の冒険を当惑させるものにしたのだが——、欲望の前で両者を平等の立場に、あの執拗に女性存在を男性存在に従属させた当時の価値体系すべてが否定していた平等の立場に両者を置くものであった。おそらく、この平等こそ、夫婦が手と手を合わせて婚姻の契約を結ぶ際、当代の最も大胆な思想家が両者に要求したことだ。婚礼のあとは裸で夫婦の褥《しとね》に入る度に、同じような対等の立場に自分たちを見出すのだ、とアベラールは宣言するまでにいたるのではなかったか？　イズーは、なるほど、トリスタンの妻ではない。とはいえ、あらゆる礼儀作法、あらゆる掟、あらゆる社会的モラルに逆らって、彼女は彼と対等であり、それゆえこの時代に生じたあらゆる証言のどこを探しても、女性の地位に関して貴族身分を悩ませる質問が、これほど切実にまた自由に投ぜられたことはない。

トリスタンのテーマを扱った詩人たちは気に入られることが関心事であった。まずは彼らのパトロンに、次いで彼らの聴衆に。そこで彼らはいずれも、宮廷人の幻想に合致するような女のイメージを、イズーという人物を通して提示するように努力した。彼らが鋭敏な心の琴線に触れる術を知っていたのは確かで、さもなければ、作品のうち何が残ったであろう？　作品披露の度に記憶から引き出しては、演者が変化を与えるこれらの詩行、口から口へと飛び移るこれらの語は、いつ失われても不思議ではなかった。われわれがいまでもそれを読むことができるのは、その言葉が気に入られたから、それが語る物語が聞く者を熱狂させたからである。一一七〇〜八〇年代頃、アングロ＝ノルマン宮廷という社交界のソフィスティケーションの最先端で、人が女と愛について抱いていたイメージ、感知するのがたいそう難しいイメージを復元させるにあたって、この冒険の物語のほうがほかの迂遠な方法より不確実の度合いが少ないゆえんである。そして、作家のそれぞれが、ベルール、トマ、それにほかの連中が、自分のやり方でイズーを想像し、ある種の感情、ある言葉遣い、ある態度を彼女に付与し、またそのあらゆる相で女性性を示すために、二人の脇役を、王妃の侍女と主人公の妻である別のイズーを起用するから、これらの物語詩の中で女はさまざまな様相で立ち現れ、その結果、歴史家は当時の男たちが女に向けていたさまざまな視線を識別するまでにいたる。

妻帯者であろうと独身者であろうと、老若を問わずすべての男たちに、また宮廷の女たちにも、イズーは典型的な女性性の像を提示した。イズーは貴婦人である。それ以上だ、王妃である。女の経歴を王族として送ってきた。王の娘、王国の跡継ぎだが、その彼女を父と母は別の王に与えた。まだ花の盛りにあって、すべての視線、すべての献身、すべての羨望の収斂する王宮の中心部で、主君のかたわらで彼女は君臨する。イズーは美しい。「ここからスペインの国境に至るまで」の間で最も美しい女だ。その顔は光を放つ。目のきらめき、金髪の輝き、顔色のみずみずしさ。肉体については、物語詩はそのエレガンスを称賛するが、見せてはくれない。慎み深いから、肉体の魅力を詳述しない、決してしない。実際、宮廷あげての歓喜のうちに王妃が騎士たちの間をパレードをするとき、その肉体は豪奢な装いの下でしなやかさを察知させるだけ。ただし装いはたっぷり描写されていて、その装いが形を覆い隠しているために、かえって誘惑の力を勢いづける。この時代、フランスの大聖堂正面口に王妃や聖女の像を飾るようになっていて、イズーから遠ざかったトリスタンは、至純の愛の聖域とも言うべき場所に、それらの像にも似た彫像を命じて刻ませ、接近不可能な恋人へのひたむきの想いに揺るぎない形を与えた次第だが、この彫像に言及するときも、描写は相変わらず、マントにとどまるのだ。なおまたこの肉体で気に入られているのは、骨格のたくましさなのである。イズーについては、十四世紀の聖処女彫像や、『ベリー公の豪華な時禱書』の果樹園でしなをつくっているエレガントな女たちに見られる、華奢でなよなよとした風情を想像してはなるまい。彼女は粗削りな美の持ち主なのだ。最初にこの想像上の女に幻惑された戦士や狩人は、その断固怯《ひる》まぬところを、活発さを愛したのである。彼らは自分たちの伴侶に忍耐強さと力強さを期待していた。彼らは伴侶が延々と騎行できることを、物語詩の中でイズーがそうしたように、あの拳骨《げんこつ》の一撃で不忠な助言者の一人の歯をたたき折るのも辞さぬことを望んだが、一般にこの時代の一家の女主人は拳骨を食らわせて、柔順ならざる下女どもを罰したのである。非常に勇敢かつ溌剌たる未来の王たちを夫に与えるべく、イズーは作られていた。それが彼女の自己完成となろう。なぜなら、家系が骨組みを形成する社会にとって、女性性は母親になることで初めてその完成度に達するのであった。母性的ということでは、ケルト伝説を継いだ人物の特徴によってイズーはそうである。彼女は神秘的な力を賦与されていて、苦しみを鎮め、あやし、癒す母親のように、青春期の騎士たちの存在の奥深くに埋もれ、彼らが満たされぬ渇望を寄せ続ける母親のように、騎士の養成を任務とした主君の妻、貴婦人にできればその代役を務めて欲しいと望む、あの母親のように慰める。しかしながら、もちろん、イズーの生殖の可能性については、いかなる示唆も物語の中でなされていない。それを話題にすることは論外である。プロットの構造がそれを禁じているうえ、彼女への罰としても、また私生児出生――それへの執拗な恐れは当時すべての家長の頭にとりついていた――を避けるためにも、姦通した女が不妊に見舞われることを世論は望んでいたのだ。

彼女が姦通する女であるから、マルク王はその肉体から快楽を引き出す唯一の存在ではないから、妻を与えられなかった数多くの騎士たちに、イズーは彼らを誘惑するのにうってつけの女のイメージを、愛の戯れの完璧なパートナーのイメージを提示した。燃え上がるのが早く、寝台の「垂れ幕」(courtine)の陰に進んで導かれると、確かに亭主の怒りを恐れ、震えおののきはするが、快楽への好みには勝てない。危険に怯まず、計略の裏をかき、だが慎重に、悪意の視線を逃れる。事が露見すれば、術策を弄する。嘘をつく術を心得ている。嘘を上手につく、少しも誓い破りにならぬように言葉遊びを弄して。嫉妬深く、あまりに事細かく妻を監視する欠点持ちの夫たちを愚弄する。拒まれた貴婦人たちのマントの下に潜む魅力を見抜き、これらの欲望をそそる肉体からひそかに快楽を引き出そうと夢想する若い冒険家、新たなるランスロたちにとって、イズーは好ましかった。その背徳のゆえに好ましかった。

エロイーズの手紙を読むときもそうだが、ここでもわれわれは、この物語を読んで誤解しないよう用心する必要がある。トリスタンは主人公、共感を呼ぶ主人公だ。しかしながら、イズーの役柄は、語りの中での機能が男性的美徳を際立たせることにあり、十二世紀の聴衆にとっては確実に、われわれにとってほどには共感を呼ぶものではなかった。この物語にコミックな要素が含まれていたことを、人は十分に指摘していない。ベルールを聴きながら、宮廷の人々はどっと笑ったのだ。コキュの王を嗤いものにした――そしてマルクの顔の下にルイ七世のそれが透けて見えていた。二人の恋人が彼に仕掛けたひどいいたずらに笑った。しかし、彼らがいつもイズーの肩をもったかどうかは疑わしい。多くの者は、その筆頭はもちろん既婚の男たちだが、あの侍女、ブランガンが女主人を激しくなじり、狂った愛、邪悪ぶり、売女性を告発し、マルク王にその罪深い寛容を非難するのを耳にしたとき――王は復讐すべきだった、裏切り女を火炙《ひあぶ》りにし、少なくとも自分の名誉を守るべきだったと――、彼らは喝采したのではなかったか。「嘘つき女」、「淫奔女」。邪淫に奉仕する不実。「蛇」(guivre)のような、悪女イズー。女たちに由来する危険、イヴの娘たちが避ける術もなく抱えているこの悪、この罪の種、女性性の悪しき部分がイズーの中に具現されている。プランタジネット王家のヘンリー〔二世〕の仲間にとって、女とはまた、脆さ、快楽に身を委ねる抑えがたい性向であった。トリスタンも彼らのように考える。彼は疑わない――金髪のイズーはマルク王の腕の中で、幸せで、燃えている。彼女に必要なのは、雄なのだ。口惜しさから、渇望から癒されるには快楽があれば十分と思い、トリスタン自身も妻を娶ることに決める。当然のことだが、思い違いだ。消えるどころか、「王妃に抱く渇望」は、新婚の褥で抱かれるのを焦がれ待つ美しい乙女〔白い手のイズー〕を前にしながら、あらゆる手立てを彼から奪う。女のほうは不如意に、引き延ばし(retraire)に耐えられず、なおざりにされて激怒し、恥辱と満たされぬ欲望に疼《うず》く。女の、いっそうたぎり立つ、激しく燃える復讐欲。

女の怒りこそは恐るべし〔……〕
女は愛を惜しむすべを心得ているが、
怒りに流されている間は、
憎しみを抑えるすべを皆目知らぬ。
〔トマ「恋人たちの最期」一三二三行以下〕

満たされず、嫉妬に燃え、女たちすべてがそうであるように人を欺く白い手のイズーは、一つの嘘によって役立たずの夫を死に陥れる。トリスタンは妻に殺される。この時代の多くの既婚の男が、毎夜褥に戻るあの安心できぬ、あの満たされぬ女に殺されるのを恐れていたように。伝説の成功は、これが批判と擁護とを結び合わせたことに、そして人目を忍ぶ愛の魅力をイズーにおいて賛美しながらも、妻たちにはしばしば悪しきところありと告発し、かくして単に夫たちのみならず、女の性の神秘と対決させられた、すべての男を悩ます不安に応えることに起因している。

とはいえ、多様な意味に富む、トリスタンの物語、十二世紀に語られた形での物語は、それだけにとどまらない。ベルールがそうするように、媚薬のテーマを活用することで、教会説教の発達と頻繁になった告解の慣習によってこの問題に関心を寄せるようになった社会の前に、物語は責任の問題を提起する。男の女への、女の男への相互的欲望は、ここでは過失により、望まずして飲み干した毒物に原因する。このような状況では、情熱に押し流される者たちは何ゆえに罪ありとされるのか、誰が当然のこととして彼らを糾弾できるのか？　トリスタンとイズーは自分たちの無辜《むこ》であるのを知っている。神が自分たちを愛し助けてくれると確信している。森の中で、隠者はその信念を確証してくれた。欲望、猛威を振るう欲望については、誰にも責任はない。誰も罪人ではない。したがって貴婦人を追い求める騎士たちにも、引きずられて自分の夫君であり主人である男を裏切る妻たちにも責任はない。われわれはみな欲望に隷従するが、この隷属は重圧なのだ。実際彼らの愛の、詩人が喜ばしいと言うのを差し控えるこの激しい愛の、トリスタンとイズーは捕らわれ人なのである。三年後に、媚薬の効果が消滅したとき、それは彼らにとって安堵であった。互いに次のことを告白するまでになった――三年前から「若さを悪いことに費やした」〔ベルール、二一二二行〕と。王妃という肩書、美しい装い、かつて部屋で彼女に仕えた大勢のお付きの女たちの失われたことを、イズーは悔やむ。トリスタンは騎士の務めの喪失を悔やむ。だがまた、彼は心優しいから、伴侶を「間違った道」に引きずりこんだことを悔やむ。あたかも狭い獄舎からのように、狂った愛から解放されて、彼らは息を吹き返した。

物語に魅了された男たちはみなイズーを欲した。時には、彼女は彼らを憤慨させた。しかしそれ以外のときは、結局のところ、伯父を殺した男がある日、知らない男の床に導くため海の彼方に連れ去ったこの娘に、彼らは憐みを抱いたのではないか――以後は追われ続けの女に、あの暑い時間のぬくもりの中で交わす愛のあと、まどろみを破る夢に現れて、むさぼり喰らおうとする二頭の獅子に挟まれてそうであった通り、心ならずも分裂し、共有される女に、欲望と掟という、等しい強さの敵対する二つの力に引き裂かれた女に？　痛ましいイズー、おのれの情炎の犠牲者、また絶えず近づいてくる雄たち、その何人かは毎夜、好都合な闇の中、褥から数歩の近くに眠ったが、その雄たちの間に存在するだけで煽られる情炎の犠牲者に。

さらにはまた、「すべての恋人たちに、／思い煩う人たちに、恋をする人たちに、／嫉妬する人たちに、恋に焦がれる人たちに、／快楽好きの人たちに、血迷った人たちに」〔トマ「恋人たちの最期」スニード写本断片（2）八二一行以下〕と言って呼びかけ、伝説を取り上げたとき、トマは伝説の教訓と別の文学ジャンル、宮廷風恋愛詩のそれとを和解させようとして、「薬酒」の服用により悪しき熱病に感染したかのような野性の愛と、トルバドゥールの賞揚したあの愛とを調和させようとして努力したのである。媚薬は彼にとってもはや一つのシンボルにすぎず、渇望は単なる肉体的欲動であることを止めた。女とは人がひそかに愛撫したいと焦がれる肉体ではない。もし心もまたつかまなければ肉体は何ものでもない、とトマは宣言する。そこで彼は、物語詩の最後の部分で、イズーという人物の二重性を強調した。金髪のイズーは、かつてトリスタンが船の上で奪った女は、さしあたっては遠くにあって、押収されている。その肉体は不在で、すべて夫の権力下にある。トリスタンには自分の寝台に別の女の肉体が、妻がいる。彼女はイズーの名を持ち、イズー同様に美しい。イズーの複製だ。トリスタンは彼女を欲する。婚姻の掟はこの差し出された肉体を手に入れるよう要請する。愛がそれを阻む。なぜなら、愛は、「至純」(fin)の愛は、美しい愛は、快楽の追求、肉の欲望の充足ではないから。それは、二つの心の断ちがたい結合に転移した、あの昇華された渇望なのだ。彼に耳を傾けた騎士たちと貴婦人たちに、トマは実は新しい宗教を、愛の宗教を提唱した。崇敬の対象——丸天井の部屋で、トリスタンが刻ませた彫像に捧げるあの崇敬の念。イズーは、遥かな女、引き離された女は、恋人が崇敬の念で自分を包んでいるのを知り、その殊勝な思いに値すべく、キリスト教の苦行者さながら、服の下に、それも肌にじかに鉄の下着を着けることを自らに課す。伝説のこのヴァージョンはそのことで教えていた——愛は試練によって豊かになることを、神への愛と同様に、その愛も禁欲を要求することを、愛によって、必然的に肉に根差した愛によって、人は段階を追って筆舌に尽くせぬ愛の発露にまで上昇しうることを。同じころ、シトー会修道院で、のちにダンテが霊感を仰ぐ神秘主義者たちの発見したことも、それと異なるものではなかった。ところで、このような高みに昇れば、愛は、男と女の相互的な愛は、決定的に掟の上に位置する。肉の欲望の暗い力を制御し、恋人たちは捕らわれ人、犠牲者であることを止める。同時に無辜であることも止める。彼らは全面的に責任を負う。すべてに向け、すべてに対し、死ぬまで、自分たちの情熱の責任を引き受ける。この愛もまた、幸福ではない。なぜなら、それは不可能だから。それは容赦なく目標を逸する。しかしながら、自己を乗り越えることには、勝利がある。これこそ一一七三年に偉大な詩人の確言したことだ。人が以後、そのはるか先を行くようになったと、あなたは信じているのか?

第五章　ジュエット

一一七二年、イヴェット、あるいはむしろジュエットという名の少女が、ユイにいた。現在のベルギーにあり、当時は経済発展の全盛期にあったこの小さな町には、金がおびただしく流れこんでいた。ジュエットは十三歳であった。娘たちが嫁がされる年齢であった。父親は、リエージュ司教がこの地方に課した税の収税人であり、金持ちであった。親類縁者に相談して、彼女のために夫を選んだ。

ジュエットは歴史上の有名な人物ではない。同時代の連中、男たちの頭の中で、アリエノールやエロイーズのような場所を占めるのとはおよそ縁遠かった。それでも生涯の物語が残されているので、わたしは彼女のイメージを描くことができる。プレモントレ修道会の修道院、フロレフの一修道士が、一二三〇年ごろにそれを書いた。彼は事情通であった。彼の修道院の院長は死にゆく女から最期の告解を受けたところであり、また彼自身がその相談相手であった。彼女の話を自分の耳で聞いていたのだ。聞いたことを忠実に記録しようと努めた。彼によって、貴重な細部がひしめくこの良心的な伝記によって、一人の女の言葉の残響がわれわれに届くのだ。世俗語を学校ラテン語へ移し変えたことにより、転写した人物の先入観により、聖者伝的な言説の要請により、なるほど女の言葉は変質してはいる。それでも聞き取ることは可能だ——ジャック・ダラランがそれを証明したが、キリスト教が女性化し始めた時期、十二世紀から十三世紀への転換期にヨーロッパのいくつかの地方で崇拝され始めた、あれらの「聖なる主婦たち」の言葉と同じように。それがこの証言を価値あらしめるのであり、この女性の運命がいかにローカルなものであったにせよ、この時代の男たちが女たちについて考えていたことを雄弁に物語る。

修道会の修道士たちと彼らによって信仰が管理される信心家たちのために作られた説話の中心に、書き手は、女主人公が授かり、聴罪師に打ち明けた幻視の話を配置する。女はある夜、長いこと祈り、涙したあと、かつて彼女が犯した罪を罰しようとする、怒れる男が目の前にいるのに気づいた。この男の中に、彼女は確かにキリストを見分けた。彼のそばには、まことに気品溢れる女が坐っていた。罪ある女は、狼狽して、涙に濡れた目を彼女のほうに向けた。すると聖処女は、立ち上がって、頭を下げ、裁きの神がこの女に宥しを与える約束を、悔悛する女を今後は侍女、被保護者、娘となすべく、自分に預ける約束をとりつけた。御子のかたわらにあって、その慈悲に訴えるわれらが聖母、このイメージはたいそう月並みなものだ。彫られるか描かれるかした聖母を、人はいたるところで目にしていたし、説教者たちもその説教の中で言及していた。苦悩する魂の取りとめのない言葉に聖母が現れるのを見ても、驚くにはあたらない。いずれにせよ、それはこの苦悩の謎を解く鍵を提供し、ジュエットの運命のすべてを教えている。恐るべき男性の力から一人の女人の介入によって逃れられたと、彼女はそう感じたのである。同時に自分の良心に重くのしかかる、忘れていた罪の何たるかを発見した。彼女はかつて夫の死を切望したことがあったのだ。

＊

この女は聖性の香りに包まれて死んだばかりであった。とはいえ、厳しく処女性を守ったことを告げて、当時の人がその功績を褒めたたえた純潔の擁護者たちのもつ美徳を、彼女に付与するわけにはゆかなかった。ジュエットは結婚を逃れるために親の家から逃げ出していなかった。処女を奪わないように、自分の横で純潔のうちに共同生活を送るようにと、夫を説得することもまたできなかった。この小娘は柔順に、言いなりに自分を与え、手を出されるがままでいた。それも幼くして交接の暴力に引き渡された多くの乙女たちがそうであるように、決してそれから立ち直ることはなかった。五年間、彼女は結婚の「軛《くびき》」に耐え、嫌悪しながら「負債」を支払い、妊娠の重荷と出産の苦痛を我慢しなければならなかった。五年の間に男の子を一人産んだが、これはまもなく死んだ。次に男の子を、さらには三人目の男の子を産んだ。残念ながら、男の子たちだった。世話をしなければならない、まだ幼い雄たち。それが女たちに共通の運命であった。ジュエットは少なくとも運がよかった。夫がついに死んでくれた。

これで解放されたと信じた。しかし依然として彼女は男心をそそったし、持参金はなおさらそうであった。求婚者たちが彼女を狙った。彼女の親族は、当然の話だが、利益になる姻戚関係を結ぶのに彼女を利用しようと思い、最も気前のよい相手に引き渡す準備をしていた。今度は彼女が、隷属状態にまた落ちこむことに抵抗した。父親は懇願し、脅しをかけたが、娘はまったく聞き入れようとしなかった。万策尽き、父親は自分のパトロン、司教のほうへと足を向けた。司教は自分の宮廷に、スルプリ〔白短衣〕姿の聖職者、武装した騎士からなる男たちの威圧的な集団の前に、不服従の女を出頭させた。震えながらも、彼女は粘った。どうして無理やり、と彼女は言う、新しい夫を迎えさせられるのか？　自分はすでに自分に夫を、それもより優れた相手、キリストを与えているのに。この抗弁は不意打ちであった。公教会には一つの身分、寡婦の身分が存在していた。公教会は、再婚に不信感をもち、結婚に疲れ、禁欲の余生を選んだ女たちを尊重した。司教は屈した。彼はジュエットを祝別した。彼女は自由の身になった。

とはいえ苦痛の終わりではなかった。聖別された寡婦の身分は、規則正しく聖務日課に参加することを、そしてもちろん、男たちから離れていることを命じた。円熟し、鍛え上げられ、情欲の火の収まってきた女であれば、それほどの苦痛なしに掟に従うことができた。十八歳のジュエットはもっと脆かった。サタンはそれにつけこもうと決めた。みずから彼女の歩く道を妨害することから始めた。彼女が朝課に連なるため夜明け前に家を出ると、いずれもそら恐ろしい、さまざまな姿のサタンが現れるのを街角で見かけた。しきりに十字を切ることで、この最初の試練にうち勝った。そこで悪魔は女たちを破滅させるために通常用いる武器を活用した。一人の男が、死んだ父親の近親の男が孤児二人の後見役を務めていた。その資格で、足しげく若い寡婦を訪ねてきた。彼女を欲したものの、人の噂を恐れて、しばらくは愛の告白をためらっていた。ついに情熱を告白して攻めに入ると、ジュエットは腹を立て、厳しくはねつけ、説教し、以後距離を置いた。ところがある晩のこと、従兄弟たちが彼女を晩餐に招待して、一晩中引き留めるのであった。あの言い寄る男が姿を見せ、彼もまた引き留められた。彼女は震えおののいた。十二世紀の住居には、たとえ最も豪勢なものであろうと、避難場所となる閉ざされた場所は存在しなかった。灯火が消されるとすぐ、ひとり身の女たちは、寝床から寝床へと手探りで獲物狩りに向かう男たちの欲望に曝されたのである。一同は二階で眠っていた。用心深いジュエットは一階に寝台を用意させ、連れの女と一緒にいた。不安にかられ、眠らずにいた。スキャンダルにならずに、名誉を失わずに、助けを呼ぶことも、通りに逃げ出すこともできない。いかにして暴行を避けるか？　床板の軋みで略奪者の接近を察知すると、最後の頼み綱、聖処女マリアに哀願した。祈りの功徳はあった。脳に妄想が巣くい、消耗しきったこの娘には、そのとき、恐れていた男ではなく、呼びかけに応えた神の聖母が階段を降りてくるのが見えた。その男には無垢の聖母を見る資格はなかった。しかし男には聖母の足音は聞こえ、彼はがっくりして、また寝床に戻った。さきほどわたしが言及した幻視、女たちと男の暴力との間に保護者として割って入る光り輝く女の幻視を、この幻の出現は予告するものだ。サタンはまたしても打ち負かされた。

少なくとも悪魔には堕落させる最後の手段が残されていた。もはや性ではない、金だ。ジュエットは十分に金をあてがわれており、商売で増やしてもらおうと、収入は商人たちに預けていた。それがよくなかった。何もせずに消費者の負担で、商売の利益によって富むことを神は好まない。とはいえ、ユイの市民層はこの罪を小罪と見なしていた。この罪を贖うには寄進をすれば十分だ、と彼らは言い張った。ジュエットはそうした。多すぎるほどした。父親は、孫たちが貧しくなり、生まれで定まった地位から転落するのを見るのが心配で、財産の管理権を娘から取り上げたが、あらゆる女がそうであるように、娘は頭がおかしく、気前がよすぎ、財産を浪費し、家の中の売れるものはすべて少しずつ手放していたからだ。

そうなるとジュエットは、無慈悲に汚されたという気持ちに襲われた。どのようにしたら無垢の状態を取り戻せるのか、幸せな子供時代に戻れるのか？　つまりはどのようにしたら、彼女を乱暴に扱い、過ちへと引きこむ男たちから、父親から、息子たちから、再婚させられなかったことを悔やむ親族から、時折りその視線や手が女信者たちの体の上をさまよう好色な聖堂参事会員たちから、相変わらず彼女にまつわりつく雄どもすべてから、逃れられるのか？　五年の寡婦生活ののち、俗世から隠遁することを決心した。

男であれば、それは容易であった。巡礼に、十字軍に出かけるか、あるいは修道院に入ることができた。修道院はたくさん、それもシトー会のそれのように、優れたのが見つかった。しかし女たちは？　すぐ襲われることなく旅立つことは、彼女たちには不可能だ。女子修道院はまだ非常に稀であり、入居を認めさせるには、貴族である必要があった。幸いにして、この地方では、十二世紀の中葉以後、繁栄する市民層は、彼らを搾取する地方聖職者階級に敵意を抱き、富を悪しきやり方で取得した心疚《やま》しさから、既成の公教会の枠外に、新たな集団的贖罪機構をこしらえていた。彼らは寄進によって二種類の贖罪の生け贄を養っていた――一方は、生涯独居房に閉じこもり、以後は町の罪を背負い、その罪を禁欲の厳しさで洗い清める男たちの、とりわけ女たちの隠遁者、他方は、同じく閉じこめられたハンセン病患者と、イエスにならって、その彼らへの奉仕に身を捧げ、かくして都市共同体の救済に必要な恩寵を取りこんでいた善男善女。ハンセン病の療養所がユイの郊外に設置されていた。心の平和と妄想からの解放を求めて、二十三歳のジュエットがやって来たのはそこであった。極端な女だから、病人の世話だけでは満足できず、彼らの器で一緒に食べ、彼らの壺で飲み、彼らの使う風呂に浸かり、彼らの血膿を浴び、この病で体が蝕まれるのを夢見ていたが、と彼女の伝記作者は語る。それによって魂があらゆる汚染から浄化されることを期待したからだ。二人の息子のことは気にもかけなかった。長男はごく幼くして、修道院生活への準備となる学校に送られ、次男は構われずに、悪くなり、もはや金と若い女のことしか関心にないが、ジュエットは十年間このような活動的生活を送った。そのあと、相変わらず満たされないまま、観想生活を選んで、寡婦の身分から、より賞賛に値する隠遁者の身分へと移った。この移行は、司教がふつう執式者となる儀式によって行われるものであった。司教座が空席であったため、ジュエットは近隣のシトー会修道院長によって祝別されたが、彼はハンセン病療養所礼拝堂に付属する小さな家の唯一の扉を彼女の背後で閉じた。彼女がそこから出ることはついになかった。三十七年間そこに留まるが、それはまた三十七年間の支配であった。

ジュエットは羽目を外さない市民的安楽を断念しなかったが、伝記作者は、批判に立ち向かって、禁欲の行き過ぎを斥け、節度と控えめな態度の功徳を説くのをよしとした。彼女の望んだのは、孤独であった。外部からの誘いから身を守るために、一緒に侍女の一人を閉じこめた。この補助役は、女主人に肉体的疲労を一切及ぼさぬよう気を配り、階下の小窓の前に陣取った。援助を乞う連中を迎え、耳を傾け、言い分を取り次いだ。女主人は、アーヘン礼拝堂でのシャルルマーニュがそうであったように、大聖堂の入り口を飾るタンパンのキリストと聖処女がそうであるように、二階に鎮座し、時々その止まり木から降りてきた。ふだんは、そこに君臨して、近づきがたく、全能であった。もはや男たちとは会うこともなく、例外は時々訪ねてくるシトー会、プレモントレ会の非常に謹厳な数名の修道士、ハンセン病療養所の教会に勤める二、三の司祭のみ。後者のほうは時として煩わしかった。彼らの一人がかくも足繁く通ってくるので人が驚き、彼女に恋しているという噂が流れた。ジュエットは赤面して、この雄の欲望が実は追随者の一人に向けられていることをただちに分からせた。彼女は実際、大勢の女の追随者を支配下に集めていた。子供時代に募集し、彼女が養育し、教育し、養女とし、自分がもうけなかった娘同様に扱い、結婚から引き離そうと懸命になっていた若い娘たちからなる宮廷の類いであったが、彼女たちを「無傷」に保つことに躍起となり、狙う狼からこれらの子羊たちを守っていた。

彼女の支配力は何よりもまず、幻視者として知られていることに起因した。普通の人間に見えないものを彼女は見た。久しい前から。隠遁生活に入るはるか前に、召使い女の一人がある朝、恍惚状態の彼女を目撃した。閉じこもるようになるとすぐ、幻視の数が増えた。実を言えば、彼女がそのことを口にするのは稀で、それも常に意識してであった。しかし近づいた女たちは、彼女がトランス状態、意識喪失でいたと語り、しかもわれに返るときは、産婦のように暴れ、叫び、溜め息をつき、「恋の病にある女さながら」であったと敬虔な伝記作者は言うが、これは彼自身が未経験ではないことを示す記述であろう。言うに言われぬ悦楽から力ずくで引きはがされたようであった。そのように恍惚とし、肉体の外に運ばれ、彼女が天の住まいを訪れに行ったとの噂が広まった。ある日、と彼女は告白した、そこで福音史家の聖ヨハネに出会った。彼自身がミサをあげ、目の前でホスチア〔聖体パン〕を分かち、全実体変化の神秘へと導いてくれた。しかしながら、いと高きところで男と話をしたのはこの一回だけであった。普通は、彼女を迎え、腕に抱いてくれるのは、女人、聖母であった。このことは、誰にも察知できることだが、聖女の仲間として認めさせたいとの期待から、筆を手にしてこの幻視者の身に起きた驚異を物語る者を当惑させかねない。中傷家たちの言わんとするところぐらいは彼にも察しがつく。男性の支配を一切拒んだと、彼が得々として伝える幻視者は、キリストその人からあまりにも遠くにいたのではないのか？ そこで彼は、長い章の中で、マリアとイエスとは「肉と骨とで」分かち難く結ばれているから、一方に執着するのは必然的に他方にも執着することの証明を企てる。それにまた、彼岸への遠出の際に、許婚者のような見事な装いで、喜ばしい婚礼、どの女も十全に満足する唯一の婚礼のために、花嫁の体に暴行を加えることのない、至高の花婿のもとへ行列を組んで案内された自分の姿を、かつて不幸な結婚をしたこの女は見たのではないか？

いずれにせよ、リエージュ地方のどこでも、この女隠遁者を可視と不可視との霊媒、驚くべき仲介者と見なした。この能力が彼女の権力の基盤であった。少し前に亡くなり、その記憶がまだ生き生きとしている、あの偉大なビンゲンのヒルデガルデのように、ジュエットは全能の神の秘密を見抜くことができると信じられていた。聖書のテクストに近づけるような教育を受けてはいなかった。それでも神秘的な婚姻の場へ付き添ってくれた天使たちの序列の中で完全に自分を識別できると、また彼らが着せてくれた婚礼衣装を飾る宝石の固有の効力を鑑別できると言っていた。そこで人は彼女を質問責めにした。神の一体性における三つのペルソナ〔位格〕とは何か、われらに説明せよ。天の宮廷に運ばれるとき、われらのため、両親、友人のため、そなたは神の慈悲に訴えようと思うか？ 巧みに、彼女ははぐらかす。聖霊が私をかの高みに連れ去るとき、と彼女は答えた、不可知の中に完全に溶けてしまうため、地上の物事の観念を一切失います。戻るときは、眩暈の中で感知したことを、人間の言葉で表現することはできません。

それにまた、今日占い者や占星術者がわれら同世代人の多くに行使しているのと同様な能力を、側近および周辺の者相手の彼女に授けたのは、こうした神秘に関する伝達不能な知識ではなく、それはもっと剣呑な能力、他人の秘密の過ちを見破る能力だ。罪人たちに向かって、彼らに約束された刑罰を予言した。あの高利貸の聖堂参事会員に、あの体の狂った町人女房に、彼女は警告した——もし行いを改めなければ、地獄に直行するだろう、淫行に耽る女の性器から炎が出るのが見えた。何一つ彼女の目から逃れられなかった。あの小娘、彼女が後見する子は、聖体拝領台に近づいたとき、聖体にではなく、聖体を配る美男司祭に視線を向けていた。彼女はそれを知っていた。あの若い修道士は、枕の下に愛の証しとして従妹からもらった肩掛けをしまっていた。彼女は知っていた。あの側近の女信者はひそかに情事を重ねていた。彼女はそれを知っていた。そして彼女の大好物である聖体拝領を拒んだあの司祭が、売春婦と寝ていることを彼女は知っていた。彼女は人の心が読め、それで恐れられた。自分が完全に純潔だと感じられない連中は、ほどなく彼女に近づこうとはしなくなる。彼女の侍女に打ち明けるのであった。しかし声をひそめて囁いても無駄であった。ジュエットは、高みにあって、目に見えず、網を張った蜘蛛のように待ち構え、すべてに通じていた。誰に言えたであろうか、たとえ天罰ならずとも、少なくとも何らかのスキャンダルが、彼女の異常な明察によって、ほどなくこの町で引き起こされることがないと？

女たちには、女占い師の権力が、どうやら、十二分に働いたらしい。贖罪の苦行をするように、肉体の悦楽を諦めるようにと女たちに強制した。一度捕らえられると、その圧制から逃れる術はなかった。ある日、まわりに集まった若い娘たちの一人が、彼女を籠絡した聖職者を追って逃亡した。六か月後、町から町へと張り巡らされた男女の隠遁者のネットワークを利用して、ジュエットは失踪した女を、はるか遠方の、メッスの町で釣り上げることに成功した。迷える子羊は羊小屋に戻った。女保護者の祈りによって奇蹟的に守られ、彼女は処女を喪失していなかった。駆け落ちの初めから終わりまで、彼女はそれでも同行の男と床を共にしていたのに。この男は彼女に敬意を払っていた。彼女の裸の肌を一度たりとも見なかった。

しかし男たちは、連中のほうは、もっと強情なところを見せた。彼女に仮面を剝がされたあの悪い司祭、彼はユイの大きな聖堂で眠る際、明け方に教区の敬虔な女たちを寝台に引き込むが、告げ口を恐れて、その告解を妨げた連中の一人なのだが、その彼のように、彼女が説諭した雄たちの何人かは、動揺した瞬間こそ、行いを正すと約束した。しかし彼らはたちまちふだんの快楽に逆戻りだ。こうして分裂が生じた。一方は、動員され、支配され、言うことを聞く女たち、他方は、告発され、断罪され、矯正不能の男たち。この女隠遁者があらゆる肉体的欲望に対して、とりわけ好色に対して、彼女の頭から離れない肉の罪に対して遂行する激しい戦いは、かくしていよいよ苛烈の度を増す対決、両性間の戦いの様相を帯びた。

この地方で、歴史家が原因をよくつかんでいない一つの動きの始まったことを、言っておく必要がある。古くからの貴族階層よりも流動的な市民層社会の中で、ますますその数を増す女たち、若い女たち、寡婦、のみならず人妻たちが、もっと自立を求めて、信心の小さなサークルという形で、自衛的共同体を組んで団結するようになった。ジュエットはこの動きを利用した。それをハンセン病療養所へと誘導した。自分の重い支配下にあるこの施設を、女性の自由の砦のようなものにしたため、この寄進が殺到し、恐れまじりの敬意で囲まれた組織は、年が経つにつれ、公教会のますます剣呑なライバルをもって自任した。女隠遁者の権力はかくして徐々に、参事会員の権力を、聖職者の権力を、要するに男性権力を侵食していた。厳しい手で処女性の狂信者一味を支配するこの女主人、蜜房に身を潜めたこの女王蜂は、ついに怖いもの知らずになった。ある夜、マリ＝マドレーヌが現れて彼女の手を取り、キリストの足もとに導いたのではなかったか？　ジュエットのほうも安堵させる言葉――「そなたの罪は宥された、そなたは大いに愛したがゆえに」を聞いたのではなかったか？　あらかじめその日時を知っていた死に際して、聖処女は（ジュエットはそう確信していた）みずから迎えてくださり、天国の宮廷の貴婦人たちの間に席を定めてくださる。政治のチェス盤上で、この女は主要な駒となりつつあった。彼ら自身が都市教会権力のライバルである改革派修道院の修道士たち、プレモントレ会、シトー会の修道士たちは、これに気づいた。彼女を自分の陣営に引き寄せ、囲いこもうと努めた。また彼女を守ろうと懸命になった。

なぜなら彼女は攻撃されていた。敵対者たちが反撃を加えていた。彼らは有効な武器を手にしていた。男たちがかなりあまねく共有していた不信感を、まずはあてにすることができた。ジュエットの幻視、夜の半睡状態で啓示されたと語ったこと、あれらの恍惚と、出現の物語などを、まじめに受け取る義理は何一つとしてなかった。村から村へと駆け巡っては、いかさま師どもが単純な魂の持ち主を、「婆ちゃんたち」を、百姓女たちをたぶらかすために弄する口上とどこに違いがあったのか？　信じやすくない連中は冷笑したし、伝記作者の書いたものを読めば、連中を説得するのが容易ではないと確信していたことは誰にも察しがつく。それにまた、アルビ派相手の十字軍のさ中だから、司祭の仲介を拒み、ホスチアを口に詰めこんで、聖霊と直接に交流すると称するこの女に異端のレッテルを貼る潮時でもあった。彼女の嫌疑を晴らすために、そして利用するためには、彼女の聖性を認めさせることが必要であった。彼女の生涯を語りながら、フロレットの修道士が懸命になったのはまさにその点であった。

彼は失敗した。ひとたび死ぬと、ジュエットが信仰の対象になったとは見えない。そのためには男たちを説得する必要があっただろう。ところが男たちは警戒していた。今や女たちのことを考慮すべきであることを、彼らはよく承知していた。彼女たちのことは、だから前よりもさらに信用しなくなっていた。女たちが地獄を恐れるのは、厳しく支配されるのは結構なことだと考えた。ただし彼らによってだ。そして、父親が与えようと目論む若い男をあからさまに、あまりにもしばしば拒む反抗的な娘たちに、彼女たちが手本であってはなるまいぞ。女隠遁者などは、すでに多すぎた。故人がそうしたように蟄居隠棲を要求し、その権力、一時町を震撼させ社会秩序を脅かした権力の相続を期待する追随者たちの請求を、リエージュ司教は却下した。社会は自分を守った。幻視者は忘れられた。権力は、真の権力は、男の手に残ることになった。

第六章　ドレ・ダムールとフェニス

これらは、貴婦人・奥方ではない。彼女たちはまだそうではなく、そうなろうとしている。処女でいて、愛に捕らわれる。愛によって貴婦人・奥方になり、そして愛は、美しい愛は残る。女のこの二つのイメージは一つのものだ。単なる素描である第一のイメージがやって来て、その特徴を明確にし、色彩を鮮やかにする。実際、この二つのイメージに発して、第二のイメージの現れるクレチアン・ド・トロワの物語、『クリジェス』は聖者伝のように、『トリスタン』のように構築されている。主人公の物語に、それを予示する両親の物語が先行する。フェニスはクリジェスを愛し、これと結婚するであろう、まさしくドレ・ダムール〔原作ではソルダムール〕が、クリジェスの父、アレクサンドルと結婚する前に、その彼を愛したように。

物語詩の六千七百詩行に沿って、錯綜した、スリル満点のプロットが起伏と驚異をともなって進行する。登場人物は、王侯が友人たちと祝宴を張る大広間を飾る象徴的な人物像のように、地上のヒエラルキーの最上位に配置されている。フェニスは西ヨーロッパ皇帝の娘、アレクサンドルとクリジェスは東ヨーロッパ皇帝の後継者である。ドレ・ダムールは、世界で最良の騎士ゴーヴァンの妹だ。当時知られていた世界の端から端まで、ブルターニュ、アーサー王の大ブルターニュから、小ブルターニュすなわちアルモリカと、帝国領ドイツを経て、ギリシア、クレチアンが『愛の技法』を翻案したオウィディウスのギリシアへと、『トロイ物語』の描く想像上のギリシア、香料と、豪奢な絹織物と、あらゆる蠱惑に満ちたギリシアへと、それも自分たちの子孫が出向いて光明の町を奪取し、荒廃させ、中世がその記憶をとどめた最も信じがたい略奪のさなかに、宝石や聖遺物を掠め取る三十年前、ヨーロッパの騎士たちが夢見たコンスタンチノープルへと、事件が繰り広げられる。武勲に関する入念な記述が物語の大部分に及んでおり、それは一騎討ち、決闘、騎馬槍試合に「目がない」(aficionados)武人の聴衆に不人気であったはずがなく、また槍と剣の見事な応酬、破損した甲冑や刎ねられた首が大好物の若いご婦人たちは、騎士たちと同じくらいいそいそと

〔……〕いざ真正面から激突する者たちを
ぜひその目で見ようと、
見物桟敷や城の狭間、
窓辺から身を乗り出し
〔『クリジェス』二八四七行以下〕

楽しんだにもかかわらず、ここでは軍事技術に関することは省略する。

すべての騎士道物語と同様に、『クリジェス』はスポーツ文学に属する。とはいえその最大のテーマは愛だ。これについて、クレチアンの快活で、透明で、春めいた文体は、その進展のさまを繊細に描く。

それはまず、騎士の武勇を体得するためにアーサー王の宮廷へと旅立ち、ドレ・ダムールに出逢い、彼

女を渇望し、武勲の褒美に獲得するアレクサンドルの、心の中の愛の進展を追う。とりわけ二人の若い娘の心の中で愛の進展を追い、クリジェスが登場するとき、事件は最も佳境に達する。愛の道程で、主人公は実際に父親よりもはるかに多い障害にぶつかる。アレクサンドルの弟、アリスは彼を玉座から遠ざけた。しかし自分は結婚しないと誓った。そうなればクリジェスが跡を継ぐことになろう。ところが、心をそそる結婚相手、皇帝の娘、入手可能なフェニスが現れる。ただちにアリスは協定を破棄し、甥をともない未来の妻を求めて出立する。ドイツ皇帝の宮殿で、それは妖精の出現のようであった。乙女は大急ぎで

宮殿にやって来た、
顔はあらわ、帽子も被らずに、
その美貌からは燦然たる光が
四個の紅ざくろ石も及ばぬほど
大いなる輝きを放つのであった。
〔同、二七〇九行以下〕

目眩《めくる》めき。フェニスとクリジェスは、実に歴然と、互いのために造られていた。雲に陰った光の下で、彼らはまことに美しく、まことに輝かしいため、このカップルから発散する光は、朱色の陽光のように、宮殿全体を光り輝かせる。この燦然たる輝きの中で突如蕾をつけた愛を、どのようにして開花させるか、どのようにして断罪するものに打ち勝つか？　同じ時期に、娘の父親から結婚の許しを得ている別の男の権力にその若い娘が委ねられるのを、どのようにして阻止するのか？

魔術、魔法によってである。最も有効なのはもちろんビザンチンの秘薬、テッサリア生まれのテッサラ、フェニスの養育係が秘密の処方を知っている秘薬によって。この女が処方し、クリジェスが婚礼の夜にアリスに服用させる飲み物の作用によって、アリスは妻の肉体から激しい悦楽を引き出すが、ただし夢の中だけ、彼は風を抱くだけであり、花嫁は処女のままである。ただし、同じくアーサー王によって騎士に叙任されたクリジェスが戻り、その彼のものになるためには、彼女を拘束する絆をほどく必要がある。別の飲み薬によってである。これはフェニスに、死に瀕する女の、やがては死んだ女の様相を与える。医師たちが策略を嗅ぎつけ、彼女の体を痛めつけ白状させようとする。彼女はよく耐え抜く。墓に入り、そこを出ると、自分の灰なるものから甦る真のフェニックスとして甦り、誰もその入り口を知らない夢の城の果樹園に立ち去り、一年以上もの間、恋人の腕に抱かれて快楽を味わう。アリスがついに死ぬ。その直後、完全な愛に冠を授ける婚礼となる。

クレチアン・ド・トロワは、『トリスタン』のアンチテーゼとして、これ見よがしに自分の物語を提出した。フェニスのイメージは、イズーのそれとは正確に対極に位置するものとして現れる。クリジェスに恋をするとすぐ、フェニスは、自分の欲望を制御し、厳しく自分を守る。私は断る、と彼女は言う、イズーとトリスタンのように思い出されるのは。

　彼らについては、語るのも恥ずかしい
　あまたの愚行を人は口にしているから。
〔同、三二〇八行以下〕

私はお断りします、イズーの送った生活、卑しい生活を送るのは。なぜなら、心は一人にしか与えないのに、体は二人に分かち与えているのですから。

私があなたを愛し、あなたが私を愛するなら、
決してあなたは人にトリスタンと呼ばれず、
私も決してイズーにはなりますまい。
〔同、五一九九行以下〕

不一致が明白であるように、クレチアンは自分の物語のために『トリスタン』の骨組をいくつか取り上げた。二つの物語詩の中で問題となるのは、甥と叔父の妻、結婚適齢期の娘と独身騎士の間の情熱的な恋愛であり、アレクサンドルの恋があらわになるのは大海原でだ。さらに、媚薬もまた関係する。ただし、第一の相違として、恋人たちは明らかにもっと若い。クレチアンはそれを明記するが、クリジェスは十五歳にもなっていない。ドレ・ダムールがそうであったように、フェニスがそうであるように、彼はやっと結婚適齢期に入ったところだ。とりわけここでの愛は、女たちが調合した得体の知れぬ飲み物の効果ではない。それは交わされる眼差しから生まれる。「(フェニスは) 自分の目は彼に与え、彼の目を受け取る」〔同、一一七六九行〕。目から貫通するのが愛の放つ矢、その羽根が「金色に編まれた髪の毛」の、実は恋人の体にほかならない矢だ。体全体、額、眼、色白の顔、ほほえむ小さな唇、銀と象牙の色の歯、チュニックの襞をおさえる留め金が垣間見せる「新雪よりもなお白い」〔同、八三七行〕乳房〔実はこのくだりは、フェニスではなくドレ・ダムールの描写〕。それに残りの部分。もしそれがすっかりあらわなところが見

られるならば、もしその矢筒から、「ブリヨーとシュミーズ」〔同、八四八行〕から出るならば、矢はどれほどの激しさを帯びることか！

信仰にかけ、わたしを殺すのはその苦痛だ。
それは矢だ、それは光だ。
〔同、八五〇行以下〕

心の臓まで突き刺さるこの矢。心は平静であった、なぜなら「眼が見ないものを、心は苦にしない」から。それが燃え上がり、苦しみ始める。傷つきはしたが、しかし快い傷、甘美な苦痛、誰も癒されようと望まないこの心地よい拷問。守る術もなく、心は捉えられ、捕らわれの身となる。そのときどうするか？ 炎の恋を相手に、見たことで動揺が始まった相手の女に、男は告白するのか？ 気をつけよ。掟を踏み外さぬよう用心しなければならぬ。したがって誘拐は不可、姦通も不可。反トリスタンとして、クリジェスは、叔父の妻だと思っているかぎり、フェニスに求愛するのは慎む。彼女のほうは、愛が醸されるのを感じると、勇敢に自分自身と戦い、心を捉えた男と肉体的に結ばれたいという欲求を自分に禁じる。

私の心が自分を委ねた相手は、
この体をどうして手に入れられよう、
父上が私を別の男に与え、
私があえて逆らえないのであれば。

そしてその男が私の体の主人となり、
私の望まぬことをするのであれば、
この体がほかの男を迎えるのは正しくない。
〔同、三一二六行以下〕

もっとあとになってクリジェスが拉致を提案すると、彼女は激しく拒否する。

いま手にされている喜び以外に、決して
私の体から喜びをうることはありますまい。
〔同、五二〇四行以下〕

もしも、と彼女はそれでも付け加える、あなたの叔父上から私を「分け離す」のに成功しないかぎりは。肉体の最終段階に身を委ねて、合法的な婚姻関係を壊すことは、愛には許されてはいない。だがそれならば、閉ざされた果樹園で、クリジェスとフェニスは本当に純潔でいたのか?「互いに抱き締め、口づけする」〔同、六二五五行〕ときは?「互いに寄り添って／裸で眠っている」〔同、六三六二行以下〕のを目撃される前、彼らは何をしたのか? 実は、この点での過ちはそれほど重大であろうか? この物語が禁じるのは性交をすることではなく、他人の妻を手に入れること、その夫を裏切ることだ。ところでフェニスは「誤って奥方と呼ばれている」〔同、五一八〇行〕。彼女はそうではない。自分の体をまだ誰にも与えていなかった。夫と思いこんでいる男は、彼女から夢の中でしか快楽を得ていなかった。完遂されなかった結婚を結婚と見なすべきなのか？　それにまた、この美女はそのころ死んだと思われている。誰の目にも、アリスは寡夫である。さらに、彼らは互いに心を与えており、この相互の贈り物は絆を固めるのに十分だ。いずれにせよ、結婚が愛の完成で再燃であることは、まさしく物語の教訓なのである。物語はこの教訓にそって完結する。結婚すると、フェニスは、オリエントの女たちがそうであるような、宦官の保護下にある閉じこめられた女ではなかった。なぜなら、夫が彼女を疑ういわれは決してなかった。恋人を愛するように彼は奥方を愛し、恋人を愛すべきであるように彼女は夫を愛し、「毎日、彼らの愛は増す」〔同、六六三九行〕からだ。

物語詩の教えるのはそれだけではなく、だからこそわたしはもっと強力な理由のために、ドレ・ダムールとフェニスの二重のイメージをここに配置する。『クリジェス物語』では、主人公はなるほど男である。父アレクサンドル同様、彼は有名であり、その効果が実にたっぷり描かれた気前のよさと武勲とによって、栄光と友情とを獲得する。とはいえ、事件の進行は完全に女たちによって牛耳られている。まずは端役によって、アレクサンドルとドレ・ダムールとの間に生まれる恋を最初に見破るブルターニュの王妃によって。彼らが蒼ざめるのを王妃は見る。一同は海上にいて、船は波で揺れている。彼女は確信がもてない。だが間もなく、上陸して、再び二人が並んでいるところを見ると、

〔……〕彼女にはしかとそう思える、
顔色の微妙なニュアンスから、
これが愛の引き起こす事件であると。
〔同、一五七八行以下〕

確信した彼女はそこで、愛し合っていることを告白できない若者たちを互いに結びつけようと決心する。二人の間に坐ると、「二つの心を一つにしている」〔同、二二五八行〕ことを指摘する。彼らに勧告する。手綱の利かない、情熱と激情の愛に流されないように、そうではなく

結婚と名誉とによって
互いに添い遂げるように。
〔同、二二六六行以下〕

若者は承諾し、娘は「震えながら彼に自分を任せる」。王妃は二人を抱きかかえ、「互いを互いの贈り物とする。」このような仕草、このような言葉は、当時それだけで婚姻の絆を結ぶものであった。ただし、そもそも儀式を執行する責任は男、花嫁の兄ゴーヴァンか、あるいは孤児たちのお墨付き仲人役のアーサー王にあったろう。特権を女に奪われ、仕方なしに彼らは承認した。

物語の第二部では、別の女が介入する、それもより決定的なやり方で。テッサラ、フェニスの付き添い女役、「指南役」だ。伝説的な治療師トロトゥラよろしく、彼女はあらゆる薬を知っている。女たちみながいささかそうであるように、魔術師であり、媚薬、飲み薬、膏薬を調合し、すでに見たように、彼女が保護する女の夫を騙すために、不都合な結婚を無効にするためにこれらを使用する。さらには、このテッサリア生まれの女に導かれて、千人以上の女たちが宮廷に侵入し、偽の死人を医師たちから奪い、拷問者たちを窓から放り投げる。

いかなる貴婦人方もこれに優る働きをしたことなし。

〔同、五九六六行〕

さらに、愛のゆったりとした進展においても、アレクサンドルとクリジェスは、彼らを誘惑した相手を前にして力不足なのである。この若い娘たちのほうにほとんど常に主導権が属する。ドレ・ダムールは自分の心を守ろうとしたが、心を奪われた。「すっかり取り乱し」、取り戻そうと試みるが空しい。負けはしたが、女が愛において言い寄るのははしたないことを百も承知だ。「あの人が気づくまで待ちましょう」〔同、一〇〇八行〕。ところが、渇望する相手は一言も口にしないから、待ちかねた彼女は、思いきって恋人と呼んで接近する。すなわち彼女のほうが最初に、降伏するわけだ。フェニスもまた、最初に情熱を明かしてしまう。われにもあらず、また慎み深さにもかかわらず。彼女の闘士、クリジェスが身を投じた決闘を遠くから見つめていた。強烈な一撃に、たまらず彼が片膝をつくのを見ると、

フェニスは動顚のあまり、
叫ぶ「聖母マリアさま！」
あらんかぎりの声をあげて、

〔同、四〇五五行以下〕

両腕を水平に伸ばし、失神して倒れる前に。鼓舞されたクリジェスは立ち直って、相手に打ち勝つ。イン

グランドに出立すべく、彼女に暇乞いに来たとき、彼はついに遠回しの言葉だが、思いきって意中を打ち明ける。ところがクリジェスが帰国すると、渇望していながら、相手の許可ある前に触れるのを自分に禁じていたもの、すなわち体を贈り物として与えるのはフェニスのほうだ。

私の心はあなたのもの、私の体はあなたのもの［……］
私の心はあなたに委ねられたのですもの、
体をあなたに差し上げました、約束しました。［……］
〔同、五一九〇行以下〕

とはいえ、相変わらずゲームを牛耳って、フェニスは宣言する――この体は、自分が夫の正当な権力下にあるかぎり、クリジェスの手に入ることはない。

＊

クレチアン・ド・トロワは声高に結婚の価値を賞揚する。愛が結婚の前奏曲であれ、活力を与える酵母であれと提言する。この基本的な制度の土台を崩すのは禁じられていると確言する。他方、彼が舞台に乗せる女たちは愛のすべての策謀の陰で糸を引いている。ところで、明らかにクレチアンは彼の聴衆を喜ばせようとした。聴衆の期待に応えた。われわれはしたがって、彼の話を聞いていた人たちが男と女の関係を新しいやり方で頭に浮かべていた、と考えざるをえない。封建時代における女性進出の仮説を相手に、わたしは長いこと、それも激しく戦ってきたが、その理由は、この仮説を支持するために出される議論がわたしには説得力があるとは思えなかったからであり、だからこそエロイーズについて、とりわけアリエノールについて、その脆弱さの証明に専念してきた。王妃とテッサラのイメージの前で、ドレ・ダムールとフェニスのイメージの前で、わたしは譲歩する。あの理性に欠ける未成年者たちとは、使い古しと判断してお払い箱にする前に、戦士たちが軽蔑しつつ快楽の相手にしたあの雌馬たちとは、彼女たちのいずれもが違うことに異論の余地はない。物語詩が「若者」(bacheliers)に、妻のいない若い騎士たちに、宮廷風恋人たちに付与する慣わしであったのとは違う行動様式を、手本として示していることに異論の余地がない。たしかに女たちは、愛に、男の欲望に、また自分自身の欲望に負けて、陥落する定めにあろう。しかしながら男たちは、もはや他人の女とは戯れないように、彼らの気をそそる処女を力ずくで手に入れないように、相手の承諾に確信できるときにしか攻めないように、また同意があっても、この女友だちを妻にする正式なやり方で手に入れるように勧告される。『クリジェス』は一一七六年に書かれたと認められている。フランスの高位特権階層において、そのころ風俗に変化が生じたと信じるべきなのか? そう、変わりつつあったのであり、この変化を説明できるような理由のいくつかを以下に述べる。

一一七六年、騎士たちの生活は、鎖帷子《くさりかたびら》を磨くこと、野獣を追い回すこと、ぶつかり合うこと、打撃を受けた体を火傷するほど熱い湯槽に体を沈めることだけでは、もはや事が済まなくなっている。あらゆるものの進歩が徐々に彼らを文明化した。物語や詩歌が書かれ、両性間の関係の文明化された形式が洗練される王侯の宮廷では、戦士たちが、少なくともしばらくは、略奪者の振舞いを止めることがますます必要になったようだ。男たちと女たちがしばらく一緒に生きるこれらの場所で、少しずつ根を下ろす秩序、当時宮廷風と呼ぶものを制度化する規則集、あの規範はこれらの男たちに自制を要求する。衝動を、欲望を抑えこむこと、もはや獲物を乱暴に奪い取らないこと。そこで王侯は回りに集まった若者たちに、お抱えの文士たちを介して、貴婦人がたの間で行儀よく振舞うように教える。そのことは連中を困惑させずにはおかない。あの気後れさせる、奇妙な生き物を相手にどう振舞えばよいのか？　結局のところ、クリジェスがフェニスを恐れるようにして、連中が彼女たちを恐れるのは悪い話ではない。「恐れる」(douter)こと。「愛することを望む者は恐れるべし。」彼女たちの前で、いささか間抜けで、ぎごちなく

〔……〕ひざまずいて、
涙がブリヨーや白貂の衣を
濡らすほど涙を流す
〔同、四二四九行以下〕

若者たちを見るほうが、たとえばトリスタンのように、夜ごと一飛びで、伯父であり主君である人の寝台で恋人と落ち合うよりはましだ。

一一七六年はまた、北フランスで、商業経済が真に離陸する時期である。これ以後、通貨がますます急速に、もはや間欠的な細い流れではなく、最も奥深い田舎にまで灌漑する幅広い川の流れに乗って流通した。貴族階層の資産はこの全般的躍進を利用する。農業の余剰生産物、領主が水車、パン焼き竈、ぶどう搾り機、十分の一税から搾り取るもの、領主館の納屋と地下貯蔵室に蓄えられた食料品がますますよく売れるようになる。従属農民の所帯の数が増し、藁葺きの家では用役や賦課租を金納で済ますほうを好む。貨幣のこのような寄与に加わるのが心づけであるが、これは、有効な租税制度を基盤に再建された国家の先頭に立って王侯が、奉仕を承諾する連中からいっそう愛されるように気前よく分配するものだ。こうし

て貴族階層の資産において土地の占めていた場所が狭まる。資産はより流動性に富んだ、柔軟なものになる。先祖から相続した不動産よりは、金庫の中身を分けるほうがまだしも厄介ではない。これは男の子たちの結婚に対する家長の態度を軟化させる。次男以下に自前の家庭を築かせることへのためらいが減り、彼らのために選んでやった娘の持参金が足りない場合には、自腹を切って、一家を構えるに必要なものを買ってやる。そのことから、家門の結婚政策に独身を強いられた戦士の数が急速に減少する。未来の騎士たちはいまや妻を迎える可能性が十二分にあることを知る。そういうわけで、愛の戯れがもはや婚姻制度の枠外にだけ展開するものではなくなる。宮廷恋愛の儀礼は結婚の絆への幸福な準備なのだ、夫婦が恋人のように愛し合うならば、婚姻の絆がより強固になるのだと、人はそう考え始める。これによって女たちに注がれる眼差しが変わる。男たちは女たちの中に、はるかに受動的ではなく、見くびってはならない真の協力者を、たとえ彼らが同等だと見なすことから遠くとも、それが乙女であろうと奥方であろうと、少なくとも規則に従って扱うに値する協力者を見出す。この礼儀作法の規則を教えるのは物語の役目だが、物語は同時に娘たちにも身を任せないことを、婚姻の掟を尊重することを教えこむ。

なお一一七六年、教皇アレクサンデル三世主導の下に、パリの諸学校でなされた熟慮の結実として、これらの掟が具体化されたことを付け加える必要がある。そしてドレ・ダムールは、聖職者たちの教えに則り約束する。

〔……〕意志も、心も、体も
別々にすることはない、
〔同、一二一九七行以下〕

と。また公教会によれば、結婚の唯一の目的は生殖であるから、婚礼のあと三月もたたぬうちに彼女は

〔……〕男の精と種とで
その身は満たされた。
〔同、一二三三七行以下〕

さらには夫と死別すると、その悲しみまことに激しく、「彼亡きあと生きることができない」ドレ・ダムールは、宮廷社会と教会権力が以後貴婦人から期待する振舞い方の完全な手本を、身をもって示したのである。

総括

以上が、そのシルエットが非常に違う六人（または七人）の貴婦人である。とはいえ、この六人のイメージを重ね合わせると、これらの女たちの同時代人たちにとって、世界の秩序における女性の状況を定義する三つの大きな特徴が明確化されるのが見えてくる。

彼らにとって、女とはまずオブジェ〔もの〕である。男たちがそれを与え、それを手に入れ、それを捨てる。女は彼らの財産の、動産の一部なのだ。あるいは彼ら自身の栄光を確認するために、財宝の最も美しい品の一つとして、豪奢に飾り立ててかたわらに展示するか、あるいは住まいの最も奥まったところに隠し、そこから引き出す必要があれば、輿《こし》の遮蔽幕、ヴェール、マントで人目を避けさせる。なぜならこれを奪いかねないほかの男たちの目から匿うことが肝要だから。こうして男性権力によって厳重に管理された、女たち用の密閉区間が存在する。同様に、女たちの時間は男たちに規制されていて、彼らは女たちの人生に三つの身分を相次いで割りふる——娘、必然的に処女。人妻、その機能は相続人を産み出すことであるから、必然的に彼らに抱かれる立場にある。寡婦、必然的に禁欲に逆戻りさせられる。そのいずれの場合でも、神の計画に則り、創造のフレームをなす階層秩序に合致して、男に従属させられた。

とはいえ、女たちはそう容易に支配され放しではなく、十二世紀の男たちはそのことを経験して、だからこそ女たちを恐れる。恐れながら、女たちを生まれつき悪だと判断する。女たちが強情だから、調教し、飼い馴らし、導いてやるのが自分たちの義務だと思いこむ。女たちの行動に自分たちが責任を負うべきだと判断する。したがって、彼女たちが犯しがちな過ちを罰するも止むなしと。必要なら殺すも止むなしと。少なくとも、アリエノールがそうであったように、狭い牢屋に閉じこめるも止むなしと。あらゆる手段によって、彼女たちの生来の有害性を抑制しなければならない。女というものは——実際に彼らはそう確信している——その中に罪と死を抱えている。女の頭の中に何があるかは誰も知らない、女は鰻のように指の間からすり抜ける。女は嘘をつく。

弱いから女は人を騙す。「脆い」(fragilis)、わたしはエロイーズの言葉を借りるが、これが女の本性を表す最後の特徴である。弱い、だがまた優しい、とろけるように。そして、ここにこそ女の中のいささか肯定的なものが現れるのだ。女性性の中にはともかくも一つの価値が、その原動力が肉の中にあって、愛するように仕向けるあの欲動がある。聖アウグスティヌスがそれを言った——そして、十二世紀の高い教養の持ち主たちに、この公教会の教父がどれほどの重きをなしていたかは誰もが知る。マニ教徒を駁《ばく》して書いた創世記注釈、第二書、十一章の中で彼はそれを言った。驚嘆させる注釈。すべてが数語でそこにある。ジェンダーについての、男と女との関係についての深い省察、それは次の文についてなされる。「助ける者として作られた女。」「助ける者」(adjutorium)として、神により、道具としてアダムの手中に置かれたイヴ。何をするために?　子供を産むために。単に息子たちや娘たちだけではない。霊的な産出のために。子供たちとは、善行のことだ。この目的のために、男は、彼自身が神の知恵によって啓発されて、統率し(regere)、そして女は服従する(obtemperare)、さもないと家は、上下逆さまになって、破滅へと急ぐことになる。この階層秩序を、しかし、聖アウグスティヌスは聖書の一節に思いを凝らし、内面化する——「(神は彼らを)男と女に創造された」〔『創世記』一章二七節〕。この一節は、そもそもの初めから、男性的なものと女性的なものが同時に人間存在の中にあることを明らかにする。イヴの体を創るために神がアダムの体の一部を取り出したとき、こうして結婚のモデルとして、夫婦のカップルを創り出し、夫に服従する補助役の妻を制度化したとき、神は魂の構造を明白にしたのである。魂が肉体を支配するのと同様に、魂の中で男性的原理、「男性的理性」(virilis ratio)が「動物的部分」(pars animalis)を屈服させ、それによって魂は肉体を、「欲望」(appetitus)を制御する。この部分は女性的部分であり、これが、「助ける者」(adjutorium)として、屈服の手伝いをする。結婚のようにそれぞれの人間の内部で、男性的原理と女性的原理の秩序立った交合が必要であり、肉体は欲望と精神とを対立させないことに同意し、欲望は理性に屈服すること、そのようにして魂が鈍重になり、肉の重みで下部に引き寄せられるのを止めること、これを神は示したのだ。聖アウグスティヌスの樹立した人間学はこうして、男の中に女性的なものが存在すること、神がそれを配置したのは善に向けて向上する手助けのためであること、したがって「欲望」(appétit)は、適切に統御されるならばよい面をもつことを、すべての男に考察するよう促すのである。しかしながら、そしてこれが根本的なことだが、女とは、アウグスティヌス的命題によれば、動物性そのものではない。女は理性の分け前をもっている。もちろん、男よりは少ない——女の中では欲望が最重要だから。危険ではあるが、それは一つの力、手助けしなくてはならないとおりに自分の男の手助けができる補助役なのだ。このような愛の能力は理性によって、すなわち男性的なものによって支配されなければならない、さもなくばそれは脱線する。とはいえ、適切に方向づけられ、制御される場合、女に生来備わっている欲望の力は、それも非常に有効に、霊的上昇を支えることができる。

以上のごときが、十二世紀を通して男たちが少しずつ発見し、この時代の女の向上の誘因となったものである。生活水準が向上するにつれて、男たちが女たちに装わせた装飾品の増加に、女の真の向上があるわけではない。女たちをよりよく支配するために男たちが譲り渡した権力の外見に、それがあるわけではない。宮廷恋愛の戯れの見せかけに、それがあるわけではない。キリスト教信仰が基本的に儀式や外見の豪華、身振り、決まり文句の事柄であるのを徐々に止めつつあった時代、信仰がますます個人的なものになり、神との関係がいまや魂の愛の飛躍と理解されるようになった時代、女の地位を高めたものは――時には女のほうが男たちより強いから――、マドレーヌあるいはエロイーズのように、女が男たちにとっての手本となりうるという意識であった。この力の源となったものは、女の動物性の豊かさ、女をしてより迅速に愛に燃え上がらせ、恋い焦がれさせるあの官能性にある。真暗闇が消えたから、情報が以前よりは貧しくなくなったから、ヨーロッパは十二世紀に愛の価値を前よりはよく評価できるようになったと、われわれの目にそう映る。恋をすると女は、フェニスのように、よりよき妻となることに、ジュエットのように、聖霊との婚礼にいたる神秘的な道を切り拓きうることに、ヨーロッパは気づく。この時代の貴婦人たちは、相変わらず彼女たちを危険で脆いと判断する男たちの権力に服従したままであった。それは確かである。男たちの何人かは、しかし、しかもその数を増しつつ、彼女たちが愛の客体でも主体でもあることを発見した。彼女たちのことを、前ほど軽蔑的な眼差しで見なくなった。このようにして、気づかないうちに彼女たちは、男性権力が束縛していた最も厳重な足枷から脱し始めたのである。

＊

わたしが再構築することを選んだ六人の女のイメージを人が考察するとき、頭に浮かぶことは以上のようなものである。これらの指摘を、わたしは前置きとして置く。実際それらは調査した領域を画定するものだ。調査は無益ではなかった。次のⅡでそれが分かるであろう。

II

先祖の女性の記憶

序文

十二世紀において、貴族階層は死者を敬っていた。家族の亡くなった男たちにより熱心な配慮をめぐらしたが、しかし亡くなった女たちを忘れることはなかった。故人の名を繰り返し口にし、その美徳や、家門の歴史で彼女たちが担った役割を想起していた。先祖を記念するこれらの言葉を、文字によって定着させようと決心することがあった。文学の一ジャンルが具体的な形をとった。この世紀の中葉を過ぎたフランスの北半分で開花した。偶然にも、これらの文書のうちのいくつか、ノルマンディー公たち、フランドル伯たち、アンジュー伯たち、アンボワーズ領主たち、ギーヌ伯たち、アルドル領主たちに敬意を表して編まれたものが失われずにすんだ。それらはわたしの目の前にある。これらの名門大家の生活がどうであったかを、それらはわたしに大いに教えてくれるし、記憶と忘却の戯れの中で、騎士や司祭が血縁の女たちについて考えていたことを、いかなる資料もこれほど明快に見せてはくれない。こうして暗闇から何人かの女性のシルエットが浮かび出る。それらは、Iでわたしが作成した、王妃、聖女、人気を博した物語の女主人公の人物像、象徴的な人物像ほど鮮明ではない。とはいえ、貴婦人たちの地位、領主の妻たちが当時送っていた生活についてわたしが明るみに出そうと努めることに、いささかの光を投ずるのには十分なほど明確なのだ。

第一部　死者に奉仕する

第一章　家の中の死者

　この時代、死者は生者だ。誰もそれを疑わない。どこなのかはよく知らないが、しかし生きている。彼らの現存は数多くのしるしで感知でき、人は自分と彼らとを和解させるよう気を配る。なぜなら、彼らが乗り越えた不可視の障壁の彼方で、時間の流れがこの世と同じリズムで進行する神秘的な滞在地で、彼らの大部分は苦しんでいる。彼らは、人が言うように、苦痛の中にあり、それが彼らを邪険で、恨み深く、意地悪くする。死者は人を恐れさせる。

　地中に埋葬されないかぎり、彼らは恐れられる。プランタジネット家のヘンリーは祖父の高祖、ノルマンディー公リシャール一世の冒険話を聞くのを好んだ。神は別として、この君主は何ものも恐れなかった。あらゆる騎士と同様、彼は野原を駆け回っていたが、さらにはまた危険に挑戦し、暗闇を徘徊する悪しき力、一般に人々が家に閉じこもって用心する悪しき力を侮って、夜でもまたさまよい歩くのが気に入っていた。一夜、ひとりで狩りに出かけたところ、ある礼拝堂の入り口へと導かれた。短い祈りをあげるために入ったが、それは彼の習慣であった。祭壇に近づき、蓋の開いた、空ではない棺の前を動じることなく通り過ぎた。リチャードは背後で棺の動く音を聞いた。彼は二度ばかり、「また寝てしまえ」と叫び、さらに付け加えた――「お前は悪魔で一杯だ。」祈りを終え、十字を切り、後生を神に祈ってから、出て行こうとして振り向いた。すると、目の前に、太った、大きな死体が立ち塞がり、腕を突き出すのが見えた。彼の目には悪魔に映った。リチャードは剣を抜き、行く手を阻んだこのものを倒した。胴の真ん中辺で両断して、彼は立ち去るが、不敵にも置き忘れた手袋を探しに戻った。とはいえ、この出会いに用心深くなった彼は、棺に納めて埋葬するまでは、夜の間、死体だけを放置することのないようにと命じた。

埋葬されても、人は安心しなかった、なぜなら戻ってくることがあったからだ。警告するために、天のメッセージを伝えるために、さらに多くの場合は助けを求めるために、あるいはなおざりにした親族に復讐するために。彼らは口をきいた。耳をそばだてた。ときには対話が始まった。一三二五年――リシャール一世の冒険話が記録されてから二世紀がたち、その間、合理的思考がそれでも若干の進歩をみせた――、アレスの市民で数週間前に死んだのに、ときどき自宅に舞い戻っては未亡人を悩ます男の話を、ドミニコ会修道士ジャン・ゴビはアヴィニョンの教皇ヨハネス二十二世に報告した。あらゆる奸策を防ぐために、二百人の正式に告解し武装した者たちでその住まいを包囲するよう、ヨハネスは町長に要求した。神学の教師と、修道院の哲学教授と、公証人とを伴ってそこに赴き、彼は執拗に、用意した質問すべてに答えるよう故人に強いた。ついに彼は、実は二つの煉獄があることを、一方はすべての魂が昼に集まり、かつ地中にある煉獄、他方はそれぞれの死者が最も重い罪を犯した場所に戻る、夜の煉獄であることを相手に言わせた。わたしがこれから話題にする先祖はたしかにこれほど多弁ではなかった。いずれにせよ、死後彼が言ったことは、彼らの偉業を語る歴史・物語の中に何一つ書き留められてはいない。それでも一つの事実をわたしは確信している――子孫は自分たちの間近に彼らを感じていた。彼らは依然として家の一部をなしていた。

家、家中の者たち――ロマンス語の言い方では mesnie あるいは masnade――は、十二世紀において、あらゆる社会的関係の最も堅固な枠組を構成していた。キリスト教徒と三位一体、神の聖母、諸聖人との関係であるにせよ、主君と封臣たち、主人と奉公人たち、戦争の指揮官と合戦で彼を支援する者たちとの関係であるにせよ、これらは家庭生活の形で考えられ、体験されていた。われわれが封建的と呼ぶ社会は、それぞれが保護者、唯一の保護者の権威の下に置かれた、家中の者たちの集合体として定義できる。これらの家、生きた組織体はその生存を永続させることを目指していた。それらを率いる男たちはしたがって、子をつくる、妻を、奥方を娶る、これを孕ませることを義務、極めて重要な義務としていた。彼らが忌避したところで、近親者がそれを強制した。死ぬときには、彼らの手から滑り落ちる権力を息子たちの一人、長男の手に譲り渡せることが絶対に必要であった。それぞれの貴族階層の家では、王朝のようなものが樹立されていて、どの家においても妊娠させる行為とは、それによって血が、もはや見ることかなわず肉の残骸が敷石の下に横たわっている男たちと女たちから継いだこの血が、成熟期に達した一つの肉体からもう一つの肉体へと移行する重要な行為の観を呈するのである。そしてその子が成長し、強靭になり、やがてはこれが血を、先祖が定め、豊かにし、後継者たちがおおかたその名を冠する住まいの中心部に根を下ろした、この木の樹液を伝えることになろう。それにまた系統樹の幹が長年月の間、力強く、真っすぐで、滑らかであり続けることが、その緑が過度の枝分かれで衰えないことが不可欠のように思えた。したがって家長たちは、正妻を男の子たちの一人だけに与える、やがて彼らの跡を継ぎ、この女の腹からこれまた唯一の後継者を引き出すであろう男子だけに与えねばならないと判断していた。

貴族の家は、王朝さながら、厳しく階層秩序化された組織体であった。実際に、当時の人が頭に描いたような世界では、すべてが階層秩序であって、それぞれの存在は自分が尊敬し奉仕すべき存在によって見下ろされ、それぞれの存在自身がまた自分の保護し慈しまねばならぬ存在を見下ろす仕組みであった。神の権力から発してその源に戻る広い流れ、この敬意と愛の交換、この相互的義務の連鎖――この時代の神学者たちはこれを「愛」（caritas）という言葉で指示した――は、被造物全体を灌漑し、必要な凝集力を付与するとみなされていた。家中の者たちはこのモデルに則って構築され、構成員は重ね合わされた三つの段階に分かれていた。三つのうち二つの段階は目に見え、触知できる――下の方では服従し、奉仕する子供たち、君臨し、彼らを養う父親、その横に彼の妻、それにしばしば、結婚していなければ、彼の弟たち、妹たち。図柄は単純だ。実際、それぞれの家には、夫婦の寝台は一つだけ、合法的な生殖の場は一つだけしか存在しなかったが、他方では、多くの男が早く死ぬ騎士身分では、孫の生まれるのを見る家長は稀であった。それにまた孫たちは、もしも祖父が存命の場合には、別の家、婚礼の夜に祖父が長男を祝福に行った家で生まれるのであった。二世代を集めた世帯が基本的な構造をなしていたことは、当時使われていた親族を表す語彙が証明する。語彙は非常に貧しく、明確な用語としては父親と母親とを、兄弟と姉妹とを、息子と娘とを、夫と妻とを区別するだけであった。その先となると、従兄弟関係を示すのに、もはや漠然とした言葉しかなく、父方の出なのか母方の出なのか、その違いを明確に指示することもない。この最後の特徴は重要である。両系統が同等であることは、貴婦人が先祖の記憶の中で同じく大きな場所を占めていたことの部分的な説明になる。三番目の、高い段階についてみれば、故人となった親族がこれを占めていた。この支配的な地位は当然に彼らのものであった。彼らが最初にそこを通ったからだ。彼らが立ち去り際に残したものを、後継者たちは利用するのであった。彼らに敬意を表し、彼らに奉仕するのは当然であった。すべての権力関係が贈り物とお返しという形式をとる社会にあっては、この奉仕、「葬儀」（obsequia）（われわれが葬式について使う単語は、生者と死者の関係についての、この非常に古い観念をいまだに保持している）、先祖に心遣いをめぐらせる義務は、子孫のそれぞれが受け取ったもの、すなわち、まず第一に、生命、そしてまた世襲財産、美徳、栄光、この世で手にしうる特権への代償として発生したものである。

死者は生きていた。彼らに奉仕することは、したがって生き返らすことにではなく、見えざる彼らの現存を家中の者たちの中に維持することにあった。彼らは現存していた、まずは付けていた名前によって。この名を、家長は必ずまた採用して子供たちの誰かに与えるが、以後この子は代理人として、死者の魂が再生した存在のように見え、あの祖父、あの曾祖父、あの高祖父を範とし、同じく勇敢かつ高潔なところを披瀝し、もし可能ならば、かつて先祖の果たしていた職務を果たすのが自分の義務だと考えた。このような義務はもちろんその彼に、名祖である先祖の偉業に通暁することを、そのイメージを注意深く記憶にとどめることを強いた。とはいえ、死者の要求はもっと多かった。彼らを満足させるためには、そのほか定期的に彼らのほうに顔を向け、彼らを想起することが必要であった。「戻って来させる」(evocare) ことが。先祖とは、言葉の厳密な意味で「戻ってくる人」(revenants) であり、子孫の生きている面々が集って、先祖の行為、「偉業」を思い出す度に、彼らは家族の輪の中に再び座を占めるのであった。何日かのきまった日に先祖を記念する厳かな行事を行うのは、系統樹の樹液に活力を与えることであった以上、文字通り生死に関わる行為なのであった。先祖の名をまた口にする (re-nommer) のは、実際、その名声 (renommée) の輝かしさを甦らせることだ。ところで、家の称号、割りふられた地位、その世知、要するにその高貴さが先祖の栄光の思い出に依拠していた時代、先祖の評判が家門の力をなしていた。実際、当時、「貴族身分」(nobilitas) とは、はるかに遠い勇ましい祖先を引き合いに出す能力以外の、一体何であっただろうか？

第二章　女と死者

　貴婦人・奥方は、自分の住まいで死者の思い出を保存し、彼らの名前が忘却されぬよう、目を光らせる特別な任務を課せられていたのではないか？　中世の女の口から出た言葉のうち、われわれが直接に聞くことのできる最も古い言葉を残した女、ドゥオダを読みながら、人はこの質問を自分に発するようになる。彼女は非常に身分の高い貴婦人で、フランク王国の最高位の高官の妻であった。八四一～八四三年に、彼女は『息子のための手引書』を書いたが、息子は子供時代を過ごした婦人部屋から引き出され、父親によって家に、名付け親のシャルル禿頭王の「大きな家」に移されたばかりであった。「申し分のない年齢」に達すれば、この若者の出番となり、「ふさわしい階層秩序に則って自分の家を整頓」することになろう。当面、母親が彼に指示した第一の義務は「父親に対する敬意」である。この言葉は第三書のタイトルであるが、先行する二つの書は、第一番に奉仕される神、そして地上では父親が代行する神に対する義務を扱っている。家、父性、年上の者たちへの服従といった、社会秩序の基盤がここでは白日の明るさで立ち現れるが、教育者たる貴婦人、一家の主人の妻の役割もまたしかり。そなたの父上を、と彼女は言う「目の前にいようといまいと、恐れなくてはなりません［まずは、敬意のこもった恐れ、神の画像の前で、聖遺物箱の前で、死者の前で人が覚える恐れ］、彼を愛し、すべてにおいて彼に忠実でなくてはなりません。

［……］私はそなたに勧めます、まず神を愛し、次いでこの世におけるそなたの身分は父上に発することを自分に言い聞かせ、父上を愛し恐れるように。」文言は明快である。なぜ愛するのか？　なぜ奉仕するのか？　受けた贈り物のお返しだ。この息子、ギヨームは、したがって、この新たな父親役となるシャルル、彼が迎え入れてもらい、彼を養い教育してくれる家の主人に、「若さの初めの生気漲るときに奉仕するよう、神とそなたの父上が選んだ」男に同じような臣従の義務を負う。神に奉仕すること、二人の父に奉仕すること、そのために、定期的に彼らのために祈ること。そのあとすぐ、死者のために祈ること。

すべての死者、可視の世界の境界でそのつぶやきを聞き取ることのできるこの無数の集団。とはいえ、とりわけ「奉公人たち」、「われらが親族の側近の者たち」。「死にゆく私は、すべての故人のために、わけてもそなたの血筋の源をなす人々のために祈るよう、そなたに命じます。」すなわち血、すなわち命。この命、この血は父方と母方との、二つの源から流れている。優先権は、しかし、「正当な相続で財産を譲った父上の親族の方々」にある。肝心なことは、この文の中にある。やがて父親が死者たちの間に移るとき、この長男が手にする資産のほとんどすべては父親から、したがって父親の親族からもたらされるであろう。祈りの際に、ギヨームは、したがって、第一番に彼らの思い出を呼び起こすことを、神の前で真っ先に彼らの名前を挙げることを要求されている。別の重要な明らかなこと――死者のために祈りながら死者に捧げる贈り物は、彼らのそれぞれから受け取った贈り物と正確な釣り合いがとれたものであるべきだ。「彼らが［そなたの父上に］残した財産に見合うように祈ること」とドゥオダは繰り返す、「父上より前に財産を手にした人たちのために、また［亡くなってそなたに譲る前に］父上がご存命で、ながらく財産を享受なさるように［……］。もしもっと早く何かがそなたに任されることが起きたら、できるだけ速やかに、すべてが帰属していた人たちの魂への褒賞がいや増すために祈りなさい。」明瞭な形で表明された配慮は、正確な釣り合い、完全な均衡であり、この配慮の上に立脚するのが先祖の記憶の二つの主柱である。死者の思い出は彼らがより多く遺贈したことでいっそう揺るぎないものとなる。彼らのそれぞれの思い出は、世襲財産のさまざまな品に、あれこれの住まいに、あれこれの土地に、彼らがかつて所有していたあれこれの装身具にしっかりと結びついている。かくしてギヨームは、祈りの中で特別に父方の伯父、「キリストにおける息子として受け入れた」名付け親の名前を唱えなければならない。なぜなら、もし生きていたら、この男は「慈愛に満ちた」「養い親」、第三の父親であったろうし、またとりわけ、死去に際しては、甥であり代子である彼を「自分の第一子」として扱い、すべての財産をすでに、彼にではなく、いつの日か享受できるように、その父親に残してくれたからだ。祖先を称えて十二世紀に書かれたテクストの中で、祖父の記憶が祖母のそれよりも鮮明で、深く根を下ろしていたのは、女たちの名前が男たちのそれに比べて少なかったのは、この時代はふつう、栄誉と財産の最も上等の部分が父から息子へと受け継がれたからである。

祈りと追憶の奉仕が祖先に公平に分配されるためには、彼らの名前を知る必要があった。ドゥオダはそのリストを入念に作成する。「彼らの名前を、そなたはこの手引書の最後に見出すでしょう。」男であれ女であれ祖先が、受贈者が、ほかの場所で、彼岸で存在し続けるために次々にこの世を去るにつれ、長くなることが約束されたリスト。「そなたの一族の誰かがこの世を去り、もしそなたが生き残れば、以下に記された人々の名前と一緒に彼の名を書き写させるよう、私はそなたに頼みます。」羊皮紙の上か石の表面に書きこむこと、未来永劫に読みうる字を並べること。そのようにして一種の記念碑を建立すること。ドゥオダの作る手引書もその一つだ。墓もまたそうだ。人は墓の一つの面に、そこに納められた故人の名前を読み、そして子孫は碑銘が消えないように注意しなければならない。

画像もまた先祖の記憶を支える機能をもっていたか？　おそらく。実を言うと、われわれはそれについて何も知らない。クリュニーの修道士たちがいくつかの祭式の際に、聖ペテロの「像」（imago）を捧げ持って行列したこと、また定期的に、彼らの兄弟会の真の始祖が同胞の中で、このような形で目に見える存在となっていたことは文書が証明している。聖ペテロ像よりも脆いこの種の人物像がかりに王侯の住まいに存在していたとしても、十一世紀の末期に、教会ポーチの聖人像のような、彫られたかあるいは描かれた死者像が最も大物の石棺の上に出現する前は、そのような痕跡はまったく残っていないが、さてこの死者は棺台の上に横臥して、涙にかき暮れる家中の者が見守る中、いまわの際の気前のよさにあやかろうと駆けつけた貧しい連中の前で、彼の肉体が最後にまとった外見のまま、未来永劫に残されるべく形象されたのである。

いずれにせよ、自分の膝下から遠ざかるこの子に、ドゥオダが期待するのは一つのことだけ、あとになってても彼女の名前を書くのを忘れないことだ。「私もまた命を終えるだろうが、そのとき故人の名前の中に私の名前を書き写させるように。私が望むことは、いまがそのときであるかのように、あらんかぎりの力をこめて頼むことは、私の遺体を封じこめた石棺の上に、そなたが命じてこれらの詩句をしっかり刻みこませること、墓碑銘を解読する人たちが私のために、価値のない私のために、しかるべく神に祈ってくれるように。」墓に彫らせるために自分の作った詩の中で、横書きの第二詩行の冒頭と、縦に読むと最初の八字で十字に交錯して、彼女の名前は実際に二度ほど現れる。

この『手引書』はこの手のものとしては異色である。今日失われたほかの先祖のリストは口述されたのか？　それらもまた、推定相続人が世間に乗り出すにあたって、その母親である妻女によって口述されたものか？　死者にしかるべく奉仕するように手伝う修道士や司祭に払う布施を、相続財産から徴収するのは、異論の余地なく、男たちの役目、相続財産に責任のある家長の役目であった。とはいえ、いくつかの手掛かり、たとえば、皇帝たちの妻と母親であるマティルダ、アデライデについて書かれた賛辞のいくつかのくだりは、追悼行事が家庭空間で行われるときは、行事のつつがない進行を司るのは、したがって定められた日取りに故人が想起されるように名前を忘却から守るのは、家の内部の仕切り役、貴婦人・奥方たちの役目だと考える根拠となる。いずれにせよ——これは確実だ——葬儀の際には葬列を率い、女の奉公人の先頭に立って、真っ先に家中の悲嘆ぶりを大声で訴えるのは、彼女たちの義務であった。

なぜなら女たちと死者の間には、特権的な関係が存在していたように思える。教会人が執式者ではなかった葬儀について、われわれはほとんど何も知らない。われわれが推測できるわずかなことは、九世紀、十世紀、西暦千年のころもなお、異教の残滓を根絶させようとして戦った高位聖職者のおかげであるが、その理由は、彼らの目におぞましいと映った習慣を弾劾し、したがってこれを記述したからだ。われわれはランス大司教ヒンクマルスによって、プリュム修道院長レギーノ、ヴォルムスのブルカルドゥスによって、ガリアの北東部、まだ野蛮な地方では、女たちが当時いくつかの身振りを断念するよう迫られたことを知る。産褥で死んだ仲間の死体、死産の子供や、洗礼も受けずに埋葬された乳児の死体が「舞い戻って［……］他人に仇《あだ》することのなきよう」、それらの死体を地面に杭で打ちこむことなかれ、と命じられたのだ。死者を家の外に運び出すとき、バケツの水を担架の下に投げ捨てるなかれ。合戦で死んだ戦士たちの手に膏薬を擦りこむなかれ、と。またもし司祭たちが通夜に連なることになっても、宴会、酒盛りのあと、死者に向かって、また彼が異界で合流しに行った先祖に向かって、しばらく集いの輪に合流するようにと誘う歌のあと、「踊り子たちがヘロデの娘の流儀で、忌むべき演技を目の前で披露する」のを堪えるべきではなかった。これらのサロメを、ヒンクマルスは「旋回女」（tornatrix）と名付けた。彼女たちが、旋回女たちがトランス状態になるまで旋回する様子を想像してみよう。

このような異教的なものの何が十二世紀に残存していたのか？　われわれはそれを知らない。少なくとも人は、地中に運ぶ死体の最も近いところに女たちがいることが不可欠だと判断していた。彼女たちが涙を流し、衣服を引き裂き、髪を振りほどき、髪の毛を思い切り引き抜き、自分の頬をひっかき、声を限りに悲しみを訴えるのを見ることが。十一世紀の初頭、ノルマン人王侯の歴史の中で、デュドン・ド・サン＝カンタンは、百年前に死んだヴァイキング首領の葬式を舞台に乗せ、まわりに見えるものを記述する。町の通りに飛び出して棺台をエスコートする「女なる性」が、つまりその住まいから、そこに蹲《うずくま》っているのがふさわしい私的空間から外に出た女たちが、彼女たちの公的機能の一つ、わたしが思うに唯一の機能を果たす姿を描く――女たちは派手な身振りをし、死に向かって喚き、集団の嘆きを見せつけ聞かせるのである。ブリュージュのガルベールの年代記を開くと、一一二七年、フランドル伯シャルル・ル・ボン殺害の直後、「その日はひねもす、またこれに続く夜の間、まわりに坐って、嘆きの声を発しながら、遺体を見守ったのは」女たちであり、さらに人殺しの一人が共犯者たちと逃げ込んだ塔の上から投身自殺すると、またしても女たちが、「哀れな女たちが［……］とある家に彼を運んで行き、葬式の準備にとりかかった」と語っている。新生児の遺体と同様に、亡くなった者の遺体は女たちに属していた。彼女たちの務めは遺体を洗い、死装束を調えてやることだ。復活の日の朝、マリ＝マドレーヌ〔マグダラのマリア〕と仲間の女たちがイエスの墓へ歩み寄り、その準備をしようとしていたように。十二世紀において、女たちの権力、神秘的な、人を不安にさせる、異論の余地のない権力とは何よりも、肥沃な大地からのように、生命が彼女らの胎内から生じること、そして生命の火が消えると、迎え入れる大地に向かうように、生命が彼女たちのほうへ戻ることに原因する。女性性の二つの機能――産みかつ弔う――が、先祖の生者に要求していた奉仕、「葬儀」を取り仕切るべく、貴婦人を指名したようである。

第三章　死者について書く

キリスト教化は、しかしその結果として、この任務の一部を神の奉仕者たちに委ねることになった。それより早くはないにしても七世紀以降、埋葬する前に死者を祈りの場所に安置しておき、神聖な場所に最も近いところに埋葬する習慣になった。そういう次第で、それまで生者の居住地から離れていた墓地を、教区教会のごく近くに移すゆるやかな動きが始まった。この同じ動きが、天の恩寵をもっと豊かに受け取れるという評判の、大バジリカ聖堂のごく近くに死者の墓を密集させることになった。およそ死に瀕した人間で、ひとたびその敷居をまたげば天国的光輝の予兆らしきものが感じられる、これらの豪奢に飾られた建造物の中に運ばれ、そこで最後の審判を待つことを望まぬ者がいようか？　考古学調査で判明したのは、石棺ともっと質素な墓が聖堂の壁際に折り重なりひしめき合い、あたかも強引に中に入り込もうとしては、外に追いやられた様子だが、その理由は長い間、内部に安置を認められたのが、聖人たちの遺体、王や司教といった、聖別の聖油が沁みこんだ人たちの遺体に限られていたからだ。貴族階層の最有力者たちが同じ権利を要求した。彼らはその権利を十世紀の間に、われわれが封建化と呼ぶあの元首特権の拡散が進行する過程で、ほかの王権の象徴と同様に自分たちのものとしたのである。

デュドン・ド・サン＝カンタンといえば、先ほどわたしが引用し、これからその素晴らしい作品を徹底的に活用することになるが、彼は目撃証人として、九九六年に没したノルマンディー公リシャール一世の最後の瞬間を物語る。その数行前にデュドンは、公が自分の流儀でまだ異教徒のヴァイキングに福音を伝え、信ずべきことを説明する様子を描いて見せる。人間は、二つの要素、肉と魂とで作られている、と公は彼らに言う。死が二つを引き離すが、肉体が全部壊れることはない。魂は、世界の終末に、戻ってきて肉体に滑りこみ、熱が再び骨の中まで行き渡り、血が再び生き生きと、肉を灌漑して「蘇らせるだろう」。リシャールによれば、キリスト教徒が墓にあれほど気を配るのはそのためだ。自分の墓のことは、公は久しい以前から配慮してあった。亡骸はフェカンに運ぶように決めていた。この地で、彼は洗礼を受け、また自分の宮殿を見下ろすように、トリニテ〔聖三位一体〕に捧げる修道院を建立してあった。この地で、最後の眠りにつきたかったのである。あらかじめ自分の墓を、石棺を用意するよう命じてあった。自分がそこに横たわりに来るまで、毎週、石棺を穀物で満たし、その小麦を貧しい者たちに配るようにと。彼が病気になると、バイユーからフェカンまで駕籠で運ばれた。駕籠から降りると、衣服をそこに置き、この動作によって自分の生き方を変えることを示した。悔悛者の衣装に着替え、裸足で、苦行衣をつけたまま、トリニテ聖堂にたどり着いた。まだ身につけていた装飾品を祭壇に置くと、臨終の聖体拝領を受けた。そのとき、異父兄弟、母親の息子の一人で、彼の一番の親友が石棺をどこに置くべきかを尋ねた。罪に汚れ過ぎた自分の死体は聖域に招じ入れるに値しない、とリシャールは答えた。入り口の軒下に憩うであろうと。一同は驚嘆した。このような謙遜の行為は実際ほとんど稀であった。彼のような身分の王侯はふつう、サン＝ドニにおけるフランク人の王の棺のように、魂の救済を天に向かって絶えず懇願する人々の歌声に包まれ、聖人の聖遺物に最も近い場所に、自分の棺が置かれることを要求したのである。リシャールのように、彼らは概して修道院での埋葬を選んだ。

修道院共同体は実際、死者の世話をする特別な資格を与えられていたようである。これらの秩序正しい大勢の家中の者、昼も夜も声をそろえて神の栄光を歌うのが定めで、その返礼として神が寛大な贈り物で報いる修道士の一群は、実際に一人もしくは複数の死者を、彼らの人物像および遺体の残った部分によって聖堂内に存在する聖人たちを盛大に褒め称えていた。このような遺物を取り囲む豪華な儀礼は、これらの福者の命日である祝日には最高潮に達するのであった。似たような典礼に則して、ほかの死者、霊的同胞のために、また同じく最も気前のよい寄進者、修道院「共同体」への加入を大金で購い、「兄弟会」に霊的に組みこまれる機会をえた男たちのために、修道士たちはミサをあげる。彼らの何人かは、人生の黄昏どきに、寄進や供物と同時に肉体を運びこみ、いまわの際には聖ベネディクトゥスの服をまとうのであった。フェカンのトリニテ聖堂へ、リシャール一世は修道士のように俗世の虚飾を放棄しにやって来たのであるし、またアンジュー伯ジョフロワ・マルテルは、「死に先立つ夜、騎士身分と世事に関する一切の顧慮を捨て、アンジェのサン=ニコラ修道院で修道士となった」。これらの準会士に約束された葬礼は十一世紀に複雑なシステムへと整備された。それはクリュニー修道会で完成の域に達するが、この修道会の輝かしい成功はそのお陰なのである。

修道士たちは書いていた。ドゥオダのように。彼らは名簿をつけていた。「死亡者名簿」(libri memoriales)、「備忘録」を。これらの目録は、しかじかの日に、世の終わりまでミサの最中に、その名前が唱えられる人々のリストを含んでいるが、その日、修道士たちは声のかすれるほど彼らのために歌い、奉仕の代償として割当て食の追加、ブドウ酒の倍量にありついたのは、目には見えないものの、故人が戻って来て、彼らの食事の主人役を務めたからだ。修道院では、たくさんの名前がこうして蓄えられていた。このような理由から、祖先の思い出が各自の家におけるよりは修道士によって、より忠実に保存されていたと思うべきなのか？　それは疑わしいとみてよい。無文字社会の例が示すとおり、かつてブラック・アフリカの元首たちの周辺でそうであったように、十二世紀の特権階級の家できっとそうであったように、よく訓練され、絶えず使われた記憶力だけで、世にも枝分かれの入り組んだ家系図さえも、数世紀の長きにわたって、非常に明瞭に保つことが完全に可能なのだ。とはいえ、高貴な家の家中の者が四散し、家系が絶えるようなことが、子孫が義務を忘れるようなことがありえた。修道院へ向かうこと、それはより確実な保証を見つけることであった。わたしはO・G・オエクスレの説に同意する。修道院共同体はこの時代、「物故者の個々の名前を記入し暗唱することにより［……］生者と死者の社会的関係を管理する」卓越した能力の持ち主であることを実証していた。記入——死者の名前は、典礼書の定めに則り、「祭壇の前で記された」。暗唱——名前が記されたのは、ひたすらそれが厳かに、定期的に唱えられるためであった。しかし、修道士たちが死者に奉仕し、その怒りを和らげる任務を引き受けたのは、とりわけ、彼らがいかなる人間よりも天使の合唱の近くにあり、ドゥオダの墓碑銘が引き合いに出す「黒い蛇」の締めつけから逃れ、魂が光に向けて上昇するのを誰よりもよく助けることができたからだ。それでもなお彼らの祈りが全能者のお気に召し、したがって彼らがその目に汚点なしと映る必要があった。自分自身の肉体と先祖の魂を彼らに託した王侯たちは、したがって彼らが純潔であるように尽力した。わたしの見るところ、西暦千年に近づいて高まった教会制度改革の理由の一つ、おそらく最も切迫した理由はそれだ。いずれにせよ十一世紀を通し、自分の血筋の物故者に修道院の祈りによる救いを確保するため、大領主も小領主も惜し気なく金を与えた。古くからの大修道院に湯水のように金を使った。新しい修道院を数多く建立した。これらの私的な修道院の果たしていた機能の例として、ギーヌ伯ボードワン一世が建立したアンドルのそれを以下に述べる。

一〇七九年、信仰心から、あるいは長い巡礼の疲労で重い過ちを償うために、この戦士は友人の一人と一緒にコンポステラに向けて出立した。道中、彼らはシャルーで足を止めた。この大修道院で行われていたミサの華やかさに瞠目し、二人の巡礼者はそれぞれの所領で自分に帰属する大修道院を創設する考えを抱いた。見事な寄進の代償として、アキテーヌの大修道院の指導者たちはボードワンに、居住の設備が用意され次第、修道院長と修道士のチームを派遣すると約束した。一〇八四年、ベネディクト会修道士の少数の群れが、ギーヌ城とは目と鼻の先のアンドルに住み着いた。この建立によって、神の恩寵を永続的に自分に引きつけるのがボードワンの望みであった。それと同時に、ごく近くのサン＝ベルタン大修道院に対する自分の家の独立と、その結果、同大修道院に隠棲して死を待つフランドル伯に対する独立を公言した。さらには、ギーヌの地の支配者は家系の構造を強化した。実際に彼は家族用の廟堂を建立した。教皇パスカリス二世の特権許可状は明言する――「この場所においては、その意志により、伯の子孫のすべてならびに城の重臣のすべてが埋葬されるべく、墓は完全に教皇直属となるであろう。」ボードワンの息子で後継者のマナッセは、実際、父親のそばに埋葬された。病気の彼を、修道士たちは彼らの看護室に収容していた。修道士の服をつけ、彼らに囲まれて死んだのである。妻と封臣たちの見守る中、聖堂の中に埋葬された。ベイルート伯となって、聖地で他界した者を除き、マナッセの兄弟すべては戦友たちの何人かとともに、その彼と合流しにやって来た。伯の墓のまわりに集い、十二人ほどの亡き騎士たちが動きなく言葉なき宮廷を形成したが、生前の伯のまわりに集った旅好きでかしましい宮廷と、これはまさに対をなすものであった。

マナッセは息子を残さなかった。跡継ぎを狙った甥のアルヌー・ド・ガン〔ゲント〕の目論見を妨げるべく、彼はあらゆる手を打っていた。死が近づくと恨みがましいアルヌーは、アンドルの伯父のかたわらに憩うことを望まなかった。マナッセの妻が埋葬されたサン＝レオナール女子大修道院に大変な財産を遺贈した。彼女は実際、アルヌーの権力掌握を支援したからだ。十二世紀後半に信仰心が取った新しい形式におそらく惹かれたのであろう、彼は慈善施設、サン＝タングルヴェール施療院に埋葬されることを決めた。まさにそこで、死の近いのを感じた彼は、愛用の武具甲冑、馬、猟犬と鷹、「すべて俗世の快楽を彼にもたらしたもの」を放棄した。ほどなく、遠隔の地、フォークストンの近くで、死が彼を襲った。遺体を英仏海峡の対岸に急いで運ぼうとした。風は向かい風であった。遺体は半ば腐敗した状態で着いた。アンドルの修道士たちはそれを喜んだ。アルヌー伯は罰せられたのだ。彼らのもとに来るべきであった。それが掟であった。彼は「先祖の定めたことに反し、同時にまた大修道院の権利に反する」振舞いに及んだからだ。

息子のボードワン二世のほうは、彼ら修道士たちを尊重した。一二〇六年一月二日、七十に近い歳で、「財産を処分したあと、公教会の秘蹟をうやうやしく授かり、主のご慈悲を信じつつ」、彼はギーヌの家で息を引き取った。最年長の息子が不在であった。その嫁は「伯夫人におさまりたくてならず［……］はなはだしく慌てふためき」、「主君ならびに保護者」を一刻も早く引き取るように、「葬儀に来るであろう親族全員の接待」の準備にかかるようにと、アンドル大修道院長を呼び寄せた。修道士たちはこの性急さを慎みに欠けると判断した。彼らはしかし、その夫を恐れて命令に従った。「祖国の父」の遺体は、したがって、「のちに、くだんの貴婦人が――彼女は死者の世話という、女の役目を担っていた――伯と自分の夫のために二つの石の十字架を建てさせた」場所に運ばれた。しばらく間をおいたあと、ボードワンの遺体は大修道院付属の聖堂に導かれた。門戸を開放して、「夕方から深夜にいたるまで、騎士とその奥方たち、町の者たちおよびほかの者たちに宴会が振舞われた。墓に納める時間まで、食べ物と飲み物に事欠かず」、一同は棺台のまわりに集い、依然そこに現存する死者のお供をして、大いに飲みかつ食い、伯の遺骸が主祭壇に陳列されている間、「数え切れぬほど大勢の貧しき者たちが、伯のさまざまな住まいから運ばれたパンと肉とで養われた。」後継者がようやく姿を現した。直ちに彼は、修道院に免税で報いた。この代価で、修道士たちは世の終わりまで、毎年、彼の父の魂のために葬礼のミサをあげることになる。

この話には霊的なものに関する記述がほとんど完全に欠落していることに、わたしは注目する。年代記の作者、ベネディクト会修道士は、死体のことしか語らず、その死体のまわりで「白衣」(dealbata)の共同体が「慣例の哀悼」(planctus)に専心していた。彼は食事のことを、故人のそばで最後に、それもたっぷり飲み食いすることを語るが、大盤振舞いは儀礼の最重要な要素を構成しているように思える。したがって行列、宴会なのだ、婚礼のときのような、息子の騎士身分入りを祝う儀式のような。死者の仲間入りは同じように、華麗に、そして同じように食料品を惜し気もなく振舞いつつ行われる。最後に墓、掘り空けられた穴、そしてとりわけ、これこそが肝心であったが、一連の先祖の墓の中に死体を間違いなく安置すること。

ギーヌの土地の支配者たちにとって、死者の長蛇の軍団が彼らの血筋の男の警備下に置かれるのは自明のことに思えた。最初の大修道院長は彼らの家系の外で探さざるをえなかった。次の院長は彼らの家系の者だろう。そこで彼らは、マナッセ伯の甥の子供たちの一人、グレゴワールを任命した。この名前が彼を修道士身分に運命づけたのだ。彼はごく幼いうちに家族の大修道院に住まわされ、次いで、共同体統率の準備のために、シャルーに送られて修行する。戻って来ると、「国のお偉方、彼の親族を喜ばせようと」、アンドルの修道士たちは彼を選んだ。ところが彼を知るシャルーの修道士たちは別の候補を押しつけた。グレゴワールは辛抱した。十四年後、彼はその地位をえた。アンドルの年代記は、彼のことを「出生は高貴だが、見識に乏しく、肉体は元気盛んで、誰にも愛想よく、肉親の絆と軍事的栄誉の絆に縛られている」と評した。彼はとりわけ金銀細工に熱中した。四年後、「その愚昧、その無気力、その空虚」ゆえに罷免された。冬になると、修道士たちを引き連れ、平信徒のように、凍てついた沼でのスケートを楽しみ過ぎたかどで非難された。それにまた「淫らな愛のやり方で、ある貴婦人のブラウスに手を突っ込んだ」ところを目撃された。当時、公教会の改革は広範囲に地盤を固めていた。腐敗した人物を排除するのに人はためらわなかった。一家は成り行きに任せた。大修道院付属聖堂の敷石の下に眠る死者がふさわしい奉仕を受けることに、一家は何よりも執心していたのだ。

*

そこで祖先のために祈り、そのかたわらに安置される前に子孫が集って祖先に敬意を表する神の家の中に、先祖の記憶が根を下ろした。まさにそこで、記憶が文字に委ねられ始めたのであり、ひたすら家系の栄光賛美に捧げられた文学の最初の職人が、単に彼らの物語を豊かにする材料のみならず、制作の手本を見出したのである。聖遺物のそばに保存された聖者伝、「伝説」、「読むための」テクストは、どのようにして英雄の伝記を作るかを示してくれた。教皇、司教、王のリスト、福音書中のイエスの系譜、はては近親相姦を理由とした訴訟の際に司教裁判所に提出された家系図までが、家系の環を互いにどのように結び合わせるかを示してくれた。のみならず時には、樹形で表された修道院共同体の保護者たちの連鎖を人は目にした。たとえば、大家ヴェルフ一族の先祖の記憶に奉仕したヴァインガルテン大修道院の帳簿では、この家系樹は、系譜の始祖以来、世代から世代へと接ぎ木された夫婦の相次ぐ姿を乗せている――夫婦、とわたしははっきり言う、女の、奥方の顔に合わさった男の顔、一緒に想起された父親と母親。

十二世紀の最後の三分の一、在りし日の姿で、剣を抜き放ったアンジュー伯、プランタジネット家のジョフレーをその墓の上に表現するために、芸術家たちが七宝の標示板に細工していたころ、マルムチエの修道士ジャンはこの貴人の伝記を書いたが、そのとき彼は実際、定期的に大声で読んでもらうため、聖者伝とほとんど違わない「伝説」を綴った。名声がいかに赫々たるものであったにせよ、亡き貴人の多くがこれほどの美辞麗句を連ねる讃辞にあやかったとは、わたしには思えない。しかし、墓碑銘はあった、それも数多く。サン＝ジェルマン＝ドーセールのラウール・グラベールのような、サン＝ジャン＝ド＝モンチエヌフの修道士マルタンのような、サント＝ヴォドリュ＝ド＝モンスの修道参事会員ジスルベールのような、文学的制作の才能に最も恵まれた修道士たちは、石に彫られた言葉が読みづらくなったとき、それに磨きをかけ、復元する使命を担っていた。これらの墓碑銘は名前の記憶を保っていた。それが第一の機能であった。ドゥオダの要求したこと、それは通りかかった者が墓の前で名前の文字を読み、短い祈りの間にそれを口にできることであった。ドゥオダはしかし、それ以上のことを望んだ。彼女は自分の名前を詩の文句の中に嵌めこんだ。事実、記憶を呼び覚ませる文言が墓の横腹に大きく刻まれるのは、珍しい光景ではなかった。十二世紀の中葉、プランタジネット朝ヘンリーに仕えた学僧で、デュドン・ド・サン＝カンタンの作品をロマンス語〔フランス語〕に翻案したワースは、ロロンの葬式を彼の流儀で描写した。デュドンが何も言わなかったこの貴人の墓所について語る。ルーアンの、大聖堂の中、内陣の側廊の片側、南側で、彼はそれを見た。

墓所はそこにあり、墓碑銘またしかり、
彼のなしたこと、その生き方を語る。

〔『ルー物語』第二部一三一二行以下〕

したがって一つの語り、物語の素材だ。

ワースは修道院で書いたのではない、彼は宮廷で書いた。わたしがそこから何人かの貴婦人像を狩り出そうと懸命になっている系譜文学は、修道院の回廊内部で、修道士や修道参事会員がその文言を反芻する本の中で、修道院のクリプト内部で、墓の列の前で発芽したが、それが開花したのは宮廷社会の中においてである。祖先の記憶を呼び覚ます儀礼的な朗唱の世俗的なものへの復帰を、三世紀前に朗唱を大修道院付属聖堂に運びこんだのとは逆の動きによるこれを、修道院運動の後退、より内面的になった宗教的慣行、血族構造の強化がそろって促進した逆転を、この転移の中に見るべきなのか？　われわれは平信徒の葬儀慣習について、またもっと一般的に、家中の者たちの私生活に起きたことについてあまりにも知るところが少ないため、一家の死者のために朗唱するよう修道士たちは要求されてはいたものの、かえってそのために彼ら死者が親族の環の中では想起されるのを止めたと想定することはできない。わたしはどうかと言えば、事態は逆だと確信するが、その理由は、一家の家長は誰でも義務としてその家のサガ〔伝説〕を自分の子供たちに、甥たちに、封臣の息子たちに語り続けたことは確かだと思うから。あるいはまた、自分と同じ家系で、思い出の正式の受託者である誰かに、たとえば、デュドンの情報提供者であったノルマンディーのリシャール一世の弟に、あるいは雨の日々、アルドル領主、従兄のアルヌーと、彼の仲間の新参騎士たちの前で、祖先の偉業について覚えていることを朗唱したあの若者に、家長がそうするよう命じたのは確かだと思うから。転移は確かにあったが、しかしそれは別のレヴェルのものだ。十二世紀に血統が、家中の者がそれ自身、ハワード・ブロックが言うように、「記号の生産者」に、それも今日完全に消えたわけではない記号の生産者になったのは、またその断片がいくつかまだ残存する先祖顕彰のための確固たる文学作品の構築される場が宮廷であったのは、文化的移動の結果であった。

十二世紀の中葉に、騎士の文化は闇から脱する。それは聖職者の文化に対抗して自分を強化する。もはや聖職者は美しい文字を操る唯一の存在ではない。高位貴族層は知識階級になる。あるいはむしろ——ドゥオダがそうであったように——再びなるのである。詩を作り、それを羊皮紙に書き写すことができる男たちは、いまやお偉方の住まいで年金を支給される。彼らこそが、修道院あるいは聖堂参事会から貴族の家への目立つ移動、実際には口承から文字への移行の推進者であった。宮廷で歌われていたもの、一一七〇年に聖堂参事会員ワトルロのランベールが、母方の祖父の兄弟で勇敢な騎士たちの名声を生き生きととどめると言及したあの「大道芸人のカンチレーヌ」、そのいずれもが固有名詞のちりばめられた武勲詩——シャルルマーニュに仕えた神秘的な勇士たちの名前だが、これらの大部分は大家に帰属しているため、その名前が口にされるのを聞いて、祖先の最も栄光ある人物を指すと考えたがる者は多かった——、部分的に口から口へと伝えられたこの叙事詩群は、修道士たちがその番人であったものより段違いに豊富な記憶のストックを、修道院の入り口の、本棚に積まれた書き物より戦士たちの頭にこびりついた記憶のストックを形成していた。豪奢な宝庫。その上に歌のプロフェッショナルたちは油断なく目配りをしていた。庇護者の気に入るように新しい名前を滑りこませ、宝庫をさらに豊かにしていた。われわれには彼らが今日の広告業者やゴシップ記者なみに強力に見える。ギヨーム・ル・マレシャルは、彼の勇気を宣伝することで、大道芸人たちが名声に付け加えるであろうものをよく知っていた。連中への心配りは十二分にした。これに対して、アルドル家では歌い手たちのことを苦々しく思っていたが、その理由は、この連中が、かつて自分たちの一人が懇望した緋色の股引きを一門の当主から拒否されたことを覚えていて、十字軍歌を演奏するときに、アンチオキアの城壁の下で見事に戦った一門の祖先の名前を、陰険にも省いてしまうからであった。けれどもこの宝庫は脆く、墓碑銘や「伝記」に比べ、時の消耗への抵抗力がはるかに弱かった。はかなく移ろいやすく、これらの言葉の大部分は、いざそれを書きとめようとした時点以前に失われてしまった。

その時点、十二世紀中葉とは、国家の再建に通じる動きの過程で、フランス王の優位が明確になり始めたころである。その優位は大貴族の家系の独立性を問い直すものであった。こちらは自衛する。寄りすがる相手は、あの防波堤、あの根源的な基盤、正統性を、世襲財産の自由な所有を保証する、先祖の栄光の思い出であった。修道士たちが最善をつくして「記憶」(memoria)を維持するよう、彼らに寄進を施すことは敬虔な行為であった。家系の骨組みを強化することは政治的行為となった。先祖の偉業を、彼らが剣の力で奪い、手にした権利を想起させることは、競合する権力の野望にいっそう毅然と対抗することであった。そこで文学的記念物が城壁として構築された。

実際に記念物であった。凱旋門がローマ人によってそうされたように、墓がますます頻繁にそうなったように、それら記念物は壮大で、壮麗で、装飾に覆われている必要があった。この目的のために、人は折り紙つきの作家に、学校で弁論術、文法、修辞の教育を仕込まれた「修学者」(maîtres)に、すなわち教会人に助力を訴えた。しかし一家の当主たちは、自分らの典礼に閉じこもった修道士よりはむしろ、学僧たちに注文をまわした。これらの書かれた教養の持ち主を、彼らは住まいに引き寄せることができた。家中の者たちに組み込まれることで、この連中は柔順になるだろうと。これらの作品は、言葉の十全な意味で、「家庭用」(domestiques)であった。家庭内での制作と用途とにおいて。金持ちの住まいでの生活は、魅力のないものではなかった。保護者の愛顧をかちとるために、上等の肉片にありつけるほど食卓でその近くに坐るために、これらの器用な職人たちは手練の冴えを駆使した。期待されたとおりに、主人の考えていることを、それにまつわる思い出が保たれるのを望んでいることを、華麗な言葉で、聖者伝、墓碑銘の言葉で、棺台のまわりで香煙に包まれて歌う祈りの言葉で表現した。彼らはラテン語で、仰々しい、誇張に満ち溢れた「十二世紀ルネサンス」の気取ったラテン語で書いた。それから時が過ぎ、ある者たちは、最も開放的な宮廷で、気晴らしの若い文学の言語を、ロマンス語の地方語を、生まれ育ちのよい連中が自分と下賤の輩とを分かつための、洗練された言語を使うようになった。

これらの作家は、過去の文書から情報を引き出す術を心得ていた。彼らが証書類の詰めこまれた箱を調べ、生き続ける記憶を膨らませ、引き伸ばす材料を特許台帳や年代記の中に探した様子が目に浮かぶ。実際には、彼らにとっても、彼らを召し抱える側にとっても、この学者的な作業は付随的なものであった。人が何よりもまず彼らに要求したことは、親族の男たちが頭の中に保存していた、半ば忠実、しばしば不鮮明、ときには荒唐無稽な記憶を、壮麗で堅固な形式に収めることであった。しかし親族の連中だけが、その血管を流れる血ゆえに、繰り返される言葉で一族の死者を想起し、呼び出し、より身近に居合わせるようにすることができる有資格者であった。これらの言葉を、雇われ作者たちは寄せ集め、典礼ラテン語に移し換えながら格調高くするのであった。王家の系譜を手本として、一つの軸、始祖に発して、世代ごとに上に伸び注文主に達する家系樹の幹にそって、彼らは物語を案配した。聖者伝を手本にして、彼らはこの軸上に、ヴァインガルテンの写本を飾る挿画に似た挿画を配置した。男たちの図像、女たちの図像。伝記。

これらのテクストについて、一つの疑問が呈される――いつ、どのように、どこで、どのような状況で、どのような代弁者によって、どのような聴衆の前で、それらの内容が伝達されたのか？　それに対する答えはない。「パフォーマンス」の様態、このように保存され賛美された思い出を家の中で活用したやり方については、一切われわれに伝わらない。少なくとも窺い知れるのは、あとに来る者たち、子孫のために、彼らの道徳教育用に、彼らが「変質する」ことのないように、祖先と同じく高貴であるようにと、この思い出を蓄える意欲が貴族の家系において、ごく一般的に共有されていたことだ。ただし、それはまた彼らの権利を強化し、彼らの権力を確固たらしめるためだ。この文学ジャンルが非常に勢いよく開花したことをわたしは信じている。それも最も強力な公国の支配者のまわりとは限らぬことも。とはいえその断片しか残っていない。それは驚くにはあたらない。これらの詩が賛美した家系の大部分が消滅した。その栄光のために作られた書物は興味を喪失した。粗略に扱われた。ほとんどすべてが散逸した。しかし、いくつかの漂流物が沈まずにすんだが、たいていは後の時代の唯一の写本、中世末期に、非常に古くからの領地を継いだ末裔が注文した写本の中だ。これらの名残は稀だが非常な価値があり、十二世紀の貴族の家がみずからをどう考えていたかを告げる、最も忠実な証人なのである。人がとりわけそこに認めるものは、一つのイメージ、わたしがその再構築に努力するイメージの、移ろいやすい、形の定まらない反映だ。十二世紀の騎士が貴婦人・奥方について抱いたイメージの。

第四章　貴婦人の記憶

何人かの女性のシルエットの輪郭を識別するために系譜文学の助けをかりるのは、しかし逆説的に見えるであろう。家系とは、実際、男たちの問題だ。精液の噴出によって、自分がこの世を去るときに一家を取り仕切る定めの男子を作る当主たちの問題であって、彼らはその目的のために、父親が世話してくれた妻を娶って、受胎させたのであった。それが彼らの義務であり、それを婚礼の儀式は明確に表現している。ギーヌ伯ボードワン二世は、長男を結婚させた。その日の終わりごろ、夕闇迫る戸外で歓楽がなお続いているのに、招待客の群れが貪り食らい、酔い続け、大道芸人の猥雑な悪ふざけに高笑いし続けているのに、彼は新しい夫婦の住まいに、寝室に入りこんでいた。新婚の床は一種の祭壇のように飾り立てられていて、聖職者たちが十分に床に香をたきしめ、聖水を振りかけ終わったところであったが、いみじくも彼らはその数年後、伯の死去に際し、教会の内部、遺骸の安置された輿に同じように香をたきしめ、聖水を振りかけることになろう。夫婦はそこにいて、すでに床に入り、愛の行為にとりかかろうとしていた。目と両腕を天に向け、ボードワンは全能の神の加護を求めた。何を頼んだのか？「月日と世紀の過ぎ行く長きにわたり、なにとぞ種のいや増すように。」「種」（semen）——このラテン語は、わたしも知っているが、血統を、子孫を意味する。しかし、まずそれはあの具体的なものを、あの体液を、精液を指す。すべての家長の恐れたことは、ボードワン伯の大伯父マナッセを苦しめ、まだその歳でもないのに白髪頭にかえた、疼くような心配事とは、「自分自身の体から出た種がもはや残らない」ということであった。これらの領主はもちろんよい種を、雄の種を考えていた。マナッセは、「姉妹の一人に世継ぎを乞いせがむ」のを余儀なくされたため、この男を「よそ者の種」だと判断していた。母親が別の血統の男によって種を播かれていたからだ。したがって、領主が自分の先祖に言及するとき、まず最初に記憶に甦ってきたのは、父親たち、自分の奥方の腹に後継者の種を有効に播いたあの男たちであった。合戦の喧噪の中で喚き、過剰な男らしさに入れあげた騎士の人物像。

このような男性的価値への固執は、アンジュー伯領を合法的に所有していることを証明するため、一〇九六年、フーク・レシャンが自分の家系図を暗唱しつつ、口述で作らせた報告において明々白々である。「余、フーク、アンジュー伯、父はジョフロワ・ド・シャトー＝ランドン、母はアンジュー伯にしてジョフロワ・マルテルの甥フークの娘エルマンガルド、なお、このジョフロワ・マルテルはこの同じ余の祖父フークの息子にして余の母の弟なるが［冒頭から伯は、異議を申し立てられている「名誉」、命令権を相続した相手の、二人の男との関係で自分を位置づける］、いかにして余の祖先が名誉を獲得し、余の代にいたるまで維持してきたかを、かついかにして神のご慈悲に助けられ、この同じ名誉を余が保ってきたかを文書に託することに決めた。」その目的は明快だ。政治的なものである。大領主が自ら語り、権利を証明することだが、テクストの非常に簡素で、飾り気のないラテン語は、十一世紀末の多くの貴公子たちのように、教会人の仲介抜きですませるぐらいに教養のある彼の、おそらく直接手になるものであろう。この証言は実に例外的なものである。それはこの時代に戦士が自分の家系図をいかに考えていたかを明らかにする。思い出を、「叔父ジョフロワ・マルテルが余に語った」とおりに述べる、とフークは言う。おそらくその思い出は、伯に仕え、古証文の羊皮紙を広げて、彼の特権を支持する材料を探した教会人がいささか新しくしたものであろうが。にもかかわらず、記憶がふつう伝わるやり方を覚えておこう。まさに家長こそが、自分が住まわせている若者たちの間で、とりわけそのうちでも、いずれ自分のあとで名誉、すなわちすべての世襲財産、土地、権力、数世紀にわたって蓄積した名誉という資本の責任者になると知っている者の頭の中で、その記憶を絶やさぬようにするのだ。彼の義務とは、忘れられないうちに祖先の偉業を想起し、彼らの勇気を、彼らの身体的能力を、彼らの誠実さを、彼らが身をもって実証した騎士的長所のすべてを褒めちぎることだ。

ここでは記憶が非常に古くまで、七世代もさかのぼる。その中で公教会権力が近親相姦を禁止し、同じ先祖をもつ子孫同士が結婚するのを禁じる、時間の極端な限界にまでまさしく及ぶ。このような制約のために、大家では、司教が注意深く監視する家門では、非常に古い先祖について少なくとも名前を覚えざるをえなかった。娘を結婚でくれてやる度に、教会法廷での訴訟を避けるため、これまた七段階に及ぶ家系図を、高位聖職者の目の前に置けるほうがよかったのだ。いみじくも、アンジェのサン＝トーバン修道院に、この種の文書資料が五点、先祖のリストが五点保存されていた。妻を取り替えるのを止めなかった、ほかならぬフーク・レシャンの数々の再婚の機会に作成されたものだとわたしは推測する。すべては七段階目に、「種」の根源に、アンジュジェを置いている。ほかの文書から、この男が一五〇〇年ほど前に生きていたことが分かっている。フークは自分の叙述の中で、その彼のことを「始祖」（primus）とも言う。その名前の後に、ほかの三人、すなわち息子、孫息子、孫息子の息子がとった名前が言及されている。これらの非常に遠い祖先については、それ以上のことは何も言っていない。「余にはできかねる」とフークは白状する、「これらの伯の美点と行いをふさわしく記念することは。なぜなれば、まことに遠い昔の方々であり、遺体の憩う場所もわれらには分からぬ。」墓なく、墓碑銘なしでは、早々に記憶が消滅する。記憶が生き生きしているのは一世紀の間だけだ。自分に先立つ三人の伯については、その「偉業」を、彼らが勝利した戦闘を、名誉のために彼らがなしたことを、フークは想起することができる。実際、まさに事は名誉に、アンジュー公国に、その命運に関わっている。男たちは通り過ぎるが、手から手に渡って、公国は生き残る。無論、公国を防衛し、国境を押し返すほどに力強い男の手、幼少期の終わりに厳かに授与された正義と平和の剣を振るう、勇者の手。この歴史はすべて男たちの歴史だ。フークは妻たちの名前を挙げる気がない。彼女たちが名誉を維持してきたわけではない。とはいえ、驚くべきことに、名前以外、父親についても何も言わない。なぜならジョフロワ・ド・シャトー＝ランドンがガチネー地方で掌握していた権力は、何一つ彼には残されてはいないからだ。これらの権力を、はるかに実質的な遺産、アンジュー伯領の授封を手に入れるために、フークはフランス国王に安売りした、譲渡したのである。彼にとって、想起するに値する先祖は、この長い叙述の中で名前の挙げられた唯一の女、母親の先祖だけである。長談議の初めに二度名前が挙げられた。実際、フークが手にしているもののすべては、彼女によってもたらされた。彼女は彼にアンジュー人の血を与え、この血のおかげで彼は合法的に権力を行使する。

ここに本質的なことが、十二世紀の貴婦人の運命を知ろうとする者にとって系譜物語を非常に貴重なものとすることが現れる。女たちの腹は単なる集積容器ではない。雄が仕込んだ種は単独で実ることはない。この柔らかい殻は自分の体液を分泌する。女の血が男の血とそこで混じり、女自身の種が男の種とそこで結合するが、なぜならば、多くの手掛かりがそれを明かすように、女性の精液の存在が当時あまねく信じられていた。「彼ら夫婦の種」（semen eorum）と系譜物語の作者もそう書く——彼はよく言葉を吟味して書いた。博物学の著作を読んでいたのだ——、世継ぎの新婚の床の前で唱えた、ボードワン・ド・ギーヌの祈りを復元するに際してである。貴婦人・奥方がこれほど決定的なやり方で懐妊に介入する以上、息子は自分の母親の父親が掌握していた権利を獲得したいと主張できる。母親の父親に男の子孫がいないとき、この息子は彼の財産を相続するが、ときとして——アリエノール・ダキテーヌの息子で、ギヨーム・ダキテーヌの孫、リチャード獅子心王のことを考えるがよい——その財産は莫大なものである。いずれにせよ、彼は長所を、名声を相続するのであり、それは母方の血を価値あらしめていた。彼を胎内に抱えたこの女は、二つの家系の架け橋、彼女がそこから出た家と、間もなく孕むだろうとの期待から婚礼の当日、威儀を正して導かれた家との架け橋の役を務めた。彼女は絆、「繫ぎ」（copule）である。婚姻の道具として、貴婦人・奥方とは、もちろん、一つのオブジェ〔もの〕だ。だが、それがもたらすもののために、このオブジェはごく特異の価値をもつ。自分が仕込み、いまに忠実に奉仕すると期待する若き戦士たちに、よき主君が褒美として分配するあの娘たち、あの姉妹たち、あの姪たちの価値。結婚によって彼がほかの家に植えつけるのを使命とした自分の種の女たちの価値——これらの家を自分の家とを結びつける理由は、次の世代になって、このような結合から生まれる息子たちが自分と同じ祖先を敬うであろうから。家系の記憶が扇状に広がり、しばしば父方より母方のほうが遠くまでさかのぼれるのは、この思い出の中で女性像が必然的に場所を占めるのは、貴婦人たちが特別そのことに配慮しているためではない。ドゥオダが数え上げた人名の大部分は男の名前だ。血統の命運に果たした役割ゆえに祖先の女たちは現存する。近親相姦の推定を確証あるいは破棄するために、宣誓者が司教の前に家系図を朗唱しにやって来るとき、彼女たちの名前も挙げざるをえず、また系譜文学も、少なくとも、彼女たちの何人かの名前を省くわけにはゆかなかった。

二つの理由から、この文学は女の名前を堅持した。第一の理由は、この社会で息子とその母親とを結ぶ感情的絆の強さである。一般的に、ドゥオダの息子がそうであったように、息子は非常に若くして生家から追い出された。父親は、彼にとって、急速に他人となってゆき、やがて彼が成長して、領地からの利益を自由に享受したくてたまらなくなると、ほとんどライヴァルとなった。それとは逆に、彼は母親の思い出にしがみつくが、母親から無理に引き離され、永遠のノスタルジーを抱き続けるからだ。その先祖の死者を含め、この女に関係あることのすべてを敬った。第二の理由はもっと強力だ。大部分の夫婦の場合、男は妻に比べて低い家柄であり、財力も劣っていた。配偶者間のこのような不釣り合いは当たり前だと思われていた。何かのはずみで、父親が息子に、上ではなく下の身分に位置する妻を与えたときは、自己を正当化する必要を感じるのであった。ほかならぬボードワン・ド・ギーヌが父親の封臣、アルドル領主の娘を娶ったときがその場合であった。半世紀後に事件を述べるお抱え歴史家は歯に衣を着せない。彼はこの結婚のことで、「屈辱」という言葉を口にする。この地方にとって大迷惑なことに、数世代前から衝突していた両家の間に何としても恒久的な平和を確立する必要があったこと、これがその弁明であった。同様な状況においては、「多くの貴族、大公、のみならず国王や皇帝までが、かように身を落とすことを承知したのであった。」身を落とすことを。

妻がふつうその夫より身分が高かったのは、結婚市場の現状に原因があった。それは不均衡であった。提供される女子の過剰、買い手の男子の不足。家長は、実際、自分の権力下にあるすべての女を結婚させるべく努力した。しばしば彼らの腕に何人かが残るのであった。ブールブール城主アンリには娘が五人いたが、片づけることができたのは二人だけ、あとの三人は彼の住まいに直結した女子小修道院に死ぬまで処女のまま暮らした。小修道院を建立したのはそのため、過剰の女たちを収容するためであった。一一九六年に系譜を作ったジスルベール・ド・モンスの言い分を信じるなら、エノー伯たちはもっと幸せであった。二人を除き、彼らの家門の令嬢たちと奥方たちは、十二世紀の間に、結婚も再婚もしたからだ。ボードワン四世は、自分の姉妹、姪、従姉妹たちを、モンスおよびヴァランシエンヌの城を共同で所有する騎士たちにあたえ、そうすることで国中に重きをなす者の忠誠を確保した。「存命中、十全の力量を駆使して、三人の娘を勇敢な三人の戦士に嫁がせたが、久しく」とジスルベールは付け加える、「エノー伯の誰も息子が騎士となり、娘が嫁ぐのを見たことなしとまで噂されていたのに。」子供たちの全体を社会の組織に組み入れること、これがまさに一家の父の願望であった、娘たちは婚礼によって——あるいはより正確には、正規の出産によって、なぜならこの時代、女は母親でないかぎり有用性をもたず、実際に社会的存在性ももたなかったから——、雄どもは騎士叙任、武具の授与によって。

とはいえ、結婚によってではない。なぜなら一家の主は自分たちの死後、先祖伝来の財産が男の子供の息子たちに細分化されることを恐れ、一人以外は連中に所帯をもたせるのを嫌った。この慎重さは有効であった。わたしが調べた資料の示すところでは、一一八〇年ごろまで、すなわち貨幣の流通がいよいよ盛んになり、貴族の財産から硬直性を取り除き、次男以下の誰かのために住まいを購入するのが容易になったため、息子たちの結婚制限が緩和され始めた時期まで、付随的な枝をもたずに直線上に成長しなかった家系樹は極めて少ない。けれどもそれまでは、男子の親たちが提供される大勢の女子から選ぶ、得な役割を握っていた。最良の血統にせよ、多額の婚資にせよ、彼らは最も有利な縁組を選んだが、兄弟も伯父や叔父がおらず、相続人になることが期待できた長女に、もちろん選択が傾くのであった。こうして父親あるいは兄によって目下の男に安売りされた女たちが不平を鳴らすこともあった。ジャン・ド・マルムチエは、アンジュー伯家の歴史を潤色し、自分の周囲で観察した態度や振舞いを二世紀前までさかのぼらせ、ガチネ伯の娘、孤児の幻滅ぶりを想像する。伯が死ぬと、主君のフランス国王は、自分が信用できた男、伯家の侍従に相続財産をつけて、その子をあたえた。彼女は拒否し、抗議した。かくもさえない身分の夫を「自分の上に置くのは」げにはしたないと、彼女は泣き喚いた。王は彼女を妻に預け、王妃はすぐ手を尽くして反抗する娘に言うことをきかせた。しかし、大抵の場合、娘たちは一言も言わずに一つの家から別の家に移った。言うことを聞くべきだと繰り返し教えこまれていたし、婚約させられた女の大部分は非常に若かった。普通、娘が結婚適齢期に達するよりもはるかに早く、両家の親たちが婚約を結んでいた。婚約式のあと、アンリ・ド・シャンパーニュが自邸に連れていったとき、ナミュール伯の娘はかろうじて一歳であり、しかも、別のもっと割りのよい縁談が持ち上がるやいなや、彼は娘がそこにいるのを忘れてしまった。

このような幼女のケースは、結婚が何の役に立っていたか、どうして娘たちが貴婦人・奥方になったか、彼女たちが男たちにとって何であったかを露骨に示している――血統の質ゆえに与えられ、手に入れられ、蓄えられているが、そこからもはや何も引き出せないときは廃棄処分にされる肉体だった。いずれにせよ、このような慣行のせいで、長子たち、未来の相続人たちの大部分は自分たちより高い身分と結婚するが、弟たちの一人がようやく結婚にこぎつけた場合も、同じように自分より高い家柄の女を娶るのであった。なぜなら自分が奉仕する保護者から褒美としてもらうのだが、保護者はもっと彼に好かれようとして、自分の親族の、したがってもっと華々しい貴族身分の生娘を授けたのである。要するに、家門同士の裏工作と高位の領主たちの戦略の結果、普通は夫婦間で妻の方が身分が高く、そのために、彼女は名声をもたらしたがために、死後も子孫の崇敬に値するのであった。

アンボワーズ領主たちの歴史の中で、一人の貴婦人、ドニーズの名を見る。一一五五年ごろにこの文書を執筆した逸名の聖堂参事会員は、この名前に熱烈な賛辞を添える。それは三つの理由からだ。第一に、伯父のジョフロワ・ショモンの財産ゆえに、この女は非常に裕福であった（ジョフロワは奇妙な人物だ。人を唖然とさせる身体の美しさゆえに、「乙女」というあだ名の持ち主であった。事実、一度も結婚せず、全財産を姪に残すと遍歴騎士となって、一〇六六年に征服王ギヨーム〔ウィリアム〕に随行し、冒険の間に大金持ちになり、以後ノルマンディーとロワール渓谷を往復する際には、山のような金銀を持ち歩き、一〇九六年には、エルサレムに向かうドニーズの息子の支度金をそこから拠出した）。別の長所は、すべての娘たちがそうあるべきであったように、彼女は柔順な態度を見せ、人が自分のために選んでくれた夫を受け入れた。相手は、しかし、アンジュー伯ジョフロワ・マルテルの封臣の息子で、彼女より非常に下の身分であった。ジョフロワ・マルテルは戦いに勝つと、一〇四四年、勝利の立役者たちの一人に派手に報酬を払うために、彼女の伯父ジョフロワ・ラ・フィエット〔乙女〕から、戦利品としてドニーズを奪ったのである。最後の理由は、奥方になると、ドニーズがその役割を完璧に果たし、すべての妻たちがそうすべきであったように、先祖の財産と栄光を継承する息子をもうけた。彼女の記憶が一族の間で敬虔に保たれるための賛辞とはそれであった。

書かれた資料の寄与を思い出に結びつけることに長けている教会人が自分たちの先祖を想起する場合、概して十二世紀人が先祖の女性に負うていたことの何かはいっそう明確に見てとれる。一一七〇年ごろ、ランベール・ド・ワトルロはサン＝トベール＝ド＝カンブレで『編年史』を執筆した。自分の誕生年である一一〇八年にいたると、「自分が誰の血を引いたのか」を述べることに決めた。彼は自分のことを語る。齢七歳にして、生家を離れた。母方の伯父、モン＝サン＝テロワ修道院長がやって来て、「彼を自分にくれるようにと母親に」頼んだ。母親にであって、父親にではない。かつて子供を胎内に宿し、自分の乳でこれを育て、男親よりはるかに深く子供が帰属していた女に。決めたのは彼女であり、わが子を託した相手は彼女自身の家系の者であった。ここには母性が貴婦人たちに授ける権力が認識できる。息子たちによって彼女たちは権力をもつ。しかしながら、この物語はまたこの権力が何によって強化されているかを示す。その強さは、この家系において、すべての妻が夫よりは生まれがよいことに由来する。ランベールは回顧する。彼の生まれた領地は父方の祖母の遺産であった。財産のない末っ子の祖父がそこに腰を据えたのであった。母親の家系はといえば、これは明らかに父親のそれに立ち勝った。名誉、ランベールが誇るもののすべて、公教会で出世するのに役立った縁故、一切が母親から、「優しい母親」、ジゼルから彼にもたらされた。「非常に裕福な」男の娘であった、と彼は言う。その十人の兄弟は同じ合戦で落命したが、一世紀たったあともなお、大道芸人たちは彼らの武勇を歌っていた。おそらくこの男もほかの多くの男と同じように、富の少なくとも一部は妻に負うていたに違いない。ランベールによれば、「フランドル貴族身分の非常に高位の血筋」の出で、この女にも兄弟が、それも大勢いた。彼らのうちの十一人が国中に「種」を振り撒いた。そこで彼女は、結婚するにあたって、土地を持参することはできなかった。しかし男女の奴隷たちと、とりわけ、名声という非常に豊かな資本を持って来た。彼女の孫が鼻にかける貴族身分とは基本的にこの祖母に由来するのだ。こちら側、母方には実際縁者の中に修道院長たち、女子修道院長たち、一連の血気にはやる戦士たち、ギヨーム・クリトン伯の旗手を務め、アクスポエルの戦いで落命したリシャール・ド・フュルヌ、「ランペルネスの非常に高名の騎士たち」、イングランド国王ヘンリー一世のために戦って死んだ、またしても伯父が登場する。

フォワニーのシトー会修道院長ロベールがカペー王家の先祖、ロベール・ル・フォールの後裔だと称したのも同じく女たちによる。彼の母親アデライデによって、母親の母親アデールによって、祖母の母親アデールによって、その母親のベアトリス――ほかならぬユーグ・カペーの娘であるエドウィジュの娘――

によって。従兄弟のギー・ド・バゾシュもまた、自分の血の最上の部分がどこに由来するかを熟知している。貴婦人から貴婦人を通してその血を受け継いだ。一一九〇年、「母方の系統から」(ex materna)、皇帝と王の子孫であることを妹の息子に想起させる。王の血筋である。同じエドウィジュ、母親の曾祖母である同じベアトリスによって、ユーグ・カペーは彼の先祖なのだ。皇帝の血統でもある。彼の母親の母親アデール――シャルル禿頭王の娘ジュディトの、これまた女たちを通して十代目の子孫――の七親等の先祖、ハインリヒ一世の孫娘からオットー家の血を受け継いだ。女たちは、およそ家門の長たちが家の利益と気前よさから、低い貴族身分の男たちにくれてやり、まわりに惜しみなく振り撒いたこれらの娘たち、これらの寡婦たちは、いたるところに王の血を分散させた。このような血、シャルルマーニュの血の滴が、われわれの血管の中に、あなたがたの血管、おそらくわたしの血管の中に、いずれにせよわれわれ大勢の、それもはるかに想像以上に大勢の血管の中に流れている。それは非常にしばしば庶出関係によって、ゆきずりの女との交情によって伝えられた。しかしそれはまた往々にして婚姻の床で、貴婦人・奥方によって伝えられた。

正規の夫婦における女性の恒常的優位、いかに男性の力を誇りにし、女の前でいかに怯《ひる》み、したがっていかに見下す態度をとろうとも、戦士たちが先祖の女性に、彼らの家の栄光に大きく貢献したと繰り返し聞かされたあの善良で、気高い奥方たちに払う敬意、そうしたもののために、わたしは非常に男性中心の系譜文学の中に、十二世紀貴婦人の顔つきを垣間見させる何かを見つけるのだ。この文学が、とりわけその稀な名残である二つがわたしに知らせてくれたことを、これから扱うことにする。一方は非常な大家、ノルマンディー公家に関わる。他方は、それよりはささやかな家系、ギーヌ伯家に関わる。

第二部　妻と妾

第一章　賛美の系譜

わたしはプランタジネット朝のヘンリー〔アンリ二世〕に立ち戻るが、それはごく当たり前のことだ。ヨーロッパきっての絢爛豪華な宮廷がこの貴公子のまわりに形成されたのである。彼は騎士道文化の躍進を支持した。なぜならこの文化が聖職者の文化のみならず、ライヴァルのカペー王家の宮廷を本拠としたあの謹厳で、神聖さに染まり切った文化とも対抗するものであったから。戦士たちと貴婦人たちの定期的な集いの華やかさを引き立てるため――彼女らの前でいつ果てるとも知れぬ騎行を中断して、権力と気前のよさを見せつける――、彼は当代で最も才能があり最も大胆な作家たちを家中に抱えていた。彼の気に入るようにとおびただしい数の詩篇が作られた。それらのうちの二篇が、わたしの探しているものの大きな部分を提供してくれる。

父親を介して、ヘンリーはアンジュー伯家の後裔であった。母方を通して、ほとんどの貴族の場合がそうであったように、もっと栄誉ある先祖を引き合いに出すことができた。母親はギヨーム〔ウィリアム〕征服王の孫娘、ノルマンディー公家の相続人であり、ロロンの血がその血管の中に流れていたから、彼女の所有していた権利を口実とすることで、自分が襲名した祖父ヘンリー一世王の相続権を要求することで、ヘンリーはイングランドの王冠を要求し、一一五五年にはこれを奪取して、以後、伝説のアーサー王の後継者をもって自任したのである。ノルマン人の先祖の思い出のために、彼らにふさわしい、燦然たる記念物が建つのを見たくなった。彼らの歴史がロマンス語〔フランス語〕で、彼の食卓で語られる言葉で書かれることを望んだため、ブノワ・ド・サント=モールが著作にとりかかった。

一一六五年ごろ、王妃アリエノールへの控えめの賛辞を途中に滑りこませ、ブノワは膨大な『トロイ物語』を、雅な宮廷騎士に扮したヘクトール、アキレウスの武勲を歌い、武勇談に満ちた物語をヘンリー二世王に捧げていた。詩人は、しかし、彼の聴衆の好みに通じていたから、この長い軍事的エピソードの連続の中に何人かの女を導入するほうがよいと判断した。女戦士たち、アマゾネスとその女王ペンテシレイアを、そして恋する女たちも。欲望に燃え上がり、真夜中の大広間で、眠れる騎士たちの中で再びイアソンと会う覚悟を決め、それでもこのような振舞いのはしたなさに怯み、自分の部屋にこの男を引き入れ、彼に身を任すメデイアを彼は描いた。パリスの告白を聞き、愛の贈り物を受け取ったときのヘレナを描いた。トロイルスに約束した愛を忘れ、移り気で、言い寄るディオメデスに屈するブリセイダを描いた。「女の悲しみは長続きせぬ、片目に涙し、もう片目で笑う〔……〕。最も賢い女とてかなり頭がおかしい〔……〕。自分が悪事を働くとは毛頭信じない。女を信じる者は自分を裏切り、自分を騙す」〔『トロイ物語』一三四四一行以下〕。根源的に女嫌いでありながら、この作品は貴婦人や令嬢たちを誘惑することに執心し、ローブ、マント、鏡、装飾品を子細に描き、甲冑からつかの間逃れた騎士たちを愛の高揚に委ねる。この物語はうけた。ブノワ・ド・サント=モールは認められた才能を、今度は保護者を満足させることに傾注した。

実際には、彼はノルマンディーになじみもなければ、公家の一員でもなかった。おそらくしばらく前から、公=王の、非常に寄せ集め的な家中に加入していたであろうが、彼はプランタジネット家の父方の先祖の支配していた地方、トゥレーヌの出身であった。彼らの話をするにはかえってよかったのかもしれない。ノルマン人の家門の記憶に直接資料を探ることができないため、ブノワは話を膨らませ、他人の作品で見つけたことを金箔で覆った。そのようにして彼は、ワースの、ごく最近の作品を臆面もなく利用した。ワースまたはグアースは、ノルマン人であった。ジェルセーの出身。公の一門とは親密に、古くから結びついていた。十一世紀の初頭、彼の先祖の一人が、どうやら、ロベール・ル・ディアブルの侍従職を務めていたらしい。おそらく彼自身はすでにヘンリー一世の側近にあって、家中の文書すべてに関係することを任務とした、「朗唱聖職者」であった。いずれにせよ、一一五五年、ヘンリー二世がイングランドの王位についたとき、ワースは『ブリュ物語』（すなわち、ブルトン民族の伝説的な創始者ブルトゥスの物語）をアリエノールに捧げていた。ジョフレー・オヴ・モンマスに、その伝説的なブルターニュ〔ブリタニア〕諸王の歴史に想をえて、この物語はアーサー王の冒険を物語ったのである。その宮廷の絢爛豪華を吹聴し、プランタジネット王家の宮廷の前触れとして描き、ブルターニュとスコットランドのすべての騎士身分を、「フランク人、ノルマン人、アンジュー人、フラマン人、ブルゴーニュ人とロレーヌ人」を引き寄せた。この物語詩の延長線上に――少なくともそう思えるが、これらの作品の制作年代はきわめて不確かだ――、『ブリュ物語』の延長線上に、ワースは『ルー物語』、すなわちロロンの物語を、ノルマンディー諸公の歴史物語を書き終えた。彼は親族の成員に問いただし、一家に代々伝わった思い出を収録し、あとは書物から引き出し、良心的な歴史家として、典拠が口承資料から文書資料に移るときは、聞き手にそのことを伝えるよう心掛けた。

ワースは主として、ジュミエージュ修道院の修道士ギヨームが一〇七〇～一〇七一年、「至高の王の恩寵によるイギリス人の王、敬虔にして、戦いに勝利し、正統的なギヨーム〔ウィリアム〕に」捧げたラテン語作品に依拠していた。この『ノルマンディー公列伝』は、ロロンに関する第二書からギヨームを扱う第七書まで、それぞれのノルマンディー公に一書をあてた七書を収めていた。イングランド征服の直後に書かれたこの作品の狙いは、異議を唱えられた権力の正統性を支持することであり、少しあとで《マチルド王妃の刺繍》、通称《バイユーのタピスリー》がそうしたように、征服王がエドワード懺悔王から王権を引き継ぐ権利を明らかにすること、とりわけ、私生児ギヨームがノルマンディーの正統の継承者だと証明することにあった。この証明が第七書の大部分を占める。修道士の手になるテクストは、謹直、簡潔、この時代にカーンに建てられた男子大修道院の列柱や穹窿同様に飾り気なく、堅固なものだ。さまざまな写字工房で、ふんだんに筆写された。今日そのうち四十五の写本が残っている。これを取り上げた教会人の何人かは非常に早くから、ギヨームの在世中、あるいは死の直後から補足するよう心掛けた。まずは一〇九六〜一一〇〇年のルーアンのサン＝トゥアン聖堂とカーンのサン＝テチエンヌ聖堂、次にオルデリク・ヴィタルが一一一三年ごろに多くの加筆を施しつつ第七書を書き直したサン＝テヴルー修道院（ワースの使ったのはおそらくこの版であろう）、最後にはベック大修道院にいたるまで、エリザベト・ファン・ホウツがこの漸進的な加筆増補の過程を入念に追跡した。ベック大修道院の小修道院長、未来のモン＝サン＝ミシェル大修道院長ロベール・ド・トリニーはこれをたっぷり敷衍発展させたのであった。彼の場合、関心が移動し、たくさんの枝を公の家系に結びつける意図から、王侯の家系から地方の貴族身分へとずれていった。いみじくも十二世紀初頭、近親相姦に関する公教会権力の要請によって家族の中で先祖の記憶が活性化した時期、ロベールは系譜に夢中になっていた。

ギヨーム・ド・ジュミエージュ自身、著者のデュドンが一〇一五〜一〇二六年に執筆を終えていた『初期のノルマンディー諸公の生き方および行動について』を大幅に利用していた。われわれはこの歴史によって、王侯家系を称えるためかつてフランスで書かれた最も古く、最も華やかなものの一つによって、プランタジネット朝のヘンリーが最も誇りにしていた先祖の名誉のために書くように命じた作品の、拠って立つ基盤に到達する。デュドンはサン＝カンタン＝アン＝ヴェルマンドワ参事会教会の参事会員の一人であった。おそらくデュドンはラン大聖堂付属学校で教育を受け――彼の著作は司教アダルベロンに捧げられている。彼は師に対するように相手に呼びかけ、自分の仕事に手を入れてほしい、その「権威」によって本の価値を保証してほしいと頼む――、書く技術において例外的な巧者であった。その時代に好まれていた、錯綜したバロック的ラテン語を名人芸的に操った。だが同時に彼は聖なる学問（sapientia）にいそしむことを好んだ――「神秘的な」学問と彼は書くが、そうすることでギリシア語を知っていることを、九世紀ルネサンスの絶頂期、その栄光がコンピエーニュから、皇帝シャルル禿頭王の礼拝堂から光彩を放射し、ランにその書物が保存された学者、アイルランド人エリウゲナの系譜に連なることを悟らせたのである。治世の初期、フランク人の王ユーグ・カペーは、古いフランク国の西暦千年の転換期にあたり、新たな活力を取り戻したカロリングの高い文化の卓越した代表、デュドンを活用した。セーヌ川下流地方の海賊の頭目リシャールのもとに、王はデュドンを使者として送った。相手は彼を評価した。彼を引き留めた。以後この公の側近に数えられると、デュドンは「無数の恩恵ゆえに、奉仕の「職務」（officium）を果たした。」

先立つ世紀にドゥオダの息子がそうであったように、王国の最も権勢ある家の息子たちがいまだに王宮でそうであるように、リシャールは海外王ルイ〔四世〕のそばで教育され、主君の家で「養われた」。若いヴァイキングはフランク文化の輝きに幻惑されて戻った。公は治世の最後の数年、ノルマンディー司教区の修道院で、まず手始めにルーアンにおいて、息子の一人で彼が大司教に仕立てたロベールの周辺で、学問の再興に尽力した。同じような試みでアルクイヌスがシャルルマーニュを助けたように、彼には助けてくれる男が、正しく話し正しく考える師が必要であった。この職務を果たすのに、デュドン以上に資格のある者は皆無だと思えた。デュドンは参事会員の身分に属していたが、その役割は、彼自身が自著の中で明確にしているように、「平信徒身分」の指導者たちを導くこと、とりわけ言葉の技術において彼らを教育することにあった。九九四年にリシャールが書くように命じ、二十年以上デュドンが取り組んだ本は、ある点では教育的なものだ。レトリックの教科書だ。作詩の練習問題を織り込み、序文中の、ロベール大司教に捧げた二篇の詩のような、美文の模範を提供する。

とはいえ、「公領に法制を復活させた」ロロン以降、その後継者たちの品行と偉業の記述を命じたとき、スカンディナヴィア海賊団の頭目たちが文明の最も洗練された様式にまで到達したことが描かれるのを、リシャールは何よりも期待していた。この異文化への適応の過程は、公の先祖たちが始動させ支持してきたのだ。このことは想起されねばならなかった、彼らの行為は賛美され、彼らの記憶は賞揚されねばならなかった。デュドンはブノワ・ド・サント＝モールの置かれた状況にあった。彼は公の親族に属さず、このような記憶を託されてはいなかった。よそ者として彼は、その生まれから先祖の思い出を保持していた連中から、情報を得なければならなかった。リシャールの弟で、著作の基盤となった「報告」の出所として彼が紹介するイヴリー伯ラウールの口から必要不可欠のことを聞き知った。ギヨーム・ド・ジュミエージュがそれを確証する——「わたしは」と彼は明言する、「デュドンの『歴史』を用いたが、彼はラウール伯からその材料をえていた。」一門の男から直接伝わったことが物語の信憑性を保証したのである。とはいえ、ブノワやワース同様に、デュドンはいくつかの本から情報の補いを引き出した。それらはフランク族の本、サン＝ベルタンの『編年史』、サン＝ヴァアストの『編年史』、ランスのフロドアルドゥスの『歴史』であった。しかしまた彼はノルマンディー公家の中で編まれた話——長剣のギヨームの哀歌も用いた。この短いテクストの興味深い点は、時として十世紀の終わりに諸侯の家で死者がどのようにして称賛されるようになるかを示すことにある。リシャールの父親、このギヨームはフランドル伯と和平を結んだばかりであったのに、伯はその彼を用心棒どもの手で暗殺させた。おぞましい罪の犠牲者であるギヨームは、親族と忠臣たちによって殉教者のように、一種の聖人のように崇敬され、そして聖人に対するように、人は彼を称えて「伝説」を作った。彼の墓のまわりで歌われた嘆きの歌を、「哀歌」を文字によって定着させた。これがあの家族文学の萌芽であった。この不運な主人公の「人生、行動と勝利」を語るに際し、デュドンもまたこれに想を得たが、「その狙いは」と彼は言う、「この話によって、ほかの者を、とりわけギヨームの子孫を、ギヨームの家系の者たちを助けて天上の喜びへと高めることにある。」作品全体がこの伝記から出発して構築された。

それは非常に野蛮なノルマン人首領、ヘイスティングスを想起することから始まる。彼は実在したのか？いずれにせよ、彼は先祖ではない。おそらく創作された彼のイメージ、国を混沌状態に落ち込ませた張本人、略奪者としてのイメージが歴史の冒頭に配置されたのは、最初の三人のノルマンディー公、ロロン、ギヨーム、リシャールが営々と築くことになる構造物の場所を、荒らされ、押し潰され、世界の最初の状態同様に無の状態として提示する必要があったからだ。歴史的真実にはほとんど配慮せず、保護者の期待通りに提示することに汲々とするデュドンの哀歌の扱い方、この話に手を加え、改変する流儀から、作品の意図の何たるかは明瞭に見て取れる——フランク王たちが加工したラテン的キリスト教世界に、北から来た蛮族が、段階を踏んで、政治的および文化的に同化した経緯、その成功を称揚すること。

リシャール一世は完成された本を見ることはなかった。その息子がデュドンの手から受け取った。これは美しい本だ、少なくとも当時の書き方を決定的に拒否しない者にとっては。実証主義者の歴史家たちはこれを軽蔑したし、現に軽蔑し、空想家デュドン、改竄者デュドンと呼んで罵倒する。わたしはこの著作を第一級の価値をもつ資料と見なす。わたし自身も実証主義者だ。わたしの流儀で。わたしにとって、実証的なものとは「細々した事実」のリアリティにあるのではない。決してそれは把握できないことはよく知っている。実証的なものとはあの具体的オブジェ、あの、どうしようもないほどに失われた言葉や仕草の反響、反映を留めるテクストである。わたしにとって重要なのは、証人であり、偉大な知性の持ち主が過去について提示したイメージ、その彼の忘却、その彼の沈黙、彼が考えることに、彼が真実で、正しいと思うことに、彼に耳を傾ける者たちが正しく真実だと思うことに適合させるべく、どのように思い出を扱うかである。それゆえデュドンは、長剣のギヨームの母親あるいはリシャールの母親を想起するとき、おそらく正確な事実を語っていない。わたしもそのことは自覚している。それでもわたしは、彼が使う言葉を大切に心に留める。西暦千年のころ少しずつ野蛮から脱しつつある王侯の宮廷で、人がどのように先祖の女性を思い描くのを好んだのかを、それらの言葉は啓示してくれる。

二世紀にもわたって再使用され、解釈されたことで、この作品の興味深さはいっそう強まる。まずそれは修道士たちによって、謹厳なノルマンディーの修道院で、ラテン語の散文でなされた。次いで、お抱えの聖職者たちによって、陽気な宮廷の中で、騎士の教育と娯楽のために、ロマンス語で。思い出はこうして継続する層に蓄積されてわれわれに伝わったが、初期のノルマンディー公と褥《しとね》をともにした女たちのイメージが男たちの頭の中で被った変質ぶりを、長期にわたって追跡できるのは例外的な機会なのだ。

第二章　女に由来するトラブル

実は、あの戦士たち、少しずつ穏やかになった凶暴な連中の歴史で、女たちはごくわずかな場所しか占めていない。いつも後景にあって、これらの乱暴者の手に操られる玩具なのだ。「凶悪な」ヘイスティングスの徒党がネウストリアに押し寄せ、すべてを破壊し、敵の将兵を敗走させると、貧しい者たち、丸腰の者たち、公教会の人たち、女たちに激しく襲いかかった。デュドンによれば、娘たちはことごとく無残に処女を奪われ、妻たちはことごとく拉致された。勝った首領たちは敗れた首領たちの妻を手に入れた。彼女たちは戦利品の最も貴重な、最も味わい深い部分をなした。彼らはしかし、もっとあとにデンマーク人クヌートがそうしたように――彼はロンドンを奪取したあと、エゼルレッド王の寡婦をわが物にしたことで、「彼女ゆえに、彼女の体重と同じ分の金銀を軍隊の全員に与えた」――、戦友たちに損害賠償をする羽目になった。女たちが男の暴力にあえて抵抗することも往々にして起きた。ギヨーム・ド・ジュミエージュは話の中で、最も頑強な侵略者、ノルマンディーを略奪に来たイギリス人たちを、ある日、水差しで殴り殺したと伝えられるクータンスのあの「女闘士たち」(pugnatrices)に言及している。武勇を身体の魅力に加える女戦士の幻想が騎士身分の夢想に付きまとった。ワースとブノワはそこであの「誇り高く野蛮な」女たちの武勲を極端に誇張した。しかしながら彼らは、そのような闘争性に、異様な、のみならず不快な、危険なもののあることを明確に指摘するほうがよいと考えた。それは事物の秩序を破るものであった。これらの女闘士は「道を誤った女たちに見えた。」そうした放縦の証拠として、彼女らが「髪を振り乱し」、当時の娼婦がそうであったように、髪の毛を広げ、見せびらかす姿を人は目にしていた。実際、蠱惑的な、豊かな髪は、女の強さの象徴、男たちがその強度を知り、掣肘《せいちゅう》する必要を感じていたあの不安な力の象徴であった。ごくまともな生活では、乙女たちの髪は自由に風になびいて差し支えなかった。しかしながら、奥方たちは、髪の毛が一切人目につかぬよう心掛けねばならなかった。彼女たち自身が夫の権力に隷属していたように、髪の毛をウィンプルの下に隠し、封じこめていた。編み毛をほどき、武器を取り、それを振りかざす彼女たちの姿に接すると思ったときの、男たちの恐怖。

実は、十二世紀の中葉、プランタジネット朝ヘンリーの宮廷を楽しませるのが任務の語り手たちの物語では、女たちの出番ははるかに多くなった。先行者たちと同様に、彼らも相変わらず、男の欲望の対象として、捕らえられることが女たちの運命であることを示唆する。しかしながら、この欲望はこれからは制御されるべきだと繰り返す。もはや誘拐ではなく、誘惑なのだ。女たちは愛のゲームに入りこむ。このようにして彼女たちは、ワースが歴史をロマンス語に翻案した際に組み込んだ三つの逸話に登場する。彼がその作品を利用した作家たちは、リシャール一世の、ほとんど輪郭のさだまらぬ肖像を引き渡した。彼は口承から借用して、その肖像にいくつかの装飾を加え、この非常に古い先祖に関して家中で口から口へと繰り返されてきたことを転記した。彼は告知する、自分の述べることは遠くから来ている。

わたしは何人もから聞き出したが、
彼ら自身も古老からそれを聞いたのだ、

けだし、しばしば無頓着から、
怠慢から、無知から、
多くの立派な事が書かれずにいる。
〔『ルー物語』第三部三四一行以下〕

それにまた、これらの事のいくつかについて、人は意図的に沈黙しているのだ。

その騎士を殺した
公の犯した罪に関しては、
書かれこそしなかったが、
父親たちは息子たちに語った。
〔同、五五七行以下〕

これらの逸話の導入は、善良な公の美徳を、まず第一に賢さを顕揚するためである。新しきソロモン王として、リシャールがごく月並みな事件について賢い裁きを下すところが紹介される。サン＝トゥアンの一修道士がルーアンの通りである貴婦人とすれ違った。彼女は彼の血を熱くさせた。

〔……〕彼は愛してしまった、
驚くばかりに彼女を欲した、

死ぬことになったろう、
もしおのれの思いが遂げられねば。
〔同、三三五九行以下〕

近づいて話しかけ、せりふで彼女を籠絡した。ゲームは、規則に従って言葉で始まった。

あれこれ言いあれこれ約束すると
ついに奥方は約束の刻限を決めた、
夜になったら屋敷に来るようにと。
〔同、三三六三行以下〕

この逢い引きに赴くため、色男は暗闇の中、川にかけた板を渡らねばならなかった。板は狭く、揺れた。彼は落ちて溺れ死んだ。天使と悪魔の討論——魂は、両者のどちらが連れ去ることになるのか？　天使は自分のために魂を望むであろう。罪は犯されてはいない。死んだ男が土壇場で引き返さなかったかどうか、誰に分かる？「愚かな思いとわずかな欲望を抱いただけで」〔同、四二三三行以下〕永劫の業火を宣告することが正しいのか？　当時の公教会は、悔悛の秘蹟の手直しに躍起になっていた。問題は提起されたものの、決着がつかない——過ちはどこにあるのか？　誰に真の責任があるのか？　結局、リシャール公が調停者に選ばれた。彼はすぐ近くに、寝室にいたのだ、それも家臣たちが眠っている間、おのれの義務を心得た元首がそうするように夜を徹して。被告を蘇生させるべし、と彼は判断した。彼をまた橋板の上に乗せるべし。最初の一歩が後退であれば、彼は救われるべきだ。奇蹟が生じた。罪人は地獄から逃れた。しかし朝になると、ずぶ濡れのまま、よき改悛者として過ちを告白しなければならなかった。二番目の教訓話の中で、リシャールは遍歴騎士として現れる。宮廷から遠く、物語では通常、遍歴騎士たちが奇怪な出会いを体験する危険な空間――ここではリオンの森の真ん中の荒れ地――に、単身よく踏みこんだ。一人の騎士と、一人の令嬢、いずれも超自然的な美しさの持ち主が藪に横たわっているのを、彼は遠くから発見する。「かつてこれほど美しい人が一緒にいるのを見たことがなかった」〔同、五五一行以下〕。第二のトリスタン、第二のイズー。会ったことのない相手だ。リシャール公が近づくと、騎士は立ち上がって、しかも――不可解な反応だが、われわれは宮廷物語の驚異の中にいる――一緒にいる女性を殺す。リシャールは直ちに剣の一撃で男を倒す。彼は、なるほど、正義の騎士として振舞い、辱められた女の復讐を果たした。とはいえ行き過ぎであった。おのれを抑えるべきであった。これが彼の過ち、これまで誰も書こうとしなかった「罪」であった。最後のエピソードの主人公はリシャールではなく、彼の狩猟係の一人、庶民の男であった。同じ舞台装置、野性の自然、森、奇蹟の空間。

三つのエピソードは互いに関連している。いずれもが宮廷の恋愛のモラルを教え、女たち相手にどう振舞うべきかを示す。男が三つの身分のどれに属するかによって、このモラルの要請は異なる。最初の話では、聖職者。連中は女たちに近づくべきではなかろう。第二の話では、騎士。彼には愛する権利がある。ただし控えめに愛すること、自分の名と美女の名を隠し、彼女が「辱められ」(honnie)、名誉を汚されることのないよう、あらゆる危険を冒すこと。彼にはまた自分の欲望を長く制御することがふさわしい。だからこそ、一緒の女性の近くに横になり、不可侵の境界として、二人の間に剣を置くのだ。娘のほうは、ウィンプルを脱ぎ、髪をほどくことはなかった。最後に、高貴の女性たちに暴力を振るうことは、彼女たちに剣を振り上げることは、騎士たちには禁じられている。リシャールが、あまりにも不器用に罰した罪がそれだ。最後の登場人物の男は第三身分に属する。森のはずれで、下働きの仕事をこなしている最中、この下民は夢の獲物を狩り出す。非常に美しい娘に出会う。彼女を口説くが、無骨な田舎者らしく、乱暴なやり方だ。手順をはしょって、騎士たちが羊飼い女相手にそうするように、力ずくで意を遂げる。すると妖精は――まさしく彼女はその一人なのだ――彼をつかむと、驚くべきことに空中に放り投げる。恥ずかしいことに、男は罰として、木の梢に宙づりになる。なぜなら、氏素姓からして動物のように性交する男が、あまりにも高望みのし過ぎであった。同じ身分の女、下民の女で満足すべきであったのに。

これらの三つの逸話の教訓はまた女たちの義務に及ぶ。身分の高い女たちは――ここで使われた語彙、奥方、令嬢、乙女はひたすら彼女たちが問題になっていることを証明する――騎士だけに身を任せるべきだが、彼らのほうも、宮廷で、まずはプランタジネット朝ヘンリーの宮廷で練り上げられた儀礼に則って、彼女たちを扱う義務があった。家庭内の記憶で得たものに自分の流儀で手を加え――ほかならぬこの流儀、この手直しこそが、十二世紀の心的態度についてわたしに教えてくれる――、同時代の男たちが一般に女性なるものについて抱くイメージを、ワースはいくつかの特徴を捉えて素描する。本性からして、女たちは弱い。特別に保護されることを要求する。「女はどこにいても平和を得なければならない」〔同、五四六行〕、これは、デュドンの時代、貴婦人たちについて武人に課せられた最初の平和の誓約が述べた言葉である。彼女たちが外出するときは、男が付き添わねばならない。さもなければ勝手に捕まえることができる。これこそ、十二世紀に人がこの言葉、「よそ者」（aubaines）に与えていた意味である。狩猟係が犯した娘はその一例だ――「この森で独りで何をしていたのか？」〔同、五八二行〕これは娼婦であったのか？妖精か？　いずれにせよ、不吉な女なのだ。なぜなら独りでは、男の後見人なしでは、貴婦人、令嬢、乙女は、捕らえられる危険があるのみならず、自分自身に、したがって悪しき性向に身を委ねる。愛の戯れに誘われがちであるから、必然的に色欲に身を任せる。森の片隅に身を隠し、妖精は、快楽を引き出すために、雄の通りかかるのを待ち受ける。女たちは獲物、それも非常に容易な獲物、簡単に口車に乗せられ、そうなればすべてを任せるが（「何も相手に禁じなかった」〔同、五九二行〕）、しかしそのことから、男たちが、その色香に、その装いに、あの抗しがたい乱れ髪の魅力に誘惑されてつまずく罠なのだ。どのような身分であろうと、男たちすべてにとって、女とは、魅惑的かつ危険で、快楽の源泉であり破滅の原因である。リシャール公がその主要な機能の一つで示されていることを、わたしは付け加える。裁き罰する権力を神から付託された王侯にそうする使命があるように、女たちの存在が引き起こす混乱を、彼は鎮圧する。三つの身分の雄たちが接し合う家の中で、それも自分が牛耳る公領という大きな家中にあっては、第一の義務は性関係を支配することだ。ノルマンディー公たちの思い出のため書かれた文書はすべてそのことを言っている。

＊

ノルマン人が一世紀の間にどのように文明化されたか、デュドンにはそれを示す任務が課せられた。文明とは何であったのか？　第一にキリスト教信仰、次いで秩序の均衡を保ちながらの社会の再生産を保証する掟の尊重。したがって、男たちにとって、女たちを分け合うきちんとしたやり方である。そういうわけで、洗礼を受けたあとは、感心なことに少しずつ抑制するようになったものの、ヴァイキングの首領たちのそもそもの無軌道ぶりを、おぞましい無軌道ぶりを冒頭に描く際、サン＝カンタン聖堂参事会員は性的混乱を全面に押し出す。「この連中は」と、スカンディナヴィア人の異教徒について彼は言う、「過度の熱情に燃えていて、各自がおぞましい交接によって何人もの伴侶を汚した。」その結果、「かような嫌悪を催させる非合法の交合により無数の子孫を産み出した。」一夫多妻、その結果としての、子供の過剰、つまりはそれ自体が混乱の誘因となる、若者の過剰。明晰にもデュドンは、彼の時代の世界の悩みの種であった最も危険な構造的悪徳の一つ、「若者たち」、独身騎兵の群れが繰り広げるトラブルを喝破する。彼は若者たちの騎兵群――「騎士たち」（milites）（これが彼の使う言葉）を九世紀末に移しかえ、騎士たちの存在を想像する。彼は連中が絶えざる合戦に乗り出し、ついには年長者、「父親たちや伯父たち」に襲いかかるのを見る。下克上の極み。スカンディナヴィア人社会は、儀礼通りに若者層を駆逐することでこれに対処する。「古くからの儀礼」に則って、彼らを外へと排除する、破壊的な若者層を近隣の地方へと送り込む――デュドンの時代の戦争指導者たちが、毎年春に騒がしい若者たちを「辺境」（marches）、すなわち当時の諸侯領を互いに分かつ野蛮未開の空間へと連れ出し、少し後で騎馬槍試合と呼ばれる軍事競技を戦士たちの激情のはけ口にしたのと同じやり方だ。西暦千年の歴史家にとって――彼の見方は正しい――、この秩序の破壊者たちの定期的排除が、スカンディナヴィア人のキリスト教諸国侵攻の原因であった。このような暴力の噴出の、最初の犠牲者は当然に女たちであった。色欲の炎に煽られた海賊たちは彼女たちに襲いかかる。男の性の噴出が無教養の最も明確な特徴の一つであることは、ギヨーム・ド・ジュミエージュの時代に、征服王ギヨームの伝記作者、ギヨーム・ド・ポワチエが繰り返し述べるところだ。ユグルタのモール人についてサルスティウスが用いた言葉を横取りして、危険な攻撃で絶えずノルマン人を脅かしていたあの勇者たち、アルモリカのブルトン人のことを、彼はそのように判断する。「この国では」と彼は書く、「ただ一人の騎士が五十人の騎士を生む、なぜなら、神の法と羞恥の掟を蹂躙して、十人あるいはそれ以上の女を所有するから。」

私生児ギヨームの仲間たちは、おそらくひそかに彼らを羨んでいた。いずれにせよ、半世紀あとにワースとブノワ・ド・サント＝モールはもっと踏み込む。北方の男たちの色欲の激しさに関するデュドンの描写を、ギヨーム・ド・ジュミエージュは明らかに切り縮めていた。彼らはそれを膨らませる。自分たちの聴衆、女漁りの乱暴な男たちすべてを念頭に置き、連中の遠祖たちが、

色欲にたいそう煮えたぎり、
欲望にたいそう燃え盛り、
そのため女たちはすべて
彼らすべてに委ねられ共有された
〔『ノルマンディー公年代記』五一五行以下〕

ことを示すことで、彼らの注意を引きつける術を心得ている（もはや若い牝馬の群れに君臨する種馬ではなく、あらゆる掟の放棄、統御不能の性戯だ。下品で、忌むべき性の混同。地獄の手先、庶民の屑から出た傭兵ども、異端の徒およびすべての周縁的な存在がそのようなおぞましいことに耽っていたと、十二世紀にはいたる所でそう取り沙汰されていた）。

この女たちを、他の者と共有しないほど
大切にする者は稀である。
彼らがこのように交じり合い、

破廉恥に、掟を守らず、
ふさわしい習わし抜きに
互いに身を任せたため、
誰が父親かを息子は知らず、
誰が姉妹か兄弟かも知らぬ
〔同、五一九行以下〕

（ここには二重の反響――親族関係の混乱を招く不倫の結び付きの不吉な結果を告発する説教の反響と、先祖のことを知らぬ主人公が、近親相姦と非嫡出の恐れがこの時代の貴族たちの心中に抱かせていた妄想を具現する、あの騎士道物語の反響とが聞き取れる）。

このような無秩序のときに、ロロンが現れたのだ。彼自身が「若者」、人妻さらいの野武士であった。激情となってほとばしる「男の活力」に熱せられ、若者たちの群れの先頭に立って、彼はイングランドに襲いかかった。しかし神は彼を選んでいた。彼を導き、鼓舞し、英仏海峡の彼方の「神が彼に与えたあの地方」へと連れて行った。ロロンは神の恩寵をただしく利用した。この生き血を抜かれた国に、安全と繁栄をもたらした。なぜなら彼は異教信仰から、したがって野蛮から抜け出していた。九一一年に、シャルル単純王は、キリスト教徒になるのと引き換えに、ネウストリアの一部がロロンの権力に帰属することを認めていた。洗礼とは新たに生まれることだ。洗礼の水によって再生し、彼は侵略者から保護者となった。文明を開化させる者に。

洗礼に続く七日間、彼はひたすら聖なるものに没頭した。公教会の機構を修復し、三つの大聖堂、ルーアン、バイユー、エヴルーと、三つの修道院、モン＝サン＝ミシェル、サン＝トゥアン、ジュミエージュとを再建し、さらには彼の代父、フランス公が保護していた大修道院、サン＝ドニを寄進で優遇した。八日目、新改宗者の白い衣を脱ぐと、世俗の用事に頭を向け、まさにその時に彼は結婚した。結婚と文明化が同時に進行する。和平の取り決めを結ぶ前に約束された娘――ほかならぬシャルル王の娘――が褥に導かれると、公は町々の城壁を再建し始め、国の全住民に安全を約束し、友人たちに譲る褒賞の土地を「線引きで」確定し、「要するに揺るぎない掟と法律を発布した」。もはや暴力はなし、より正確には、もはや性的暴力はなしだ。ロロンが自ら範を垂れた。自らに夫婦関係の掟を課した。デュドンは、彼の保護者、リシャール一世が考えていたことを、それにまた彼の師たち、そのころ国王権力の急激な衰退が惹き起こした混乱をしきりに非難するフランキアの司教たち、ランのアダルベロン、カンブレのゲラルドゥスの考えを代弁する。彼の時代に人が範例として挙げ、数年後ブルゴーニュの修道士、ラウール・グラベールが称賛するノルマン人による平和確立をロロンの功績に帰し、政治的再建の企てと婚姻の秩序の確立とを密接に結びつける。混沌から脱し、無秩序と手を切り、土地の再評価を企てるためには、女たちの使用が厳しく管理され、妻に責任を持つ男たちによってきちんと秩序づけられた、しっかりと指導された家中に、性的活動が封じこまれることを必要とした。デュドンは彼の命題を逸話で例証する。

取り戻した安全のシンボルとして、公は犂を家に戻すことを禁じていた。畑に放置しておくことになっていた。ある農夫が道具をその場において、昼食を取りに家に戻った。多くの女がそうであるように、彼の女房は腹黒かった。軛《くびき》と鋤の刃と犁刀を外しに行った。百姓が公に訴え出ると、公は弁償し、村での調査を命じた。神明裁判に、イエス・キリストの名において灼鉄の裁きに訴えたが、成功せず、受洗したばかりのロロンは、心配になって、司教に訊ねた――「もしキリスト教徒の神がすべてを見ているなら、なにゆえ犯人の仮面を暴かぬのか。」尋問されると、妻だけが犂のありかを知ることができたと、百姓は明かした。女房が逮捕され、鞭で打たれた。彼女は白状した（ついでにこの話は、男たちだけが裁きにかけられたことを示す。家畜と同様に、女たちは公事に属すことはなく、物、動産なのだ）。そこで公は百姓に言った――「その方は女房が盗っ人だと知っていたのか？　それならばその方は死罪に価する、それも二つの理由から。その方は自分の妻の主人だ（これは聖パウロの言葉である）、女房を手中に収め、悪を働くのを妨げるべきであった。結婚した夫婦で、もし男が采配を振るわなければ、すべては駄目になる。それにまた、その方は女房を告発し、一般の裁判に委ねるべきであった。よってその方は女房の共犯者である。」女とその夫は絞首刑になった。宣告は苛烈であった。非常に苛烈であったからギヨーム・ド・ジュミエージュは、数年後、これを緩和した。彼によれば、妻だけが罰せられ、その目が潰されたのだ。

第三章　奥方

社会の平和はつまり、結婚に依存していた。だがどのような結婚か？　いくつもの種類が存在した。ロロンの孫、リシャールが未成年のころ、海外王ルイ〔四世〕がノルマンディーを占領したとき、この野蛮な異国で夫婦が作られるやり方がよろしくない、したがって、スカンディナヴィア人の妻を好きなように手に入れてよいと、フランク人たちは判断した。おそらく彼らは、ヘイスティングスの仲間のようにはもう振舞わなかったし、欲望を満足させるために、彼女たちに殺到することはなかった。そうではなく、女たちを与えてくれるのを首領に期待した。配下の若い戦士たち（tirones）に、王は執拗に迫られていた――「我らは長いことお仕えしてきましたが」と彼らは言った、「飲み物と食べ物以外に、満足させられるものを何一つ、あなたから受け取っておりません。我らはあなたがノルマン人どもを放逐するか、絶滅することをお願いいたしたい。そして、彼らの妻たちを我らに譲り、彼らが所有するものを我らに与えてくださされ。」女と、そして同時に、土地を。請願者の一人はデンマーク人ベルナールの伴侶に目をつけていた。彼女は非常に美しく、ベルナールはとりわけ非常に金持ちであった。

わたしは特筆するが、修道士ギヨーム・ド・ジュミエージュがこの挿話を省いた一方で、ワースとブノワはこれを長々と展開した。ワースによれば、要求した男に国王が譲歩し、「デンマーク人の奥方」を約束すると、「ほかの連中のそれぞれが自分の相手を手に入れたがり、国中に美女たちを見張らせた」〔『ルー物語』第二部二七九一行以下〕ため、ルイは全員に配当されるだろうと請け合った。上等の女たちに事欠かないと。とはいえ、彼女たちもそうやすやすとは捕まりはせず、「女たちの恐怖」が占領者に対する反乱、勝利の反乱を惹き起こした。デンマーク人ベルナールは妻を手放さなかった。注目すべきは、彼女に関して、その肉体が男の欲望をかき立てることをブノワ・ド・サント＝モールが力説した点である。デュドンの中の一語、「格別に美しい」（perpulchra）から、彼は十五詩行を引き出し、肌の色の瑞々しさ、唇の端正さ、眼の輝きを描写し、誉め称える。「彼女を眺めて、その裸身を抱き締めたい、おのが思いを遂げたいと望まぬ者は、皆無であったろう。」〔『ノルマンディー公年代記』一七六七九行以下〕

ワース同様に、ブノワは自分の最も熱心な聴衆、「若者たち」（bacheliers）、妻のいない騎士たちが夢見ることを知っている。二重の期待――楽しむことと居を定めること、女と土地。そして彼のパトロン、プランタジネット朝ヘンリーは、彼らへの影響力を強化するためにこの欲求を利用した。嫁がせる女たちの上等のストック――大部分は封臣の娘か寡婦――を、いつでも手の届く範囲で、厳重に監視するように配慮した。宮廷の若者たちは彼女たちを渇望した。その一人を手に入れるためには、パトロンに対してごく柔順な態度を見せた。未来の奥方たちは、友情を買うための、平穏を買うための、非常に貴重な金子であった。それを分配することで、よき主君は「若者」（juvenes）の何人かに所帯を持たせ、騒々しい騎兵の群れから引き離し、彼らを「長老」（seniores）に、落ち着いた、安定した男に仕立てた。こうして、結婚により、女たちのよき使用法により、無秩序の種は十二世紀フランスでは実際に徐々に消えていった。

久しい前から、奥方たちはまた諸国間の均衡の保証であった。交換された娘たちによって、「平和の関係」（pacifica conversatio）が王侯間に、諸国間に確立するのであった。ロロンの息子で後継者、長剣のギヨームの時代に、ノルマンディーのキリスト教文化およびフランクの政治全体への組み込みが加速した理由は、受洗した母親がフランク人であったこと、彼女から「フランクの血縁関係」を受け取ったこと、妹をフランク人、ポワチエ伯に与えたこと、彼自身がフランク人のユーグ・ド・ヴェルマンドワの娘を妻に迎えたことにある。戦争の指導者たちが、誓約と抱擁によって手を結び、和解の成立した時期には、一緒に大きな野獣を追いかけた国境の森の中で取り結んだこのような姻戚関係の諸例をデュドンは指摘する。半世紀あとに、ノルマンディーは交錯した結婚によってブルターニュと結合する。ギヨーム・ド・ジュミエージュによれば、ブルターニュ伯ジョフロワはリシャール二世の「友情と助力」を欲していた。彼は大勢の騎乗の護衛を連れて相手の宮廷に乗り込んだ。リシャールはしばらく彼を引き留め、自分の贅沢ぶりと「自分の権勢の度合い」を誇示した。もし自分がリシャールの妹、「肉体が美しく、品行の潔白により気品溢れる乙女」を娶れば、「互いの友愛の絆はいっそう緊密になりはすまいか」とジョフロワは訊ねた。リシャール公は重臣たちに諮り、「キリスト教徒の流儀で妹を彼に渡した。」そしてしばらくあと、使者を介して、ジョフロワの妹をもらいたいとの望みを表明した。ジョフロワ伯は両家の国境、モン＝サン＝ミシェルに妹を連れて行くと、リシャールはその地で「ふさわしい礼を尽くして彼女を迎え、正式の婚姻の絆によって彼女と結ばれた。」彼女がもうけた三人の娘のうち、一人はブルゴーニュ人たちの伯と、もう一人はフラマン人たちの伯と結婚させ、義兄が早死にしたあとは、二人の孤児の母方の叔父の資格で、ブルターニュを保護下においた。

平和を維持することは、諸侯領の主に妻を娶ることを強いる理由の一つであった。しかしながら最も強力な理由は、彼らの家が存続するために交合する義務のあることであり、それは長剣のギヨームについてデュドンが強調したことだ。みな彼のことを殉教者のように覚えていると前に言ったが、彼は一家の聖人であった。それゆえ彼は、子供のころから、霊的完成を求める者として紹介される。「若い時代をイエス・キリストに捧げ」、修道士となることにあこがれた。「彼の意図は貞潔の禁欲を我が身に強制することであった。子孫を産み出す喜びに抗った。」その点では、彼は王侯の義務に悖《もと》ったのである。デュドンは、ジュミエージュ修道院長、マルタンに彼を叱責させる。ギヨームは「宗門に帰依すること」を、身分を変えることを断念せざるをえないが、神が彼を配置した、その「身分」（ordo）に留まることが肝要なのである。国は異教徒と悪人から守ってくれる剣の人が必要なのだ。世継ぎが生まれるために、交合することが公認され、奨励された平信徒が必要なのだ。この忠告を受け入れたとき、実際には、人々の願いと重臣たちの説得に譲歩して、ギヨームは妻を娶ることを承諾した。重臣たちは彼に迫った――「そなたの願いは諦めよ。そなたの種から素晴らしき公の生まれることがそなたにも我らにも必要なのだ。我らにはそなたの種が要るのだ。」血統の掟がここに表現されていた。女たちとの交渉をほとんど評価しない、何人かの支配者にとっては厳しい掟だ。聖職志向からではなく、長い軍事的見習い期間に身につけた男色傾向のためだ。フランス国王の血統では、アンリ一世、その孫のルイ六世の場合、イングランド国王の血統では赤毛のウィリアム、リチァード獅子心王の場合であった。シモン・ド・ヴァロワ、聖シモンについては、この女性嫌悪が貞潔希求の仮面も付けていた。彼はもちこたえた。ほかの連中は結婚してしまった。家系のモラルがそれを要請したのである。

そこでノルマンディーの最初の公たちは三人とも屈服して、妻を、正妻を娶った。シャルル単純王がロロンと和平を結んだとき、娘のジゼルは――デュドンがこの女でないにしても、少なくともその名前をこしらえあげなかったかどうか、学者たちは確信がもてない。文書を探し回ったあげく、一人のジゼルしか見つからなかったが、このころ赤ん坊であったから、彼女ではありえないからだと。だがこの時代、どの年齢でも娘たちを嫁にやったことを、彼らは忘れている――したがって、ジゼルだが、「誓約と同盟の絆の担保」として、フランク人大司教の手に委ねられた。この者はヴァイキングの首領に言う――「彼女をもらいなされ［……］。このまぐあいによって、そなたは子孫に恵まれ、この地方を未来永劫に持ち続けようぞ。」血縁や地盤と無縁の流れ者にとって結婚がもつ意味を、これ以上に端的に言うことはできない――ある家系がある領地に根を下ろすこと。ロロンの仲間もまた、ノルマンディーとその娘を、どちらも美しく前途有望な両方を手に入れるべしと助言した。新夫が新婦を「キリスト教徒風に寝台での交合へと」導いたこと、ギヨーム・ド・ジュミエージュはそう断言するほうがよいと信じた。デュドンのほうは、婚礼については何も語っていない。

ポワトゥー人の伯に委ねられた、長剣のギヨームの妹がポワチエに向けてルーアンを出立すると、供の行列、彼女の輿を牽く、豪華な馬具を付けた馬、それに従うほかの馬、婚資として運ぶ「嫁入り道具」、男女の奴隷の群れ、銀器入れ、絹織物や宝石で一杯の長持ちは、沿道でも彼女が迎えられた大広間でも、彼女の兄の裕福、公家の気前のよさを誇示した。ややあとでギヨームが、今度は女の与え手ではなく貰い手として結婚したとき、相変わらず支配的な位置にいる者として描かれる。デュドンによれば、彼が先手を打ったわけではなく、望まれたのである。非常に権勢あるユーグ・ド・ヴェルマンドワが、「魂と肉体の美点ならびに武勲によって全キリスト教世界で輝きを放つ」彼に目をつけた。娘を彼に提供した。ギヨーム公は受け取りに行き、連れ帰るが、今回、話は婚資や、許婚者の価値ではなく、男らしさを、誘拐でもするように、この女の肉体を囲んで疾走する騎兵の群れのことを強調する。だがわたしにとって重要なことは、こうした退屈な描写にではなく、ノルマン人の首領がそこから子供を引き出すことが期待された、この女性の名前が一度も言及されていないという驚くべき事実にある。あたかもこの女性が――シャルルマーニュの後裔であるのに――先祖の記憶の中で物の数に入らないかのように。

デュドンはもちろん、彼に著作を命じたリシャール一世の妻の名を挙げている。フランク人の公、ユーグ大公の娘、エマである。この歴史家は、この女の譲渡を非常に明白な政治的行為として紹介する。イニシアチヴを取ったのはユーグのほうだ。彼はまず若者の母方の伯父で、この場合は結婚を斡旋する役割の――なぜならリシャールにはもう父親がいないから――ベルナール・ド・サンリスに協力を求めた。ほかに縁組の計画が存在しなかったのか？ ノルマン人の首領は、承知した場合、彼に「奉仕する」であろうか、すなわち彼の封臣となり、彼を領地の守護者とみなすであろうか？ フランク人の公の意図ははっきりしていた――養育したルイ王、第二の父から若い公子を引き離し、自分に直結させること。一度「宣誓がなされると」、ユーグは娘を与えた。彼が娘を売ったのではないこと、事はまさしく「婚姻の結び付き」、フランク流の結婚条約であったことを、デュドンはここで明確にする必要ありと判断する。

エマは非常に若かった。リシャールはすぐ連れ去らなかった。彼は約束した。デュドンの一世紀半あとにブノワ・ド・サント＝モールが想像した同意の仕草のやり方は、プランタジネット朝ヘンリーの時代の宮廷の習慣が何であったかを明らかにする。リシャールは、と彼は言う、

許婚者として彼女を受け取り、
おのれの素手で約束した。
〔同、二〇〇三九行以下〕

（市場などで、話をまとめる仕草――「手を打ちましょう」を目に浮かべてほしい）。「都合のよろしい日

に」彼女をもらうであろう。次に、未来の夫は、アーミン毛皮とブロケードを着込んだ同じ年の若者たちと一緒に、「新参の騎士」に叙任された。ユーグは彼らに剣を佩《は》かせ、「また首打ちを忘れなかった。」騎士身分の代父として、彼は婿をよりしっかりと把握するだろう。わたしは最初の話に戻る。時は移った。死の床で、それが慣わしであったが、戦友たちに向けての別れの挨拶の中で、助言と誓約により、「まだ幼い年頃であったにもかかわらず」、娘をリシャールに与えたことを、フランク人の公は想起させた。「男を迎えられるようになり次第すぐ」娘を彼に渡せ、と。ノルマン人たちのほうは、「後裔のことを考えていた。」「子孫の栄光が夫には欠けるのではないか、彼の種による継承が実現しないのではないか」と心配していた。彼らはリシャールに約束の履行を迫った。「結婚するとの誓約であなたは彼女と結ばれた。誓約は残っています。彼女は年頃です。だからあなたは、結婚の契りによって彼女と合体すべきですぞ。」結局リシャールは屈した。そこで婚礼の準備に取り掛かった。この祭りを、デュドンは形容する。彼は「はしたない」、「卑猥だ」と言う。実際、結合は二度にわたってなされた。まずは誓約、交わされた言葉による、魂同士の霊的なもの。次いで、たいていはもっとあとになって、婚礼の夜、招待客の群れがきわどい冗談で盛り上げて祝う「両性の交合」によって。ここで自分の言葉を加え、聖と俗とをない交ぜるブノワにとって、儀式はルーアンの宮殿で行われ、聖霊がリシャールに約束された女の享受を許す。

両の腕に彼女を抱き締め、
その目に、唇に口づけすることを。
〔同、一二一四八三行以下〕

すべてが掟通りに行われたのだ。ユーグ大公は「これ以上巧みにエマを活用できなかった。」「幼女が男のもとへ導かれる」まで、協定が永続するよう、腹心の者たちが目を配ったのである。

三人の正室に、デュドンは意図的に賛辞を呈する。ジゼルについて、彼はまず——そしてこの多妻社会において、かような資格は価値なしとはしない——「親のそれぞれの種から正規に生じた」ことを確言する。彼女が美貌で背が高く、もちろん処女で、思慮深く、愛想よく、付き合いやすく、さらにこれは注目に値するが、「手仕事において非常に器用」だと想像する。長剣のギヨームが貞潔の意図を放擲した相手、無名の女についても同じことが言われ、彼女もまた「女たちに課せられる勤めにおいて熟練」であった。エマについて賛美は明確になる。「夫の宮廷風と気高さに実に似つかわしく」、夫が「男の精力と生殖力に溢れていた」ため、この物惜しみしない姿態の乙女は「彼に喜びを与える」のに適し、「臥所《ふしど》を甘美なものとする夫婦の抱擁と絡み合いへの心構えが完璧」であった。西暦千年の聖堂参事会員はパトロンの期待することを心得ている。快楽を惜しみなく与える能力を、男たちが女たちに期待し、家長に課せられた労働——聖霊が臥所に置いたこの娘を受胎させること——にいくらかの楽しみを授ける動作の巧者ぶりを、先祖の妻たちおよび彼の妻について誉め称えること。

ところで、ノルマン人の公たちと褥を共にした、これら三人の奥方の誰ひとり受胎せず、先祖にならなかった。ジゼルについては、「ふさわしい年齢」についに達しなかったにせよ、ロロンが使用する気にならなかったにせよ、彼女はそのために彼が手に入れたもの、単なる「担保」に終始したと考えられる。デュドンは、彼のまわりで取り沙汰されたことを伝え、この妻が満たされなかったことを示唆する。ルーアンで、夫に知られずに来た父親の密使に嘆く彼女を、彼は描く。夫の友人たちはそれを知らせ、行動するように迫った——「君は女みたいに振舞う」(Uxorius, effeminatus)。「彼らは実際にロロンが結婚の掟どおりに彼女を知っていないと言った。」そこでロロンは義父、フランク人の王と手を切った。もはや和平はない。「担保」はもはや役に立たない。ジゼルを、たぶん相変わらず処女のまま、死なせてやった。長剣のギヨームの無名の妻はどうかと言えば、これは影に過ぎない。夫は女たちを軽蔑していたが、彼女を手に入れたのだろうか？　リシャールはたしかにエマを手に入れた。サン＝カンタン参事会員の呈した賛辞を信用するならば、彼女はそれだけの値打ちがあった。だが彼は子供を得ることはできなかった。彼女は死んだ。彼女が「女の権利によって」所有していたもの、首飾り、腕輪、指輪とフィブラ〔留め金〕、王冠型髪飾り、長いローブとケープを聖堂や貧者たちに分配したのは、彼女の兄、ユーグ・カペーであった。女たちの持ち分、そもそも彼女たちに属したものは、今やキリスト教の普及によって、昔のように、墓の中、遺体のかたわらに安置することが禁じられたからである。

第四章　愛人

とはいえ、初期の公たちは父親から息子へと代替わりし、息子たちをもうけていたのであった。しかしながら、息子たちは彼らの正妻から生まれたのではない。側に仕える、愛人が彼らを与えたのだ。そのことは彼らに賛辞を呈する作家を困惑させずにはいなかった。征服者ギヨームと同時代人、修道士ラウール・グラベールは彼らの美徳をたっぷり誉めそやす。彼のパトロン、ノルマンディーの修道院を改革したギヨーム・ド・ヴォルピアノを支持してくれたのだ。ラウールはしかし、隠しはしない――これらの貴公子はみな彼が妾と呼ぶ女たちから生まれていた。さりながら読者はあまり顰蹙しないように。旧約聖書の族長たちもまた多妻主義者ではなかったか？　デュドンの任務はもっと容易ならざるものであった。彼が書くように命じられた歴史は文明開化への絶えざる進歩のそれであり、この進歩はキリスト教倫理の伸展と不可分であった。彼はノルマン人の指導者たちについて、公教会権力の非難する性行動を徐々にやめるようになる事態を想定していた。ところで、この進歩に「妾たち」、貴公子たちの母親自身が貢献するのであった。とりわけ、長剣のギヨームの母親は、哀歌の伝えるところでは、ひそかに息子に洗礼を受けさせていた。この書物はとりわけ系譜を扱っていた。系譜の延長を確実にした女たちに、どうして何も言及せずにいられようか？　注文主、リシャール一世の母親について？　リシャール二世の、いまだに存命で、宮廷で崇敬されていた母親について？　デュドンは、したがって、それに乗り出した。

彼は何らはばかるところなく、リシャール一世が「雄の欲望の刺激に苛まれ、妾たちから二人の息子、それに娘たち［数を特定できない］をもうけた」ことを伝える。疑問の余地はない――西暦千年の近づくころ、「海賊」の首領たちは家で養っていた女たちの群れの中で、恥も臆面もなく遊びはしゃいでいた。こうした抱擁は大らかなものであった。そこから大勢の子孫が生まれた。デュドンは、エマが他界したあと、公が寡夫であったと主張することだけは必要だと判断する。これは言い訳だ。彼の快楽の相手たちについては何も言わない。この非合法な結合から生まれた二人の息子は公領を相続しなかった。貴公子たちが快楽を引き出した美しい愛人たちのうち、ただ一人だけ、その腹から後継者を産み出した女が言及されている。この少年こそ、晩年の公が方々に生じた男の子たちの中でも特に目をかけ、誓約によって結ばれたすべての貴族がこの選ばれた息子を未来の指導者として認めるのを期待しつつ、ある祭りの日、「彼がそれよ、拍手喝采なされよ」と言いつつ、この地方の大物たちに紹介するのであった。

わずか数語で、長剣のギヨームの母親は非常に正確に位置づけられている。ロロンは、とデュドンは書く、「美しく、栄光ある血で造られた処女、ベランジェ公の娘、ポッパ某を快楽の相手として手に入れた。彼はこれと婚姻によって結ばれ、ギヨームという名の息子を得た。」彼女はフランク人の女であり、キリスト教徒であった。そしてこれは結婚（connubium）であった。ギヨーム・ド・ジュミエージュはこの文を写しつつ、これを補足する。「バイユーで、公は高名な人物［ナントもしくはレンヌ伯であった］ベランジェの娘、ポッパという名の乙女を奪い、ほどなくデンマーク人の流儀で（more danico）これと交わった。」修道士は、「結婚」（connubium）という語につまずいた。彼はこれを「交合」に置き換える。彼の時代、公教会が特権階級に課そうと努めた婚姻関係の形態は明確になり、硬直化していた。デュドンが語った結びつきがキリスト教的結婚とも単なる蓄妾とも混同されることのないように、目を光らせることがいまや肝要なのであった。そうなれば何を言うべきか？　ロロンと彼の仲間はヴァイキングであった。彼らの流儀で、彼らの習慣、彼らの掟にしたがって結婚していた。だが秩序正しく結婚していた。野蛮な雑婚状態から時代は移っていたのだ。これらの異邦人たち、これらの移民たちに、固有の習慣を認めてやろうではないか。たしかに非難すべき習慣ではあるが、文明化によって彼らは幸いにもこれを棄てたのだから。「デンマーク人の流儀」？　過ぎ去った時代の思い出、民族誌学的な物珍しさ。ジュミエージュの修道士はさらに、ポッパがある町の略奪の最中にさらわれた捕虜、当時イングランドに定着したロロンの率いる一味がネウストリアから持ち帰った戦利品のうち、首領の取り分であったと教える。この娘は実際に英仏海峡の彼方から連れて来られた――ギヨーム公はイングランドの地に生まれたと、哀歌は明言している。したがって、和平の前に、ジゼルとの結婚の前に、彼女は捕らえられ、孕まされたのだ。そのうえ『公列伝』は、ジゼルの死後、ロロンがポッパを呼び出し、再び寝所に入れたが――彼女がかつてハーレムから出たことがあるのか？――その前に彼女を離別していたと主張する。実際、初代の公が、受洗していながら、同時に二人の妻を持ったと思わせてはならなかった。しかし、離別を想定することで、この話はそうとは知らず、いわゆる「デンマーク人流の」結合がまさしく結婚であったことを確証する。結婚か否かは、プランタジネット朝ヘンリーのためにこれをまた取り上げ、加工した物語作者たちは意に介さない。彼らにとって、肝心なことはただ愛だけである。「ロロンは」とワースは言う、「長らく彼女を欲していたので、これを女友だち［遊びの相手］とした」（『ルー物語』第二部五九五行）。ジゼルが死ぬと、「彼は結婚し、長く手元に置いた」（同、一一八九行）。しばらく抑制された欲望。次いで愛による征服。その愛のあとで、ついに結婚。クレチアン・ド・トロワが『クリジェス』を書いた時代の宮廷社会では、そこに何ら人を驚かすものはない。ブノワはといえば、いつものように、洗練させ、ロロンが屈した魅力、容貌、乳房、「衣服が覗かせ触らせるものすべて」の描写にこだわる。「デンマーク人の慣わしにしたがって」公は彼女を娶ったが、そのあと心ならずも手放した、

フランス王の娘のために。
ただし忘れはしなかった、
彼女に抱いた大いなる愛を。
〔『ノルマンディー公年代記』一〇一三二行以下〕

デュドンは、長剣のギヨームの孕ませた娘の名も、妻の名と同じく挙げはしなかった。とはいえ、それは恩人リシャールの母親、彼の情報源であるラウール・ディヴリーの母親であった。女たちがいかに重きをなしていないかがここにはっきり露呈する。彼女が姿を現すのは、その息子におもねる詩の中に添えものとしてだけだ。息子の誕生の際には、彼女は「聖なる女」、「輝かしくも自由身分の血を引く」どころか、「非常に親愛なる妻」だと言われ、「人間の弱さからではなく、継承を確実にする正しい意図に動かされ」、仕方なく交合するギヨームを描くとき、選ばれた相手は、当然そうあるべきように、やんごとない処女、しかも非常に元気溌剌であったと、デュドンは明確に述べる。これらは常套句そのものだ。注目すべきは次の挿入句、慎重な挿入句である——交合が「生殖の権利によって」(geniali jure)、(「結婚の」[maritali]ではなく)生じた。事は結婚にではなく、奔放さに、快楽に関わるのだと理解しよう。その点でもまた、ギヨーム・ド・ジュミエージュはもう少し教えてくれる。ギヨームが孕ませようと努めた「いともやんご

となない乙女」の名はスプロタであった。彼はなるほどデンマーク人流にだが、掟通りに彼女を娶った。ところがフランク人の王は、ノルマンディーを占領して、ルーアンの宮殿で若いリシャールを養っていたとき、好んで彼を辱め、ほかの女の夫に道を踏み外させるほど性悪な尻軽女、売女の息子扱いにするのであった。

この点について、ロベール・ド・トリニーはラウール・ディヴリーに関する注釈を挿入する。ギヨームが死に、息子のリシャールがフランスに亡命中であったため、スプロタは「必要に迫られて非常に裕福な男と床を共にするのを余儀なくされた」が、相手はリール川沿いの水車を賃貸しする地主であった、と彼は伝える。この場合もまた結婚ではない。「同棲で［……］結ばれた」(Contubernio... adhesit)と。同棲関係だ。「この男との間に彼女はラウールと娘たちをもうけたが、娘たちは正式に貴族と結ばれた。」この文によって、デュドンへの情報提供者の出生が、彼とリシャール公とを結ぶ血の繋がりが明らかにされる。二人とも同じ腹に宿ったのだ。ロベールは十二世紀の聞き手を魅了した、ある事件の話を追加する。若い庶子は野生の子として、森に暮らしていた。同腹の兄がそこへ狩りにやって来た。狩猟係たちが巨大な熊を隠れがから狩り出した。連中は逃げた。ラウールは単身よくこれに挑んで倒した。快挙を知らされたリシャールは、イヴリーの森と城とを彼に贈与した、それにまた女を――貴公子たちが望みかつ手に入れるときの伴侶がすべてそうであるように、「非常に美しい」女を。この物語は、およそ一門の創始者について家系の中で語られていた物語のひとつだ――森での見事な働き、褒賞、土地と妻とが同時に与えられる。自分の妻との間に、ラウールは二人の息子をもうけるが、二人とも司教となったので、しかるべき嫡子がいない。ベックの小修道院長の加筆は「デンマーク人流に」結婚した奥方たちの運命を明らかにする。夫が死ぬと、彼女たちは手に入れたがる男の腕へと移った。しかしながら、あまり老いさらばえておらず、公教会の面々が真の妻と見なした女たちの場合、たとえばフランス王アンリ〔一世〕の寡婦で、自由に振舞うようになった途端、ある領主が奪い取ったアンヌ・ド・キエフの場合もまたそれではなかったか？

デュドンの本では、一人の貴婦人だけが真に日蔭から姿を現す――リシャール二世の母親だが、先代の公がフランク女のエマと死別して、そこかしこに快楽を求めていたころ、彼が結ばれた（「結ばれた」[se connexit] とは偶発的な結合のこと）女の一人だ。デュドンは言う、デンマーク人貴族の中でも非常に高名な家系に連なる「大いに威厳ある処女と」、公は結ばれたのである。彼女の名はゴノールといった。すべてのノルド人処女のうちで最も美しかった。彼は「愛人として」(amicabiliter) 手に入れたのであった。このラテン語の下にロマンス語の「愛人」(amie) が芽を出しているが、この術語は宮廷の語彙では人が戯れる女、自分の妻ではなく、また宮廷恋愛の戯れの約束事によれば妻になりえないのに、恋する男があたかも自分の「奥方」のように扱う女を示す。サン＝カンタンの参事会員は、たとえスカンディナヴィア流であろうと、契約が、結婚があったとは主張しない。事実は明快だ。ゴノールは初め、貴公子が楽しみの相手を釣り上げる生け簀で暮らした。ところが、ノルマンディーの大物たちは、「彼女が栄光ある家門のいともやんごとなき種から生まれたのを知り」、彼ら以前にすでに、正式の結婚の不妊に直面してロロンとギヨームの仲間たちがそうであったように不安にかられ、公に迫ったのである――「神の摂理により［彼らにとって、天はこの愛の戯れを優しい眼差しでご覧になっていた］、ご自分が火と燃えるあのノルドの女と、あなたは結ばれておられる［炎、期待を持たせる炎、なぜならそれは生殖に好都合だ］。この地の相続人がデンマーク人の父親と母親から生まれるべく［同化は終わろうとしていたが、公領の主だった者たちはかえっていっそう、フランク人に対する自分たちの民族的特異性を際立たせることに執心した。公の家系にスカンディナヴィア人の血をさらに導入することは、彼らの気に染まぬことではなかった］、婚姻契約の断ちがたい絆によって急いで彼女と契られよ。近づくあなたの死のあと、公領が雄々しい子息によって治められるために。」リシャールはこの助言に従った。「司教方ならびに聖職者、大身の方々ならびに民衆の前で、〔この度は〕婚姻の掟により」ゴノールを娶った。寡夫としての彷徨は終わり、関係を正式なものにした。身持ちが改まったのである。

ギヨーム・ド・ジュミエージュは、デュドンの本で読んだこととは大きな距離を取る。彼は要約し、同棲関係に言及するのはゴノールの話をしたあとだけ、先行する情事は一切語らず、キリスト教流（cristiano more）の結婚（matrimonium）の報告をする。ロベール・ド・トリニーにとって、それはまるで物足りない。ゴノールの子孫、ロジェ・ド・モンゴメリーの系譜を再構築することに腐心しながら、年長の者たちがこの女とその結婚について伝えたことに基づいて、彼は次のことを付け加える。アルクの森の番人が素晴らしい妻、とびきりの美女を持っているとの噂が流れた。そそられたリシャールは確かめに行った。「森番の家に泊まり、妻の美貌に魅了されると［さしあたって、それしか目に入らない］、宿の主にその夜、妻を自分の床に連れて来るように要求した。悄然となって、森番はそのことを妻に告げた。彼女は、賢い妻として、彼を慰め、処女でいっそう魅惑的な妹のゴノールを、身代りとして公の下に置く（supponere）ように勧めた。」事はそのようになされた。「策略を知ると、公は他人の妻を手に入れて犯す罪を避け得たことを喜んだ」（ベックの修道士にとって、姦通は罪ではあるが、しかし公のような妻帯しない男にとって、そこかしこで姦淫の行いに及ぶのは小罪に過ぎない）。この証言によるならば、ゴノールは確実にスカンディナヴィア人ではあろうが、デュドンが断言するほど高貴の出ではない。リシャールは彼女と別れなかった。彼は連れ出して寵愛した。持続的に。彼女との間に息子三人と娘三人をもうけた。息子の一人、ロベールをルーアン大司教にしようと望んだとき、教会法はこれに異議を唱えた。ロベールの母親は正規に「嫁いだ女」(desponsata) ではなかった。「そこでリシャールはキリスト教徒流に彼女と交合し、すでに彼女から生まれていた息子たちはヴェール (pallium) に覆われた」(このヴェールとは、結婚の祝福の際に新郎と新婦の顔に被せたものである)。このような儀礼によって彼らは嫡子の身分を得た。

数年後、プランタジネット朝ヘンリーに雇われた詩人たちはロベールとゴノールの愛を歌った。この女の長所を誉めそやし、ワースはデュドンが初期の公たちの正室に賦与した資質を強調する。「女の仕事については」と彼は言う、「およそ女の知りうるかぎりを心得ていた。」〔『ルー物語』第三部二四三行以下〕。この女手作業、刺繍、「貴婦人方の手芸」のことを考えているが、しかし、疑いもなく──なぜなら彼の時代、騎士たちが鎖帷子を脱いだとき、心地よく彼らを「撫で」、熟練した手で愛撫する術を知る娘たちが大いに評価されていたから──、男たちを愛に誘う巧みな腕前のこともまた考えている。ワースがわたしの興味をさらに引くのは、家中の者がリシャール一世について保っていた思い出に再び取材して、婚礼の夜のことを語るときである。「彼女を娶ったあとの夜」、公はゴノールがいつもの習慣とは「別の流儀と別の仕方で」〔同、六二四行〕横になるのを見た。彼に背を向けたのである。公は驚いた。

「そなたはわしの方に顔を向けていたぞ。」〔……〕
「あなたの床に、と彼女は答えた、寝ておりましたとき、
あなたの楽しみに従っていました。
これからは自分の床に寝るのですから、
自分の気に入るほうに寝ることにします。〔……〕
以前はこの床はあなたのものでしたが、

今は私のものでもあり、またあなたのもの。
今までは決して安心して寝られませんでした、
あなたと一緒に恐れずにはいられませんでした。」
〔同、六三三一行以下〕

「愛人」が「奥方」になるとき、変わることがまさにこれだ。自分が雄の恣意に屈服する単なるオブジェ、彼の手中の柔順な人形だと感じることを止めた。恐れは減じた。彼女はもはや罪を犯すことに大きな恐怖を抱かなくなった。結婚とは、まさにそれ、安心、寝台で獲得した権利なのだ。この寝台を、奥方が正式な協力者として、以後牛耳るのであった。それはまた、ワースが書いていた時代、何人かの神学者の断言することであった。婚姻の床では両性は天地創造の日のように対等であると、アベラールは宣言しなかったか？　また愛人に対して、奥方は次の利点を持っている。彼女もまた姿勢を決めることができる。

＊

サン＝カンタンのデュドンは、これらのついに真の奥方とはならなかった、あるいは遅れてそうなったものの、貴公子と同衾し、彼に権力の相続人を与えることでほかの仲間に打ち勝った女たちを回顧せざるをえなかった。しかし、描くのを使命とした「生き方」の特徴について慎みなく語ることはしない。すなわち、彼の時代に跡を絶たなかった多妻主義のことだ。彼よりも遠慮のないフランク人の歴史家、フロドアルドゥスあるいはリシェは彼が称賛した母親たちに身分の低い女を見出した。彼らにとって、疑いもなく、リシャールは「ブルトン人の妾から」生まれたのである。彼は回りくどい言い方をする。これらの関係について「結合」という言葉、「連結」という言葉を用いる。海外王ルイ〔四世〕が若きリシャールに浴びせた罵言を引用するのを避け、そのため「女たちではなく諸聖堂を飾り立てた」パトロンであり、かつ恩人である愛人について以外は、彼の言説は曖昧で、短い。ゴノールは実際まだ宮殿に暮らしていた。彼女はそこに君臨する。そしてリシャール一世が死に、別の妾の息子が武器をとり、相続を要求すると、デュドンは自分が「禁じられた」、罪深いと判断しながらも、所定の儀式を行うやいなや、カップルが「婚姻の掟」の下に納まるやいなや、そのようなものではなくなる結びつきの合法性を強調する。ただし――このことに注目しよう――キリスト教の結婚であるかは明らかにせずに。肝心なのは、この儀式、この掟がゴノールを「妻」（uxor）に、その長男を異論の余地のない後継者に仕立てたことであった。

ギヨーム・ド・ジュミエージュは修道院で執筆した。彼がその感化を受けた教養は処女性を高揚し、平信徒に貞潔を、厳しい戒律、わずかに軟化しているとはいえ、修道院の戒律によって律せられる性生活を要求していたが、彼がデュドンの著作を要約し修正していたころの高位聖職者たちはまさにこのようなモラルを課すことに努めていた。グレゴリウス改革と呼ばれるものはノルマンディーで真っ盛りにあった。公会議はよき結婚の規則を発布し、一方で司教たちや純潔に躍起な連中が司祭の妻を難詰し、これらの女たちを放逐するよう命じていた。彼女たちは本当には妻ではなく、妾なのであるが、彼らが口にするこの言葉は単刀直入に淫売婦を意味する。王侯の家系の名誉のために、肝心なのはしたがって、人が先祖の女たち、歴代の公の母親たちとこれらの売笑婦を混同しないようにすること、前者がその息子の父親たちと正規に結ばれたと見なすことであった。そういう訳でジュミエージュの修道士は、キリスト教のそれではないから不完全ではあるが、生殖を必要な配置に確定する異国の婚姻習慣について述べるのだ。立場の必要性から、彼自身が「デンマーク流の結婚」のコンセプトをこしらえたのではあるまいか？　征服王の周辺でこのコンセプトがこしらえられたのは、結局は、彼同様、多くの愛妾たちが産んだ中から父親が選んだ跡継ぎの息子の権利をあとから正当化するためではないかと疑うことができる――それも夫婦関係についての公教会の観念が固まりつつある時期、結婚のキリスト教的儀式が納まるところに納まってきた時期、それと同時に相続能力を奪う、庶子の観念が形成されてきた時期に。

数十年後、これまた修道士だが、世俗の特権階級とその教養からギヨームほど離れてはいないロベール・ド・トリニーは、先駆者たちがまったく言わなかったことを、王侯の性的行動、一族の想像力が好んで森の奥や、夢と遊びの無償性の空間に転移する、あの放埒に対する親族縁者の寛大さをいささか暴露する。この点でロベールはワースとブノワへと真っすぐに行き着く。どちらも聖職者だが、宮廷社会に完全に組み込まれ、宮廷社会の趣味を満足させ、最善を尽くしてその傾向とノスタルジーを表現する。彼らはためらいもなくデュドンに立ち戻る。保護者の先祖である男女間に肉体関係の生じたのが正常な夫婦生活の枠内か、それとも欲望に道を踏み外したためなのか、それを判断するつもりはない。彼らは愛を前面に押し出す。人が彼らの目の前で演じるような、上流社会で営むような愛を。奥方に、人妻に、彼らが対比するのは放埒な女ではなく、愛人だ。古い時代の複数愛人所有に顰蹙するどころか、好奇心をそそられ、自分たちの同時代人、漁色家の騎士たちの複数愛人所有に微笑むように微笑むのだ。彼らが接する男たちの中で、「実際、極めて稀なのは一人の女に満足する者たちである。」モンスの聖堂参事会員、年代記作者ジスルベールはそう書いたが、彼らもまた経験から、そう考える。彼らの詩に魅了される連中すべてと同様に、ゲームの規則が破られないことだけを要求する――この厳格な作法を遵守するなら、無秩序に堕すことなく、夫婦関係の周辺で、愛の一騎打ちの楽しみに赴くことが許される。ワースとブノワの想像力の中では、中世文学史家が宮廷風恋愛と呼んだ楽しみの掟、雄たちの性的過激を抑え、囲いこもうとの意図で公認された掟の規定どおりに、初期のノルマンディーの王侯たちは女たちを扱っているのだ。これらの物語作者たちにとっても、同じく彼らに耳を傾ける者たちにとっても、この男性的熱情は美徳なのである。婚姻の枠外にそれが溢れ出るのは当たり前だ。唯一大事なことは名誉が無傷であること。野蛮な時代の「女性共有」を、至純の愛が「慎ましい習慣」に、女狩りの明確な規制にすり替えた。プランタジネット朝ヘンリーに仕えた作家たちは、したがって、ロロンやリシャールの態度を『トロイ物語』のギャラントリーの織物に織りこんだ。宮廷の慣習がこのような装いを、実は軽くて、透き通って、その背後に現実が、実質が、肉体の喜びを享受し、味わう欲求が明白に見分けられるヴェールを強要したのである。デュドン・ド・サン＝カンタンがすでに、慎ましやかに、示唆していた快楽――彼は主人公たちの多産の交合を表現するのに、きわめて稀な形容詞、「結婚の宴」（fescenninus）を選び（「朗唱聖職者」が聴衆のために、この語をどのようなロマンス語の言葉に翻訳したのか知りたいものだ）、このような快楽をいささかも弾劾することなく、それどころか、昔の公たちの伴侶が――妻女であろうとなかろうと――肉体の魅力により、心遣いにより、技巧によりふさわしく彼らを楽しませたことを称賛するのであった。

第五章　アルレット

ギヨーム・ド・ジュミエージュ、ワース、ブノワは、長いこと私生児とあだ名されたギヨーム公〔征服王〕の誕生に言及した。彼の父親で、リシャール二世の息子、ロベールは、初期のノルマンディー公七人のうち、その兄とともに、正規の結婚後に生まれた唯一の存在だ。魂の邪悪さのゆえに悪魔と呼ばれたが、人は彼を鷹揚公とも呼んだ。なぜなら、はなはだ気前のよさを見せつけ、おおらかな活力に満ち溢れていたからだ。彼は「若くして」、すなわち一度も結婚することなく、一〇三五年七月二日、エルサレムに赴く途中、小アジアのニケアで没した。罪を洗い清めるために出立したのだ。おそらく彼は、父親が公領の筆頭継承者として指名した兄のリシャール三世を毒殺した。その貪欲の火を消すために、ロベールにはファレーズ城周辺のイエモワ伯領が与えられていた。彼はそれに満足しなかった。「悪しき助言により」、叛旗をひるがえし、激しい戦いを仕掛けた。ようやく和平が結ばれた。リシャール公とロベールは右手で握手を交わし、和解のしるしに一緒に食事をしに行った。ルーアンの宮殿に戻るとすぐ、公は腹痛に襲われて死んだ。誰もが毒を話題にした。ギヨーム・ド・ジュミエージュもまた、「多くの者が伝えたこと」を信じて、それを話題にした。どうして黙っていられよう？　ロベールは心を鎮め、雪のように潔白な身で死んだのだ。聖地への非常につらい道中での死は最も重い罪の赦免に値した。出立する前に、すべての巡礼者がそうするように、ロベールは後継ぎを決めていた。デュドンが描くのと同じような形式で、重臣たちにまだ未成年のギヨーム、「ファレーズでもうけたこの一人息子」を引き合わせ、「ノルマン人騎士身分の筆頭、軍隊の長」に据えるように頼んだ。すべてはうまく運んだらしい。『列公伝』によれば、国の首領たちは喜々として同意し、忠誠の誓いをたてた。ロベールは去った。彼は戻らなかった。

ジュミエージュの修道士は征服王の存命中に書いたのだが、それ以上のことは語らない。状況を再現するにあたり、ワースは自分の時代の慣習を過去に移し替え、ロベールが息子をフランス王のもとへ伴い、若いギヨームが家臣となり、かつ正式に公領を授かるようにと、王の「手に」〔『ルー物語』第三部二九七四行〕引き渡す様を描いた。そのときワースはロベールの口から次の重要な言葉を吐かせる――「彼を認知し、わが子と思っておりますぞ」〔同、一一九五五行〕。親子関係を明確に宣言することは実際きわめて有効であった。数多くの事例が確証するように、この時代の大家にあっては、女たちは男の襲撃から十分に守られずに生きていた。公が快楽を引き出していた女たちは、彼の奥方、正妻と同じくらいよく防御されていたであろうか？　彼女たちを孕ませたのが彼だけだと、誰が誓うことができたか？　「わが息子にして、疑いの余地これなく」〔『ノルマンディー公年代記』三三八六九行〕と、ブノワ・ド・サント゠モールは彼に繰り返させる、

私がもうけたこの息子、この男子［……］。
妻の子でないにせよ、そなたに関わりあるまじ。
〔同、三三八六六行以下〕

事実、ギヨームの未成年に便乗して権力の拡張を望んだ軍の首脳の何人かは、公の息子ではないと言い張った。「私生児」（nothus）――ギヨーム・ド・ジュミエージュは私生児という言葉をこのようにラテン語に訳しているが、ロロンの父親の子孫、ロジェ・ド・トスニーは嘲りをこめてこの言葉をギヨームの顔に投げつけ、すべての相続を要求していたブルトン人の伯コノンも、この言葉をまた取り上げた――「そなたは権利に反してノルマンディーを横領した、なぜならそなたは私生児だ。」どちらも問題にしたのは、ギヨーム出生のもとである結びつきの合法性ではなく、「そなたが（とコノンが付け加えた）自分の父親だと想像する」悪魔のロベールが厳かに述べた認知の表現なのだ。ギヨーム・ド・ジュミエージュはもちろんこのような主張は却下する。残るのは一つの事実、異論の余地がなく、庶出との非難を、したがって政治的異議申し立てを正当化する厄介な事実だ。すなわちギヨームは結婚の枠外で、しかも軽んじてさしつかえない母親から生まれた。この女の身分について、情報の出所は十二世紀初頭に『列公伝』を補足した修道士たち、とりわけオルデリク・ヴィタルである。

この男は、彼女が卑しい身分の出とされていることを明かす。ギヨームが、と彼は言う、アランソンを包囲していた際、町の連中が彼を嘲弄した。城壁の高みから、生皮やなめした革を彼の鼻先で振り、そうすることで「母親の両親が皮職人であった」ことを思い出させた。ロジェ・ド・トスニーの罵言を解説するとき、オルデリクはより正確だ。「私生児」（nothus）か？　まさにしかり、ギヨームは私生児である。「彼はロベール公の妾、名はエルルヴァ、侍従フュルベールの娘から生まれた。」したがって皮なめし工ではなく、使用人の娘だ。このエルルヴァは、使用人から生まれ、主人の住まいで育てられ、その中から主人が「愛人」を選ぶ小娘の一人であった。断じてその息子の父親は彼女を奥方と見なさなかった。妾（concubine）、彼女を指すために選ばれたこの言葉は、この時代の改革派の高位聖職者が外に放り出すよう厳命した司祭の女たち、これら非合法の伴侶、罪ある女たちの中に、彼女を位置づけるものだ。さらにオルデリクは教える、この娘は、ロベール公の死後、貴族の騎士に、ただし今度は正妻として迎えられ、二人の息子、「のちに非常に有名になるユードとロベール」をもうけたと。ロベール鷹揚公の伴侶は、したがって、長剣のギヨームの伴侶よりも恵まれた運命であった。彼女は本当に奥方となり、第二の褥から生まれた子供たちは、スプロタの子供たちと同様、彼らの長兄の忠実かつ非常に愛された戦友であった。

彼らの長兄は、国の貴族たちから、とりわけ「リシャールの一門に生まれた連中から」庶出を非難されると、数多くの競争者相手に、ロロンの最重要な戦友たちの子孫相手に、ゴノールの姉妹の子孫相手に、とりわけ自分と同じ血筋の男たち――父親の別の妾から生まれたにせよ、祖父の愛人から生まれたにせよ――相手に、さらには完全な嫡出の最近親者を相手に激しく戦わねばならなかったが、この最後の者たちがもっとも危険であった。ギヨームには、神の裁きが必要であった。ヘイスティングスあるいはブーヴィーヌにおけるような、一日で国家の命運が一挙に決まり、勝利を与えることで天が正統な継承権主張者を指名する「平坦地」(champels) での合戦の一つが、稀な軍事的セレモニーの一つが必要であった。ギヨームがノルマンディーを確実に平和的に所有するためには、父親の死後十二年たった一〇四七年のヴァル・デ・デューヌの勝利の合戦が必要であった。

王侯の多妻傾向がここでは無秩序の危険な要因として、芳しからぬ姿を呈し、十一世紀前半を通してのキリスト教式結婚の整備、蓄妾と庶出の定義、長子権に基づく堅固な家系構造の導入が、西暦千年以後の新しい政治的秩序を樹立するために担った役割が誰の目にも明瞭に映る。以前は、衝突のリスクは家長の権威によって、あるいは承認、集団的合意のセレモニーによって回避された。家長に正妻から生まれた息子がいないときは、王侯は足元でうごめいている男の子の中から選別し、権力を継承する者を指名し、同時に快楽の伴侶の一人をほかの女たちの上に引き上げることが認められていた。ロベール鷹揚公の死んだとき、この嫡転化の手続きは三つの理由から機能しなかった。なぜなら、孤児は未成年であったから。なぜなら、領主領が国中で城の回りに形成され、いわゆる封建制度の出現が公の権力を揺るがせていたから。さらにはなぜなら、夫婦関係に関する公教会の観念が幅を利かせ始め、それ以外の一切の生殖を非合法へと排除したから。なぜならば、教会人の独身を徹底させる闘争の最中で、王侯の愛人たちが司祭の妻に、王侯の息子たちがいまや聖職を継ぐ権利を拒否された司祭の息子たちに擬せられたから。エルルヴァは実は、昔の公の伴侶たち、ギヨーム・ド・ジュミエージュがデンマーク人流の妻と呼んだ伴侶たちとよく似た地位を占めていた。ロベールとの関係はゆきずりのものではなかった。それは長続きした。別の子供、アデライデが生まれ、これをモンス伯は嫌がらずに妻に迎えた。しかしロベール公は、この時代は家中の者の大部分がそうであったように、おそらく奴隷身分である侍従の娘を、いかに楽しい相手であろうと、もっと身近に引き寄せようとは思わなかった。悪魔のロベールはよく知っていた、重婚はもはや通用しないことを。いつの日か、公式の、政治的結婚によって、自分と同等の血筋の女を、イングランド国王の実の従兄弟たる自分にふさわしい女を娶るべく自由の身でいたかった。だが世を去るのが早過ぎたため、出立の際に念のため、暫定措置として、推定相続人として紹介した息子、ギヨームのことを、みなが、ギヨーム・ド・ジュミエージュ、オルデリク・ヴィタル、ロベール・ド・トリニーが私生児扱いにしたのである。とはいえ、同腹の弟二人の支持で反乱に立ち向かい、エルルヴァの息子が勝負に勝った。彼は結婚し、以後よき風習を維持する者を自認するが、ヴァル・デ・デューヌ、次いでヘイスティングスにおける二つの勝利は、神が彼の中に公家の正統の首長を見出したことを、万人の目に立証したのである。

彼が死んで一世紀後、曾孫のアンジュー人ヘンリー〔アンリ二世〕に気に入られようとして、オルデリクが『列公伝』の余白に書いたいくつかの言葉から出発して、ワースとブノワが美しい愛の挿話をこしらえた。ワースは、ロベールの「鷹揚ぶり」を証明するいくつかの挿話の中に事件を配置する。ブノワ・ド・サント＝モールは話を展開し、彼のおかげでわれわれは、人が宮廷で自由な恋愛関係をどのように夢想するのを好んだかが分かる。若さの盛りにあって、公は娘たちを熱心に追いかけた。ブノワは言う、「彼の大いなる気晴らし［気に入りのスポーツ］の一つは若い女性たちを手に入れることであった」（『ノルマンディー公年代記』三三四四九行）。彼女たちの一人はすれ違いざまに彼の目を惹いた。泉の近くで、ほかの洗濯女たちと一緒に、所帯の洗濯物を洗っていた。女の、「町人の娘」（同、三三四五五行）の仕事。暑い日であった。アルロ、アルレット——歴史の中にその名前は残った、忘れないようにしよう——は服をまくり上げ、ふだんは隠れている美しいところ、挑発的な両脚を露出していた。ロベールはそれを「美しく色白だ」（同、三三四六四行）と見た。彼は「愛の思いを娘に向けた」（同、三三四六八行）。彼女から喜びを引き出すことを欲した、と理解しよう。

ブノワがここで素描したアルレットの肖像画は人を失望させる。月並みにも、姫君たちを飾り立てるのによく使われるすべての魅力を、この庶民の娘に授けるのだ——賢さ、礼儀作法、勇気、美しさ。その髪はブロンド、額はすべすべし、眼は高ぶったところなく、唇は申し分なし、顎、首、腕も同様。賢い娘たちの衣服で慎ましく包み隠されてはいるが、悪魔のロベールがわずかに垣間見るだけで、肉体の深奥に欲情の沸騰を引き起こすに十分であった、あのふっくらした肌の白さについては何一つ言及されていない。というか、三つの形容詞がアルレットの色香を要約する。彼女は「優美」であった、「色白」であった、「太って」（同、三三四八一行）いた。

ぞっこん惚れこんだ公は、家中の二人の男、年寄りの騎士と腹心の侍従を送って、小娘の父に談判させる。公が娘を「大いなる愛で愛する」〔同、二三四九三行〕のに同意するように、と。ロベールにその気がなくなったときは、どこかのたいそう金持ちの殿様と契らせてやろう。拒否。父親は親族の助言を得て自分が選ぶ相手と娘を結婚させるつもりだ。すでに、方々から、娘は求婚されている。自分が生きている間、「誰かの妾」〔同、二三五〇三行以下〕になって雄たちの淫欲に奉仕する娘の姿なぞ見たくない。そのようなとき、宮廷物語での役割が騎士のモラルを表明することである人物、隠者の登場となる。父親の兄弟、聖なる男。彼は承知するよう説得する。この出会いが約束するあらゆる利得を説教して、姪をも説得する。同意が成立、優しい人を引き渡す時が決められる。もちろん夜だ、罪深い快楽の時間に。するると生娘は「ひどく恐ろしい」〔同、二三五二一行〕と思う。ものにされることではなく、ものにする男には十分に魅力的に見えないことが。彼女は支度する。

彼女は作らせた、真新しく、
美しく、よい出来栄えの、
体によく似合った服を。
〔同、二三五二八行以下〕

彼女が差し出す貴重なもの一切を収める宝石箱。日が暮れて、決められた時間になると、二人の密使がまかり出る。アルレットを城に案内する命令を受けている。秘密裡に。事が「下賤の輩」〔同、二三五三九行〕に知られ、言い触らされてはならない。それは公の名誉というよりは——民衆は実際、殿の軽はずみを簡単に見過ごす——小娘の名誉のためだ。そこで使者たちは、持参した毛織りのケープにアルレットを包みこむ。事が終わると、ひばりが歌い出す前に、彼女を家に連れ戻すだろう。見られず、知られずに。この言葉を聞いて生娘はこわばる、秘密めかすのを執拗に拒む。公が声をかけ、「優美な体を要求する」〔同、三三五四八行〕からには、小間使いをものにするように、玄関先で自分をものにするわけにはゆかない。彼女はエスコートを要求する、嫁いだ女たちが持っているような、儀仗馬を出せと言う。それから装いの魅力にさらに手を加え、許婚者さながらにめかしこむ。上等な布地の肌着、その上に白い、新しい、紐なしの、体に、とりわけ両腕にぴったりした貂皮の上着、短いマント、銀の髪留めでおさえた髪。ウィンプルはなし。彼女はまだ処女、夫の寝室に導かれる娘たちの髪のように、その髪は風になびくことだろう。門口で父親と母親に挨拶する。慣習がそう望むように、彼女は涙を流す。だが心の中では大喜びだ。なぜなら、彼女は知っている、今夜にでも孕むだろう、自分が宿す男の子は、ヘクトールよりも栄光に輝き、アーサーとシャルルマーニュを凌駕するだろう。彼女が懸念するのは罪だ。娶るつもりのない娘の処女の花を散らすことで、この夜、公は罪を犯すことになる。性道徳に対してではない。彼は若い既婚者ではない。色事で楽しむのはごく自然なことだ。彼は社会道徳に対して罪を犯すことになる。なぜなら英雄を生むため夫婦の契りを結ぶことに、事は関わっている。これほど重大な行為はこっそりなされるものではない。だからこそアルレットは、人目を避け、木戸口から城に忍びこむのを拒否するのだ。これから奥方になる女のように、彼女は壮麗な入城を望む。

ブノワが冒険のさわりを、驚異を位置づけたのは、『トロイ物語』の雪花石膏の部屋のように、愛の悦楽のために飾られ「絵が描かれた部屋」〔同、三三六四六行〕である。アルレットは寝台に入った。まだ肌着を付けている。ロベールが仰天したことに、彼女は思い切った動作で肌着の前を足先まで引き裂くではないか。自分の足と膝下に触れたあと、この下着の裾がめくれ、かくも高貴な恋人の唇のほうへたくし上げられるのは恐れ多い、と彼女は言う。この寝台での女の口説はゴノールのそれと好一対をなす。しかしアルレットの居合わす寝台は婚礼の床ではない、「彼女のもの」ではない。この大仰な露出によって、自分がその種を受け取る男の肉体に満腔の敬意をこめて身を任せると告白する。ブノワはさらに先までゆく。生娘が小刻みに裸になる、まずは袖から腕を出し、次いで一つずつ魅力を開陳する。

大ろうそくは明るく燃え、
実に形のよい体が現れた。
〔同、三三六七八行〕

煌々たる光の中で。密通者が身を隠す暗闇での、気後れしたやり口ではなく。これ見よがしに。自分を所有する男に誇らしげに捧げたこの肉体、生まれてから彼が見た最も美しい肉体。そこで彼がこの肉体をどうするか？ ブノワは沈黙する。「ほかのことは話したくない」〔同、三三七五五行〕。

想像するのは各自の自由だ。そのあとで、娘は眠りこむ。夢を見る。聖者伝の中でしばしば主人公の母親がそうするように、胎内に未来のゴドフロワ・ド・ブイヨンを宿す前に、聖女イド・ド・ブーローニュが夢を見たように。アルレットは腹から一本の木が出てくるのを見る、あの葉が密生し、ほとばしる勢いの木、成長の極みには、その影でノルマンディー全土を蔽うことになる木。実際、彼女はすでに懐胎した。彼女は、とブノワは言う、「処女性を非常にうまく使った」〔同、三三七四八行〕。ワースのほうは、ギヨームの子供時代で終わる。父親は

まことに贅沢に彼を養育した、
正室から生まれたと同じくらい
堂々と気高くそうするのであった。
〔『ルー物語』第三部二八九一行以下〕

もはやプランタジネット朝ヘンリーが曾祖母のことで赤面するいわれはまったくない。たしかに町家の女だが、「賢くて勇気があり」、申し分なく自分の役割を果たし、交合が丁重に扱われるように、婚礼の儀式が尊重されるように事を運んだ。両親は同意し、家を出るのを許した。ふさわしい身支度を整えた彼女は、生け贄の祭壇まで行列を従えて導かれた。加えて、司祭たちがそれを要求したように、およそ宮廷ですべての奥方にそうあってほしいと望んだように、直ちに彼女は種付けに呼応し、肥沃であることを明示した。何一つ欠けるものはなかった、昼の光、宴会、公然たる祝祭、とりわけ公教会の祝福を別にすれば。少なくとも、神は、間違いなく、この結びつきとその結実を祝福した、隠者たちの神、肉体の喜びには相当に物分かりのよい神は。アルレットは頼りにしていた、「神が彼女に豊饒の喜びを賜るであろうことを」。神は背を向けることなく、懐妊するやギヨームを嫡男として認知、格別の恩寵により、あからさまな庶出に関して彼の無罪を証明した。

第三部　貴婦人の権力

ノルマンディー公の目には、アルドルの領主のみならずギーヌ伯も取るに足りない人物に思えた。とはいえプランタジネット家同様、彼らも一一九四年、先祖に捧げる文学的記念碑を建てる気になった。この時代の貴婦人たちの痕跡をいくらか残すすべての家族の歴史の中で、これは異論の余地なく最も豊かで、最も興趣に富むものだ。幸いにして、われわれはまだこれを読むことができる。フランス国王とイングランド国王とが対決する線上にあって、ギーヌの地は実際、百年戦争の間とそのあとも、狙われ、分割され、奪回される、戦略的および政治的に最重要の地点であった。一五二〇年六月七日から二十四日、フランソワ一世とヘンリー六世とが豪奢を競ったあの有名な金襴の陣は、まさしく、ギーヌとアルドルの間に位置した。一方、伯領は、王家に近い高名の家の手に落ちた。すなわち、一二八二年にフランス国王が買ったのだが、その後、ブリエンヌ家がこれを獲得した。次いでこれは、ブルボン家の始祖の一つであるバール家の手に移った。この広大な館では、遠い先祖について、異議申し立てのあった相続について語った書き物が大切に扱われていた。それは筆写され、さらにまた筆写され、ラテン語から訳された。保存されている写本の最古のものは、ヴァチカン図書館のスウェーデン女王クリスティーナ遺贈蔵書、六九六番の中にある。非常に念入りに作られた書物で、十五世紀の書体と鑑定されている。

百二十三あるフォリオのうち、最初のものが欠けている。どうやらそれは扉に挿絵を配したものであった。小さな町オードリュイクの代官と学校の教師が一五八六年に原写本と照合した別の写本によって、この頁には三つの紋章、一方にはフランスのそれ、他方には四分割されたギーヌ伯とアルドル領主のそれが描かれていたことが分かっている。下の方に見えたのは、長い衣を着て、立った男の手から本を受け取る着座の貴人。この二つの画像が作品の何たるかを完全に定義する。それは、そもそもの初めから別れていたが、一つの結婚で結びついたばかりの、どちらもフランス国王の権威に服従する両家、ギーヌとアルドル——ただしアルドルはギーヌに従属する——の歴史、別個の歴史である。執筆を命じた相手に手稿を引き渡した作者は、教会人、「師」である。彼は第一行から、プロローグのタイトルに、ランベールと名を記し、同時に「アルドル聖堂司祭」と身分を明示する。

一五八六年の写本そのものは散逸したが、何部か転写されていた。この魅惑的な文献の利用を容易にする近代の刊本はこれらに由来する。魅惑的だ。なぜならそれは——この言葉が適切だが——異常で、まことに荒々しく、まことに露骨、まことに素朴、日常生活の最もありふれた点に数多くの具体的描写を加えたため、碩学たちを狼狽させたのであるが、現在人が所有する最初の転写本がそれより三世紀も若いため、その信憑性に疑念がもたれた。われわれが読んでいるものは中世末期に捏造されたのではないか？　この仮説は、事実、Ｆ・Ｌ・ガンスホフがそのことを巧みに証明したが、ありえない。贋作者がこれほど巧みに人々の態度、世界像を横取りし、フィリップ・オーギュストの同時代人の書き方をそっくり模倣することはできないだろう。信憑性を確信して、封建社会の歴史家たちは、ギエルモズに続いて、とりわけマルク・ブロックがこの書物に飛びついた。わたし自身も何度もこれを利用したが、その豊かな内容をすべて活用できたかというと、それは程遠い。女たちの権力についてそれが明かしていることに関し、わたしはここでこの作品を再び取り上げる。

第一章　環境

この書物の功績の一つ、わたしが遂行する研究にとって最も重要なことは、ランベールが直接知り、自分の目で見た十人ほどの貴婦人たちの環境を描いた点だが、彼はアナクロニスムには無頓着で、ほかの貴婦人たち、死去した貴婦人たち、中には何世紀も前に死去し、その名前が家中で繰り返され、著者が言及することをこの書物の発注者が期待していた貴婦人たちを、その同じ環境に位置づけたのである。この女たちはもちろん、男たちの雑踏の中に消え、彼らによって蹂躙され、押し殺された。この歴史は、これまた、戦士の歴史である。プロローグと序文の中で、著者は明快に予告する。彼はある男、「非常に勇ましい騎士［……］アルヌー・ド・ギーヌ［……］」、その主君にして主人」の要求によって、作品に着手した。彼はこのアルヌーの先祖を「誉め称え、その栄光にちなみ、敬意を表して」書くが、「彼らの名前と武勲の」思い出を忘れないためだ。彼らは男たち、「ギーヌの諸伯とアルドルのお偉方」である。舞台の前面でこれらの男の姿が盛んに身振りし、じれ苛立ち、ふんぞり返っている背後で、時として女の姿が垣間見られる。彼女はすぐ姿を消す。せいぜい歴史家は時折りいくらかの特徴をいそいで把握できる程度だ。アンボワーズの領主たちの歴史、あるいはノルマンディー公の歴史の場合のように、ここには貴婦人の肖像は最小限の素描さえ見えない。そこかしこに賛辞がいくつかあるが、ただしランベールは、家の女主人のことであろうと、彼女の夫が追いかけてゆきずりに処女を奪う娘たちの一人のことであろうと、同じ文句を用いている。「高貴な」、「美しい」、両方とも、いつもそうだ。それ以上ではない。諦めよう。かの非常に勇敢な騎士たちがすべての領域を占め、彼らは語り手が自分たちの美点を喧伝するのを期待している。語り手が女たちの話をして何になる？　彼女たちはものの数にはいらない。これがこの話の最も明白な教訓の一つだ。それにまた、男たちがそこで、これほどはっきり頑張っているのも悪いことではない。当然のことながら彼らに道を譲るべきだ、さもないと貴婦人の地位、権利と義務について思い違いする危険があろう。人はあまりにも長い間、女に気遣うことなく歴史を書いてきた。それとは逆の悪癖に陥ることを、雄どもを顧慮しない女の歴史を構想することは避けよう。今日と同じく十二世紀でも、男と女はどちらか抜きではやってゆけぬ。両性が維持する関係をもっとよく理解すること、これがわたしの調査の目的である。

男の舞台装置は軍事だ。ギーヌの貴婦人たちもアルドルの貴婦人たちも、最も遠い先祖、家系の創始者が――本人はそう確信していた――建てた城塞の主である猛将を、いずれも夫にしている。ランベールもまたそのことは疑わない。彼にとって、二つの家系のどちらも城と同時に発生したのであり、そのとき騎兵たちの頭目は「最初に砦を造るために土を大きく盛ることを――当時のロマンス語の表現で『土盛り』(motte) と呼ぶ――、次いで二重の濠でそれを囲むことを」決めた。わたしが引用した言葉は、間違いなく最初に建てられたギーヌ城の登場を描くものだ。十世紀の最初の数十年間の間に、司祭ランベールが推定したとおりにか？　それを疑うことは可能だ。家系の起源を非常に遠い過去にさかのぼらせる意図から、この歴史家は記憶の中に漂う何人かの名前から出発した。家系図の最初の三段階を恣意的に作り上げた。実際には、古文書館の文献によって証明されたギーヌ家の最も古い人物は、ユスタシュとボードワンである（この地方の最も強力な二つの家、どちらもシャルルマーニュの後裔であることを誇りとするブーローニュ伯家とフランドル伯家と彼らを結ぶ名前だ）。ユスタシュは一〇三〇年ごろに生きていた。ユスタシュはフランドル伯が養育した男の子たちの一人であったらしく、伯は彼に家令の娘を妻として授けた。どう見ても彼は伯の称号をもっていたようだ。彼の息子、ボードワンのほうは、一〇六五年に国王フィリップ一世が署名した証書の中で伯の称号をつけている。わたしは進んで家門の栄進の時期を、城の建設ではないにしても、少なくともその強化の時期を、西暦千年直後の二、三〇年代と推定するが、この時期、北フランスでは、いくつかの堅固な城塞の主が伯の称号を横領し、そうすることで、神がその代理人たる王を介し、神の名で地上に平和を持続させる役に任じた代表者たちに連なるのであった。

ランベールはアルドルの城をはるかによく知っている。パトロンがそこに暮らし、彼自身も子供時代をそこで過ごしたうえ、城の高台は彼が奉仕する聖堂に隣接する。家中では、思い出は鮮明だ。城はアルヌーによって一〇五〇年ごろに築かれた。彼は冒険好きの若者、おそらく長男ではなく、ランベールが本を捧げる別のアルヌーの高祖父であった。ギーヌの城から八キロ足らず、当時は無人の空間であり、「互いに石を投げて届く距離の二つの堰の間、泥沼の最も奥まったところ、丘の裾から遠からぬ場所に、このアルヌーは土を積み上げて、防御のしるしとして、非常に高い高台もしくは主塔〔天守閣〕を築いた。」実際、それは、権力の標章、命令しかつ処罰をする、武力で秩序を維持することのしるしだった。「アルドルのお偉方」のすべての名誉の根拠たる創設者の行為は伝説に包まれている。飼い馴らされた熊が土盛りの作業に協力し、金で飾られた宝石、「幸運をもたらす」ペンダントが土盛りの中心部の、「定かならぬ秘密の場所に」隠されていたことが語られている。アルヌー自身がフランドル伯とブーローニュ伯との間で揺れ動きながら地位を築いたのであった。彼に築城を唆《そその》かしたのはフランドル伯ボードワン五世だが、その若い力が彼に不安を抱かせたギーヌ伯を弱体化するためであった。アルヌーはこうして「領主」に、フランドルの十二貴族の一人になった。彼はゴドフロワ・ド・ブイヨンの父親、ブーローニュ伯ユスタシュにも仕えたが、そのすばらしい褒賞として、このユスタシュは彼にサン＝ポール伯の未亡人との結婚を認め、そうすることでこの実り豊かな領土を自分の利益のために利用する方法を提供した。アルヌーは取引でもうけたものすべてを、アルドル城をより堂々たるものにすることにあてた、とランベールは言う。

同じころ、彼は自分を認めさせ、既成権力の網目に入りこむよう懸命になった。彼はまずそれほど注文の厳しくない公教会権力、テルアンヌ司教領、サン＝ベルタン大修道院と結びつき、相手は彼に所領における正義と平和の確保の仕事を委任した。もっと後になり、もっと金持ちになり、「自領のアルドルに安全に住めるようになると」、自分が腰を据えたばかりの領域の高位の主、ギーヌ伯と最終的に和解し、自分が築いた小さな「城、砦」(châtillon, oppidum)の完全な自由を認めさせた。まわりに金が大量に流れ、すべてに役立つのを見て、この自由獲得のために、アルヌーが「ドニエ貨の一杯に詰まった樽」を与えたのであろう、とランベールは確言する。一〇九四年、死の直前、彼はフランドル伯との結びつきをいっそう緊密にして、ロベール二世から封土として主塔を取り戻し、それゆえ彼に臣従の誓いを立てる。とはいえアルドルの領主たちの筆頭である彼は、自分を取り囲んだ保護の数々、土と木の城壁、濠、同盟、戦士の護衛が十分だとは考えなかった。それ以上ではないにしても、同じくらいに必要だと思えたのは、天の加護を受けること、祈る人々の集団に囲まれることであった。聖オメールに捧げられた「小聖堂」(ecclesiola)が城の上の丘に建てられていた。一人の司祭が時々ミサをあげていた。一〇六九年のある日、司教と兼務司祭の同意の下に、アルヌーは息子たちと娘たちに伴われてこの小礼拝所の門前に赴いた。戸口で、神の前で、聖オメールの前で、この場所に持つすべての権力を放棄することを大声で認めた。それから彼は中に入ると、権力委譲のしるしとして、十字架の記された旗幟《はたじるし》を聖壇の上に置いたが、その旗幟には、平和のしるしとして、オリーヴの緑の小枝が吊るされていた。彼は黄金と宝石の嵌めこまれた聖遺物、守護聖人の聖オメールの頭部から教会参事会員たちが抜き取った歯の一本、それに聖堂を飾る豪華本、旧約聖書、新約聖書を持参した。妻の名で守護していたサン＝ポール参事会教会の宝物殿から取ってきたのである。こうしてふさわしい品々を備えたことで、「小聖堂」(ecclesiola) は「聖堂」(ecclesia) に、教区の本拠となった。あとは公教会の人間を一人定住させれば事足りた。アルヌーは数人を配置した。フランドル伯やこの地方のほかの領主たちの城に参事会教会、聖堂参事会が隣接するのを、彼は見ていたからだ。そこで十の参事会員聖職禄を創設し、その一つを兼務司祭に、もう一つをすでに聖オメールの参事会員である、庶子の一人に与えた。この参事会は彼とその臣下のために祈ることになっていた。ややあとになって、これは聖処女の加護の下に置かれる新しい建物に移された。彼の住まいに併設された、これは「彼の礼拝堂のようなもの」、私的な信仰の場であり、城の主が参事会員の間に座を占め、彼らを指揮監督し、彼らと一緒に歌い、彼の宗主、フランドル伯がそうしていたように、威儀をこらして施し物を配るのであった。このようにしてアルドルのアルヌーは、武力に負うていた権力を聖化した。同じ意図で、ギーヌ伯ボードワン一世は一〇八四年、アンドルは自分の城のそばに、男子大修道院を創立した。

並々ならぬ知性と知恵で、ランベールは家系の記憶を喚起させる。この記憶は貴重だ。どのようにして十一世紀において、城塞と聖堂のまわりに小さな国家が形成されたかを、それは明示する。これらの小国二つのうち一方が原則として他方を支配していた。ランベールはそれを明確に指摘する。彼のパトロン、アルドル家のことを、彼は「お偉方」(proceres)、「お頭」と呼ぶ。一方、ギーヌ家は伯であり、この資格でアルドル城の主たちをふくめ、伯領の全住民に権威を保持すると確信している。ギーヌ家の一人が息子をアルドル家の女相続人と結婚させたとき、彼は膝を屈した、とランベールは確言する。実際には、両家は対等の武力をもち、戦う運命にあった。アルドルのほうが歴史が浅く、いわば楔のように相手に食いこんでいた。そういうわけで、この騎士たちの話は本質的に宮廷物語のように、軍事的波乱の連続であった。戦争は二世紀の間ギーヌの地で絶えなかった。

この地方のことを、ランベールは数語で分からせてくれる。「この土地は牧畜の活動に、羊やその他家畜の飼育に適す。谷が多く樹木に覆われ、木立で仕切られた領域。畑と牧草地が入り交じる。水の豊かな沼地がまわりを縁取る。」実際、二つの景色が並列する——ブーロネ地方の丘陵の裏側。北の低いところに、平坦で広大な空間。古代末期には、海がそこを侵食していた。やがて徐々に海が埋まり人が住みついた。ランベールの時代、新しい教区が点在し、土壌の改良が完了して、残った未開拓地を争うようになっていた。ギーヌのアルヌーの弟が沼地の一部を「掘って泥炭を切り出す」のを望んだところ、隣人や利用者たちが反対して立ち上がった。ランベールはそれを目撃し、彼の本の最終章にもっと穏やかではない紛争のことを述べている。この沿岸洲の手前にはまだ沼の多い無人地帯が残っていた。王の沼地と呼ばれていた。そこはギーヌ領とブーローニュ領との国境をなしていた。伯ボードワン二世は、そこを排水することを企てた。知らせを受けると、ブーローニュ伯の家令はマルク地方の住民、慣習法の友愛組織(keure-broeders)を召喚した。全員が、徒歩の者も、騎乗の者も、三十日分の食糧と、道具と、武器を手にして出頭した。彼らは隣国の領主の支配力から郷土を守るべく深い濠を掘った。すでに伯家の奉公人たちによって植えられた木々を切り倒す者がいれば、つるはしで掘る者、土を放り投げる者、向こう側の連中を嘲る者もいる。相手はやり返す。土くれの山に上って、ボードワン伯は敗走ぶりを、敵が算を乱し、「ある者たちは道に、ある者たちは濠の上に、またある者たちは沼地に」四散するさまを眺める。連中の旗幟を持ち帰り、勝利のしるしにアルドル聖堂に吊るした。

競合する国同士の恒常的な敵対関係において、この争いはささやかな、取るに足らない突発事である。それでもわたしはこれを採り上げる、なぜなら非常に活発な人口増加のため満杯になりかけた地方では、肥沃な土地が希少になっていたことを証明するからだ。牧畜が「牧草地を豊かに抱えた」丘陵で多くの利益をもたらすが、低地帯のプレサレ牧場のほうが利益のいっそう多いことも、これは証明する。繁栄は、しかし、主として街道からやって来た。ギーヌとアルドルは、ヨーロッパを貫く交通路、イングランドからサンガート、ウィサンおよびほかの砂丘地を経てサン＝トメール――フランドル伯がいとも尊敬すべきサン＝ベルタン大修道院の門前にあり要塞化した、あの大きな村――へ、さらにテルアンヌ――ローマ時代の町の名残りで、たしかに凋落はしたが、司教、参事会、聖堂付属学校はそこに固定されていたため、地図から抹消されていない――へと通じ、古いローマの道と接続した車道の東の一大幹線上に位置していた。サン＝トメールから、人はイープル、ガン〔ゲント〕、ブリュージュへと向かった。テルアンヌからは、アラス、フランス、シャンパーニュ地方、ローマへと。この道は、四六時中、戦をする連中、巡礼者、商人たちが利用してきた。二世紀前からその数のますます増え、勢いのますます盛んになるのが見られた。交通の絶えざる躍進、アルドル城門前の村落の急速な発展の証人だ。

今や淀んだ水の下に沈んだローマの元逗留地の近くに、みながビールを飲む居酒屋が一軒しかなかった時代のことを、人はまだ覚えていた。土地の百姓たちはそこに来て、球遊びをする（chouler）のであった。よそ者もまた、とりわけ「商いのためイングランドへ行く」（とランベールは言う）イタリアの商人たちがそこに足を停めた。創設者アルヌーは、沼地に砦を据え付けるためにもちろんこの場所を選んだ。配下の戦士たちは通行する連中を保護するだろうし、それによって銀貨を巻き上げるだろう。また交通と交易を利用できるとの期待にかられ、近隣の村から移住民が流れこんだ。市場、木曜市がやがて領主の監督の下に発生した。一一〇〇年ごろ、砦の主が「大きく、深くたっぷりした濠で」囲いこむと、集落は小さい村になった。六十年後、裁判の会合が開かれ、堅固に建てられた卸売市場の鉛の屋根の下に食料品が陳列されるまでになった。この『歴史』の中に姿を現した女たちは——どうかそれを忘れないようにしたい——キリスト教世界でも、商業の発達により当時最も活気づいた地方の一つに生きたのである。二つの城の領主にとって、とりわけ伯にとって、街道は出費の機会であった。上質の旅人を歓待する義務があった。十三世紀の初めに、時をさかのぼること数十年前、カンタベリー大司教トマス・ベケット、それにランス大司教が相次いで対象となった豪華なレセプションのことを、人はまだ覚えていた。それらの夜、大広間で白ブドウ酒が浴びるほど振舞われた。それは遠方から、ラン、パリのブドウ畑から到来した。高価なものであった。しかしその代わり街道から、公共の治安の保護者は多量の貨幣を巻き上げたが、この貨幣は、ランベールが著作を完成させようとした時期、戦争を有効に遂行するために非常に必要な、不可欠なものであった。

家にこもって避ける強い雨や、突風や、きびしい氷霧の日々を除き、ギーヌ伯とアルドルの領主は、鎖帷子に首まで埋め、剣を手に、家臣たちの先頭に立って騎行した。戦争は彼らの生業、楽しみであった。長いこと、それもアルドル城が築かれた直後から、アルドル家の初代が立てた臣従の誓いにもかかわらず、丸めこむために伯の足元に吐き出した銀貨の山にもかかわらず、彼らは互いに戦った。一方は他方を城の濠まで追い詰め、しばらく城に閉じこめるが、籠城組の友人たちが助けに来るのを見た途端、攻囲の陣を解くと、敵軍に追撃され、今度は自分自身の主塔にまで撃退される始末だ。彼らが抱擁することに同意する日がやって来た。休戦の申し合わせがしばらくの間、この破壊をもたらす応酬を中断させた。平野は荒れ果てた。人は時に死者のことを嘆いた。アルドルの領主の一人が、脳天を矢で射貫かれ、あやうくこのゲームで命を落とすところであった。一世紀の長きにおよぶ小競り合いの後、敵対心が奇蹟的に治まった。第二次十字軍で落命した義兄の跡をたまたま継ぐことになった、新しいアルドル領主、アルヌー四世は和平を望んだ。彼はついにアルヌー伯と和解した。二人のアルヌーはギーヌの地を護るために手を結んだ。彼らはそれ以後、「ただ一つの体の二つの手」、「ただ一つの心、ただ一つの魂」のようであり、主従の友愛の手本であった。「ギーヌは和平に欣喜し、アルドルの宮廷はそれに歓喜した〔……〕。もはや伯はその封臣にして臣下に対し傲慢な権力の行使を望まず、相手も古くからの反逆を止め、もはや主君に礼儀と敬意を拒むことはなかった。」結婚が和合を決定的にした。アルドルのアルヌーは、女相続人である娘をギーヌのアルヌーの長男に与えた。この縁組からまた新たなアルヌーが生まれた。これがランベールのパトロンである。貴婦人・奥方の主要な機能とはまさに、前に述べたとおり、二つの種を混ぜ合わせ、自分の出た家と、婚礼の日に彼女が導かれた家との友好関係を堅固にすることだ。

二人の領主はほかの多くの合戦に加わった。それぞれが自分の領土で、ランベールが「陪臣」（vavasseurs）と呼ぶ、家来のうちでも最強の連中、多少とも縁戚に連なる、あの扇動家どもを屈服させることに努めた。土地を十分に持ち、農奴を十分に持ち、十人から二十人の百姓の家族を支配下に置き、時として自分たちも修道院や聖堂参事会を創設できるほどに金を持ち、要するに伯や主君と対等の力量のある、これらの御し難い戦士たちはそれ相応に扱われることを要求した。気難しく、彼らは絶えず反抗した。とりわけ、彼らの従兄、アルドルの城の創設者のように、いつの日にか主塔を建てることを、自前の領主権を創出することを夢見ていた。時々、これらの田舎紳士の甲なり乙が、夫役を課した百姓たちに命じてつるはしを握らせ、土を掘らせ、砦をつくらせるのを人は目撃したが、これらの砦がランベールの記述の中で野原に遺棄されて点在するのは、ギーヌ家もアルドル家も、こうした競合の企てはまだ卵のうちに、かなりてこずったが、荒っぽいやり方で潰したからだ。古い時代の伯たちがその首を斬ったり、笑いながら性器を切り落としたりした反逆封臣の記憶は残っていた。十二世紀末期、これらの二流の「大物」は相変わらず騒々しく、危険であった。姪たちを連中の息子たちの嫁に提供することで、伯は引き留めようと試みた。

　アルドルの領主たちはまた遠方に、海のかなたの戦いにこぞって出立した。イングランドと聖地に。アルヌー一世と騎士に叙任されたばかりの息子二名は、ユスタシュ・ド・ブーローニュのかき集めた徒党に加わり、一〇六六年、征服王ギヨームに同行し、長年彼に仕えて、たっぷり報酬を手にした。ベドフォードおよびケンブリッジ公領の美しい地域を封土として受け取り、大金ならびに王の贈り物であり、家来たちがよろこんだ一頭の熊を土産に帰郷した。アルヌー二世は一〇九五年、教皇ウルバヌスの呼びかけに応えて十字軍に参加した。フランドル伯ロベールの部隊に入り、アンチオキアとエルサレムの勝ち戦に参加した。息子のボードワンは第二回十字軍に参加、曾孫のアルヌーは第三回に参戦する準備をしていた。伯たちのほうはといえば、こちらはあまり動かなかった。マナッセの弟の一人だけが第一回十字軍戦士に加わった。ただしマナッセは若いころ、父親がなかなか死なないため、しばらく外海に乗り出したことがある。英仏海峡を渡り、征服王の息子、赤毛のギヨームに武力奉仕をした。それによって裕福な妻、イングランド国王執事の娘、エマ・ド・タンカルヴィルを獲得した。

　さらに、ギーヌ家の全員およびアルドル家の全員は、一年中フランスの各地で王侯が開催する騎馬槍試合に、定期的に顔を出し走り回るのであった。馬を手に入れ敗者から金を巻き上げる機会を狙いながらも、楽しみのために、人が喜々として強打を交わしたこの無償の期間、彼らは自分らを対立させた執拗な憎しみを忘れたのである。そこで両派の騎兵たちがただ一つのチームを形成し、アルドル家の連中がギーヌ家の連中に奉仕し、ギーヌの連中はアルドル家の連中に「愛想のよい」態度を示した。彼らは「自ら進んで互いの名誉を讃えあうのであった。」話の最初から最後まで、ランベールは騎馬槍試合を喚起する。目利きの連中が見守る中、新手の騎士たちが勇気と騎兵の技巧を披瀝する広大な野原で、アルドルの司祭は両家系の先祖を次々に紹介し、彼らの男性的価値、まず第一に「武勇」（strenuitas）を誇示する。まさにそこで、彼らは次々に戦利品を取りこみ、栄光を手に入れ、名声の輝きを鮮やかにし、象徴的な資本を蓄積し、彼らの後裔のアルヌーはそこから利益を引き出した。まさにそこへ、相続人が一家を構えるのを待ちながら、また家系政策によって独身を運命づけられたすべての若者たちが憂さ晴らしに、攻撃性を解き放ち、希望に糧を与えにやって来た。合戦の夕べ、武勇最も華やかな者が妻を迎えることになったのでは？ランベールは、パトロンの曾祖父、アルドル領主の一人、アルヌー二世の例をあげて、自分の話に耳を傾ける「若者たち」（bacheliers）の中にこのような夢想を持続させる。終日アルヌーは、アロスト〔アルスト〕の強力な領主の前で華々しい働きを見せた。すでにその「騎士にふさわしい名誉と気前のよさの評判」に感じ入った領主は、合戦の終わりには一党もろとも彼を自分の幕屋に迎え入れた。深夜まで延々と杯を交わした。朝になって、ブドウ酒の酔いがさめると、アルヌーは招待主の妹の一人を贈り物として受け取った。話は上出来だ。明らかに人を欺くものだ。両家の間の入念な裏工作が贈り物に先行したのであり、アロストとアルドルの宗主、フランドル伯がもちろん口を出していた。にもかかわらず、注意深い観客、たとえばグニエーヴルやフェニスのような、軍事に通じ感受性豊かな貴婦人たちや令嬢たちが遠くから雄たちの強さを判定していたから、これらの野蛮な対決での、これらの「見本市」、覇者たちの見本市、女たちの見本市での危険に際して毅然たる態度を見せることで、彼らはある女性たちの愛顧を、別の女性たちと縁談を勝ち取ることが可能だと信じた。公教会の権威者はこれらの見本市を「唾棄すべき」と評した。ランベールもその表現を使う。騎士階級が被害を受けたから、戦争と同じかそれ以上に人が死んだから、唾棄すべきものであった。ギーヌ伯の遠い先祖の一人は、イル＝ド＝フランスでの、このような激しい試合で落命したと伝えられた。彼に抑圧されていた百姓たち、家臣たちは、噂によれば、大いにこれを喜んだ。出立に際して、彼の横死を皆が切望したのであった。なぜなら騎馬槍試合は民衆から忌み嫌われていたからで、その理由は殿様がたは身の代金の収入以上に金を使って破産したからだ。彼らは強欲になり、増税に逸りながら戻って来た。アルヌー・ド・ギーヌは、十一年もの間、ギーヌの地のあらゆる跳ねっ返りどもを従え、騎馬槍試合から騎馬槍試合へと遍歴を重ね、父親から与えられたもの以外に、第三回十字軍に備えて徴収した税のうち、出陣の支度のために受領した分まで失った。

ランベールが作品を執筆していた時代、最新の装備を整えて、しかるべき戦いをすることは実際にますます金のかかるものになり、戦争はかつてないほどに激しいものになった。二つの領国が一つの境界線の上に生まれていた。硬い土と淀んだ水との間の境界線、ゲルマン語方言とロマンス語方言の間の境界線（アルドルの司祭は、おそらく彼が仕える家のすべての者と同様に、そのどちらも話せるが、主と士官たちはとりわけ宮廷の言葉、ロマンス語の使用にこだわる）、さらには、ギーヌの地は二つの強国、フランドル伯領とブーローニュ伯領の間に挟まれていたから、政治的境界線となっていた。ブーヴィーヌの戦闘に先立つ数年間、この断層地帯は激しい沸騰状態に入っていた。一二一四年のブーヴィーヌでは、ランベールの物語の主人公、アルヌー伯はフランス王の陣営に居合わせるであろう。すでに老齢、フィリップ・オーギュストよりもなお老齢だ。しかしながら一一九四年から一二〇三年には、血縁関係によって、友情によって結ばれた盟友関係、アルドル領が伯領に溶解したころに最も緊密なものになった盟友関係に忠実な彼は、配下の騎士たちを率い、当時フランス国王とは公然たる対立関係にあったフランドル伯の旗幟の下に連なった。王は妻の名で、次いで息子の名で、アルトワ地方を、サン＝トメールを奪取し、ギーヌ伯領から臣従の誓いを受けていた。彼はそれらを堅守したが、盟友のルノー・ド・ダマルタンが、彼のおかげで、ブーローニュ伯になっていたからだ。しかし彼はフランドル伯と、その背後にいるイングランド王と衝突していた。一一九四年、捕らわれの身のリチャード獅子心王が解放されて戻ると、敵意は再燃した。それはもはや終わることはなかった。一一九七年の夏の間、フィリップ・オーギュストはイープルまで前進し、敵の領土を荒廃させた。彼が後退を余儀なくされると、従兄弟の一人、「大の親友」に守られたサン＝トメール攻囲を指揮したのはアルヌー・ド・ギーヌであった。自分が建てさせた木の塔、町の城壁より高い塔から、弩砲の放つ砲丸で相手を圧倒した。驚異的な働きであった。感謝したフランドル伯は、「フランス国王と戦うためイングランド国王が送ってきた金貨銀貨で一杯の大壺から取り出し」、英貨の大金を彼に贈った。アルヌーはただちにこの金を使って借金を返済した。

戦争ではしたがって、大儲けすることがあった。だが大抵は損をした。石の壁で囲まれ、鉛で覆われた大きな円塔、危難を前にギーヌに建てさせたこの縮小版ルーヴルは、またそれ以外にも、オードリュイク、サンガートに築いた要害は、ボードワン父伯にとってどれほど高くついたことか？　彼は破産した。結局は、封建領主間の争いの過程でしばしば起きる事態の急変によって、この老人は、次男以下の二人、いずれも騎士の身柄と、自分の身柄を担保としてフランス国王に差し出す羽目になった。アルヌー自身、資金が尽きると、手を合わせてフィリップ・オーギュストの前に跪き、自分を彼の封臣として認めることを余儀なくされた。ランベールの本は危険の最中に、干戈交わる中で書かれた。それが未完で終わったのは、この突然の逆境のためではないのか？　このような場所やこのような時代の女たちの生活がどうであったかを思い描きたい者は、戦争とその模擬である騎馬槍試合が近くに常にあったことを強調しなければならない。跳ね回り、胴鎧を磨き、汗と革と、女よりも大事にする馬の尿の匂いを放つ数十人の荒くれ男たちを、彼女たちから遠からぬところに配置してみなければならない。最も危険な警報に接して城塞に閉じこもり、不安に戦《おのの》き、ときには女の細腕で敗北を処理せざるをえず、身の代金を近隣に無心に行かざるをえず、捕虜の夫の解放を上手に交渉できなかったことで、たとえばアンボワーズのシュルピス二世の妻のように、非難される彼女たちを想像しなければならない。そして貴婦人・奥方の真の権力の測定はうまくゆかぬ、もしも夫が大部分の時間はよそで、手の届かない所を騎行していたことを忘れては。たしかに彼女たちが当時はより自由に生きていたが、しかし重い責任を背負わされ、人が言っていたように、「置き去りにされ」(désolées)、独りきりで、指導者なしで、生来の弱さに委ねられていたことを忘れてはならない。

*

自分を取り巻く世界を考察するとき、ランベールの目に最初に映るのは家中だ。家長と陪食者、食卓を共にする連中、家長が領地のもたらすものすべてを分配してやる連中とを結ぶ親密な関係だ。それは家長の義務である。一方の手で取り、他方の手で与える。彼の名声のみならず現実の力もまたその気前のよさ次第なのだ。しみったれは悪しき殿様であり、貧しい食い物をあてがわれた家来に喉をかき切られたアルドルのアルヌー三世のように、おのれの吝嗇の犠牲となって、横死を遂げることもある。ランベールの目には、国の住民全体がアルドル家を手本して組織された、大きな家を構成しているように見えるが、彼はそのアルドル家で、パトロンがそのかたわらで養ってやるのを自慢し、愛されようと努めるあらゆる年齢の男たちに囲まれ、「子供時代から男になる年齢まで」暮らしたのであった。

この住まいは古かった。一世紀前、彼のパトロンのアルヌーの曾祖父が盛土の丘の上に大工に命じて――木を使って――建てさせたが、これが大した名工、ルイという王様もどきの名前だったことが伝わっていた。この建物は、内部設備の複雑さによって、建築の傑作として聞こえ、一族郎党の誇りであったが、二つの部分に分かれ、一方は女たちの専用部分であった。この社会は、実際、女性的なものを男性的なものから厳密に切り離すことに留意し、それぞれに自分の場所を指定するが、こうした配慮は、一一九五年ごろ、男の患者と女の患者を二つの癩〔ハンセン〕病院に分離するよう命じたギーヌ伯の決定もその証言となる。この家では、したがって、主要な階は分かたれていた。一方は、男たちの区域、打ち解けた雰囲気の非常に解放されたエリアであり、館の主が威厳を正して坐り、客人をもてなし、食べかつ食べさせてやる大広間である。夜ともなれば、彼の仲間や奉公人たちが横になって眠る。他方は、女たちの区域、これは「大きな寝室」のまわりに、一つの寝台、「主人と奥方が一緒に寝る」寝台のまわりに整然と案配され、閉じられた区域である。この「秘密の部分」の脇には小間使い用の小部屋、子供たち用の共同寝室、乳飲み子用の保育籠が配置され、さらには合法的な生殖と領主の子供たちを注意深く育てるために工夫された、螺旋状階段が上の階へと張り出した空間、夜ともなれば、令嬢がたが、主の娘たち、騎士の娘たち、聖職者の娘たちが「そうあるべきようにそこに閉じ込められた」場所である。女性部屋はこのような姿をしていた。原則として、女たちが境界を越えるのは主君の許しを得て、礼拝堂へ、一緒に話をする屋根付きのバルコニー（loggia）へ、あるいは晴れがましい日に、着飾って見せびらかしに広間へ出かけるときに限られた。

実際には、障壁は完全分離から程遠いものであった。家に住む大勢の、女たちの大部分は男の欲望から逃れることは難しかった。明らかに、「大きな寝室」は交接の唯一の場所ではなかったし、奥方は住まいで分娩する唯一の女ではなかった。召使いたちが楽しんだ、しがない下女たちについてランベールは一切言及することはないが、両家の主人が格別の関心を寄せた何人かの女たちのことは想起する。彼はその女たちを何人も知っていた。エルヴィドおよび別の「アルドルの生娘」、彼女たちはそれぞれアルヌー三世殿に男の庶子を与えた。アルヌーの弟で後継者のボードワンが十字軍に出陣する前に処女を奪った、聖堂参事会員ラウールの娘、アデール。同じボードワンが息子を産ませた、聖堂参事会員ロベールの娘、ナタリー。それにあの「いとも有名な」マルグリット、少なくとも二人の息子の母親、一方はボードワン伯の弟の、他方は聖堂参事会員テルアンヌの種である二人の息子の母親。ランベールはこれらの女の名前しか挙げない。彼は若いころその息子たちの仲間であった。アルドル城の中——ギーヌ城の中と同様に——での事情を知らせるにはそれで十分だ。ボードワン二世伯は死んだときに十人の嫡子を残したが、アルドルの年代記によれば、それ以外の二十三人の嫡子ではない連中もまた、葬儀に際して涙したのだ——二世紀前のノルマンディー公同様、城の主が妾に囲まれて生きていたのだ。とはいえ違いを二つ指摘しておこう。このような愛人から産まれた庶子は跡継ぎの座を狙わなかった。アルヌーとアルドルのボードワンは正嫡の息子なしに死んだが、彼らが周囲に種蒔いた男の子たちの誰一人として、嫡出の姉妹の娘と相続を争うことはなかった。他方また、ランベールの仕事に近くで目を光らせていたボードワン伯は、「青春の最初の衝動から老齢にいたるまで、腰部の抑えがたき騒擾が交接への性急なる欲求で彼を満たしていた」と言われるのを聞いて喜んだが、彼自身もまた彼の先祖たちも寝台で妻を自由にできるかぎり、うら若い処女、小娘たち（juvenculae　puellulae）を追いかけなかったと、このような逸脱ぶりは青春の不安定もしくは寡夫生活の孤独のころにしか自分に許さなかったと、人がそう信じることに固執した。実際、秩序のしっかりした家では、パトロンの火を鎮めるには奥方で事足りるとされていた。それが彼女の任務の一つであった。柔順にも、アルドルの司祭は自分に耳を傾ける者すべてに、こうしてすべてが運んでいたと確信させるべく懸命になった。

男たちと女たちを分かつこと、前者に公的なことを、後者に私的なことを割り振るのは当然の話だ。その上に、一切の社会秩序が築かれている。ランベールは、別の、彼の目には明白かつ必要な区分を見分ける。城の厨房で二種類の料理が、主たちには「非常に洗練されたもの」、使用人たちには「平凡なもの」が用意されることを、彼は知っている。かつて彼は見た、彼の主人公アルヌーの母方の祖父がアルドルの家で四六時中、少なくとも十人の「側近の」騎士と、一人の礼拝堂付き司祭と、数人の聖職者に囲まれていたのを。また彼は見た、なるほど「最も信用のおける連中」で、「実に鷹揚に何不自由ないように」養われてはいるが、戦う人と祈る人の仲間とは深い濠で隔てられた奉公人たちに奉仕されていたのを。家中における二つの階級。領主の住まいの外の二つの階級──同じ分割線が「主」と「臣下」の間に、貴族と非貴族との間に、自由身分と農奴身分との間に通っている。それはまた女たちの間にも通っていて、領主、彼の騎士たち、彼を取り巻く司祭たちの妻、娘たち、姉妹たち、従姉妹たち、庶出の娘たちと、庶民の女たちを切り離す。奥方たちと令嬢たちは、聖堂参事会員たちと、「城の重臣たち」と──彼らはアルドルで十二人、ギーヌで十二人だ、フランドル伯のまわりでも、フランス国王の宮廷でもそうであるように、円卓騎士たちのように、キリストの弟子たちのように──、「陪臣たち」と、そのほかの戦士たちと対等である。司祭であるランベールはよい方に位置を占める。彼は主の縁戚にごく近い。自分の娘の一人を、主君アルヌーの大叔父の庶子の正嫡に嫁がせていた。伯と同じくボードワンと名づけられた孫息子の血管に、すでに「アルドルのお偉方」の血が流れている。彼自身は家系に属さず、それゆえ物語の中で、自分よりも資格十分な男、先祖の偉業を記憶にとどめているアルヌーの別の大叔父の庶子に発言させるふりをし、相手は生き字引さながら、書かれる前に注文に応じて武勲を語るのであった。それでも彼の証言が第一級の価値をもつことに変わりはない。自分が甦らせる奥方たちの大部分の間近で彼は生きた。「主たち」が、「貴族たち」が、「自由身分の人たち」が、食卓仲間が見たように、彼女たちを見たのであって、彼の提示する彼女たちのイメージは彼らが抱いたイメージと異なりはしない。

第二章　証人

このイメージを、アルドルの司祭は教養のあらゆる精華を動員して、きわめて念入りに磨き上げた。彼は「師」という肩書をもち、それが少なからず自慢なのだ。事実、彼は「自由学科」でよく鍛えられていて、彼の文体、凝り過ぎの文体、語源好み、そして文章に自然に入りこむルカヌス、ホラティウス、スタトゥスの引用がそれを証言する。序文の中で、最初にプリスキアヌスに、すなわち文法に、よきラテン語を書く技術に、次に古典作家たち、まずはオウィディウスに、だがまた「神のような」と評する『アエネイス』のウェルギリウスに賛辞を捧げる。はてはホメロス、ピンダロスの名まで挙げる。テルアンヌで、司教の身近で、これらのすべてを習得したのか？　養育された家の主と、彼が父親の跡を継ぎ、確実に彼同様に司祭であった二人の息子のひとりに先立ってミサを執り行う教区聖堂とを、参事会教会に結びつける絆からして、それよりはたぶんサン＝トメールであろうか？　ちなみに実際、彼は妻帯者であるが、神の奉仕者すべてに独身を強制すべく改革派の高位聖職者たちによる激しい戦いが始まってから一世紀以上が過ぎても、誰もこのことに顰蹙しないようだ。彼は確実にサン＝ベルタン大修道院の図書館で勉強し、そこでフランドル地方の年代記に目を通した。歴史家たらんとして、エウセビオス、ベーダ、ジャンブルーのシジュベールを範とする。よき聖職者的教養の完璧な代表者なのだ。

そのうえ別の教養にも、世俗的、口承的、詩的教養にも大いに関心を抱く。『ゴルモンとイザンバール』、「パリのアンドレ」（アンドレ・ル・シャプランとの同定にわたしは固執する）への示唆は、同時代の宮廷文学生産の最新のものに通暁していることを示す。彼の作品はこのような十二世紀末の現実、聖職者文化と騎士文化の相互浸透、ヨーロッパのこの部分で、宗教的な大組織内部におけるカロリング伝統の持続的な力と王侯の庇護がともに促進した融合を明らかにする。フランドル伯フィリップはクレチアン・ド・トロワを庇護し、エノーのボードンワンは先祖シャルルマーニュに関するすべてのロマンス語テクストを探させたが、ガブリエル・スピーゲルが証明したように、同様な知識欲、文学作品に対する同じ好みが、べチューヌの訴訟代理人の館のようなささやかな館にも広がっていた。多くの貴族の家の当主たちは、大諸侯なみに学識教養があると見られることに固執した。学校で注釈されていた作家をラテン語から翻訳できるような教師を、彼らは招聘した。大道芸人が暗唱した詩を書き取るように命じた。彼らは読むことが好きだった。

一一六〇年、一一七〇年に、これらの愛好家たち、これらの保護者たちの一人とは、ランベールの青春がそこで終わろうとしていた家の当主、ギーヌ伯の跡継ぎにほかならず、その彼は相続の機会を待ちながら、アルドルの、妻の住まいに暮らしていた。アルヌーの父、ボードワンだ。自分を教育してくれたこの男、恐れかつ諂《へつら》う相手の知的能力と教養とを、ランベールは大いに讃える。おそらく誇張してはいるだろう。ボードワンが聞きたいと思うことを彼は語る。ボードワンは「字が読めない」（illiteratus）ことを自慢しながら、「驚異的なこと」（mirabilia）を語ることができると、また習ったためしがないのに「文字」を識別できると称していた。なぜなら彼は、ミサの間、彼の前で、教会人が聖書（ランベールは正確に表現する――予言書、歴史書、福音書）を読むのを聞くことができたからだ。そのようにして、礼拝堂で、典礼に参加することで、騎士たちを聖なる知識へ手引きする作業が始まるのだ。聞くこと、ただし記憶すること。ボードンワンは自分のことを、「聞く人」（auditor）ともまた「保存する人」（coservator）だとも言う。頭に詰めこむ術を心得ている。口承文化の必要が研ぎ澄ます記憶力によって、彼は「ほとんど学識教養のある人」になった。

そうなれば今度は自分のほうから語ることが、聖職者たちとの対話を持続させることが、彼らの前で自分自身に属するもの、戦士の知識に属するものを逆に披瀝することができる。何を？ わたしは十六世紀の翻訳を引用する――「詩人たちの作り話や物語から聞き知った楽しみ。」したがって、意見の交換。そして討論。なぜならボードンワンは、文字を用いない社会環境において非常に貴重なこの能力、「能弁」（eloquentia）のこの上ない持ち主なのだ。二つの教養――騎士と聖職者、口承と学識――の融合は、討論（altercatio）、言葉による槍試合の過程で生じる。それはまた聖職者養成学校であまねく実行されていた訓練である。ここではそれがアルドル領主の館に移植されたのを目にする。実際この館は主が好んで相手どって議論する「学者たち」を歓迎する。主はまたその彼らに対し、自分のために本を書くことで鷹揚なもてなしに応えることを要求する。実際、「すべての知識を、ボードンワン伯は抱きかかえることに熱中した」（「両腕に抱き締める」［amplectare］ことに。この女たらしの場合、知識への渇望は性的欲求とうまく折り合う）。だがもちろん、彼が「すべての知識」を暗記することはできなかった。記憶から溢れるものはしたがって書物の中に保存された。

領主がいつでもそこから汲みとることのできる書物。直接にではない、彼は字が読めず、しかもそれが自慢である。彼の前でテクストを読み、ロマンス語に翻訳し、また彼に説明し、注釈を加え、言葉の原義から「霊的な解釈」まで導く「有識者」の仲介によってだ。これらの男たちによって、アルフレド師またはジョフロワ師によって、同郷の人間で、『アレクサンドル物語』の作者の一人であったシモン・ド・ブーローニュによって、日曜日の福音書とそれに対応する説教のほかに、『雅歌』、『聖アントニウスの書』を、それにまた事物の性質や創造の驚異を扱う著作を、ボードンワンは知り、「学び」、理解したのである。とはいえ、伯が図書室の管理を任せた相手は世俗の男、読むことはできたが、ロマンス語に限られる男にであったが、これはいくつかの書物が宮廷の言語で書かれていたことを証明するものだ。読書と注解は大広間で、「公開で」行われた。それは家族の全員に、少年期のランベールを含む使用人の全員に役立ったが、その際にボードンワンが長口舌をふるい、称賛者が言うには、ラテン作家に最も通じている人たちと、騎士道文学の三つのジャンル――武勲詩、「貴族の冒険物語」、「平民のファブリオ」――における最も有名な大道芸人たちと競り合った。同じようにして、二つの教養はアルドルの司祭個人の中で混じり合う。彼は修道院でラテン語を学んだが、結婚して、家族の父であった。親族関係の何たるかを知っている。女たちが何たるかを知っている。そのことのために彼の著作はわたしにとって限りなく貴重になっている。

＊

「わたしのなすべきであったのは」と冒頭部分で彼は言う、「聖職の任務にわが身をすべて捧げることであったが、アルドルの若殿、わが保護者アルヌーにせかされ、困難な企てに身を投じた。」事実は、命令はもっと上のほうから、父親のボードワン伯から来た。一一九四年、伯は長男の婚礼の準備をしていた。ランベールは息子である二人の司祭を伴い、新婚の床を祝福すべく、アルドル城の寝室に赴くところであった。ボードワンはまず歓喜のしるしに鐘を鳴らすように命じた。アルヌーは破門されていた。騎行の際に羽目を外し、ある寡婦の持ち物であった水車を壊したからだ。司教、大司教と掛け合った結果、破門宣告が撤回され、婚礼を望み通りに盛大に祝えるようになった。ランベールはまだそれを知らずにいた。鐘を鳴らす前に、確かめるために時間をかけた。わずかな遅延、せいぜい二時間。ボードワンの怒りは凄まじかった。町中で、自分の聖堂の前で面罵され、脅えおののき、アルドルの司祭は落馬して、気絶するが、後悔し、全速で馬を走らせ、伯のあとを追った。ボードワンは怒りを鎮めたが、しかし、「それ以来、自分の用でわたしを必要としたときは別として、以前のように優しい顔も、嬉しそうな顔を見せることは決してなかった」とランベールは言い、さらにこう付け加える――「彼の愛と好意とを取り戻すため、この著作に取り組むことを企てたのである。」この逸話をその実態どおりに、老領主に対する忠誠の証言として受けとろう。少なくともそれは、相続人の結婚が家系物語を書く機会であったことを立証するものだ。

遅れた結婚、待たされた結婚、利益をもたらす結婚。アルヌーは三十代に入っていた。騎士叙任から十三年もたったのに、家の名声にふさわしく、その値打ちが領主権の強さを証明するような妻を、まわりは依然として彼のために探していた。ブーローニュ伯領の女相続人をあと一歩で射止めそこねると、サン＝ポール伯の娘たちの一人に鞍替えしたが、もっとよいのを見つけ、婚約を破棄したのであった。かくして寝室の中に、母親の死後十七年も空いたままであった寝台に、伯領に隣接する実に立派な領地、ブールブール城主領をもたらす女が入ろうとしていた。この成功を祝賀するのは当然であった。家門を結ぶ鎖の新たな環が作られていた。この新郎を顕揚するために、また「栄光ある父親ならびに両者の子供」を顕揚するために、念入りに、優雅に作られた書物がアルヌーの、母方および父方の先祖の偉業を叙述し、文字によって固定された言葉によって、永続的に、これらの死者たちを喚起し、栄光に包まれた姿で、彼らを地上に蘇らせることになろう。

ランベールは相次いで二つの家系図を取り上げるが、階層秩序を尊重して、ギーヌ家のそれから始めるだろう。伯たちはより高位の身分であり、とりわけ男は女に立ち勝り、父方の血統は母方の血統に対して優位に立つ。保護者アルヌーが新参騎士たちの慣例の遠出と縁を切り、騎馬槍試合めぐりを止めたところまで、ランベールは伯たちの物語を続けたが、そのころ放蕩息子は長い放浪の旅から生家に舞い戻り、父親の恨みを鎮静させると、「万事、くだんの父親の望みどおりに振舞い」、父親の選んだ妻を受け入れる覚悟を決めた。別の家系へと移行すると、ランベールは領主たちの物語をその起源から始め、アルヌーの結婚にまで導いた。作業に取り掛かってから、八年か九年が過ぎ去っていた。この最終点に到達しても、彼は書き続け、婚礼のあとに起きたいくつかの重要な事柄を伝えた。著作の中心部、二つの家系の接続点で、二人の人物像、ボードワンのそれ（十六の章）、息子のそれ（七つの章）を配置した。人生の二つの年齢、男性の行動の二つのあり方、一方は賢知が際立ち、他方は盛んな血気が際立つ年。

アルドルの領主たちの場合、ランベールはその四人もしくは五人を間近で見た。特別に何日かの間、死んだ領主たちのために彼は祈る。自分の記憶と同じようにその記憶を信用して、館で自分より年長者に訊ねることはあるが、ロジェ・ベルジェが指摘したように、口頭の調査を使用人集団の外にまで推し進めることには乗り気ではない。ギーヌ家に関しては、どうも勝手が悪いようだ。家系の起源がはるか遠くにさかのぼるからだ。したがって、彼は書物にあたって調べなければならない。しかし彼の情報の主要部分は、確実にボードワン伯、われわれが知っているように話し好きで、記憶力の悪くない伯に由来する。このようにして伝えられた思い出では、三つの基層が重なっている。最も近いのは四十年ほどの厚さである。ボードワン伯がアルドルの女相続人を娶り、彼女の家に腰を落ち着ける一一六〇年ごろまで、ランベールは明瞭かつ正確に見る。いずれもアルドル家に関わる五つの明確な年代がそこに位置する。そうしたものは著作の中では稀だ。この「歴史」（historia）という文学ジャンルの規則は、年代を多く挙げすぎることを禁じる。二つの年代は葬儀にかかわる。一一六九年、ボードワンの父親の死、一一七七年、その妻の死。一一八〇年はアルヌーの騎士叙任の年である。あとの二つは相続財産にかかわる。一一七六年ごろ、二十八年前からオリエントで行方不明のボードワン殿と自称する、白髯の老人がこの地方に姿を現し、家中は相続を要求するのではとしばらく恐れ、大いに動転した。一一九八年、アルヌー殿は、フランドル伯の気前のよさのおかげで、借金を返済することができた。それよりもっと過去にさかのぼると、記憶は確実さを減じるが、それでも十一世紀の最後の三分の一までは、アルドルのアルヌー一世とギーヌのボードワン一世まではかなりしっかりしている。いくつかの年代的区切りがある。一〇六九年のアルドルの参事会教会創設、一〇八四年のアンドル修道院創設。その先は時の闇だ。教会記録文書や墓碑銘から拾った名前。ランベールがどこから引き出したか分からない九二八年という年代、伯家創始者の父親たちが領土に戻った年代。この時点から歴史が始まる。

三つの機能がそれに割り振られる。第一は道徳的なものである。それは子孫に先祖の美徳と欠点を明示し、若い者は年長者に頭を下げるべきことを、いかなる領主も、特権を享受するに値するのは、彼が勇敢で、気前がよい騎士で、忠実な封臣である場合にかぎることを教える。この教訓はすべて雄たちに向けられ、手本の人物はみな男である。第二の機能は防御的なものだ。ランベールは二つの家系の歴史を通して、一つの地方、ごく狭隘な(angustissime《オブジエ》)、脅かされた国の歴史を書く。この書物は小国を守ることができる。実際、この種の品物には、玄人だけが解読でき、厳かに発せられる一連の言葉に変換するしるしに満ちた羊皮紙の束には、この時代には依然として異論の余地のない守護者の権限が賦与されているように見えた。ランベールの物語はその証拠を一つ提供する。ギーヌのボードワンが墓所付き修道院を創設したとき、直前に発見され、城の礼拝堂に保存しておいた骨をそこに運ばせた。聖女ロトリュドの骨だと、人々は噂した。彼女はアンドル修道院の守護聖女かつ保護者となった。この目に見えない人物にいっそうの存在感を与えるために、修道士たちは聖遺物のそばに彼女の生涯の物語を収める書物を置いた。毎年それを食堂で、「くだんの聖女の祝日、正餐の席で、食卓に連なる人々に聞かせるべく」読み上げるのであった。修道院共同体の所有するものはすべてまず神に、ついでロトリュドに属した。したがって、修道士の権利に異論を唱えた近隣の一領主が挑んだ相手は、この聖女そのものであった。彼女の力を抹殺すべく、聖遺物と書物を同時に焼こうと試みた。聖遺物は奇蹟的に救われ、平穏が戻ると、人々に見せびらかすように展示された。書物のほうは、焼けてしまった。聖職者たちは急いでこれを書き直した。起こりうる侵略に対する、それは防御の盾であった。ランベールの『歴史』の写本は同じ役割を担う。かつて正統に世襲財産を保持した祖先、いまなお隠然として存在し、相続人からの剝奪を試みようとする者は誰であろうと脅かしてくれる祖先を、それは呼び起こす。要するにこの回想録は二つの家系の高貴さを賞揚する。そのために、創始者をできるだけ遠い昔に位置づける必要がある。ランベールが懸命に試みたことがそれだ。ところで、起源にさかのぼることは、必然的に一人の女に遭遇することであった。事実、一人の女性の姿が母系図の枝の先端に存在する。彼女の役割は能動的だ。父系図の枝の先端にも女性の姿が見えるが、こちらは受動的だ。

第三章　母神

アルドルの領主たちの家系図を初めから終わりまで作成することに、ランベールはたいして苦労しなかった。短いものであった。ほとんど一世紀前になるかならぬかの時代、城塞の盛り土の施工主、アルヌーはまだ存命であったから、幼少期のランベールは、その孫たちや、始祖をはっきり記憶にとどめる大勢の老人と踵を接していた。しかしこのアルヌーは、どこの出であったのか？　ある噂が流れ、一門の連中にはそれが不快であった。アルヌーの父親、エレド某、あだ名をカングロック――フラマン語では上着を裏返しに着ていたことを意味する――は、作男、無作法者、おまけに吝嗇であった。一張羅の服をいたわるために、鋤を押しに出かけるときは裏返しにしたからだ。要するに、農夫であった。それは間違いだ、エレドは非常に立派な血筋であった、とランベールは言う。それにまた、とりわけ、これはアルヌー一世の父親ではなく、母親の夫であったと。この女、おそらく彼がその名を捏造したアデールを、アルドルの司祭は断固として名門の始祖に、それも栄光ある始祖に仕立て上げる。

城からいくらか離れた、セルネスには、森と沼地の間に「今日も人は目にする、異教徒の遺跡、赤い瓦、同じ色の甕《かめ》の破片、小さなガラス容器のかけらを。そこはいまでも、地面を掘ると、道筋に、いやむしろ石を敷いた固い道に、沼から森に通じる車道にぶつかる場所だ」と彼は書く。また森そのものの「最も鬱蒼としたところに、セメントを使わずに繋げ、祭壇の形に配置された大きな石があり、その祭壇の上には非常に古い人像、聖人像がある。」最近また行われた発掘調査により、その、ガリアの保養地の跡地には、ローマ時代の住居地、二世紀に栄えた「村落」（vicus）の遺跡の存在が明らかになった。この場所、しかも非常に裕福な――それは住居の遺跡の規模で分かる――場所の主たちの女相続人として、ランベールはアルヌーの母親を紹介する。彼は言う、非常に古い時代にキリスト教徒に改宗した、これらの異教徒の領主たちの後裔であったと。一人の女によって、この女によって、家系樹はこうして最古の時代にさかのぼって郷土に根を下ろす。この地方の最も高貴な家系以上ではなくとも同じくらい高貴だと称しうる。それにまた、アデールはたくましい女で、自由に、勇敢に生きる術を心得ていた。親族から見捨てられると、ひとりで、「彼女を保護し、楽しませる男なしで」暮らした。彼女の従兄弟、ユスタシュ・ド・ギーヌ伯は、「慎み深く誠実であることから程遠く、正しいことから程遠いまでに」うるさく迫った。何としても、彼女を腹心の一人に与えようと望んだのである。彼女はいやだとは言わず、事を長引かせていた。「まことに賢明にも」、自分の財産のすべてを、「血筋にも家系にも関係なく」、伯父のテルアンヌ司教の手に委ねることに決めた。すべての規則を蹂躙して、家族の男たちを廃嫡したという意味であるが、これはもちろんランベールの時代には、たとえ寄進によって贖罪するためにしろ、女たちにはなしがたいことであった。そのあと、土地が封建化した時代、十二世紀末の多くの土地所有者のように、彼女は高位聖職者から封土として自分の財産を取り戻したらしい。それ以来、この封土はギーヌ伯の野望に対抗して用いられ、守られる必要があった。したがって男手によって。アデールは、彼女の主君、伯父の司教によって、「強く勇敢な騎士」エレドに与えられた。寡婦になると、できればこの身分に留まりたいと望んだ。「司教ならびにほかの友人の助言により」、これまた名門の出の戦士を夫にせざるをえなくなった。その種により、ほかならぬ再婚の初夜、名門の歴史の創始者たるアルヌーをみごもった。この息子が入手したもの、城の建立された領地、そのためにランベールが書いている別のアルヌーにいたるまで、子孫たちが所有してきたものすべて、財産、名誉、権力と栄光、これらすべてはひとりの女に、この女の血に、頑固さに、大胆さに由来する。

恐るべき主君、ボードワン伯を満足させ、名門伯家の起源までさかのぼるために、ランベールは時の闇に潜りこみ、五百年ほど通り抜けざるを得なかった。この気の遠くなるような過去で神話は増殖するが、アルドル司祭は動ずることなくそれを受け入れる。同時代人のギヨーム・ド・チール——この人には「断言は偽りに思える」——より批判精神に乏しいランベールは、途中で伝説を、ローエングリン伝説を取り上げるが、これはゴドフロワ・ド・ブイヨンと母親の聖女イドの思い出の中で、百年ほど前に形成されたものだ。彼は眉一つ動かさずに、ブーローニュ伯の元祖が「空想の産物では全然なく、実在の神々しい白鳥に導かれて空から降り立った」ことを認める。とはいえ、ギーヌ家に関しては、分別から逸脱しないように心掛ける。彼は手掛かりを探す。サン＝ベルタンの図書室で、「非常に古い小さな頁の中で」、男の名前、ガルベールを見つけた。この男は、七世紀初頭の人、ポンチューで伯の称号をもっていた。聖ベルタンの同時代人であったが、ランベールは、その彼が自分の一人息子、弟、妹と同時に修道士になったと想像する。相続財産のうち彼らが修道院に寄進しなかった唯一の部分、ギーヌの領地は、こうして男のいない女のように、支配する主を欠く（veuve）ままであった。「正規の相続人不在で、無力扱い」され、虎視眈々と狙われたあげく、ついにフランドル伯たちがこれを横領した。しかし二世紀後、これらの伯の一人、大アルヌーの時代、神は「ギーヌのお歴々と民衆」を憐れみ、「正当かつ相続権をもつ相続者をあてがった。」それが北国の男、ヴァイキングの男、シグフリドであった。九二八年——この年代の前後に、ロロンがノルマン人の一味を連れてポンチューを略奪したのは周知の事実、このことからランベールの話がいくつかの史実の上に構築されたと考えられる――、この「肉体も魂も清らかで、勇敢で、すでに非常に有名な」若者が、この地方に到着するのを人は目にする。ダキアで、あの遠隔の地で、驚異の武勲と叙事詩の土地で、王に次ぐ人物になるまで、彼は長いことデンマーク王に仕えていた。名声もさることながら、とランベールは言う、書かれた家系図を読んだ結果、ガルベールの血を引いていること、ギーヌの地が自分に属していることを彼は知った。何人かの仲間と組んで、この地の主となることを企てた。その目的で、彼はギーヌの主塔を建てた――冒険心にとんだ若い雄らしく、アルドルのアルヌー一世のように、また名門のどの創設者もするように。

とはいえ、一人の女の姿が彼の姿の横に立ち現れ、そしてこの女から、新しい家は栄光と高貴の大部分を引き出す。シグフリドの名前から出発して、アルドルの司祭は、当時の宮廷で朗詠を歓迎したのと同じ類いの恋愛物語を作り上げた。「呆気にとられ」、怒り心頭に発した大アルヌーは侵入者を駆逐することにした。サン＝ベルタンに戦士たちを呼び寄せてあった。連中を仕込むため、そこに騎馬槍試合を開催した。血気盛んだが、賢いシグフリドは先手を打った。彼はまかり出た。伯の取り巻きで彼が友人に数えていた者たちが調停した。アルヌーは怒りを鎮めた。このデンマーク人が好ましく思えた。側近の中に迎え入れた。まさにここで、家の最も私的なところで、女役の登場となる。アルヌーの娘、新しい伯ボードワンの妹、エルストリュドが、シグフリドの気に入った。彼は彼女を籠絡する、最初は言葉で誘惑し、手で戯れかかり、最後に、暴力は用いず、ひそかにものにし、これを孕ませた。妊娠がだれの目にも歴然とするや、彼は逐電する。主の同意なしでその妹と寝ることは裏切り、極刑を科せられるべき行為であった。シグフリドは「自分の祖国」、ギーヌに舞い戻った。ほどなく彼はそこで死んだ、「棄てざるを得なかった相手への抑えがたき愛のために。」エルストリュドは出産した。兄は男の子の代父になることを承知した。この美しい代子に魅せられた彼は、若者を騎士に叙任し、父方の先祖の土地にギーヌ伯としてすえた。なぜこのような伝説、このような秘密の抱擁なのか、なぜ庶出なのか、文献資料が証明するように、十一世紀と十二世紀の現実でふつうに起きた事態――忠実な奉仕への褒美として、よき封臣が主君の娘の一人を合法的な結婚でもらう――ではなく？　ランベールは、ボードワン伯のまわりで人が好んで語ったことを取り上げたのだ。自分の体に伝わる種が、北国の「激情」（furor）に煽られ、女たちに好かれ、横領された祖先の領土を取り戻すばかりか、横領者の寝台に居座ることは無理としても、少なくともその支配下にあった女の一人を手に入れ楽しむことをやってのけた、あの大胆不敵な戦士に由来していると歴史家が断言するのを聞いて、伯が腹を立てることはなかった。したがって誘拐者だが、当時流行の誘拐者。十二世紀には、もはや誘拐ではなく、流行はパリ風の、宮廷風恋愛、だからこの物語の主人公、新しいトリスタンは、じわじわと愛に苦しめられながら死ぬ。しかしまた、ボードワンは、自分がフランドル伯たちの、また彼らを介して、カロリング王家の正統の後裔であるのを、ぜひ人に知ってもらいたかったのだ。『歴史』はしたがって、序文に述べられているように、一人のアルヌー、あの非常に有名な大アルヌーに発して、別のアルヌーに、アルドル領主、やがてギーヌ伯となるアルヌーにまで至る。一人の女が、エルストリュドが、前者の血を後者に伝えたが、後者は前者と同じ名前をもつことで、赫々たる功績の再現を要請されている。

　ところで、ギーヌ家、アルドル家は、その最も高い名声の根源に女性像を配した唯一の家ではなかった。フランドル伯たち、アンジュー伯たち、アンボワーズ領主たちもまた、創設者たる女性の先祖の思い出を尊重していた。フランドル人にとって、それはシャルル禿頭王の娘、シャルルマーニュの曾孫、ジュディトであった。大アルヌー――彼自身、伯家の家系に仕える学者たちが、十一世紀の間に、先祖をこしらえ上げるまで、だれもその父親の名前を言えないほどの新参者だが――、その大アルヌーの祖父、ボードワン一世は、この女性を誘惑したりしなかった。八六二年に妻として厳かに与えられる前に、力ずくで自分の家に拉致したのである。フランドル諸侯先祖の回想録を収めた最も古い文書、コンピエーニュの参事会員たちが、十世紀の中葉、大アルヌー伯に献じた一種の典礼詩の中心に、堂々と、ジュディットは君臨する。彼女は二つの家系――「フランク人のいとも気高き皇帝ならびに国王」の家系と「この世で主の御加護あらまほしき、いとも栄光ある伯、アルヌー殿とその子息ボードワンの聖なる家系」との接点に位置する。彼女の名前の前に、写字生は十字の印を置き、この名前、ジュディットを繰り返すとき、また別の十字の印を加えた。この長いテクストの中で、思い出の中の存在が書法の工夫で聖化された唯一の人物、「賢明さ」ゆえに、「美しさ」の輝きのゆえに、この女先祖を誉め称える賛辞により、また初代の伯、「いとも強き」ボードワンが「婚姻の結びつきにより」、すなわち合法的に彼女と結ばれたことを想起させる賛辞により崇敬されるのが確認できる、これは唯一の女性なのだ。それによって一族が「聖なるもの」になった女性のまわりに、すべてが配置されるのだ。

サン＝トメールの参事会員、ランベールが一一二〇年に書いた二つの家系図文書の中心に、ジュディットは再び支配者として君臨するが、このとき「善良な」とあだ名された新しいフランドル伯、シャルルが参事会教会にやって来て壮麗な宮廷を開いたのであった。

第一の文書の中で、歴史家は、ジュディットの結婚の合法性を証明することに配慮する。公教会が認めさせようと躍起になったよき婚姻関係のモラルがいまや重きをなす以上、必要な正当化だ。したがって、最初の夫の寡婦となったジュディットは、当然そうすべきように父親の家に戻ったこと、ボードワンはなるほど彼女を拉致したが、兄と共謀した結果であり、これは捕獲から粗暴性を減ずるものであることを、サン=トメールのランベールは立証した。つまり、この女は親族の雄たちによって半ば与えられていたのだと。ボードワンとジュディトは最初、寡婦の誘拐を罰する教会法の掟によって破門されたこと、ただし教皇ニコラウス一世により赦免されたこと、また教皇使節の要求により、シャルル禿頭王が結局は同意を与え、娘が「結婚の掟に則って」結ばれるのを許可したこと、これらをランベールは喚起する。

あらゆる種類の文書——その大部分が歴史文書——を集めたこの詞華集（Liber Floridus）において、第一の家系図文書に続く頁には、二つ目の家系図文書が転記されている。今度は詩の形をとっている。伯が権勢を誇示して姿を現した儀式の際に、おそらくそれは歌われ、朗唱されたのであろう。実際、最後の二詩行は伯における「王の息子」を称賛し、シャルルマーニュ以来、新しい元首に対してそうしたように、伯に敬意を表するものだ。この四十詩行を連ねたものは同じ女性像によって支配されている。歴代の伯たちがそうであり、男と同様に、ジュディトは二度も名を挙げられる。彼らと同様に、後継者の生産に能動的な役割をもつ。ほかの伯夫人たちのように、受動的に、夫の種をもらったとは述べていない。やがてその名誉と所領を引き継ぐ息子を、彼女が夫に与えたと述べている。贈与する女。実は、彼女はもっと多くのものを与えた。彼女によって、シャルル・ル・ボンはカロリング朝の祖先まで、さらには別の女性によって、はるかに古く、メロヴィング王朝を介し、「高貴な王侯、フランク人とフランドル人の始祖、トロイのプリアモス」にまでさかのぼることができた。

アンジュー伯フーク・レシャンが一〇九六年に自分の家系図を朗唱する際、自分の母親は別として、男たちしか引用しなかったと、わたしはすでに言った。彼の家系の源に、アンジュジェを置いた。彼の記憶力はよいものであった。近代の学問的調査の結果、この男は彼の一門の始祖であって、フランク人の王の名により、アンジュー伯領で命令し罰する権力を行使したことが確証された。この「名誉」は彼の武勇のおかげであった。シグフリドと同様、彼は征服者の冒険心、男性的能力を体現していた。アンジュジェは、だれもそれを疑わなかったが、自分の腕力の強さで、自力でたたきあげた男であり、何かを母親なり妻に負うたはずだとは、だれも想像しなかった。ところが、半世紀後、アンボワーズ領主の家系図と結びつけられたアンジュー家の家系図では、一人の女性がアンジュジェのかたわらにあり、しかもジャン・ド・マルムチエがのちに発展させた話によれば、創始者の英雄は、この女性のためにやってのけた途方もない手柄によって、一挙にのしあがったのである。それが、ガチネ伯の女相続人、彼の代母であった。姦通と夫を窒息死させたかどで告発されていた。アデール・ド・セルネスの場合と同様、血縁の男たちは彼女を孤立無援に放置し、告発者たちの代表、恐るべき相手と決闘裁判で戦うことを拒否した。神助を頼みに、少年期から抜け出たばかりながら、アンジュジェは敢然と立ち向かい、相手を打ち破った。この女性の肉体は武勇への褒美ではなかった。代子には代母を娶る権利がない。アデールの親族同様に相続権を奪われた親族を犠牲にして、少なくとも彼は代母の所有していたものすべてを王の裁可により手に入れた。この資産がアンジュー家の最初の基盤を形成した。

アンボワーズの領主たちもまた、その富と名声を祖先に負うと知っていた。長男に生まれなかったリゾワは、独力で身を固める必要に迫られ、十一世紀初頭、アンジュー伯フーク・ネラに長い間、それも雄々しく奉仕した。その伯が老いてきた。彼は息子に頼もしい友人たちをあてがおうと望んだ。息子の前で、集まったすべての戦士の前で、彼は宣言した——「これまで受けた大いなる奉仕に報いるべく何をリゾワに与えうるのか、家臣一同ならびにそなたの助言により、わしは検討してみたい。なぜなら、そなたならびにわしのために、彼を忠臣として引き留めておくつもりなのだ。」リゾワの戦友、ロシュの奉行は、娘の一人をリゾワに与えるよう進言した。彼女はアンボワーズの一部を所有していた。この場所で一門は根を下ろした。一一五五年に一族の思い出を書いた参事会員は古文書の愛好家で、古いもの好きであった。彼は世襲財産の起源にまでさかのぼろうと懸命になる。ばらばらで、不確かな、いくつかの手掛かりに目をつけ、一つの手掛かりから別の手掛かりに飛躍し、学殖と想像とを織り混ぜ、この財産が、時間の流れの中で、非常にしばしば女たちによって伝えられたことを見抜けると信じた。書物──その一つは『聖マルタン伝』──以外に、彼の目にはある景色が、非常に古い町の景観が映る。アンボワーズの急斜面にある、広大な記念物の廃墟だと分かる。そこは「古いローマ」と呼ばれている。カエサルの亡霊が徘徊する。それにまた踵を接する三つの城。彼はそのことを知っている、たぶん自分の目で見たと思うが、十二世紀初頭、そこには三人の権力者が住んでいた。この三分割を説明するために、歴史家は手探りで非常に遠い過去へとさかのぼって皇帝マクシムスに、この場所を城塞化したトゥール伯アヴィシアンにまでいたる。一人の女、アヴィシアンの娘がアンボワーズを相続財産として入手、次いで別の女、娘のフォスタが、さらには三人目の女、フォスタの娘で「賢い」、「世にも賢明な」ルーパが受け継いだ。この非常にローマ的な名前ルーパ〔ラテン語では狼の意味〕を、著者は二つの地名と結びつける。フォスタが住まいを定めたらしい古代都市の遺跡、ルーパ門（Porta Lupa）と、彼女がそこに教会を建て、修道士を配置し、やがて寡婦になるとこの聖域の近くに隠棲し、聖マルタンの信奉者として、孤独な暮らしを送るようになる近くの村、ルーパ村（Villa Lupa、ヴィルロワン）。二人の息子が死に、ヴィルロワンに埋葬されたあと、「アンボワーズの奥方」はゴート人に楯突いた。非常に年とると、彼女はクロヴィスに全所領を遺贈した。女相続人の最初の系譜はここで終わる。

フランク諸王はアンボワーズをシャルル禿頭王まで保持したが、シャルルはこの町を腹心の者たちに分配した。彼らの一人に城の二つを与えたが、この分け前は最終的に、またしても二人の女性——アンジュジェが、次いで息子のフーク・ル・ルーが娶る許しを得た——を介してアンジュー伯の手に落ちた。孤児のジェルサンドが残る一つを相続した。これを嫁がせるまで、伯父のシュルピスが彼女の名前でこの財産を管理した。フーク・ネラが「身銭を切って建てさせたアンボワーズの石の塔と一緒に、リゾワでその姪と結婚によって合体することを」要請した——あるいは強要した——相手は、まさにこの伯父である。夫はそこに腰をすえた。彼はまず息子に自分の名前でも父親の名前でもなく、三番目の城を譲ってくれた男、シュルピスの名前を与えることで、次いでヴィルロワンの狼女ルーパのかたわらに埋葬されるのを選ぶことによって、妻の一族に完全に加入した次第であるが、ちなみにこの女性、幻想に満ちたこのテクストの中では、夜の入り口に立つ、一族のサガの周辺にある母神の一種、敬うべき、また敬われる存在として目に映る。

それはアデール、エルストリュド、ジュディット、アンジュジェの逸名の代母も同じである。実際、すべての家系は交合から生じる。一人の男、ありそうもない他所から来た放浪の、ただし武功によって抜きん出る戦士と、一人の女、先祖によって、とりわけ女系の先祖によって、一つの土地に、しっかりと根を下ろさせられた、これは定住型の女との交合によって。男は女と土地を手に入れ、その両方に実を結ばせることに専心する。なるほど子孫の記憶の中に、先祖の女は騎乗の英雄ほどには姿を現さない。だが彼らは彼女に負っているのであり、先祖の男同様に彼女に負っていることを忘れはしない。

第四章　夫婦

『ギーヌ伯の歴史』は大勢の女、百人に近い女の名前を挙げる。家系図の中で、家長の娘たちの名前は、それぞれの世代ごとに雄たちの後に、長幼の順で入念に並べられている。これらの女たちのすべて、あるいはそのほとんどが奥方となった。そのために、遠方に種が蒔かれるべく、子孫の体の中に死者たちを、アルヌーやボードワンといった人々を、一門の先祖たちを、いたる所で現存させるべく、彼女たちはこの世に生を受けたのであった。「よき種族の新芽を増やすべく産み落とされた」と、ランベールはギヨーム・ド・サン＝トメールの娘たちについてはっきり言う。したがって、彼女たちの生殖能力を賢明に活用しようとした、親族の男たちの決定に屈せざるをえない。「何にもまして称賛すべき娘たちの服従」と、ギヨームの孫娘の一人、アニェスについて、アルドルの司祭は繰り返し語っている。なぜなら母方の伯父がチベリアド公となり、従兄弟たちが「かくも高名な祖先の血統をこのような広大な遠隔地に伸ばすため」彼女を移植すべきよい家系を、彼の地、海の彼方に見つけていたため、彼女は地の果てに向けて旅立ったからだ。オリエントにたどり着いたばかりで、「彼女は父親に――しかり、与えてくれた命と引き換えに、反対給付として、息子たちを生む義務を負う相手は彼であった――高名かつ豪奢な子孫を産むことなく死んだ。」主の娘たちはすべて分譲された、庶出の娘たちさえも。

何人かは、しかし、夫なしのままで非常に注意深く守られていた。時として自分の住まいで、たとえばアルヌー・ド・ギーヌの大叔母の一人のように、死ぬまで生娘でありつづけた。もっと多いのはどこぞの修道院に、十二世紀に数を増した女子大修道院に預けられたが、これら女子大修道院は自分の死後、妻がそこに隠棲して貞淑でいるようにと、大領主たちが設置したものである。一一〇二年、マナッセ伯とその妻はサン＝レオナール修道院を創設した。一族の、伯の母親の家系の修道女をロレーヌから呼び寄せて、監督指導にあたらせた。寡婦になると、伯夫人はそこに入って死ぬ。マナッセを相続した甥は八人の娘のうち二人を送りこんだ。前後して彼女たちは修道院長になった。このような女性たちの何人かは修道院で夫になる男を待っていた。アルヌーの未来の妻、ベアトリスの場合がそれであった。結婚するまで、父親の持っていたブールブール城に近い「修道女たちの僧院」で、「正しい品行を学び自由学芸を身につけた。」叔母の一人がそこに埋葬されていたのだ。別の一人がそこで修道院長の肩書を持っていた。実際には、彼女は命令する立場にいなかった。真の権力は、最も若く、親族が結婚させられなかった三人目の叔母の手にあった。処女で通したが、聖職に身を捧げたわけではなく、相続財産の分け前で、自分自身の収入で、自分の家で貞潔に暮らしていた。その墓碑銘によって、ランベールが彼女の長所を列挙する。清らかな暮らしぶり、賢知、善良さ、慈悲深さ。彼はこの女性の力を強調する——「修道院全体が、修道女たちもまた奉公人たちも、彼女の賢い配慮によって組織され、指導され、維持されたのであった。」人はジュエットのことを思い合わせる。一人の女の監督下にある、男抜きの女の集団、しかも彼女は、これらの女たちに仕え従う男たちもまた手中に収めている。この時代の社会で一人の女が享受できた権力が、ここには余すところなく現れている。雄どもの欲望から守られた、聖化され、閉ざされた空間で、この権力は行使される。ここは結婚関係を嫌悪する娘たちが避難所を求めて行く場所だ。お膳立てされた夫を拒否して、アルヌー・ド・ギーヌの長女が、一二一八年、生家からひそかに逃れ、当時大伯母の監督下にあり、のちに母親が埋葬の場として選ぶブールブール大修道院に閉じこもって、処女を守り抜いたことを、アンドル修道院の年代記は明らかにする。使命感？　神の呼びかけ？　寡婦よりは三倍の、人妻よりは九倍の功徳を処女に約束する、公教会が提示した手本の誘惑？　むしろこの娘が男たちの何たるかを知り過ぎていたからではないのか？　連中が祭りの晩に酔いしれるのを見ていた。耄碌《もうろく》した祖父が小娘たちの裾をめくるのを見ていた。このような社会が奥方たちに用意する運命を察知して、彼女は結婚を望まなかった。ほかの多くの娘たちのように。ユイの救癩施設でジュエットが庇護下に置いたすべての娘たちのように。

故人の男たちとほぼ同じくらい故人の女たちに言及するにしても、ランベールはほとんど名前を挙げるだけだ。男の手で男たちのために書かれた、この冗舌なテクストは、男の身振りと言葉で満ち溢れている。あたかも女が自分たちだけの世界に、つまり男にとっておよそ興味が持てず、大したことも知らないゆえに全く言及しない世界に閉じこめられたままであるかのように。一家の先頭に立って相次いだ十三人の女の先祖――九人はギーヌ側、四人がアルドル側――について、ランベールはほとんど何も教えない。彼のアルヌーの母親、彼があれほど恐れたボードワン二世伯の正妻、クレチエンヌは、話の中では、婚約、妊娠、死亡の話題で、三度つかの間の登場を果たすのみ。彼女の美徳、彼女の欠点が問題とされることは一度もない。自分が仕え、聖体を授け、終油の秘蹟を授けた相手であるのに、アルドルの司祭は、内妻たちについてほどにも伝えないのである。実際、領主たちが快楽を得たことを正当化するために、彼女たちの美点を強調する。汚らしい女たちではなかった。高貴であって、まだ人に仕えたことなどなかった。さらには色白の顔、見て楽しい姿態の持ち主で、いずれも美女であった。どうしてその誘惑に逆らえようか？正妻については、賛辞は皆無。ただ一つ、ブールブールの相続人ベアトリスへの、大げさな賛辞は別として。このうら若い女性は新たなミネルヴァ、新たなヘレナ、新たなユノであるらしい。まず第一に、血統の価値と処女性、次いで品行方正、最後に肉体の魅力で、あるのは月並みのみ。唯一オリジナルな特徴は──それはこの十二世紀末における新しさだが──、ベアトリスがブールブールで立派な教育を受けたこと、彼女は「教養人」なのだ。

ある点では、このような言葉少なさは説明がつく。最初の三人の伯の正妻たちが死んでから一世紀以上が過ぎ、家中の者は彼女たちの名前しか記憶に留めていなかった。これらの名前、マオー、ロゼル、シュザンヌさえ、ランベールの想像の産物でなかったかどうか確かではない。ほかの妻たちは子をもうけなかった。夫のほうはどうやら彼女たちを肉体的に知らなかったようだ。その一人、ペロネルは、夫、アルドルのアルヌー三世が暗殺されたとき、ごく幼かった。ランベールは、自分が少年で、主君の住まいに暮らしていたころの、彼女のことを回想する。彼の目には抜きん出た美徳、神への恐れと結びついた「純真さ」(simplicitas)で飾られた乙女の姿が、まざまざと目に浮かぶのだ。彼女は自分の時間を、宗教的な勤めと女の子の遊び、少女たち相手のロンド、「人形遊びそのほかの暇つぶし」とに使い分けていた。またしばしば、「夏には──記憶の底から、心をかき乱すイメージが甦る──無邪気な心根と肉体の軽はずみから、服を脱いで肌着姿となり、体を洗い水に浸かるというよりは、体を冷やし動かすために、養魚池に入り込み、ときには背を下に、ときには腹を下に、ときには水中で、ときには水面で泳ぎ、雪よりも白い肌を見せるか、あるいは水に濡れず、少女たちの前で、いや騎士たちの前でも、非常に白い肌着姿で現れ、夫にも、戦士たちにも、庶民にも愛される、優美で、寛大な態度を見せるのであった。」もう一人の不妊の奥方、マナッセ伯の孫娘、ベアトリスはさまざまな病気に苦しんでいた。彼女はやつれていった。しかしながら伯領の唯一の直系相続人であったから、祖父は、何はともあれこの孫娘を、妻の助言と娘婿の同意によって、彼女の権利を守ることのできる強力な男に与えたのであった。この夫を、イングランド国王ギヨームの側近の中で見つけたのである。彼は病弱な女を抱えこまず、自分が使えるようになるまで彼女の家族に預け放しにする。しかし彼女が祖母から受け継いだイングランドの領地はすぐ手に入れた。マナッセが死ぬと、彼はギーヌにやって来て、伯の位を帯び、初めて妻を見るが、すぐまた立ち去った、なぜなら「病身のベアトリスが、彼に対して婚姻の義務を果たすのを恐れているのが分かったからだ。」彼はその場所をほかの競争者たちに譲った。そのうちの一人、アルドルのボードワンは、ベアトリスの父親には、イングランドの娘婿より役に立つように思えた。そこで不幸な結婚をした女は英仏海峡の彼方に送り出された。離婚の交渉を託された司祭たちと騎士たちが随行した。連れ戻されると、彼女は新しい夫の腕に投げ与えられた。しかし遅すぎた。彼が種を蒔くまえに、彼女は没した。

領主の采地の運命はこの女の肩にかかっていた。彼女を妻にすることで、違う血筋の男が伯領に手をかけた。ランベールがその歴史を述べる二つの家系で、このようなケースは半世紀の間に四度も生じた。四度とも、「栄誉」は女の手に委ねられ、娘婿の手に落ちた。あのベアトリスによって、相次いでアルドルの相続人となったアドリーヌとその娘のクレチエンヌによって、さらにもう一人の、ブールブールのベアトリスによって。父祖伝来の財産の運命が女の肉体の質と、奥方たちの受胎能力と、いかに密接に結びついていたかが分かる。これらの四つの災厄が生じたのは、ギーヌのエマ、その娘のローズ、そしてアルドルのアドリーヌが娘しか産まなかったからだ。不幸な偶然のせいであり、意図的な産児制限の結果ではない。この時代の奥方たちは常に懐妊しないための方法をよく知っていた。夫に三人の子を授けたあと、フランドル伯夫人は打ち止めにしようと決心した、と年代記は伝える、そのために「女の手管」を実行したと。しかし彼女たちはほとんどそれを用いなかった。大部分の奥方たちはひどく多産だった。伯ボードワン二世の妻、クレチエンヌは成年に達した子を十人産んだ。下の五人は、一一六九年から一一七七年までの八年間に産まれた。嫁のベアトリスは、ランベールが書くのを止めた時点で、九年間に夫のアルヌーにすでに六人の子を与えていた。続いて彼女はさらに六人も授けた。高貴な家でも乳幼児の高死亡率が猛威を振るい、分娩時の事故が珍しくなかった時代、このような多産ぶり、出産間隔の短さは、当時の奥方たちが送っていた暮らしについて語ることが多い。アリエノールのように、彼女たちは懐妊から懐妊へと追われ、彼女たちの夫は、これを忘れてはいけないが、しばしば不在であり、生殖能力を目一杯に活用していた。濫用していたと考えたくなる。『ギーヌ伯とアルドル領主の歴史』の中にいくらかはっきりとした姿で立ち現れる九人の妻たちのうち三人は、分娩時に死亡した。三人につき一人だ。疑いの余地なし、肉体の愛は、結婚した夫婦において、はっきりとそれなりの重みをもっていた。

感情的な絆については、この物語はほとんど何一つ感じ取らせせない。五人の伯夫人の埋葬された場所を告げている。一人だけが墓地付き修道院へ、夫のボードワン一世と合流しに行った。ふたりは女子大修道院に埋葬されることを選んでいる。エマは自分が創設したサン＝レオナールに、ベアトリス二世はブールブールの一家の修道院に、伯母たちのかたわらで。ベアトリス一世はシャペル＝サント＝マリの母親のそばに、クレチエンヌはアルドル教会の母親のかたわらに憩いに行った。あたかも死が到来すると、二つの性が離別を目指すかのように、あたかも女たちは女同士の中で、男たちは男同士の中に留まるかのように、あたかも夫と褥を分かち合ったあと、夫とはいくらか距離を保ち、ほかの妻たちのそばで、女たちが祈りを上げる教会での甦りを待つのが望ましいかのように。死後に肉体の接近を続ける気が乏しいのは、夫が見せつけるのを義務と考えていた相互の愛の、あの「和合」（concordia）の、ボードワン二世が婚姻の床で長男と嫁を祝福したとき、心から要請したあの心の和合の、生ぬるさを証明するものなのか？　だが、この同じボードワンの振舞いをどう考えるべきなのか？　彼はイングランドに馬を進めていた。妻はまさに出産しようとしていた。妻の具合の悪いのを知ると、医者二人を伴って帰りを急いだ。彼女は他界した。悲しみで気が変になり、「もはや自分自身も他人も分からなくなり、善と悪とを、道義と破廉恥とを分別できない有り様」であり、医者たちは二月の間、看病のできる腹心の者数名を除き、彼の寝室への接近を禁じた。遠い先祖、自分の半身と引き裂かれたシグフリドのように、彼もまた意気消沈して死ぬことになるのか？　おそらくランベールは主人の目を意識し、このような激しい夫婦愛の表現を語ることがお気に召すと確信して書いた。とはいえ、いかなる権利があって、われわれはこの悲嘆ぶりをうわべだけだと見なせるのか？　この夫が傷ついたと信ずるのを、なぜわれわれは拒否するのか？　結婚が家族によってお膳立てされたことは、少なくともそのいくつかが良縁であることを、当事者が相互の熱愛から悦楽を引き出すことを、夫婦の中にある優しさが定着するのを妨げるものではなかった。諦めよう。これら遠い時代を対象とする歴史家には、胸中を探る方策は全くない。この家系の歴史からは、少なくとも一つの事実が浮かび上がる。ごく幼い娘たちを巻きこむ婚約が苦もなく破棄されることもあったが、婚礼のあと、肉体の結合のあと、絆は堅く結ばれていたのである。この書物に登場する奥方のだれも離縁されてはいない。なるほど、この慣行は十二世紀に消滅する傾向にあった。たしかに、フランドル伯チエリーの息子、マチューは、父親が彼のために手に入れた女を追い返した。彼女から男の子を引き出すにいたらなかったからだ。「この娘は幼少のころから僧服を着ていたが、ブーローニュ伯領の唯一の女相続人であった。そこで教皇の承認を得て彼女を修道院から出した［承認は必須。マリは終生童貞の誓いを立て、すでに夫ある身、キリストの花嫁であった］。父方の遺産の正規の相続人を授けるべく、彼女は結婚によってマチューと結ばれた［……］。しかし娘を二人産んだあと、夫は彼女を修道院に戻し」、別の女を娶った。彼の兄、フィリップ伯は全くそのようには振舞わなかった。彼の妻は石女《うまずめ》であった。その彼女が死ぬまで手元に置くことを自らに義務づけた。

*

十二世紀末に先祖の女性を回想する男たちの頭の中で、ランベールの頭の中で、彼に注文を発した領主たちの頭の中で、この書物が対象とする人々の頭の中で、奥方たちは夫婦間に何らかの力を行使できるものであったのか、またその力はどのような性格であったのか？　二人の女性像、マナッセ伯の妻エマ像、アルドルのアルヌー二世の妻ジェルトリュード像の特徴は、わたしにこの質問を少なくとも発するのを許すほどに明確である。概してそうであったように、この二人の女は二人の男より生まれがよく、彼らは青春の冒険において、武勇のほどを証明し、仲人好きな相手にまめまめしく奉仕したあと、彼女たちを手に入れたのであった。エマはノルマンディーの大家、タンカルヴィルの、ジェルトリュードはフランドルの大家、アロストの出身であった。ジェルトリュードには兄弟がいた。土地はもたらさなかったが、動産や男女の使用人という形の持参財産は大したものであった。エマはどうかといえば、ケントの見事な領地をそえて、イングランド国王によって与えられた。そのためにどちらの夫も妻を大切に扱う気になっていた。なるほど、どちらも富のすべてが妻からもたらされたわけではない。どちらもアルドルのアルヌー一世のように、財産は二度目の妻のおかげであるため、「何につけまたどこでも恭しく接する、単に妻というよりは女主人に対するように、頭を下げ奉仕する」ところまではゆかなかった。とはいえ、血統の高貴なことと親族の強大なことのために、エマとジェルトリュードには、結婚相手と、彼女たちが入った家の男たちに対する確実な影響力が備わっていたのである。

エマについては、一一一七年と記されたアンドル大修道院の文書によって、伯の住まいでの姿を見ることができる。ギーヌ城の重臣の一人がそこにいる。修道士たちが彼から取得したばかりの土地を、伯から封土として所有していることを認める。伯は、集まった証人たちの前で、おごそかに贈与を承認する。伯の妻はその横にいる。二人とも、と文書は言う、「寝台に坐っていた。」このように夫妻は、公然と、同じ席に坐り――「女主人」(domina)は「主人」(dominus)と同列で――、夫が保持する権限に参与している様子を見せる。このイメージは別のイメージを、この世紀の終わりにイル゠ド゠フランスの大聖堂ポーチに刻まれるようになるイメージ、母親に冠を授け、自分の力と結びつけるキリスト像――彼らもまた一緒に坐っている――を示唆する。とはいえ、伯と伯夫人が坐るのは寝台の上であり、このことは象徴的価値を増大させる。なぜなら夫婦関係の玉座として、寝台は交合の場、出産の場であり、奥方に承認された力はすべて彼女の出産能力から派生するからだ。同じ寝台のイメージはまたランベールの筆で再起する。彼にとり、マナッセとエマは対等者の共同体をかたちづくっていた。彼らは、物質的にも精神的にも「結合して」(consortes)、「同じ寝台と同じ信仰心」を分かち合っていた。肉体と精神。夫の胸中にある「神の愛の火床の炎」をかき立てるのは妻の役目だと、アルドルの司祭は付け加える。彼女が次は寝台で、あの別の火床、そこで美しい子供たちが鍛造される肉体愛の火床に、炎を上がらせるべきことはもちろんだ。

緊密な結合、肉体と魂の結びつき、「伯夫人」、「城主夫人」、「奥方」といった夫の肩書を帯び、かくして彼の栄光を分かち合い、権力誇示の際は必然的に彼のかたわらに姿を見せる妻、これこそ貴婦人の立場として見せるべきだと決められていたこと、社会が見るのを認めたことである。しかし外見がこのようでも、実態はどうなのか？　道徳的な小話を通して実態を垣間見ることができる。当時、特殊な税金が下積みの連中の一部、昔の移民の子孫に重くのしかかっていた、とランベールは語る。すなわち毎年、決められた日に、主人の家に銀の小貨幣、一ドニエを、結婚や葬式の場合は、四ドニエを差し出さねばならなかった。それは従属使用人たち、当時の言い方では、「肉体の」男や女に等しく要求される賦課租、しるし、彼らの隷属状態のしるし、「奴隷の汚れ」のしるしであり、そのために彼らは、しばしばもっと貧しいが、自由であることに誇りをもつ隣人たちから軽蔑されていた。ある身分卑しからぬ男、「陪臣」が、誰もが自由民と見なしていた娘を娶るということが起きた。婚礼の夜、新妻が新婚の床に近づき、「寝台の木に触れるか触れないうちに」、主人の手の者たちが寝室に入りこむのを見た。連中は四ドニエを要求しに来たのだ。「恐ろしさと恥ずかしさの両方から」、彼女は顔を赤くした。彼女は抗議し、二週間後に訴え出る許可を得た――いまや女が法廷に出頭し、もちろん単身ではなく、「親族や友人に付き添われて」であるが、「自分の肉声で」、自分の立場を弁護する権利のあったことがこの件で知れる。訴えは棄却された。最後の頼みは、ギーヌの奥方だった。彼女はエマのもとに行き、差し向かいで話し、女たちが絶えず恥辱をこうむる危険にさらされていると訴えた。伯夫人は説得されて、夫のほうへ向かう。しばらくあと、夜になって、奥まった寝室に。「夫人は夫を抱き締めた。」「丸めこまれた」伯は、妻および誤った裁きを受けた女の願いをかなえ、不名誉な課税を廃止した。この女の勝利の記憶は保存された。一人の奥方が公的な事に介入した。流れを変えたのであった。だがどのようにして？　最も私的な空間で、内密の魅力を行使して、抱擁、愛撫によって。自分の性の魅力によって。

ジェルトリユードについて、ランベールは悪い思い出をとどめている。彼女がアルドルの家を牛耳っていたころ、幼い彼はそこで教育を受けた。彼女の性格だとされる「厳しさ」に、おそらく痛めつけられたのだ。明らかにそれは彼だけではなかった。保護者たちを満足させることを確信していなければ、自分の本の中で、人々が冷ややかな目で彼女の埋葬を眺め、「唇をほとんど動かさず」儀礼的な嘆きの言葉を発したと伝え、あれほどひどく評価することはなかったであろうし、あれほど高慢で、「身分の高さを鼻にかけ、尊大な言葉でいっそう成り上がろうと努めた」とか、あれほど強欲で、「その吝嗇ゆえに国中で有名であった」などと描写することはなかったであろう。この女の貪欲ぶりを証明するために、家の中で流布された話を取り上げている。奥方は家の財産を管理する役を担っていた。思案をめぐらせ、放牧からもっと利益を引き出すために、領内のすべての家畜を同じ群れにまとめ直すように命じた。このまとめ作業にかかるべく派遣された役人たちは、貧しい女の、七人の子供が飢えに泣く小屋にやって来た。母親は嘲笑した。雄牛も牡羊もいやしないからだ。冗談半分に、奥方がどうしても「放牧する」気なら、ちびたちの一人を連れて行け、と提案した。ジェルトリュードは、報告を受けると、承諾した。幼女を選んで、「子羊の代わりに養女とし」、生娘が適齢期なると、家畜の総頭数を増やすことに熱心な飼育係として、「ある男と交合させた。」実際、彼女がこの子を受け取ったとき、大急ぎで「奴隷身分の烙印」を捺したのであった。その時から、女奴隷の子孫はすべて奥方のものになるからだ。ランベールはここで別の娘のことを思い出す。ジェルトリュードが婚礼の日にフランドルから連れて来た、自由身分の女たちの一人、魅力的な乙女であった。大勢の男が彼女を堪能し、そのあと捨てた。彼女はうんざりして、最後の愛人である家の奉公人に、妻とするように要求した。自分にふさわしくないと言って、男は拒否した。そこで彼女は女主人の前に行って跪き、その所有物になれば助けてくれると確信して、慣例の仕草、両手を相手に預けることで、奴隷身分となった。計算違いにはならなかった。牝羊のように彼女は相手と番《つが》うことになった。ジェルトリュードが使用人に彼女と一緒になるのを、それによって彼自身が奴隷になるのを強要したからだ。自分の娘たちや封臣の娘たちを嫁がせて、家の外に勢力を拡張するのが主人の役目であったのと同様、奉公人における性関係を整理し、あばら家から幼い奉公女を採取することで、新たなる従属身分の者を産み出すためこれに夫を与えることで、奉公人の枠を拡げるのは主人の妻の役目であった。住まいの内部における、女の権力、独立の、絶対的な、合法的な権力。ランベールがジェルトリュードの「厳しさ」を批判するのは、召使い女を与えた男たちとその種から生まれた子供たちすべてを奴隷身分に追いやったからである。また彼が執筆していた時期、奴隷制が古い蛮風の残滓に見え始めたからだ。しかし奥方の権力を云々することは全くない。

この権力についていては、「公事」(res publica)と「家内問題」(res familiaris)、家の内部と外部、公的なことと私的なことを区別する必要が明らかになる。カロリング宮殿の完璧な組織のことを叙述するとき、九世紀の高位聖職者たちが提案した手本にしたがって、奥方は「管理」(économie)に責任があり、家中を秩序正しく維持する使命をもつ。男女とも使用人は彼女に従属するが、自分の娘、主の封臣の娘と姉妹もまた同様、みずからその教育係をつとめ、選ばれた夫を多少とも乱暴なやり方で受け入れさせた。この点では宮廷恋愛の儀礼に道を譲り、夫がその見習修行の指導にあたり、彼女の上に欲望と同時に、母の優しさの遠い思い出を投影する若い騎士たちを付け加える必要があるのではないか? いずれにせよ、使用人社会における女性の役割においては、奥方の権威は、俗世間から離れて宗教的共同体を支配する年輩の女性たちのそれに匹敵する。さらに、私的空間の最も奥まった場で、「寝台と信心の」場で、彼女は家長の「協力者」だと考えることができる。その代わり、家の外、公権力に関しては、儀礼で披露されるものを信じるのは危険であろう。実際、命令し処罰する権利を夫と共有する能力を、慣習は奥方にかたくなに拒む。なぜなら彼女は女だから、なぜなら神の意図に反して、女の腕が剣を振るうのは下品だから、なぜなら剣は権力のシンボルだから——それは領土を支配する年齢に達すると、主人の息子に厳かに授けられるあの剣、領主が裁くときに、その前に抜き身で置かれるあの剣、北フランスでは、十二世紀末、騎士叙任の仕草の前に、祝福され、祭壇の上に安置されるようになったあの剣、力によって平和と正義をこの世で存続させる責務を託す者たちに、神が委ねる権力の具体的なイメージなのだ。

女たちには人の血を流すことは禁じられている。ジャンヌ・ダルクもまたそのために、男のように振舞ったために、判事たちの言い分では「流血好み」を露呈したために断罪された。女が父親から命令権を受け継ぐときも、彼女の名前で、あるいはむしろ彼女が産んだか産むであろう男の子たちが剣を握る日までは、彼らの名前で剣を振るうのは、男の役目、彼女に与えられた夫の役目なのだ。彼女の権利を彼が行使するとき、この権利の淵源がどこにあるかを明白にするため、女相続人がこの男の横に居合わすことがおそらく肝要であろう。しかし権利を行使するのは彼であって、彼女ではない。それにまたおそらく、エマの権力について知られていることが示唆するように、奥方は領内で女性層の正式の保護者と見なされていたであろう。しかし女の魅力を使って、夫の心を和らげ、それまでより粗暴な態度を見せないように仕向ける場合、彼女は公権力に間接的に関与するにすぎない。聴罪司祭用に編んだ手引書の中で、チョバムのトマスは次のような贖罪の行為を奥方たちに課すように勧める。すなわち彼女たちが絶えず夫のかたわらで介入するようにと。誰も伴侶ほど巧みに、と彼は言う、男の心を和らげることはできない。どこで、どのようにして？ 寝台で、「抱擁と愛撫とによって。」奥方たちの美徳の一つは寛大さであり、奥方たちの職務の一つは権力の行使に若干の寛容を導入することだ。聖母が息子のかたわらでそうするように。

そのようなことが妻の権力の限界のように思える。狭いのだ。とはいえ夫の不在ゆえに領域がしばしば広がったと想定することはできる。自分が元気だと感じる限り、この騎士はしばしば冒険に走った。そうなれば奥方は自由に振舞えた。彼が生きている限り、包囲された城の防衛を固めるためでなければ、彼女自身が戦士たちを率いるところまでゆきはしなかった。少なくとも彼女は日常の仕事を管理し、不和軋轢を鎮め、契約を保証するように仕向けられていた。なぜなら第二回十字軍の間、フランドル伯チエリーが遠方にいたので、アルドルの新しい領主から臣従の誓いを受け入れたのはその妻、シビルであった。先代のボードワンは伯のお供をしていた。旅先での彼の死が知らされたばかりであった。その死を知る前、義兄弟の一人が後継者として指名される前、彼の母親、「粗野で」、「厳しい」、「高慢な」アロストのジェルトリュードがしばらくの間その領土を手中にしたのではあるまいか？

第五章　寡婦

ジェルトリュードは寡婦であった。エマもそうであった。二つの家系で、ペロネルと彼女たちだけが主人より生き延びた奥方だ。とはいえ寡婦は騎士社会に満ち溢れていた。なるほど多くの女が出産の困難ゆえに若くして死んだ。しかし戦士の死亡率はそれを下回るものではなかった。彼らは大量に殺された。荒々しい生活のあらゆる類いの過激、行き過ぎによって、血気に逸る騎馬槍試合、戦闘での負傷によって、オリエントで危険を冒すときは、熱病によって、そして時には殺人者の襲撃によって。父親と兄弟がフランドル伯のかたわらで暗殺された、ブールブール城主アンリの場合を取り上げる。彼自身は七人の息子をもうけた。そのうちの二人は、公教会に身を置き、天寿を全うしたが、騎士になった五人のうち、誰も彼の跡を継がなかった。一人は、騎馬槍試合で盲目になり、領主の職務を引き継ぐことができず、残りの者もさまざまな事故で父親より早く他界した。こうして大勢の男が先立ったのは、フランス国王ルイ七世のように、寡夫になると、新しい妻に若い娘を選び、自分の力を過信して、愛の戯れに度を過ごしたからでもある。侍医たちから警告されていながら、「過淫」(uxorius) ゆえに、ヴェルマンドワのラウールは妻ロレットの腕の中で死んだ。この女は未経験ではなかった。ごく若いときにルーヴァン伯の寝台からランブール伯の寝台に、さらにアロストのイヴァンの寝台に移っていたのである。今度はナミュールの老伯アンリが彼女を手に入れた。多産の女ということは知られていた。彼は息子を与えてくれるものと信じた。期待を裏切られると、飽きてしまい、離別し、小娘を結婚の形で手に入れたものの、「四年間、寝台でただの一度も交わる（communicare）ことなしに」、父親に返し、また引き取り、懸命に努力したが死に、あとに非常に若い寡婦を残した。この時代の多くの貴婦人がどうして自由に余生を過ごせたのか、その理由は以上のとおりだ。

実を言うと、彼女たちがまだ魅力的で、その息子たちが未成年のときは、このような自由を長く享受することはなかった。彼女たちの家門と亡夫の家門とが再婚させることで折り合いをつけ、造作なく再婚させた。求婚者たちが彼女を競い合ったが、しばしばすでに産んだ子供たちが成人前に死ぬ希望に胸を膨ませるか、あるいはこれから一緒につくる子供の利益のために、母親と共謀して連れ子を追い出せると期待したからだ。少なくとも、求められるには薹《とう》の立ち過ぎた寡婦、あるいは長男が父親の跡を継ぐ年頃に達した寡婦は自由でいられた。彼女たちは家を出て、新しい主人に場所を、夫婦の寝台を譲らねばならなかった。彼女たちは隠居した。どこに？　エマがサン＝レオナールに行ったように、どこぞの修道院へ？それは公教会の望むところであった。男たち同様に公教会は女たちを階層化された三つのカテゴリーに分類した。男の場合、公的生活で果たす職能――祈る、戦う、他者を養うために働く――に準拠したが、女の場合、基準は性的純潔度の度合い――処女、寡婦、人妻――であった。「結婚生活はよいものだ」とランベールは言う、「しかし寡婦の純潔はもっとよい」。寡婦たちは愛を断念することを要請された。それに誘惑されることが少なくすむように、修道院に籠もるように勧められた。実際には、彼女たちの多くは俗世に留まり、権力を目一杯に享受し、婚姻の桎梏から解放され、楽しい時間を過ごすことを好んだ。

二度目も寡婦となった、ブーローニュのイド二世の選択はそれだった。ランベールは悪意のこもった目で彼女を見る。彼の書物の主人公、アルヌーは彼女を娶り損なったのであり、家族はその挫折にあまり慰められなかった。そこで彼はこの女性を「肉体の快楽と俗世の悦楽に」身を委ねる女として描く。おそらく肉体的魅力よりは彼女が相続する実り豊かな領地ゆえに、男に欲せられ、その欲望をそそる彼女は、妻のいない男たちに取り囲まれるのを見るのが喜びであった。彼女は楽しんだ。愛を。「性交の」と明確に表現された。五年以上も前から、若いアルヌーはよい縁組を求めて騎馬槍試合で自分を売りこんでいた。彼女は彼が自分の好みに合うと思った。女たちがそうであるように、軽薄な彼女は誘惑しようと懸命になった。男たちがそうであるように、抜け目のないアルヌーはされるがままになった。彼は「愛を、本気または見せかけの愛を伯夫人の目に際立たせ、その好意を手に入れた。」彼の関心を引いたのは、ブーローニュ、「伯の土地と位」だと『歴史』は言う。そこでイドとアルヌーは、宮廷風に、もっとよい事態を期待しつつ、つつましやかな伝言を交わし合った。ところが一人のライヴァル、ダマルタンのルノーが同じ獲物を狙っていた。イドは蝶のように飛び交い、どちらにも否と言わないものの、心はルノーに傾いたが、彼女の再婚の鍵を握る伯父のフランドル伯フィリップがフランスのフランス人を望まないことは、よく承知していた。そこで「改めてくだんのアルヌー・ド・ギーヌ殿の愛の火花にうたれた」のを公然とひけらかした。もはや言葉にも、伝言にも満足せず、彼らはここかしこ、二つの領地の周辺で、「寝室や秘密の場所で」逢い引きした。ある事故により、アルドルで使用人が急死したことが伯夫人に、愛人自身の住まいで公然と出会う口実を与えた。アルヌーは威儀を正して迎え、使用人の埋葬がすむと、自宅での正餐に誘った。婚礼の前奏曲のように。彼らの話は大いに弾んだ。奥方は立ち去った。アルヌーは「彼女がすぐにまた戻ると約束しなかったならば、引き留めたであろう。」ルノーは様子を窺っていた。半ば以上同意した相手をかどわかし、ロレーヌに連れて行き、自分のものにした。邪悪な性質のイドは、力ずくで捕らえられた振りをして、もし救出してくれれば結婚すると、ギーヌの相続人に知らせた。アルヌーは強力な護衛を連れて出発した。ルノーはその彼を破門させ、捕らえるとヴェルダンに拘束した。

イドは、どうやら、なお好かれるようであった。いずれにせよ、非常に生き生きとしていた。宗門に入らなかった寡婦たちは、分別がつくと、寡婦給与財産によっておとなしく身を固めた。寡婦給与財産とは、婚姻契約の締結時に夫が妻に譲与する財産および権利の分け前であった。婚約者がその労に値するときは、付け値は上昇し、分け前はおびただしいものであった。たしかにカロリングの血を引いていたゆえに、サン＝トメール城主の娘を獲得するために、未来のギーヌ伯、ガンのアルヌーは所有していたものすべてを与え、孫のアルヌーもまた、ブールブール城の女相続人と結ばれるために、所有していたものすべて、アルドルの領土を与えた。もちろん、夫の存命中は、奥方はこの財産に潜在的権利しか持たなかった。寡婦になり、再婚を拒み、寡婦のままでいると、領地を手に入れることができた。さてそうなると男のように自由にこれを宰領した。以下は寡婦財産を手に入れ、リールの、自分の家に落ち着いたフランドルの伯夫人、マオーの話である。彼女はブールブールの土地の住民に税金を課そうと思う。自ら軍隊の派遣を準備する。その封臣、妻の名前でブールブールを掌握するギーヌのアルヌーは、民衆を守るために、城の騎士たちと武装して前進する。戦う必要がなくなり喜ぶ、「なぜなら、奥方に反抗したり不服従であったことは皆無、それどころか奥方に忠義忠誠をつくすべく常に努力し続けたからである。」マオーは引き返した。アルヌーはそのお供をした。彼女は男性権力の完全な掌握者として振舞ったのだ。

夫が死去したあと、これら熟年の女たちは、もはや寝室に、寝台に納まってはおらず、大広間に君臨するのであり、十二世紀末には、封臣がその前で合掌して跪き、訴訟人がその判決に耳を傾けるのは見慣れた光景になった。実際、公的な制度が改良され、国家権力は徐々に、少なくとも大諸公領においては、抽象的な原理になっていく。それが女の手に移ることがもはやそれほどスキャンダラスに見えなくなったのである。女摂政の時代が近づいてきた。そしてこれらの寡婦は、男の子たちを頼りに、ごく幼いときに引き離された息子たち、とりわけ長男よりしばしば気に入りの下の息子たちの、非常に熱烈な愛情を頼りとすることができただけに、いっそう強力な姿を見せた。そうなれば女性に同意された権力を完全に入手できた。『アンボワーズ領主の事績』の作者は、他界の数か月後に、ユーグ殿の寡婦、イザベルへの恭しい賛辞を書く。彼女のことを、エマのように、ジェルトリュードのように、「たくましい女」(virago)と言う。また「すべての女のうちでも恵まれた」とも言うが、彼女を満たすものを定義すべく選んだラテン語の四つの単語は、十二世紀において女の名声に関連するものを表現する。「家柄(genere)」(まず第一に、家系、血統の質)。「姿形(forma)」(そう、肉体の美しさは女の場合にはとにかく重要だ)。「力(viro)」(与えられた夫によって満たされる、なぜなら、実際、女の贈り物を活用するのは男の役割である)。「子供(liberis)」(結局はまた何よりも、彼女が産んだ子供たちの質によって報われる)。称賛者は一つの資質、「大胆さ」を付け加える。彼はすぐにそれを形容する――「男らしい」。まさにこの力がイザベルを独特ならしめるのだ。この女祖先の価値は、女らしさを内側に抑圧して、男のように振舞ったことにある。男として、「男らしく」、彼女のために剣を持つ二番目の息子を伴い、単身よく、父祖の土地を取り返し出かけた。二十五年の結婚生活のあと、一一二八年、夫が彼女と別れて主君のアンジュー伯に従い、聖地に死ぬべく去ったとき、「男らしく」、手の届くところにあった全権力をがっちり握った。

それ以来、長男のシュルピスと戦う。出発前、アンボワーズのユーグは、大広間で、群臣の前で、この息子を唯一の跡継だと披露していた。そこでシュルピスは、父親の所有していたものすべて持ち続ける気になった。寡婦給与財産も手放さなかった。イザベルはその彼を攻撃した。この瞬間に物語が語調を変えたのは驚きだ。もはや賛美的ではなく、批判的な語調である。『事績』の作者は男なのだ。すべての男同様に、女がかくも荒々しく権力にしがみつくのを見て顰蹙した。イザベルは「男らしい」、その彼女を人は賛美する。だがこれは女である。自分の地位に留まるのがふさわしい。貪欲に、権力を享受する苛烈な欲求に捕らわれたイザベルは、彼の目には、誰の目にも、彼女の肉体がもつ女性性、すなわち邪悪さに屈したのだ。「貪婪」、「激しい欲望に燃え」、彼女は騒動を引き起こし、平和を破った。

平和が戻った。アンボワーズの人々は、母親と共同の生活を取り戻すよう息子に迫った。折りしも待降節に、悔悛と宥しの時期に近づいていた。和解がなった。寡婦は彼女の権利をとり戻した。アンボワーズの一部を獲得し、そこに、サン＝トマ教会の近くに、自宅を構えて落ち着いた。十五年後、このご婦人は、今度は非常に有能な母親の姿で、物語に再登場する。彼自身が思い上がって、シュルピスは逆臣として主君の一人に反旗を翻し、立場が危なくなった。そこでイザベルは、不在の父親になりかわり、騒ぎの好きな息子どもに平静を取り戻せと説得するとき、一家の立派な主が用いる言葉で語りかけた。その言葉、この歴史を書いた非常に学のある参事会員が想像した言葉は以下のとおり。「何ゆえそなたは私と相談せずに、このような戦いに身を投じたのか？　老いたがゆえに、私が耄碌《もうろく》したとでもお思いか？　安心するがよい、この老いたる肌の内側で、魂の力（animus）は意気軒高たり。そなた、これ以上の助言を求められやせぬぞ。およそ母親の愛情（affectus）に何が比肩しうる?」愛情が、あの夫と妻とを結ぶ以上に、かつての乳飲み子とこれを腹に宿し乳を与えた女とを緊密に結ぶ黙契が言わせる助言。

女の本性ゆえに女は公権力の行使に不向きである。とはいえ、何人かは公権力の端くれを掌握するにいたる。慎ましやかに、いみじくも女性性を頼りに。彼女たちが若い間は、その肉体を見、触れることで男たち、夫たち、宮廷の騎士たちの肉体の中に燃え上がる欲望を弄ぶことで。年とってからは、息子たちの心優しい敬意を頼りにして。

＊

もっと暗闇の力が加わる。この時代の、鉄と革とで身を固め仲間同士で暮らす戦士たちにとって、すれ違う女たちは奇異な存在であった。女たちが敏感な留め具で見えざる力と結ばれて、悪を引き寄せうるが――それゆえに恐れた――、善をも引き寄せうる――それゆえに崇拝した――存在だと思いなした。実際、ある秘密の、非常に貴重な力を、自分たちのために天なる父、裁き主にとりなす力を、彼らは女なるものに付与した。ある事柄がわたしを引き留める。わたしが調査を行ったキリスト教世界のいくつかの地方で、文書は何人かの魔女に言及するが、ごくわずかだ。それに反し、女の姿が信心の分野で大きな領域を占めていたことを、それもまさに十二世紀末以前であること、特に女的な新たな霊的形態が出現し広まるのが見られる時期以前であることを、文書は明らかにする。神の母の姿。十一世紀初頭以後、新しい祈りの場の大部分は彼女に捧げられる、たとえばギーヌ城の小礼拝堂、あるいは一〇九一年にブーローニュのイド（さきほど垣間見た、移り気で、情炎に煽られた寡婦ではなく、その高祖母、ゴドフロワ・ド・ブイヨンの母）が創設し、さるスペイン王から入手したと言われる聖処女の髪の毛十一本を金と宝石の聖遺物箱に納めて、彼女がそこに奉納した男子修道院カペル＝サント＝マリ。そしてアルヌー一世がアルドルの教会に取り寄せた聖遺物の中で、小さな十字架に納められた、マリアのあの同じ髪の毛と衣服の「わずかな一部」を、人々は崇めたのである。聖女たちの姿も同様だ。十一世紀の八〇年代、骨の塊が発見され、ギーヌ伯ボードワン一世のもとに運ばれたが、それらは福者ではなく、周辺地方全体の守護者となっていた女福者、ロトリュドの聖遺物だと認定された。女子修道院、サン＝レオナールで一一九三年以前に編まれた書物は、三編の聖者伝、守護聖人レオナールの伝記と二人の女、マリ＝マドレーヌとカトリーヌの伝記を収めていた。この同じカトリーヌを記念し、ボードワン二世の妻は、夫が礼拝堂を建立し、そこに安置すべく、この処女にして殉教者の肉体から発した油の数滴を入手するとの約束を得た。

十二世紀に、西方キリスト教世界は、ごくわずかな聖人とさらにわずかな聖女しかこしらえなかった。ところで、ギーヌの土地の周辺で、公教会権力は、信者の熱情に譲歩して、この国の二人の貴婦人、ブーローニュのイドとジステルのゴドリーヴを祭壇に祭り上げたばかりであった。前者は、卓越した母親として、聖墳墓を解放した英雄を産み、自分の乳を飲ませたがゆえに、卓越した寡婦として、「死を免れぬ夫の亡きあと、ヴェールを被ることなく、貞潔と独身の生活により不死の夫と結ばれたとの評判がゆえに」、さらには気前よく、息子たちを養ったように修道士たちを養い、懐にかくまった幼き娘たちの群れに美徳の道を歩ませるべく懸命に努めたがゆえに。ゴドリーヴについては、人々はその受難の地に行っては彼女のとりなしの祈りを求め、熱病を癒す白い石を拾ったが、理由は彼女が夫婦関係の殉教者として、性悪の夫のために羞恥心を犠牲にし、その辱めを甘受したから、また夫の命令で奉公人たちに絞殺されたからであった。その気質と性格の特徴とが「伝説」によって強調され、妻の身分の両面――一方は花と咲き、他方は痛ましい――を象徴した、この二人の女については、聖性が公的に承認されていたが、家庭内では別の没した奥方たちが私的な崇敬を集めていた。

そのうちの三人に着目する。まずギーヌのアルヌーの曾祖父、マルク準伯が娶った、かのイギリス女である。教会の塔の下に埋葬された彼女の遺骸は奇蹟を行った。残る二人の女については、おそらく墓碑銘に発したのであろうが、一一六三年にサン＝ベルタンで完成された、あの非常に豪華なフランドル伯称賛の書、十七世紀の印刷業者が『高貴なるフランドル』（Flandria Generosa）と題したものの中で、肖像が素描されている。この書物の中では、男たちがその武勇によって、年老いてからは、その思慮と賢知とによって称賛されるが、敬虔とは女たちの特技、とりわけ「自ら進んで肉の汚れから解脱し、悔悛によって罪を洗い清め」、夫の死によって組みこまれた「寡婦の身分」の厳しい規律に服する、老いゆく女たちの特技なのである。一人はアデール、これはロベール王がボードワン五世伯に与えたフランスの娘である。「夫を奪われるも、富は奪われたにあらず、しかもなお富の安楽に包まれて生きることはなかった。富は彼女にとって死んだのである。アデールは昼も夜も祈りに過ごした。」教皇が厳かにその身分（ordo）に入れ、祝福し、寡婦の衣を着せてくれるようにと、彼女はローマにまで行った。「彼女は旅中、風と雨から身を守るため、だがとりわけ聖なる瞑想から気を逸らさぬために、二頭の馬に運ばれる駕籠に、あたかも部屋に閉じこもり、隠遁し、隠棲したかのようであった［……］。」自ら創設したメシヌ修道院に「キリストの平和に包まれて死ぬべく戻った。」

これらの尊者の三人目、ボードワン六世の妻、リシルドについては、曖昧なものだが、地方のいたる所にその思い出が保存されていた。彼女の物語を語ることは、サン＝ベルタンの修道士にとり、女たちについて考えていることを表明する機会であった。よいほうにはほとんど考えていなかった。リシルドの中に生来の悪意の典型を指摘することから始める。生涯を通じて、と彼は言う、彼女は不和の手先、悪しき母親として、最初の結婚から産まれた子供たちが裸同然になるのを放置し、近親相姦に耽り、裏切り者として、叔父の教皇の前で立てた誓約を忘れ、禁忌を無視して姦淫の罪を犯し、権力を簒奪し、未成年の息子の名で民衆に圧政を強いた。強欲で、フランドルを重税で苦しめ、残酷、情け容赦なく、陰険にも、フィリップ王を買収し、しかも本職の魔法使なみに、魔法のかかった粉薬を、呪いを自分の敵に振りかけるのであった。ところで、この毒、この邪悪、積み重なる数々の悪行は、伯夫人が晩年わが身に課した「尋常ならざる悔悛」によって完全に贖われた。マリ＝マドレーヌのように、もはや祈りを止めることはなかった。ジュエットのように、毎日「貧者と癩者への奉仕に」従事した。同時代にベギン会修道女と呼ばれる女たちがどのように苦行するかを、伝記作者は目のあたりにしていた。半世紀前に死んだリシルドに、女の信心のこうした極端で新しい形態を投影する――「癩者の血膿にまみれたまま、彼らに湯浴みをさせてやると、自ら同じ湯を使うのであった。彼らのように病むことで、内面的に、再び天の王の娘になることを望んでいた。」罪深いおのれの肉を苦しめ、おのれを苛み、おのれを滅ぼしていた。かくして「ついに肉体を地に、魂はイエス・キリストの慈悲に委ねた。」サン＝ベルタンの修道士が「女の」(muliebres)と形容した――なぜなら、彼によれば、それらは自然に女の肉体を汚染するから――激越、強欲、狡猾、淫乱から、ついにリシルドは浄化された。「その魂は不滅の完璧さをまとい、天国の甘美を享受するに値し」、ルーパの、イドの、ドニーズのかたわらで、思い出の奥で家門の運命を見守る高位の後見人たちに立ち交じり、救いの手を差し伸べ、仲裁の役を買って出る女の地位を占めたのであった。

＊

十二世紀に、司祭と戦士が貴婦人に期待したのは、柔順な娘、寛大な妻、多産の母親であり、そのあと、老年に入ると、熱烈な信仰心と厳しい禁欲とによって、彼女を迎え入れた家に何らかの聖性の形跡をもたらすことにあった。うら若い処女の蕾を散らし、その腕の中で和らいだ男、信仰心が彼女の信仰心に接してかき立てられ、あの息子たちの種を、のちに寡婦になったときに彼女を支え、適切に振舞うべく彼女が助言で助けてやる息子たちの種を何度も胎内に撒いた男に与える、それは究極の贈り物であった。なるほど支配されてはいた。とはいえ女を恐れ、生まれついての自分の優位を声高に唱えて安心しながらも、彼女が肉体を癒し、魂を救うことができると判断し、臨終のあと、肉の抜け殻がしかるべく始末をつけられ、いく久しく思い出が忠実に保存されるようにと、女たちに任せる男たちによって、彼女たちはある奇異な力を付与されていた。

系図

この略図は非常に簡略なものではあるが、同じ名をもつ人々の氾濫する本書の中で問題となっている貴婦人を識別し、特定するのに役立つ。

△ 男　○ 女　＝ 結婚　ơo 同棲

ノルマンディー公

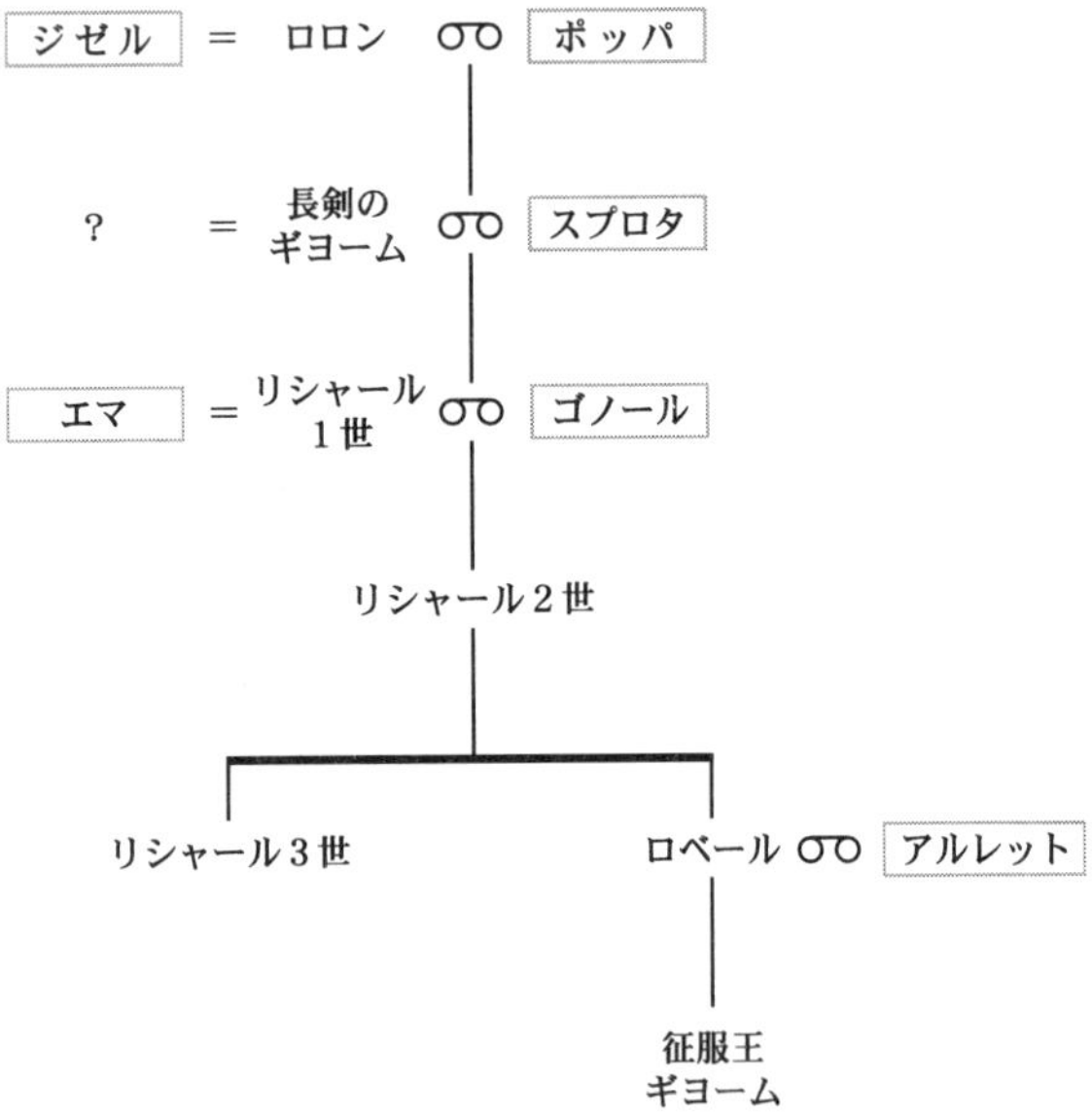

ギーヌ伯

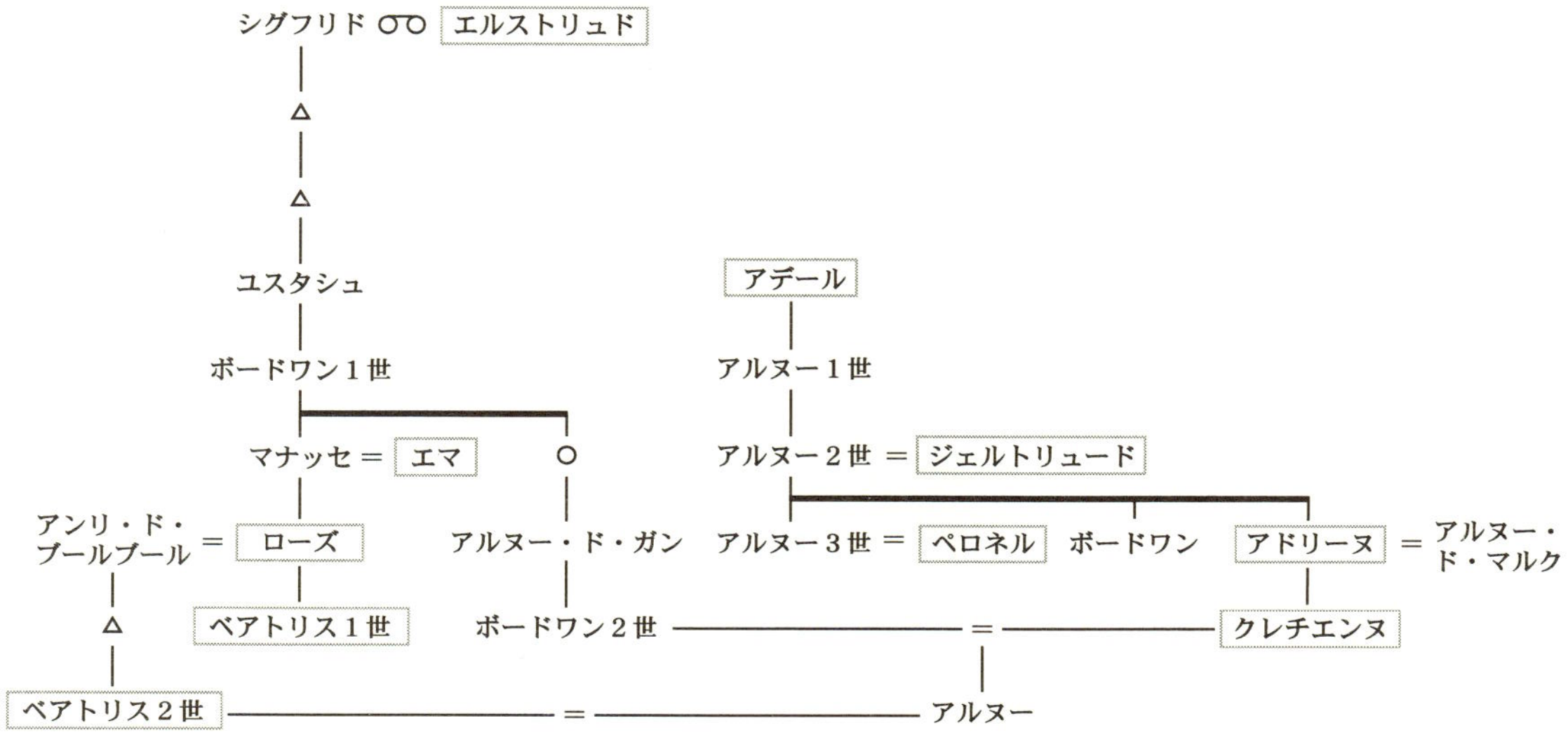
シグフリド
エルストリュド
ユスタシュ
ボードワン１世
マナッセ
エマ
アデール
アルヌー１世
アルヌー２世
ジェルトリュード
アンリ・ド・ブールブール
ローズ
アルヌー・ド・ガン
アルヌー３世
ペロネル
ボードワン
アドリーヌ
アルヌー・ド・マルク
ベアトリス１世
ボードワン２世
クレチエンヌ
ベアトリス２世
アルヌー

フランドル伯

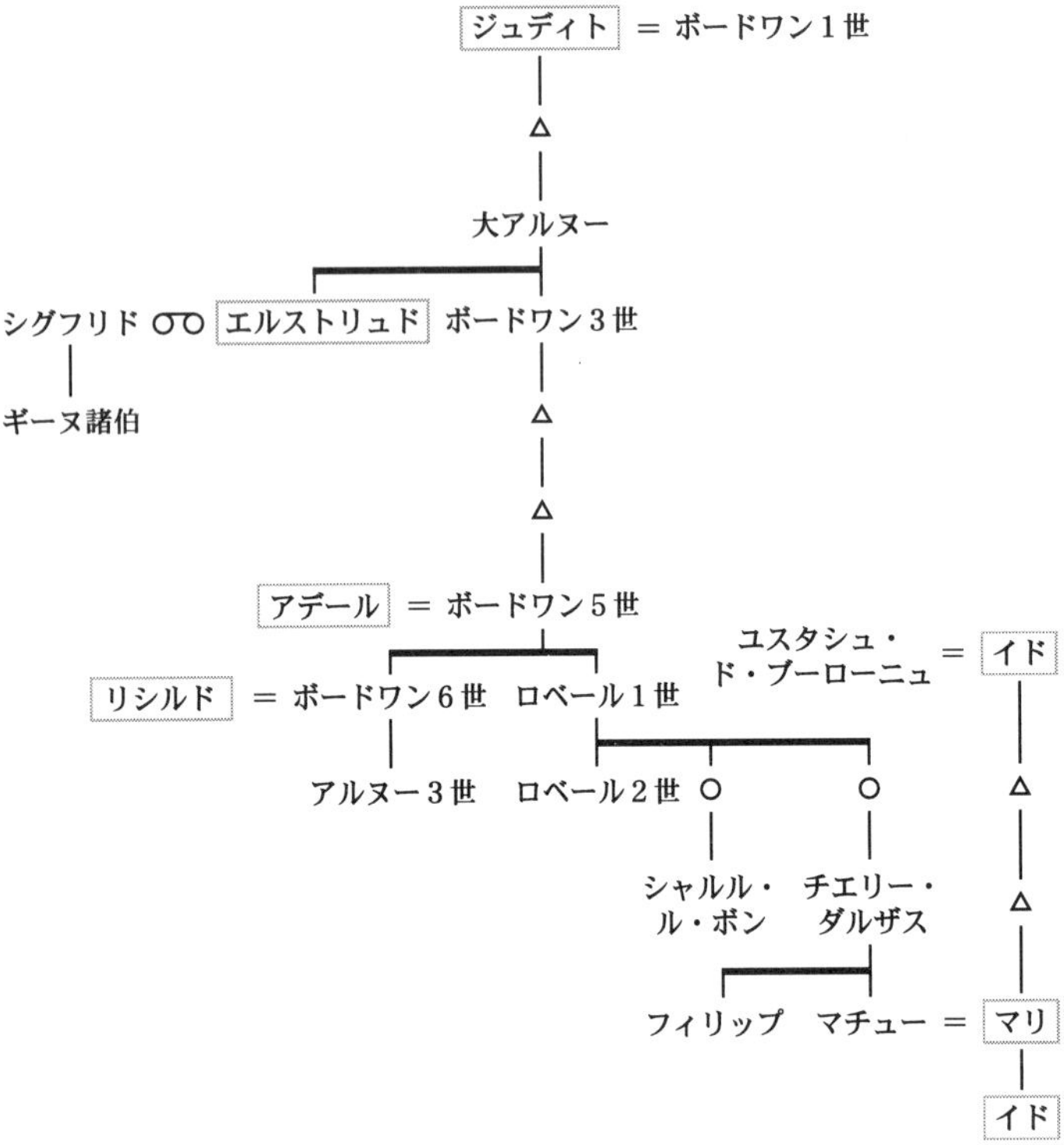

ジュディト
＝ ボードワン１世
△
大アルヌー
シグフリド
エルストリュド
ボードワン３世
ギーヌ諸伯
△
△
アデール
＝ ボードワン５世
ユスタシュ・ド・ブーローニュ
＝
イド
リシルド
＝ ボードワン６世
ロベール１世
アルヌー３世
ロベール２世
○
○
△
シャルル・ル・ボン
チエリー・ダルザス
△
フィリップ
マチュー
＝
マリ
イド

アンボワーズ領主

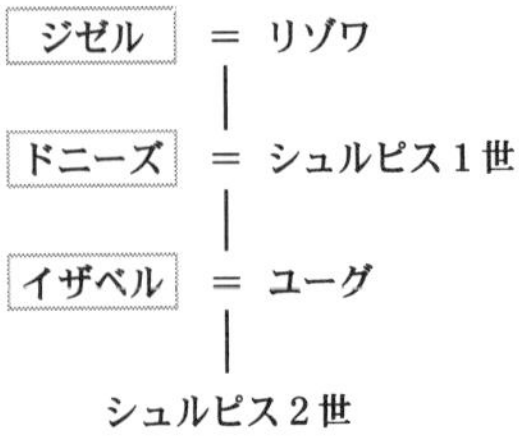

ジゼル
＝ リゾワ
ドニーズ
＝ シュルピス１世
イザベル
＝ ユーグ
シュルピス２世

Ⅲ　イヴと司祭たち

序文

　十二世紀の間に、西方世界の公教会はようやく女たちの期待を真剣に考慮に入れるようになった。彼女たちは自分がなおざりにされていると感じており、救済の道を歩むのをもっと親身になって助けてほしいと要求した。おそらくその前の世紀にキリスト教社会の精神的改革を指導した偉大な高位聖職者たちは、彼女たちの面倒をみる必要を、悪から引き離す必要を見抜いていたし、また最も寛大な祈る人たち、福書の教えに最も注意深い人たちは、最も不安におののく女たちを、最も貧しい女たちをまわりに集めていた。公教会権力は、しかし、これらの大胆な使徒たちを警戒した。失望した多くの女は、手を差し伸ばす異端の主唱者たちに耳を傾ける。やがて異端宗派の誘惑に対して備えさせることが、迷える羊たちを教会の懐に連れ戻すことが肝要となった。そこで聖職者たちはもっと頻繁に彼女たちのことについて語り始め、中には彼女たちに語りかけ、ときには耳を傾ける者もいた。彼らの言葉の痕跡は残っている。わたしが捜し求め、ひどく見えにくいこと――女たちがこの時代にどのように扱われていたか――について、それらの言葉はいくばくかの光を投じている。

　わたしはほとんど幻想を抱かない。女性存在の日常生活について、彼らの書いたものもやはり明らかな真実を示してはくれない。実際、彼らは男の偏見に首まで漬かり、さらには女たちから離れているように、女たちを恐れるようにと諭す、自分たちの身分の戒律に縛られながら意見を表明する男たちなのだ。したがって、十二世紀の貴婦人たちについて、今度もまたわたしはイメージしか捉えられまい。揺らめき、変形させられた、模糊たる映像。とはいえ、やむを得ず、わたしはこれらの証言を採り上げる。わたしが遂行してきた調査への、最後の、そして実質的な寄与として。

第一章　女たちの罪

エチエンヌ・ド・フージェールは、プランタジネット朝ヘンリー〔二世〕の宮廷付司祭、王家の典礼を執行する司祭の一人であった。この権勢ある主人にまことによく奉仕したため、一一六八年にレンヌ司教となった。良心的な、よき司教であった。人々を善に導くべく、また特に、貞潔を義務づけられ、欲望に抗うように励ます必要のある教会人を善に導くべく、彼はラテン語で聖者伝を、とりわけ、肉体の歓びを断念する手本としての、ギヨーム・フィルマ伝を書いた。フィルマは前の世紀のこの地方の人だった。彼もまた司祭であり、アベラールのように、教えることで金持ちになった。それから恩寵にうたれ、貧窮と禁欲のうちに隠者として生涯を終えることを選んだ。悪魔が彼に罠を仕掛けた。あまりにも熱烈で、煩わしくてならぬ弟子たちから逃れるため、禁欲の人は森の最も奥深いところに隠棲していた。まさにそこで、たちの悪い若者どもが彼の腕の中に若い娘を投げこむことを思いついた。ある晩、娘は隠遁所の戸をたたいた。「開けて」と彼女が言う、「怖いの、野獣がわたしを食べようとするの。」ギヨームは娘を迎え入れると、熾《おき》を吹いて火を起こし、パンをあたえた。相手は、そのお返しに、魅力を発揮する。「信仰の戦士」は挑戦を撥ねのけた。サタンは欲望の火で攻撃し、彼は自然の火で反撃した。彼が熾の火で、肉の深くまで焼くと、「娼婦」は驚嘆して、悔悛した。おのれに対する、色欲に対する、女の力に対する、女に由来する危険に対する勝利。エチエンヌにとって、女は悪の運び手である。一一七四年から一一七八年の間に書いた『諸身分の書』の中で、そのことを繰り返し力説した。彼はそれをロマンス語で、したがって宮廷の人たち、騎士や貴婦人のために書いた。

この長い詩――三三六詩節、一三四四詩行――は、人を楽しませる形で書かれてはいるが、説教なのである。というよりはむしろ、六つの説教の寄せ集めで、それぞれが社会の一階層に関連して、その固有の欠点を強調し、行動の手本をそれぞれに提示する。十二世紀の最終四半期、説教家たちは実際、社会の複雑さを意識して、社会を構成するさまざまな「身分」にふさわしい語調で話すほうがよいと判断していた。おそらく、創造主の意図と合致する、完全な社会のあまりに単純なイメージ、互いに助け合うよう勧められた三つの身分――聖職者、戦士、働く者――のイメージが、いまだに作品の中心にあって、二つの正確にバランスのとれた部分の接点にある。だがその前に作者は、支配者、王たち、聖職者たち、騎士たちの話をした。次いで、被支配者、農民たち、町民たち、さらには女たちの話に移る。世俗語文学で今日残されたものの中で初めて、固有のモラルを賦与され、固有の欠陥を免れえない「身分」(ordo)を構成するものとして、女たちが例示されたのだ。それらの欠陥がここでは激烈に告発されている。

この高位聖職者は、実は、すべての女たちを考察するわけではない。彼は職掌柄、もっぱら社会の上層部、指導者、高貴な家に目を配らざるをえないのであり、だからこそ話しかける相手は貴族であって、民衆ではない。したがって彼の視野に入るのは、大家に出没する女たち、

貴婦人がたに令嬢がた、
小間使いたち、召使い女たち

〔『諸身分の書』九七三行以下〕

であるが、いざ女の罪を描くとき、彼が激しく非難するのはもっぱら奥方である。大広間で夫のかたわらに君臨し、彼に言わせれば、糸も紡がず、布を織ろうともせず——当時のベギン会修道女はそうしているのに、誘惑から逃れるために聖女ゴドリーヴがそうしたのに——、何にも手をつけず、ひたすら暇を持て余しているから、そもそもほかの女たちよりももっと過ちを犯す危険にさらされている。それにまた、まずは彼女たちを訓戒するほうが賢明だ。高い地位を占めているため、彼女たちを観察して、人はそれを模倣するからだ。彼女たちによって、罪の蔓延する危険があるからだ。そのうえ、彼女たちの逸脱行為が引き起こす無秩序は重大な結果をもたらす。奥方たちから「憎しみが溢れ出る」〔同、九七九行〕。彼女たちは「戦争の種」〔同、九八三行〕なのだ。

彼女たちを裁くこの教会人は、女の本性の中に三つの大きな悪徳を見出す。彼によれば、女たちにはまず第一に、互いにその秘訣を伝え合う手段によって、たいていは料理によってなのだが、物事の流れをねじ曲げ、したがって神の意向に逆らう傾向がある。いずれもが大なり小なり魔女的であるから、奥方はひそかに、白粉に始まり、軟膏、脱毛用の練り粉といった疑わしい混ぜ物を練り上げては使用し、肉体的外見を偽り、男たちの前にあやかしの姿を見せようとする。

娼婦はおぼこ娘に
皺だらけの醜女は美女に様変わり。
〔同、一〇二七行以下〕

当時の教会人においては、化粧品を弾劾するのは常套手段である。そのような品物は神の意に沿わないが、誰もが知るように、神は自分の手でこしらえた肉体を変形させるのを禁じている。「白や赤に」塗られたら、神が自分の被造物を見分けることがない。そこまでは、しかし、過ちは軽少である。懐妊を避けるものを、堕胎させるものを、

軽はずみにも種を蒔かれたとき
自分の娘に宿った子を殺すものを
〔同、一〇四五行以下〕

奥方が処方し配るとなると、その過ちははるかに重大になる。さらには、男たちに呪いをかけるにいたる女たち、蠟や粘土でこしらえた人形を使い、まじない、魔術によって、彼らを屈服させようとする女たち、「悪しき草で毒を盛って」〔同、一〇四二行〕彼らを衰弱させようと、殺そうと試みる女たちの罪はおぞましい。第一の標的は、もちろん、夫、彼女たちの「主人」である。

なぜなら——そしてこれが第二の欠点だが——不柔順で、攻撃的な奥方たちは、父親が、兄が、長男が自分にあたえた相手、この雄に対してそもそも敵対的なのである。相手による必須の監督にも我慢できない。このように夫婦間には、陰にこもり、執拗で、残酷な戦いが続く。いざ夫が愛する気になったときも、そのよそよそしさに苛立つ彼の前で、妻は常にいっそう「動きがにぶくなり」、「扱いにくく」〔同、九九四行〕、「陰気で」——エチエンヌは、玄人らしく、念入りに言葉を選ぶ——「押し黙った」〔同、一〇一三

行〕態度に出る。奥方たちは反抗的だ、奥方たちは不実だ、彼女たちは復讐心が強く、最初の復讐は恋人をつくることにある。

実際、彼女たちの性格を損ねる第三の欠点とは——この点で彼女たちの意地悪さの極に達するのだが——、この時代、このような言説では、lécherie という名称をもつ。淫乱のことだ。いったん欲望に燃えると、弱すぎる彼女たちはその制御に苦労する。欲望は姦通へと彼女たちを直行させる。求める夫の前では、彼女たちは欲望の炎を抑え、自分を閉ざす。その代わり、満たされない彼女たちは伊達男たちを追い回す。いたるところで。真っ暗な教会で、束の間の逢い引きに好都合な夜の典礼の間——ソワソン伯ジャンは、とギベール・ド・ノジャンは非難する、「器量のよい女たちに秋波を送って楽しんだ」——、彼女たちが待ち伏せし、快楽を求めて男狩りする姿が見られる。よい血筋の獲物がないと、仕方なしに、召使い、「下僕」で我慢し、牝犬のように連中と交尾する。さらに、彼女らを責め苛む情炎が「おぞましい罪」へ、「自然に反した」罪へ、あらゆる罪の中で最も忌まわしい罪へと引きずりこむ。その話題を、司教は喜々として楽しむ。痛烈な非難はこうして取って置きの猥談に終わる。二十詩行にわたり、騎馬槍試合、剣術、釣りあるいは製粉業から借用した十五ほどの隠喩で、「奥方たちが見つけたこの戯れ」の段階や曲折が示唆される。そうなると、奥方たちが仲間内でそうしたがっている（と、そう彼らが言い張る）ことを、騎士たちが仲間内で想像して喜々として使う、あの二重の意味をもつ言葉がほとばしり出る。広間での彼らの哄笑が聞こえてくるようだ。

エチエンヌ・ド・フージェールは巧妙である。よく教えこむために、信者を楽しませることに熱中する。実は、非常に生真面目なのだ。軽薄さと嘲弄の下に、確固たる警戒心が隠れており、十二世紀フランスにおいて公教会の指導者たちが女について抱いていた、異論の余地のない、異論の唱えられることもない意見に、すべては立脚していた。彼らは見ていた。自然が、二つの異なった種、雄と雌との間に深い濠を掘ったのだと、と彼らは判断する。この亀裂に沿って、容赦ない合戦の戦線が走る。弱者の武器を振りかざして、陰険に、攻撃をかけるのは女たちだ。とはいえ、欲望を抑えるのに自分自身が苦労するから、聖職者たちは、悪の根源に、奥方たちのあらゆる放埒の根源に、生まれつき彼女たちを燃え上がらせたと彼らが想定する激しい好色を位置づけるのであった。

辛辣な言説を勢いづける、いささか淫らな用語を積み重ねる以外に、エチエンヌは何一つ発明しなかった。事実、彼は息の長い、非常に古くからある女嫌いの談義の流れに入りこんでいた。当時ロワール渓谷の学校で文法や修辞学の教師が注解していた、ラテン作家を彼は想起したのだ。オウィディウスを、ユウェナリウスの第六諷刺詩を、聖ヒエロニムスを想起したのだ。けれども、あれほど才気煥発に表現したことは、古代ローマの古典作家から借用した常套句の、単なるパッチワークではない。宮廷社会でたいそう顔が広いから、彼は確実に経験に即して語っている。だがとりわけ当時、宮廷人の期待にこたえるべく、多くの学識者、『トロイ物語』の作者、『動物誌』、『金石誌』の作者、ギーヌ伯ボードワンが宿泊させていた「博士たち」が当時そうしたように、教会の図書室の内容を騎士身分の気晴らしの言語に翻案し、移植して、女を難詰する三八詩節をつくるにあたり、彼は司教館の書棚の手の届くところで見つけた二つの著作から直接材源をえたのである。まず第一に、レンヌの司教座の先任者の一人、マルボドゥスが半世紀前に書いた『十章の書』に。これは「娼婦について」論じ、力強くたたき出された八十詩行で女の恐るべきシルエットを鮮明に描いていた。四方八方に網を張り、スキャンダル、喧嘩沙汰、反乱を引き起こし、すでに女は「男性」の敵としての姿を見せていた。裏切り者――それはイヴであった。「一体誰が禁じられたものを味わおうと説得したのか?」――、諍い好き、吝嗇、尻軽、嫉妬深く、さらにはこの邪悪さの堆積の極みとして、貪欲な下腹部。マルボドゥスはここで古代のキマイラのイメージを取り上げた。頭は、メデューサ的で、残酷な、ライオンの頭。尾は、死を、劫罰を撒き散らす、ぬるぬるした竜の尾。しかし、頭と尾の間には、山羊の胴を置かなかった、置いたのは猛火、それだけであった。火。白熱、燃焼、焼尽。誰もこの怪物にあえて挑戦しないように、その攻撃たるや目にもとまらず、全速で逃げるにしくはない。

『十章の書』は、『諸身分の書』と同様に、文体の訓練であった。これらの地方では、十二世紀の高位聖職者が、この種の、凝りに凝った詩によって、文学に精通しているゆえんを進んで披瀝したのである。エチエンヌ・ド・フージェールが与える道徳的教訓の、さらに直接的な発想源になった作品は、それとはまったく違うものだ。これもまた司教、ヴォルムスのブルカルドゥスの著作である。しかし、たいそう謹厳な提要、秘蹟授与の手引書、学者たちの言う「教理典範コレクション」の類いなのだ。『教令集』(Decretum)と題されている。実際、それは、「決議」(canons)を、歴史の流れの中で公会議、司教会議において採択された決定を、個々の罪科について、それを贖うと見なされた罰を指示することから、「贖罪規定書」(pénitentiels)と呼ばれる本に収められた命令を集大成し、分類して、法の所在を明らかにするものである。人は数十年前から、このような一覧をつくることに没頭していた。それは公教会の指導者たちが主要職務の一つを遂行するのを助ける。すなわち、先人の権威を根拠として、違反を裁き、定義し、罰し、それによって、徐々に道徳の規範を確立することを。一〇〇七年と一〇一二年の間に、ヴォルムスの司教は作業に着手した。この時代、メッスとケルンの間にある地方、近年の異教徒侵入を免れえて、そこに悔悛者マリ＝マドレーヌ信仰が根を下ろし、カロリング期の伝統が連綿と続く中で高度の文化が花咲く大ロレーヌ地方では、司教組織の粛正が加速していた。賢明な方法で選抜された高位聖職者たちは、信者のモラルの立て直しも計っていた。ブルカルドゥスはカードを山と積み、それを適切に整理し、自分と友人用に『教令集』を組み立てた。彼はかつてロブの修道士であった。ジャンブルー修道院長となった旧師の一人と、シュパイヤーの司教が彼に力を貸してくれた。当時の学識者が持ち合わせたごく粗雑な器具を考えると、たとえそれが文字によって言葉を固定するだけであるにしても、完成した作品の膨大さには啞然とさせられる。その厳密さ、その明晰さは人を驚嘆させた。不可欠の書物となった。帝国およびフランスの北半分の司教区のいたるところで、これは転写された。キリスト教世界のこの地域では、十一世紀から十二世紀末まで、罪を暴き出し、償いの罰を公平に割り当てるために、すべての司教がこれを用いた。

『教令集』は、全体的浄化に不可欠な道具の観を呈する。これを構成する二十巻のうち、最初の五巻は聖職者階級とそれが与える秘蹟、すなわちこの必要な浄化の主体を扱っている。それに続くのが、罪の重さに応じて罰することで清算すべき罪の解説付きカタログ。それらの罪は、公的な罪科から最も私的な罪科にいたる論理的順序で配列され、殺人を扱う第六巻に始まり姦淫についての第十七巻で終わる。第二十巻、「思弁篇」(Liber speculationum)は、四終〔死、最後の審判、天国、地獄という人間の終末の状態〕、死とそれに続くことについての思索である。すべて贖罪にあてられた先行部分は、「肉体の矯正と魂の医療を収めているゆえに、貧しい者または富める者、子供、若者または老人、老朽者、健全な者、不具の者と、年齢、性別を問わず、いかにしてその者の重荷を軽くしてやるかを、聖職者たちに、その最も単純な連中にも教えることから、『矯正者』(Corrector)あるいは『医師』(Medicus)と呼ばれて」いる。それは要約、一種のレジュメであって、扱いやすいため、作品全体よりははるかに広く出回った。それぞれの罪について、司教やその代理が課すべき公の贖罪の正確な通り相場が、そこには容易に見出せたのである。『矯正者』とは、したがって贖罪規定書、しかも最新かつ最良、この種のものの極致だ。とはいえ、それはそれ以上のものだ、なぜなら単に矯正するばかりか治療すると主張しているからだ。「魂の医師」として、萌芽のうちに悪を攻撃するのであり、それゆえ宣告を下す判事よりも、罪人を追求するのが任務の捜査官にとって役立つ。事実、処罰リストは訊問の単なる補足の観を呈する。十一世紀には、実際、悔悛の秘蹟を授与する方式がゆっくりと練り上げられていた。聖職者は罪人たちが完全に浄化されるよう助けねばならなかった。したがって彼らを厳しく問いただし、告白を強いねばならなかった。改悛者がおのれの罪科を認め始めたらすぐ、その彼の心の中に恥ずかしさをかき立て、さらにもっと先にゆくよう圧力をかけ、魂の最深部を明晰に吟味するのが適切なことであった。「おそらく、親愛なる者よ、そなたの犯したことのすべてが記憶に戻ることはあるまい。わたしがそなたを訊問しよう。だからそなたは、悪魔に唆されて何一つ隠すことのないよう、よく注意したまえ。」それから彼は訊問するであろう、手順通りに。昔風の贖罪規定書ではあるが、『矯正者』は実は、十二世紀末に聴罪司祭のために作られ始める手引書を予示するものだ。

ブルカルドゥスもまた、手本を持っていた。百年も前に、同じ地方で、かつてのプリュム修道院長、当時サン＝マルタン・ド・トレーヴ修道院長であるレギーノが、司教区の司教訪問の際や司教裁判開催中の手引きを求めるラトボド司教の要請によって、二冊の書物、『一般訴訟について』と『教会の規律について』を書いた。後者には罪に関する質問、訊問が載っている。ブルカルドゥスはこれを非常に貴重だとみなし、『教令集』の冒頭、司教の権力にあてられた部分で、これをそっくり転写した。ここではしかし、質問はまったく違ったやり方でなされている。贖罪する罪人に対して司祭がするのではなく、各教区から選ばれた七人の「円熟した、品行方正かつ誠実な」陪審員に対して司教が質問する。彼らはこの高位聖職者の前で起立する。彼は連中に説教する――「諸君は一人の男の前でではなく、諸君の造り主、神の前で誓いを立てるのだ[……]。何も隠さぬよう、他人の罪で劫罰を受けないように願いたい。」他人の罪とは、実際、彼らの罪ではない。自分の良心を掘り下げ、自分自身の欠陥を告白することなど、彼らに期待してはいない。知っていることのすべてを、庶民の共同体内部、身辺で犯された罪科で見聞きしたことのすべてを、彼らは暴露しなければならない。司教はいまや彼らを訊問する――「この教区に人殺しはおらぬか？親殺しは？［……］教会のまわりで人を笑わすあの悪しき歌を、おこがましくも歌った者はおらぬか？」このようにして八十九の質問が続くが、これまた最も明白な犯罪、人口の全体が汚される流血の犯罪から、ごく私的な性の罪や聖なるものに対するささいな不敬行為にまで及ぶ。公権力が平和を回復するために、平和を維持するために定期的に行うような、「訊問」（inquisitio）手続きにこれはあたる。

　このような資料は、われわれの文化に重大な結果をもたらした動向の最初の進展を明らかにする。十世紀の初頭、公教会の積極派が管理と支配の手続きを整備するのを人は見る。「愛も、恐れも、感謝も、家庭の愛情も」顧慮することなく、目を開き、耳をそばだてて、公教会が罪と定義する事柄のごくわずかな兆候をも探り出すのを任務とする、宣誓した密偵の仲立ちで、忠実な民衆の内部に公教会が侵入し、深く潜りこむのを人は見る。このようにして公教会が平信徒の行動に対する支配を大きく締めつけるのを人は見る。これは第一歩だ。一世紀後、ブルカルドゥスの時代に、道具ははなはだしく改良された。司祭が教区民と、一対一で、打ち明け話をする。司教は監視し罰する権力を司祭に委任し、「大いに慎重であるように、公に罪を犯して公に改悛した者と、ひそかに罪を犯して自力で告白する者とを区別するように」と勧める。これ以後、公教会は最も私的なことを支配することが可能になる。十世紀の訊問官が見破りえたことのはるか先まで覗きこみ、以前は誰も有罪だと見なさなかった仕草や考えを公教会は自分の支配下に置き、名を挙げてそれらを指摘し、描写することで犯罪へと変形させ、そうすることで不安の領域を、地獄への恐怖の領域を無限に拡大し、公教会に屈服するように導く。この主要な革新には、それに劣らぬほどの重い結果を生む、第二の革新が伴っている。すなわち、ヴォルムスのブルカルドゥスは、直接女たちを訊問するようにと司祭に要請する。一四八の質問を述べ立てたあと、『医師』（Medicus）は注意する

――「以上に述べた質問は女たちと男たちに共通のものであるが、これからの質問は特に女たちにかかわる。」

＊

最初の質問は、共通の訊問の延長線上にやって来る。それは「不信心」に関する問題だ――「ある季節に、ある女たちが習慣としていることを、そなたはやったか？　そなたの家では、古人がパルカと名づけた三人姉妹が場合によっては食事ができるように、食卓と、食べ物と、飲み物の支度をしたか、食卓の上に三本のナイフを置いたか？　そうすることで悪魔の手に移すために、神の慈愛と御名からその力を奪ったことがあるのか？　三人の姉妹が、そなたの言うように、今もしくはもっと後にそなたの役に立つことがあると思うのか？」次に訊問は直ちに本質的なことへ、とりわけ女の罪である情欲、快楽の追求へと移る。女たちが男たちから遠いところで、「奥方の部屋」の奥でひそかに味わうあの快楽について、まず五つの質問が続く。『教令集』は、『諸身分の書』のような、面白い説教書ではない。この冷たい作品は遠回しな表現などを気にもとめない。直接的な言葉を使って、ずばり核心を突く――「ある女たちが習慣にしていることを、そなたはやったのか、そなたのサイズに合うような、ある種の機械（machinamentum）［この言葉は、古典ラテン語では、ローマ軍が用いた攻撃武器、破城槌、弩砲あるいは投石機を指した］をこしらえたか、それをそなたの性器あるいは仲間の女の性器に結びつけたか、この器具あるいはほかの道具を使って、そなたはほかの悪い女たちと、もしくはほかの女たちがそなたと、淫行を働いたことがあるか？」あるいは「そなた自身と淫行を働くために」その種のものを用いたか？　あるいはまた「責め苛む欲望の火を消すために、あたかも交わることのできるかのごとく、合体する」あの女たちのように、そなたはやったのか？「幼い息子と淫行を働いたか、つまり、そなたの性器の上に彼を乗せ、そうすることで淫行の真似をしたか？」「そなたは動物に身を任せたか、何らかの技を用いて動物を性交に駆り立てたか？」少し先で、聴聞司祭は再び快楽に、より合法的な、夫婦間で交わす快楽に興味を示す。実際に、奥方はさまざまな手口により、夫の炎を煽り立てることで、その快楽を陰険に増幅増大させようと懸命ではないのか？「相手がいっそうそなたへの愛に燃えるように、男の精液を味わったことがあるか？」同じ目的で、悪魔的かつおぞましい催淫薬を、そなたの腰布の下でマリネした小魚を、そなたの裸の尻の上で粉をこねたパンを、あるいは経血を少しばかり、あるいは焼いた睾丸の灰の一つかみを、男の飲むもの、食べるものに混ぜはしなかったか？　さらには、放蕩を助長するのが、性器の使用から、単に快楽だけではなく利益をも引き出すのが、女の本性ではないのか？「そなたあるいはほかの女のために、売春の斡旋を行ったことはあるか？　すなわち、連中が堪能できるよう、そなたは娼婦のように、自分の体を恋人たちに売ったか？　あるいは、これはもっと性悪で罪深いことだが、他人の体を、つまり、そなたの娘か孫娘を、別のキリスト教徒の女を売ったことが？　あるいはまた、他人の体を賃貸したか？　取持ち女の役を務めたか？」

女たちは自分の体から快感を引き出す。彼女たちはまた死と戯れるのに、まずは自分の子供の死と戯れるのに慣れている。七番目の質問から、聴罪司祭は不安になる――「淫行を働き、孕んだ子を殺したいとき、ある種の女たちが慣わしにしていることを、そなたはやったか？　その女たちは、呪い、または薬草によって、子宮から胎児を追い出しにかかる。そのように胎児を殺して追い出すか、あるいはまだ懐妊していないときは、懐妊しないようにあらゆることをする。」とはいえ、「魂の医師」は、プリュムのレギーノより賢いから、よりよく区別するように促す――「貧しさのため、子供を育てるのが難しいためか、それとも淫行のため、罪を隠すためなのか?」同様に、もしも胎児が「命を与えられる」前に、「命の息吹を受け取る」前に損なわれ、動くのが感じられる前に損なわれるときは、罪科の重さは減じると裁定する。それとは逆に、いっそう罪深いのは、どのようにするかを女友だちに教える女だ。生まれたあとも、子供は危険を脱したわけではない。「そなたは進んで息子あるいは娘を殺したのか?」それともまた、「怠慢ゆえに、みすみす死なせたのか?」湯の煮えたぎる鍋の間近に置いたままであったのか?「望んだわけではないが、そなたの服の重さで「……」、わが子を窒息させたのか?そなたの男と寝る寝台で、かたわらに窒息した子を見つけたのか?父親かそなたに窒息させられたのか、それとも自然死であるのかが言えない場合でも、そなたは安穏たりえず、贖罪抜きでもありえない。」なぜなら女は時として頭がおかしく、しかも「七歳まで子供を見守るのは」女の責任なのだから。

実際、この年齢までは、子供は男たちではなく、全面的に女に帰属する。彼女のものなのだ。だから彼女を厳重に監視する必要がある。女たちは子供のことで憂慮すべき計略に身を委ねる傾向がある。たとえば、子供がひどく泣くと、穴の中を通させ、この通過儀礼によって、もっと手のかからない子と取り替え、これを悪しき力に捧げるふりをする。とはいえ、ごく幼い子供が埋められるやり方にこそ、司祭は格別の注意を向けなければならない。子供たちが死んで生まれるか、あるいは洗礼を受けずに死ぬと、「その小さい体を杭で貫いたか?」(なぜならそうしないと、と女たちは言う、「甦ってきて、多くの者に害を加えるかもしれない」)。洗礼を受けて死んだときは、「その右手には聖体パンを入れた蠟の聖体皿を、左手にはブドウ酒を入れた聖杯を」置いたか?

この死者たちに対して、死に対して行使すると人が認める力を、女たちは、もう一方の性に対する絶えざる戦いにおいて悪用しているのではあるまいか?そのことから十二番目の質問が生まれる——「そなたは致命的な毒をこしらえ、この毒で男を殺したか？　あるいは、少なくともそれを望んだか？」殺すことを、あるいは少なくとも、魔法によって男性能力、生殖機能を消耗させ、失わせることを？「ある種の不倫女たちがすることを、そなたはやったか？　自分の恋人が正規に妻を娶ろうとするのを見抜くとすぐ、彼がその妻の前で不能になり、妻と番《つが》えなくなるように、禍々しい術によって男の欲望の火を消すことを？」そなたは「裸の体に蜜を塗り、地面に敷いた布に小麦を撒き、上下左右に転げ回り、体に貼りついた麦粒をすべて念入りに回収したか、太陽と反対の方向に挽き臼を回して、それらを粉に挽いたか、夫が衰弱するようにと意図して、その小麦粉で夫用にパンをこしらえたか？」あるいはまた、女の攻撃性、男という種族に対する根源的な敵意が野蛮に表現されている、次のような妄想はどうか――「戸を閉めた、夜のしじまに、夫がそなたの胸の上で寝て、そなたが寝台で休んでいる際、肉体がそこから抜け出し、同じ過ちの犠牲者たるほかの女たちと一緒に、地上を駆けめぐることができると思うか、洗礼を受け、キリストの血で贖われた男たちを、目に見える武器なしで殺し、彼らの焼いた肉を一緒に食い、心臓の部分に藁、木もしくはほかの物を詰め、こうして食い終えたあと、いわば休戦を認めてやるようにして、彼らを再び生かしてやることができると思うか？」

聴罪司祭はここで、あの女の邪悪な究極の面、魔術に攻撃をかけ、夜の騎行、夜の騎馬槍試合に対して、神の裁きをねじ曲げる護符の保持に対して、それによって女たちが隣人の家禽・家畜飼育場に、乳に、蜜に力を及ぼすとか、あるいは呪いで他人の運命に働きかけると称する魔術について、質問がいくつも繰り返される。そして質問は、少女たちの行列を喚起することで終わる。一人の素裸の乙女が彼女たちを小川へと導く。その前に乙女は村の中年女たちに連れられて、ヒヨス〔ナス科の毒草〕の若芽を摘みに行き、右手の小指でそれを摘み、それを右足の小指に結びつけていた。同行の女たちは彼女に水を振りかけると、

「ざりがにのように」後ずさりしながら戻ってくる。「このように妖術によって、女たちは雨に恵まれることを期待する。」その前に教会規律へのさまざまな違反例が列挙されるが、軽薄、饒舌、軽率ゆえに、女たちはひとしなみにその点で有罪であることを露呈する。

*

女の世界を囲む半透明の障壁を越え、張形の使用法や雄たちの熱情を呼び覚ますのに適切な数多くの処方を、自ら中年女たちから仕入れる司教ブルカルドゥスの姿を想像するのは、わたしには容易になしがたい。実は、彼は先行テクストに、とりわけプリュムのレギーノに取材したのである。四十一箇条の質問の四分の三は、違った表現ではあるが、この修道院長の著作の中にすでに現れている。

教区内の風俗監視役を命じられた七人の陪審員に、司教が訊問するところを想像するにあたって、修道院長が司教の口から発せしめる質問はことごとく男についてであった――「……のような男（aliquis）はいるか？」実際、女たちが閉じ込められた家庭空間の中まで調査員が入りこむのが容易ではないし、彼らが最も接近しやすい隣人、白昼に公の場で行動する連中、男たちから大部分の情報を引き出すであろうことを、彼はよく知っていた。とはいえ、罪科の四つの範疇については、訊問は男女両性に関わるものだ（「誰か男もしくは女（aliqua）はいるか？」）。すなわち、魔術に頼ること（「夫が子種を授けられないように、あるいは妻が懐妊できないようにしたか、または教えたことがあるか？」）、姦通、姦淫、子供をなおざりにすること――「そう望まなくとも、自分の子を窒息させたか？　病気であるのに、洗礼を受けさせずに子供を死なせたか？」さらに、八つの場合に、女たちだけが犯行に罪ありと推定されるのだ。まずそれは四種類の殺人である。もちろん、堕胎。子殺し（非合法の交接の産物とア・プリオリに見なされた子供の死体は、そこで、地中もしくは水中に隠されるとされていた)。「毒草もしくは致命的な飲料による」夫殺し(妻殺しもまた——このことは強調しておこう——罰せられたが、妻の尻軽であったことを夫が証明できなかった場合に限る)。最後に、奉公女殺し(男の奴隷を殺すのは一家の主人、奉公女を殺すのは女主人であり、彼女はこの場合、自分より強い男を抹殺するときのように、陰険に、毒物に頼って行動することはなく、新生児相手のように手を用いた)。はっきり見て取れるように、死をもたらすがゆえに、女はまず第一に男たちを不安にする。子供が死んで生まれようと、あるいは生まれるときに死のうと、母親のせいでしかありえない。朝になって夫が寝台で死んでいるのが見つかっても、妻のせいでしかありえない、それも彼女が処方を知っている不可思議な薬物によってだ。次にやってくるのが性の問題。しかしこの場合、二十一箇条の質問のうち二つだけが特別に女たちの振舞いにかかわり(別の男と結ばれるために夫を手放す女を知っているか?自分の体もしくはほかの女の体を売る女はどうか?)、第四部の十六問中の二問、「魔法使と呪術師」がそれだ。一つは非常に一般的な質問——「呪詛もしくは呪法によって、男たちの精神を変えられると、憎しみを愛に、または愛を憎しみに変えられると、あるいは男たちに属するものを損ね、横領できると自慢する女がいるか?夜になると女の外見をした悪魔の一群と一緒に騎行すると称する女を見つけたら[……]、あらゆる手立てを尽くして教区から一掃すべきである」(あらゆる手立てを、想像してみよう!)。もう一つの過ちはむしろ職業的性格のものであろう。女たちが毛織物や亜麻布を織るとき、魔術的な呪文を小声で唱えるのを聞いていないか?レギーノ作成になる質問がこのように男女によって分かれるのは、女たちの本質が何らかの方法で彼女たちを罪に導くという観念が、すでに十一世紀初頭、ヴォルムスのブルカルドゥスの企画よりも百年早く、人心に深く根づいていたことを示すものである。ただし、この観念の由来ははるか昔にさかのぼる。贖罪規定書をこしらえたカロリング期の聖職者や修道士たち、テオドルス、ラバヌス・マウルス、オルレアン司教テオデュルフは、そのような観念を共有していた。それでも、ブルカルドゥスがこれらの罪を選り分け、弁別し、取り分けて、新たな罪を定義した最初の人物であることに変わりはない。

レギーノの中に見出した質問を、彼は二つに分類した。その第一に、彼が言うところの「両性に共通する」質問を組みこんだ。誤解してはいけない、それらは実は男に対して発せられたものである。彼が性と悪魔的な力との交合に関する質問を倍加したことに、誰でもすぐ気づくが、これは簡単に説明がつく――なぜなら訊問者がここでは教区民ではなく、司祭であるから。したがって他人に見せて差し支えないことに止まらず、改悛者との親密な対話を通して、司祭が調査をはるか先にまで、自分が世話し支配することが肝要なこれらの魂の最も私的な部分に、最も深奥の部分にまで推し進めなければならないからだ。驚くべきことには、女たちがこれら罪障の二領域――性と魔術――を支配していることに誰も疑念を抱いてなかったのに、その女たちに直接話しかけるべしとは、司祭に命じていないのである。彼の先駆者たちは、自分らが根絶させようと努めた、あのディアナ、魔女ホルダ、「愚昧な者どもがパルカ〔運命の三女神〕と呼んでいる」強力な女の加護の下に置かれた悪しき信仰と慣わしのことを知っていた。葬儀の際や家事の最中に女たちの唱える呪文を彼らは耳にしていたし、また他人に害を加える意図から、ある種のやり方で死者たちの帯を結ぶのが、羊毛を漉くための櫛で柩を叩くのが、墓地に向けて出発する前に手桶の水を担架の下に撒き捨てるのが、女たちであることを彼らはよく知っていた。ブルカルドゥスもまた知っていたが、それは彼が雄どもを攻撃するのを制止するものではない。おそらく彼は「そなたはさようなことをしたか?」と訊ねたりはしない。男は立役者ではない。だが彼はこう迫る――「そなたは居合わせたのか?そなたは許したのか?」そなたは女の仕事場で、機織りの女たちが魔法の呪文を口ずさむのを聞いたか?

渇望する相手の憎しみを愛に変えることが、夜には悪魔じみた騎行に加わることが、彼女たちにできると思ったか？　公教会の禁じる仕草を彼女たちが棺台のまわりで行ったとき、そなたは抗議したか？「人の話では、愛人たちを欲し、快楽をむさぼるときは姿を現し、そのあと姿を隠して消え去る、あのシルヴ［森の女］と呼ばれる野生の女たちがいる」と、そなたは思うか？「子供が生まれると、この妖精たちがその子を望みどおりの者に仕立てられると、そなたは思うか？」同様に、離縁、不義、淫行、同性愛、淫らな愛撫にかかわるものは、すべて男の問題であり、禁止された性交体位に関しては、「同衾すること」が禁じられるときに関しては、「そのように妻を弄ぶこと」への嫌疑は夫に、夫のみにかけられる。あまりにも燃えやすく、邪悪であるがゆえに、女が肉の罪に駆り立てるとの確信は、しかし、非常に強いものであるから、一度、ただし一度だけ、女がイニシアチヴを取ったことが明らかにされるが、それは妻の妹で、夫婦の寝台にこっそり滑り込んだ女の場合である。それすら狙いは夫を無罪にするためであった。望まずして、近親相姦の罪を犯したのだ、と。

このように責任を男に負わせるのはなぜなのか？　理由は二つある。まず第一に、本性からして、女たちが受動的だから、とりわけ愛の仕草において受動的だからだ。老いも若きも雄たちが、狙いをつけ、望むままに屈服させ、享受する対象なのである。「裸で、湯浴みしている女たちを、そなたは盗み見したことがあるか？　女たちの胸を愛撫したことがあるか？　彼女たちの恥部を手で弄んだことがあるか？」男に対してそのような質問が投ぜられる。女が罪深いのは、自分の役割を逸脱し、自ら快楽を手に入れる場合に限られる。女が男の役を果たす場合である。あるいはまた、男の保護の下に置かれて、柔和であれ、非武装（inermis）であれと神の望んだ女が、あえておのれの武器を、毒薬を、呪文を、魔法を作りあげる場合。分別を逸脱して（irrationabiliter）、明白な、定められた社会関係の領域を逸脱して、女が男の権力に挑戦する場合。住まいの最も深奥部の彼女に委ねられた領域——そこでは女同士で、奥方と侍女が幼い子供の世話をし、死者が彼岸に入る準備をし、報復を夢想し、秘密と愛撫を交わす——で、女が夫の視線から遠いところで行動する場合。もう一方で、それが主な理由であるが、男は女の指導者なのだ。自分が娶った女の行為と思考に責任がある。目の前で彼女が公然とすること、公然と口にすることで、神の意にそぐわぬことは、これを禁ずるのが彼の義務なのだ。そして家中の別の女たち、彼の娘たち、姉妹たち、はては台所の下働き女どもが、もしも公教会の非難する決まり文句を一斉に繰り返すときは、棍棒を手にして、その口をふさがねばならない。魔術、予言、悪魔との共謀に関する質問はすべて、司祭が夫婦間において禁じる性行為に関する質問と同様、男に対して投ぜられる。女たちにではない。責任無能力であるから。

けだし彼は彼女たちの「主人かつ主君」である。彼女たちは彼に服従し、『教令集』を通して、公会議文書への数多くの指示がこの原理を支持する。そのうちの二つを取り上げる。第十一書に、ブルカルドゥスは、司教が和解させたとき、夫と配偶者が立てるように促される誓約の文言を転記した。男は簡単に言う——「法に則って夫がその妻を引き留めるべきように、以後わたしは彼女を引き留めましょう、彼女を愛しつつ、かつ「筆者は強調したい」『必要な躾を施しつつ』。もはや彼女と別れることはなく、彼女が生きている限り、別の女を娶ることはありますまい。」女のほうはもっと多く語る、なぜなら約束することが多いからだ。「以後私は彼を引き留め、抱き締めましょう「これがよき妻にふさわしい姿勢なのだ——高圧的な、ブロンズのユピテル像の足元に侍るしなやかなテティスさながら、愛撫し、慰め、喜ばせるのが」、彼に『服従し、柔順に、奉仕し』「隷属し、と訳すべきか?」ましょう、法に則って妻が夫に『服従』すべきであるように、愛しつつまた『恐れつつ』。もはや彼と別れることはなく、彼が生きている限り、結婚であろうと不義であろうと、ほかの男と契ることはありますまい。」女のほうは、服従、恐怖、恥辱。こちら側は、こちら側だけは、不義密通とそれを罰する苛烈な制裁。別のテクスト（第八書）は、呼び出されもしない公共の集まりに女たちが姿を見せるべきではないこと、なるほど彼女たちにも口をきき、議論する権利はあるが、しかしあくまでそれは女同士の、女だけの話題について、またぬったにそこから出ることがない（出るときは必ず付き添いがいる）家の女の領分においてである。ところで、まさにそこで、この隠れ家で、女たちが行動するのだが、必ずしも立派に行動するわけではない。彼女たちの違反について、家長に責任ありとするわけにもゆくまい。この暗い空間に彼が入りこむことはほとんどなく、そこでは沈黙にぶつかり、何も彼の目に入らない。神が、神のみが、すべてを見る。神の代理を務める司祭たち――それも「最も単純な者たち」――がすべてを見なければならない。彼らは夫の、父の、兄の代理となる。最初の質問四十八箇条に特別の質問四十一箇条が加えられた理由はそこにある。それらは聴罪司祭に罪がどこに隠れているかを示す。罪が姿を現すようにする言葉を彼に教える。要するに、『矯正者』とはまた贖罪規定書であるから、過ちのそれぞれについて、裁き主の神を満足させうる罰金の額を定めている。

当時は、身体的な罰、過ちを外に明示するような罰によって、行動と服装のあり方によって、罪を償うことができた。過ちの重さ次第で、この罰は短くもなれば長くもなった。制裁の体系は、殺人に課せられた罰、七年を上限に構築されているようだ。実際、レギーノとブルカルドゥスのどちらも、公教会が罪人に強いる禁欲を事細かに記す、八九五年のトレブール公会議の決定を書き写せばよしと判断した。「まず、以後四十日間、罪人は聖堂に入る権利を持つことはない。乗り物を使わずに、素足で歩くように。服を着用しても、股引きはなし［事は公然たる殺人、それゆえ男の犯罪にかかわっており、ここで問題となっているのは男の服装である］、武器もなし。彼はこの四十日間、パン、塩と真水以外は何も口にすることはない。この四十日が過ぎるまでは、ほかのキリスト教徒や改悛者と同席で飲食することは決してなく、だれも彼の食べ物を分かち合うことはあるまい。彼の身分と健康状態を考慮し、慈悲により、とりわけ自分の意志ではなく、やむなく殺人を犯した場合には、果物、薬草と野菜を口にすることは認められよう。いずれにせよ、この四十日間、いかなる女と接することも、妻に近づくことも、男と眠ることも、教会権力によって禁じられる。聖堂の近くにあって、それも自分の過ちのゆえに、夜も昼も扉の前に身を置くべし、ここかしこと放浪することなく、一か所に留まるべし。もし死に脅かされるときは、司教が彼とその敵との間に和平を確立できぬかぎり、贖罪の行は延期されるだろう。もし病にかかり贖罪をしかるべく行えぬときは、治癒するまで延期されるだろう。長患いの場合は、罪人にして病人である者をいかに癒すかを司教が決めるだろう。四十日が過ぎると、大量の水で体を洗い［新しい命の門出にあたり、新生児の体を洗うように、また死者の体を洗うように、十二世紀には騎士に叙任される者の体を洗うことになるように］、彼は自分の服と股引きを着用し、伸びた髪を切るだろう。この精進潔斎の四十日のあとは一年間、祭日を別としては、長旅をして軍隊や宮廷に合流する場合以外、病気にかかった場合以外は、ブドウ酒、蜂蜜水、ビール、肉、チーズや脂こい魚を慎むことになろう。そのような場合には、毎日銀貨を一枚恵むか、あるいは三人の貧しい者たちを養うことで、それも自宅に戻るか治癒するまでそうすることで、水曜日、金曜日、土曜日の精進潔斎の埋め合わせをつけられるだろう。この一年が終わると、彼は教会に足を入れ、和睦の接吻をしてもらえる。」二年目と三年目の間も同じ義務が課せられる。それに続く四年間、罪人はもはや復活祭前、聖ヨハネ祭近く、降誕祭前の三つの四旬節の間のみ断食することになろう。「それが終わると、聖体拝領にあずかるだろう。」

罪を犯した女たちに約束された罰の選択の幅は非常に広く、権利剝奪は三日から十年に及ぶ。日曜日に働いたことで、教会でおしゃべりをしたことで、病人をなおざりにしたことでは、数日間のパンと水の仕置きがあるのみ。不実な恋人に呪いをかけて不能にする女たち、得体の知れぬ薬で夫の過剰の能力を枯渇させる女たちには、それよりは少し余分の仕置きが課せられ、四十日間、「四旬節」の精進潔斎。もっと厳しい罰が、一年（自慰行為）から五年または六年（男根のような「器具」を使用すること、自ら売春するか、ほかの女を売春させること）にわたって配列され、若い子供たちへの手落ちや、人に魔法にかけるとか自分だけで快楽をえるさまざまなやり方を懲らしめる。六つの罪が殺人と同じくらい重く罰せられる――毒を盛ること、護符によって神の裁きに逆らうこと、流産を起こす手口を教えること、性的変態の最も唾棄すべきもの、獣姦に身を委ねること、夫の精液を飲むこと、それにあの夢想、男たちの心臓が炙られる異様な国へ、夜な夜な出かけること。さらにその上に七年の罰があり、これは堕胎、男殺しに適用される。当時の聖職者が女の罪過の段階について抱いた判断を、この区分は忠実に反映しているのか？　そう信じるのは軽率であろう。ブルカルドゥス自身がそれを定めたのではない。典拠を尊重する彼は、それぞれの罪について、時代と出所が多岐にわたって散在する先行規定が課した罰の通り相場を、時には――ただし稀であるが――それに修正を加えて書き写したのである。とはいえ二つの事がはっきり目立つ。女たちが命に危害を加えるのを（だがまた――そのことを強調しておきたい――この命の萌芽、種、発生段階の男の力を横領するのを）妨げようとする意志、根源的意志。自分の肉体を悪用すること、魔法を使うことは、それよりは重大ではないと判断されていた。もっと注目すべきことは、「迷信」と性行動に関して、質問事項の両当事者間に見られる明白な差別だ。女側については、峻厳。男側については、穏便、驚くべき寛大ぶり。妖精や、予言を信じる男、行きずりの女と寝る男、自慰のために「器具」を使う男、ほかの男を愛撫する男には、数日間の悔悛以上のことはない。それに対して、同性愛の女たちの過ち、夜な夜な女の悪魔どもと一緒に騒ぐのを夢見る、思慮の足りない女たちの過ちを償うには、だれの目にも明白な悲嘆、断食、実につらい禁欲を強いられる三年から五年の歳月が必要なのに。

このことは、男たちによって作られた法規が防御兵器のごときであったと思わせる。同性愛の戯れを、あるいは女たちがディアナ、パルカたち——彼女たちに手を貸して罠を仕掛ける女たち——や、あるいはまた、騎士相手の領主さながら、家来の女たちを幻覚の騎行に連れ出す魔女どもと結ぶ関係を、非常に重く、それも単に許しがたい自立の主張としてではなく、いっそうおぞましくも、愛において能動的かつ支配的な地位を男たちに割り当てた、自然の秩序を逆転させるものとして断罪している。このとき、抑圧的な法規は、敵対する陣営の団結を強化するすべてを、雄の支配への抵抗の基盤を攻めるものではないのか？それにまたこの法規は、女たちの手中にある攻撃の道具を破壊することを目指している。

この時代、男たちは神秘的な、体を衰弱させ、致命的なこの武器庫を恐れていた。飲薬や呪いの効力を信じることを、司祭たちは彼らに禁じてはいた。司祭たち自身はそれを信じていたし、男たちも同様であった。力の衰えを感じるようになると、それは媚薬の、煎じ薬の、あまりにも荒々しく愛の行為に駆り立てる、あれらの興奮剤の影響であると、彼らは確信していた。自分たちが眠りこむときに、奥方が表面は無害のようでいて、かたわらに休みながらも、睡眠中に彼らの心臓を爪でつかみ取り、代わりにひとつかみの秣《まぐさ》を詰めこむかも知れぬと、そう考えておののく連中はそれほど稀であったろうか？夫たちはしたがって、妻が彼ら以外の判事の前に単身で出頭することに反対しなかった。おそらく彼女は判事にはもっと話すだろうから、執拗に隠していた破廉恥なことを告白するだろうから。このような尋問にかけられる女は実際、二重に傷つきやすい立場にあった。なぜならば判事は男であり、したがって本来的に優越者であったから。なぜならばこの男は夫ではなく、抱き締め、情に訴え、気持ちを和らげ、猫なで声の約束でたぶらかすわけにはゆかないから。なぜならば相手は司祭であって、その資格からして、原則的には彼女の誘惑の威力に感応しなかったからだ。

女たち、少なくとも最も高貴な身分の女を、教会人に告白するように導くのは、自分自身を矯正できる人間として、彼女たちを扱うことであった。しかしまた彼女たちを捕獲することでもあった。公教会はその網に彼女たちを捕らえた。西暦千年を越えたばかりのころ、ヴォルムスのブルカルドゥスが活動していたころ、いちじるしく重要な事件がヨーロッパに発生した。それは男と女の関係を修正し、ヨーロッパ文化の全体に深い痕跡を残すものであって、その影響は今日もなお完全には消えていない。すべての制度の中で隔絶して強力な制度、成員を浄化しあらゆる支配から脱することでいっそう強力な制度としての公教会は、性行動を自分の厳格な監督下に置くことを決意した。公教会は当時、修道院精神に支配されていた。指導者の大部分、最も積極果敢な連中は修道士出身であった。修道士たちは自分たちを天使と思っていた。天使同様に性をもたないと称し、おのれの童貞性を誇りにして、性的汚染のおぞましさを公言していた。公教会はしたがって人間を二つのグループに分類した。神に奉仕する者たちには、性器を行使することを禁じた。それ以外の者たちには、公教会の定める厳格な条件のもとでの行使を認めた。残るは女たち、すべてがそのまわりで展開する以上、これは危険な存在だ。公教会は彼女たちを隷属させることに決めた。この目的のために、その体質からして女たちが元凶となる罪を明確に規定した。ブルカルドゥスがこれら特有の罪科のリストを作っていたころ、公教会権力は婚姻制度を牛耳るための努力を強めていた。結婚のモラルを強要すること、女たちの良心を教導すること。同じ計画、同じ戦いだ。それは長く続いた。それは結局、婿の手に娘の手を委ねる父親の権力を司祭に委譲することに、夫と妻の間に聴罪司祭を介在させることになった。

男たちを掌握する最も確実な方法は、もう一つの性に彼らが行使する支配力を横取りすることであるのを、公教会はすでに理解していたのであろうか？　雄たちの頭の中に闖入者に対する不信感、嫉妬、敵意を目覚めさせる危険を、一世紀半後の文献にその最も早熟な徴候の現れる、あの根源的な反教権主義を煽る危険を、公教会は測定していたのであろうか？

百七十年後、今度はレンヌ司教が発言する。明らかに、彼は夫側の陣営に身を置く。賢明だと見なされ、身をもって範を垂れ、年少の男子の教育に目を光らせる権力者たちは、『諸身分の書』が対象とする最初の読者であり、さればこそ、説教によって弱点が告発される女たちは既婚女性、奥方たちなのである。一緒になって女の秘めた快楽を笑いものにしても、むやみに妻を信用することで人が冒す危険を強調しても、エチエンヌ・ド・フージェールは一家の主たちを味方につけていると確信している。その彼らにおもねるために、ブルカルドゥスを読み直したのだ。それから逸脱するところがほとんどない。とはいえ彼は手を加えた。エチエンヌの時代、妻に魔法をかけられることを、男性能力を奪われることを、夫たちは相変わらず心配していた。しかし、それと同じくらい妻の不従順を、むら気を恐れていた。とりわけ妻にだまされることを心配していた。そのことが『諸身分の書』と『教令集』の第一の相違をなす。後者は一般審問の中でしか姦淫、姦通に言及しない。夫のみがそれに責任ありと判断されていた。十二世紀の末——この時代の女たちが対象となったらしい「地位向上」の側面、それも最も明白な側面の一つではあるまいか?——この問題で妻が受動的であるとはもはや判断されない。妻は行動する。「愛欲」(amor)が、楽しみたいという欲求が彼女を動かす。その間、実際に、上流階級は宮廷風と呼ばれる愛の戯れに慣れていた。エチエンヌ・ド・フージェールが誹謗の文書を編んだころ、このようなお楽しみの成功はだれの目にも明らかだ。その一〇五九行目、「若さ」(jovente)、トルバドゥールの「若さ」(joven)が彼の筆先から、「愛」(amour)の直後に自然に出てくる。この戯れにおいては、恋する男は美女を見て燃え上がるのが定石だ。その結果、貴婦人は外見に気配りするようになる。どのみち過ちの責任を負わされるが、以前よりはるかに粗野ではない宮廷社交界で使われるあらゆる装身具、高価な服地、香水を駆使し、凝った身なりをして、雄たちの目を引き、誘惑に乗り出したときすでに責任ありとされる。妻たちが夫の熱情を煽るために使うとして『医師』が弾劾した、およそ美味とは程遠い得体の知れぬ混ぜ物は、こうして白粉に、クリームに、肉体を引き立たせ、欠点や色香の衰えを隠すために女たちが使うあらゆる手段に場所を譲る。その一方で、興奮させるべき男は、もはや夫ではなく、愛人なのである。能動的な、したがって罪ある奥方とは、「自然に反して」女友だちや幼い息子相手に戯れるときだけではなく、情事を追い求め始めるときがそうなのだ。『諸身分の書』の中で、宮廷風な愛の正体が明らかになる。選ばれた奥方とはもはや欲情の単なる道具ではない。彼女もまた欲情する。マントの下に滑りこむ手を押し返すどころか、先手を打ち、獲物を追い回し始める。

別の相違もある。黒い面のあとでエチエンヌ・ド・フージェールは白い面も見せる。ここでは彼は、『十章の書』の中で第三章「娼婦について」と第四章「既婚婦人について」を並列させたマルボドゥスの例に従う。こうして糾弾が弁明に引き継がれる。地獄の描写のあとで天国の描写がそうであるように、もちろんはるかに精彩を欠く。ここでもまた、描かれる女とは奥方だ。実際、この時代に女が社会的存在に到達するのは結婚によってである。それ以前の彼女は何者でもない。「卑しい女」(mesquine)、このわれわれに伝わっている単語は十二世紀では若い娘を意味していた。そしてまた、妻の卑劣な行為によって、騒動の種の「愛」(amo)が引き裂くにいたるのも結婚なのだ。さらに、道徳が女体をほどほどに使うように教えるのも結婚の枠内である。夫婦の個室とは二つの性が渡り合う決闘場だ。しかしそれはまた、「女の身分」にふさわしい美徳が育つ畑でもある。その身分とは、均衡の取れた社会に関する一つの観念から、公教会がおのれの監視下に置くことを望む、あの騎士たち、聖職者たち、働く者たちの身分と類似の共同体の一種なのだ。

結婚の儀礼、仕草、決まり文句の中に、女の務めが明瞭に表現されていた。エチエンヌ・ド・フージェールは、模範的な妻を称賛して、そのことを喚起する。委ねられた男を、忠実に、嘘いつわりなしに愛し、彼に仕え、助言しなければならない。それはまさに、封臣の主君に対する義務である。その代わりに、封臣と同じく、女は保護を、扶助を期待する。社会秩序の保証人として、結婚は女を男の確固たる権力に従属させる。よく従い、ひれ伏し、柔順であることで、妻はその主人の「飾り」〔一一六一行〕となる。

彼女はまた彼の快楽となる。三度にわたって、「歓び」という言葉が詩の中に繰り返される。ロマンス語の「歓び」(joie)は、聖職者が結婚の祝典を描く必要のあるときに必ず使ったラテン語の「歓び」(gaudium)に対応するが——なぜならこの言葉は、交接する際に感じる満足を想起させる——、この同じ言葉(joie)を、その大部分が多言語使用者であるプランタジネット朝ヘンリーの宮廷人はオック語の愛の歌の「歓び」(joi)に、これまた快楽を喚起する言葉に、自然に重ね合わせていた。異論の余地なく、レンヌ司教が考えているのはまさに肉体の快楽だ。分かち合う快楽か? 出だしのところでは、そう考えることもできよう。一一七三行で、問題の詩はこう言う——「歓びをあたえ合う」、互いに、と。しかし六行先で、真実が、容赦ない真実が仮面を脱ぐ。歓びとは「夫が妻の中で感じる」ことだ。彼だけがゲームの主人として、能動的なのだ。もう少し前のところで、この高位聖職者は「空威張り」をあえてする女を手厳しく責めてはいなかったか? しかしながら、肝心なことは、彼によれば、結婚の第一のメリットとは、男の快楽を正当化することに、喜びを「狂気」から切り離すことに、これを罪なきものとして、明るみに置くことにある。姦淫の対抗措置としての結婚。たしかに罪は相変わらず存在するが、しかし「あまり重い贖罪のない」小罪だ。エチエンヌ・ド・フージェールは巧妙である。平信徒に語りかけ、性の悦楽に道を譲る。

とはいえ、賢くなる前は、情炎が消える前は、また七歳を過ぎても、しきりに口づけし、とかく可愛がり過ぎる息子たちがスカートの下から出てくる前は、女たちが完璧の域に到達することはかなうまい。それは追従屋の司教が例にとった、ヒアフォード伯夫人〔セシル〕の場合がそれである。彼女はまだ人を安心させる寡婦の「身分」に入っていなかった。三番目の夫を迎えていたが、彼と同様、どうやら情熱は大いにさめていたようだ。若者たちは彼女に「愛」(amor) を語るのを止めていた。うやうやしく、無感動に、「彼女に大いなる敬意をはらう」〔一一二二行〕。セシルは、いまやすべての「楽しみ」(déport) を神だけに見出し、「神の貧者たち」(祈る人、聖職者の意味だと了解されたい) に奉仕し、デュドン・ド・サン=カンタンがノルマンディー公の伴侶において称えていた、あの女の手の見事な熟練ぶりを彼らのために用いるような、衰えゆく高位貴婦人の典型である。ちなみに、この熟練ぶりとは、奥方たちの刺繍仕事に向けられ、非常に立派な作業のために発揮されるものだが、彼女たちが若い間は、無分別な行いに流され作業をなおざりにするのが常だ。説教はこのように老年の賛美で終わる。老年こそがついに女を悪魔から解き放つ。

エチエンヌ・ド・フージェールに耳を傾ける夫たちはみな完璧な奥方を夢見ていた。なるほど彼らもおのれの寝台には、あまりにこちたき女を望みはしなかったであろう。しかし女が耐え難く、有害であることを、女が不実で、指の間からすり抜けることを、年齢が女性性を剝ぎとり、ざらつきの度合いはやや劣るものの、男の一種に変えるまでそうであることを確信するから、彼らはどう対処すべきかを心得ていた。都合の悪いことに、老いると同時に女は感じよく見せることも止めてしまう。きみは潑剌とした女が好みなのか？ それとも、すっかり安心できる女か？ 難しい選択だ。大昔からの、心配、不安が残っていた。『諸身分の書』、そうとも、その前にヴォルムスのブルカルドゥスの『教令集』、その前にはプリュムのレギーノの質問表、それにもっと古いほかの多くの書物。何世紀にもわたる、あの決まり文句――女たちは悪魔と共謀する。いずれもが怒りっぽく、手に負えない。彼女たちの肉体は、キマイラのそれと同様、消火の不可能な炎だ。呪詛の言葉は昔から、この世の創造時からやって来ている。実際、死と、破滅と、あの罪、たぶん彼にとって唯一の罪、いずれにせよ肉体の反応で納得がゆく唯一の罪、肉の罪に結びつき、その姿がいたるところで描かれていたあの女の特徴を、おのれのかたわらに寝る妻の中に一度か二度見分けなかった騎士が、一体どこにいたであろうか？ 彼らのうちの誰が、ある日、イヴを見抜かなかったというのか？

第二章　堕罪

イヴは、言葉と図像によって当時いたるところで語られた物語の女主人公だ。この物語は旧約聖書の『創世記』の冒頭を飾っている。人類の起源を、道徳的秩序、社会的秩序の創設を述べ、人間のあり方の包括的な説明をいくつかの文章で提示する。この非常に単純で、無限に繰り返される説明はすべての人の頭に入っていた。それは三つの質問に答えるものであった——なにゆえ人類は有性であるのか？　なにゆえ罪深いのか？　なにゆえ不幸であるのか？

実は、創世記の冒頭には、二つの話が連続している。最初の話〔一章二六—二八節〕の中で、「神は言われた。『われわれにかたどり、われわれに似せて、人を造ろう〔……〕』、そして男と女に創造された。神は彼らを祝福して言われた。『産めよ、増えよ、地に満ちて地を従わせよ。』」二番目の話〔二章七—二五節〕は明言する。神は土の塵で人を造り、命の息をその鼻に吹き入れた。神は自分が造った園に人を住まわせ、これを耕し守るように命じ、園のどの木の実も取って食べることを許可したが、ただし善悪の知識の木の実だけは別で、禁を犯せば死ぬはめになろうと。それから、「神は言われた。『人がひとりでいるのは良くない。彼に合う助ける者を造ろう。』」そして主なる神は野のあらゆる獣と、空のあらゆる鳥を形づくり、人のところへ持って来て、人がそれぞれをどう呼ぶか見ておられた。しかし「アダムは自分に合ら骨で女を造り上げられた。そこで神はアダムを深く眠らせた。主なる神は「あばら骨の一部を抜き取り、その跡を肉でふさがれた。そして、アダムから抜き取ったあばら骨で女を造り上げられた。主なる神が彼女をアダムのところへ連れて来られると、アダムは言った。『ついに、これこそ　わたしの骨の骨、わたしの肉の肉。これをこそ女（イシャー）と呼ぼう　まさに男（イシュ）から取られたものだから。』こういうわけで男は父母を離れて女と結ばれ、二人は一体となる。」二人とも裸であったが、恥ずかしいとも思わなかった。ところで、われわれは、赤面する。なぜか？　話の続き〔三章一―一一節〕がこの二番目の質問に答えてくれる。

一匹の蛇が女に声をかける。対話が始まる――「園のどの木の実も食べてはいけない、などと神は言われたのか。」「園の中央にある木の実だけは食べてはいけない、死んではいけないから、と神様はおっしゃいました。」「決して死ぬことはない。それを食べると、目が開け、神のように善悪を知る者となることを、神はご存じなのだ。」女が見ると、その木はいかにもおいしそうで、目を引き付け、賢くなるように唆していた。「女はその実を取って食べ、一緒にいた男にも渡したので、彼も食べた。二人の目は開け、自分たちが裸であることを知り」、いちじくの葉をつづり合わせ、腰をおおい、神が近づく音を聞くと、身を隠した。神は人に言った、「お前が裸であることを誰が告げたのか。取って食べるなと命じた木から実をとって食べたのか。」

三番目の質問に対する答えがそれに続く〔三章一二節―四章一節〕。神は尋ねる、まずアダムに。そして彼は答える、「あなたがわたしと共にいるようにしてくださった女が、木から取って与えたので、食べたのです。」次に女が答える、「蛇がだましたので、食べてしまいました。」神は裁き、そして宣告する、最初に蛇に、次に女に。「お前のはらみの苦しみを大きなものにする。お前は苦しんで子を産む。お前は

男を求め　彼はお前を支配する。」それからアダムは罰の宣告を受けた。そのとき彼は妻に名をつけた、前に動物に名をつけたように。彼は妻の名をイヴと名付けた、なぜなら「彼女がすべて命あるものの母となったからである。」神は、「人はわれわれの一人のように、善悪を知る者となった」ことを認識し、命の木からも取って食べ、「永遠に生きる者となる」ことを恐れ、彼をエデンの園から追い出した。そうなって、そうなって初めて、「アダムは妻を知った。彼女はみごもってカインを産」んだ。

十二世紀に、修道院で、大聖堂の近くで、何人もの教会人はこのテククトをもっとよく理解しようと努めた。そのメッセージを民衆に広めることを職務とする者たちのために、彼らはその言葉の一つ一つの意味を詮索した。わたしはこれらの注釈のうち五つを採り上げた――リエージュ（もしくはドイツ）のロベルトゥス（もしくはルペルトゥス）、アベラール、それからややあとでパリで仕事をした三人、ペトルス・コメストル、サン＝ヴィクトルのフーゴーおよびアンドレアスの著作である。実は、これらの学者は無防備のまま進みはしなかった。先人を拠りどころとして、その著作を活用し追究したのであった。それゆえわたしは彼らが参照した「典拠」、ベーダ・ウェネラビリス（八世紀初頭）、アルクイヌス（八世紀末）、ラバヌス・マウルス（九世紀）、さらには全員の師、聖アウグスティヌスをも考察するだろう。ドラマの三幕、創造、誘惑、罰を通して、イヴという人物が、これらの博士たちの省察によっていかに解明されたかを以下に示す。

『創世記』の注釈で最も深遠なものは、マニ教徒に答えるべく聖アウグスティヌスによって書かれた。それはメタファーの嵌めこみのようなもので、物語の二つの文に根拠を置く。一方が「彼らを男と女に創造された」(masculum et feminam fecit eos)――アウグスティヌスにとって、それはどの人間存在においても男的なものと女的なものがあることを意味する。他方、「彼に合う助ける者を造ろう」(facimus ei adjutorium similis ejus)、すなわち女は男と似たものにである。ただし、女は男の助手であり、そのことは職人が親方にそうであるように、女が服従することを想定する。実際、創造されたすべてのものは階層秩序の骨組みに組み込まれている。一方は指導し、ここではそれは男、他方は「服従する」が、それは女だ。創造神話の二つの原則は人間の本質が何であるかを明らかにし、人類を律するべきモラルを主張する。人間は肉の部分である肉体と、精神の部分である魂とからなり、前者は後者に従属する。魂の内部に、それも同じヒエラルキー的関係である肉体を操作する「動物的部分」(pars animalis)と、その「動物的部分」が従属する「理性」(ratio)とが共存する。「理性」は「男性的」(virilis)と呼ばれる。理性とは男性的原理にほかならない。女性的なものについていえば、それは「欲望」(appetitus)と合致する。女は、男と同様に、理性を賦与されている。しかし、動物的な、欲望する部分が女の中で優位を占める。それに反して、男の中では理性的なものが、したがって精神的なものが勝つ。その結果、自分が従うべき知の源泉たる神と、自分が命ずるべき女との仲介者として、男は支配する。神が投じた朦朧たる状態から抜け出すとき、アダムが発見するのはまさにそれだ――女は彼から生じ、したがって本質的に彼に相似する。だがそれは彼の小さな部分にすぎず、したがって当然のことながら彼に隷属する。

十二世紀の注釈では、この見事な解釈の痕跡はほとんど認められないが、例外はロベルトゥスの場合で、彼はまた取り上げて言う――「性は別として、女の『実質』(substantia)は男のそれと変わらない――身分の差ゆえ、男に比べて動物に立ち勝るところは少ないにしても――、しかしより少なく理性的であるわけではなく、創造主に似ることをより少なく希求するわけでもない。」聖書のこのくだりについて思いをこらすほかの師たちは、聖アウグスティヌスの二番目の注釈を、「逐語的」(ad litteram)解釈を参照して、テクストから最初の、直接の、文字通りの意味を、逐語的に引き出すのであった、弟子たちの前で読むとき、彼ら自身がそうしたように。彼らの指摘の中心はウルガータのラテン語の字句の五つに結びついている――「助ける者」(adjutorium)、「眠り」(sopor)、「(あばら骨で)造り上げた」(edificavit)、「彼は離れるであろう」(relinquet)、「裸」(nudi)。

「助ける者」(adjutorium)という言葉については、彼らは聖アウグスティヌスの命題に何も付け加えなかった。アダムは何に関して、と彼は言った、助け手を必要としたのか? 女はアダムにとって何の役に立ちえただろうか、「大地が種にとっての助け手であるように」、子供をつくる以外に? 男が、男だけが能動的に、そこに種を植えこむ耕された畑のような、開かれた女のイメージがすぐ頭に浮かぶ。それ以外の何の役に? エデンの園を活用するためにか? もう一人の元気のよい男がいたほうがもっと役に立っただろうに。アダムの孤独を慰めるためにか? それでさえない、なぜならヒッポの司教にとっては疑いもなく――十二世紀の男たちもまたそれを疑いもしなかった――、会話し、一緒に生きるのであれば、思惑が矛盾対立する夫と妻よりは――前者は命令せねばならず、後者はふつう服従を渋るから――、二人の友人同士のほうがどれほどましか。したがって、神があばら骨から雄を取り出さなかったのは、人類が増殖することを望んだからだ。女が「助ける者として造られた」唯一の理由は、したがって生殖であった。だがそれならば、と聖アウグスティヌスは続ける、なにゆえ天国で「無垢の床での名誉ある交合」がなかったのか？「欲望の熱い狂乱も、出産の苦痛もなしに」、アダムとイヴの種から子供たちが生まれるのを、何も妨げはしなかった。ただ単に彼らには結び合う時間がなかった。「造られるとすぐ、女が原因で、違反が起きてしまった。」

「眠り」(sopor)については、アウグスティヌスはそれを恍惚の瞬間のように見なす——その間アダムがわれを忘れて、「天使の宮廷に合流し、そこから戻ると予言者のように大いなるしるしを口にする。」「大いなる秘蹟」(Magnum sacramentam)。「恩寵の神秘」とベーダは言った。眠っているアダムは、十字架で死に瀕するキリストを予示し、その横腹から水と血を流しているが、公教会はそれをもとに造られたのだ。ラバヌス・マウルスは、沈黙の秘密に引きこもらなければ近づけない観想、そして——ここでは『マニ教駁論』の控えめの反響が聞こえる——「男のように、支配する者と、女のように支配されるべきものを」、みずからの中に識別することを可能ならしめる観想について力説する。

聖アウグスティヌスは「造り上げた」(edificavit)については手短にすませた。あばら骨で、神は「家のように」イヴをこしらえた、と彼は言う。ところが、この形成について、十二世紀の注釈は大きく発展したが、それも当然であろう、当時、結婚に関する神学とモラルが練り上げられていたのであるから。なにゆえ、とロベルトゥスは自問する、神は女を地の塵から造らなかったのか、「愛」(caritas)が、一夫一婦の結合が破棄されるべきでないことを示すためでなければ、なにゆえ神は男の体の一片を用いたのか？「もし男が、姦淫は別として、何らかの理由で妻と別れるならば、あばら骨の一本を欠いた彼は不完全である。」女については、いっそう悪い。「もし自分の男を棄てるならば、彼女はもはや神にとって物の数に入らない、なぜなら彼女は出発点において完全な体でも完全な肉でもなく、男から出た一片にすぎない。」

他方、サン＝ヴィクトルのフーゴーにとって、女が頭や足からではなく、あばら骨から造られたのは、彼女が支配的でも隷属的でもなく、協力的であらねばならないからだ。フーゴーとその同僚のアンドレアスはさらに、アダムの「予言」について――男は父母を離れるであろう――、先人の関心をほとんど引かなかった「離れるであろう」（reliquet）という点について強調する。この言葉は、とフーゴーは言う、血縁関係の誰とも男が肉体的に結ばれてはならないことを、さらにはまた、結婚することで、親の後見から解放され、息子が生みの親に抱くべき特権的な愛情、「情愛」（dilectio）を奥方に移し、おのれの家庭を管理すべきことを意味する。アンドレアスはさらに論を進める。彼は情愛についてではなく、愛について語るが、ただし、「肉の愛よりも熱烈で、それによって夫婦がたがいに慈しみ合う精神の」愛であると明記して。これで分かるように、十二世紀の最後の数十年間に、愛がふつう婚姻の結合の中に場所を占めるという考えが生まれている。もちろん、肉の欲求を超え、それを昇華し、それを正当化する純粋な愛だ。そうなると動詞「愛する」（amare）では十分ではなく、それによって二つの肉体が一体となる「熱情」を説明するために、意味を強化する動詞「熱愛する」（adamare）が必要となる。この点において、彼の師が提示した、「男と女との間の情愛は、どちらの精神もそれが活気づける肉と愛する相手の肉との間に相違を設けぬほどに、またもしその事が可能であるならば、精神がそのどちらにも宿ることを夢想するほどに、激しくあるべきだ」との考えを繰り返す。その事は可能ではない。しかし少なくとも、二つの「精神」は一つの肉を産み出す際に混じり合う。

当時、結婚の契約と同時に罪について考察がむけられ、結婚の秘蹟と同時に贖罪の秘蹟の構築が完成するので、「裸」（nudi）という言葉の注釈は十二世紀において拡大する。たしかに、聖アウグスティヌスはこの単語に注目し、「動物の肉体」が天国では「肉の快楽への欲求」をもたないと推論していた。聖パウロの『ローマの信徒への手紙』〔七章二三節〕を引用して（「わたしの五体にはもう一つの法則があって心の法則と戦い、わたしを、五体の内にある罪の法則のとりこにしているのが分かります」）、「なにゆえわれわれは信じないのだろうか、人が罪を犯す前、息子たちを生み出すために、魂があれこれの仕事に動員するほかの器官に対するのと同様に、生殖器官に対しても、不快なこと抜きに、官能の激しい欲望なしに機能するよう命じえたと？」と彼は言う。人は背いたのだ。それゆえ精神の掟に反するこの掟の動きが、「結婚が秩序づけ禁欲が制御する」動きが彼の体に居座るのも当然であった。ロベルトゥス、サン＝ヴィクトルのアンドレアスとペトルス・コメストルはその点に立ち戻る。アンドレアスは「罪に由来する不正で獣的な動き」ゆえに、「恥部」と名づけられたのは至極当然だと判断する。この動きは、ロベルトゥスにとって、肉の弱さと同時に精神への自然な反逆を表す。それは「無秩序で」あり「恥ずかしい」とペトルスは言う。「なぜならばそれは罪なくしてはなされないから。」結婚においてさえ。過ちの「言い訳」はたしかにあるが、「赤面」は、あの人に見られたくない、公然と愛の行為をしないという夫婦の配慮が残る。

十二世紀に、学者たちはこうして、性行動を管理するため、肉の「無秩序」(inordinatio)を秩序に戻すため、それも結婚の枠内において公教会が繰り広げた努力の正当化を、アダムの「予言」の中に見出したのである。彼らにとって、聖書の女とはしたがって、何よりも、妻であり奥方である。サン＝ヴィクトル学派においては、熟慮の結果、女性の低い地位が若干高まる。女とは、実際、男の脇腹から取り出されたのだから、男と同じ骨組みの上に造られている。したがって理性的存在なのだ。この構造の一致ゆえに、精神的な愛は二つの肉の結合を十全に実現させることができる。それにまた、「協力者」、伴侶、妻が相互の情愛の力で夫の体に権利を保持するが、この情愛は、世紀の終わりに近づくと、純粋な愛に、宮廷文学が謳う至純の愛に似るようになる。

とはいえ、『創世記』のテクストはまた、助ける者としての女が人のそばに配されたのは、もっぱら「男を知る」ため、奥方になるため、とりわけ母親に、男の種を発芽させるべく整えられた花床、母体になるためだとの確信を強めている。受胎させられる以外の役割を女はもたないという確信を、その役割がなければ、世界はいとも容易に女なしですませただろうという確信を、あの岩のように堅い確信を強化してもいるのである。要するに、創造の物語は、説教家を養成する師たちの確信を強めるものであった。女においては、官能の、すなわち罪の、その制御は理性の領域に属する「動物的部分」の負荷が大きいとの確信、また理性は雄において優越し、そのような優越性が女に対する「指揮権」(imperium)を男に付与するとの確信を。

誘惑の場面と、蛇、女、男という三人の登場人物は神話の中核を占めており、図像、劇、言葉が優先して描いたのはこの場面である。聖アウグスティヌスは、しかし、ほとんどこれについて語らない。女は、事情を知ったうえで、意識的に従わなかった、と彼は強調する。神の命令を忘れたとの言い訳は通用しない。誘惑者との対話の中で彼女は最初にそのことに言及してはいまいか？　何によって禁令に違反するにいたったのか？　まずは欲求、すなわち「自立権力への愛」(amor proprie potestatis)――つまり欲望によって、次いで「高慢な思い上がり」によって。罪は、高慢によって決定的になった、とこの師は続ける。マニ教徒を駁する注釈の中で、ドラマは魂の内部に移される。われわれが罪を犯すとき、蛇は「示唆」の役割を、思考もしくは視覚、触覚といった五官の感覚に由来し、罪を犯すよう促す提案の役割をもつ。女とは、貪欲、われわれを誘うものをつかもうとする内なる欲動である。また、男とは、理性である。もし理性が「雄々しく」抗えば、われわれは救われる。「もし理性が同意し、欲望が唆すことをするように決めるならば、われわれは天国から追われる。」高慢、貪欲、欲望、しかり。しかしながら、注意深く銘記しよう、ヒッポの司教は、五世紀の初め、肉欲をあからさまに問題視してはいない。

三百年後、ある修道院で、変化が始まった。蛇は、女をだましたのであって、男をではない、とベーダ・ウェネラビリスは言う。「なぜならわれわれの理性は負けるわけがない、もし快楽それも『肉の快楽』がなければ。」「貪欲」(cupiditas)は「肉の快楽」(delectatio carnalis)、女の、かつ罪あるものと告発された快楽になった。罪は三段階をへて惹き起こされる――「蛇は快楽を勧め、動物的な肉体の官能性（われわれの中の女的なるもの）が従う。そして理性が同意する。」そしてリンゴを摘み、男に差し出すのは女だ。「なぜなら、『肉の』欲望の喜びのあとで理性は罪に駆り立てられる。」ラバヌス・マウルスは続け、大グレゴリウスを引用する（「イヴは、肉として、快楽に身を委ねた。アダムは、精神として、同意した、示唆と快楽に負けて」）。彼は視覚のことを強調する。もし初めに軽率に見つめさえしなければ、イヴはその木に触れなかったであろう。「目によって、彼女は死に向かった。」用心しよう、禁じられたものに視線を向けるのを自分に禁じよう。女たちにか？　実際、ベーダ同様に修道士であるラバヌスは決定的に性的なものを強調する。たしかにイヴは、空しい栄光に、単に金をかき集めるだけではなく、上昇の機会すべてをつかみたがる貪欲に誘惑されたのだ。とりわけ享楽の欲求に屈した。この度もまた、言葉の選択に新しい解釈が表明される。アダムの精神は何に屈したのか？「誘惑」（illecebrae）にである。誘惑にはあらゆる種類のものがあるが、明らかに、このラテン語の単語は、まずは性の欲求を想起させるものであった。何がわれわれを罪へと駆り立てるのか？「淫らな思い」だ。「淫らな悦楽」を慎もう。九世紀、修道院世界では、次のことは当然の了解事項だ——罪、それは女、性、それは禁断の木の実。

十二世紀の注釈者たちの中で、サン＝ヴィクトルのフーゴーだけがラバヌス・マウルスの跡を継ぐ。ほかの連中は、罪人の責任に思いをめぐらすとき、聖アウグスティヌスに合流する。したがってロベルトゥスにとって、神は人を「正しい者」（rectus）に造った。正しさとは何か？　それは精神が、上位にあり、肉体を監督するとき、精神が、理性的で、神と肉体との仲立ちをつとめ、神に従い、肉体に命じるときのこと。過ちとは、したがって、自然の秩序を転覆させること、精神的なものが肉体的なものに屈服するほど成り下がることだ。そしてロベルトゥスはここで女の役割について自問する。女は好色なのか？　基本的には違うが、「浮薄」（vaga）で、移り気で、「目と体で徘徊し」、美しい園をさまよい、好奇心から、自分のまわりを見る。女は蛇が話すのを聞く。蛇が話すことができるなどとどうして信じられる？　実は、神だと思われる聖霊が自分に話しかけたと、イヴはそう信じた。もっともらしい話に引っ掛かる多くの女がそうであるように、一杯食わされたのだ。実際、女たちは軽薄だ。まただましやでもある。蛇に答えたとき、神の命令をねじ曲げ、善悪の知識の木にはふれずに「園の中央にある木」に言及した。さらに、「共にいた夫に実を与えた」のであり、本来の意味で誘惑したのではない、自分が信じたことを相手に信じさせようとしたのではない。言葉は一切発せられなかった。一つの身振りで、「彼女は強要した」(imperendo)。女たちがみなそうであるように、高飛車に。神の声よりはむしろ自分の声に従うよう、彼女は夫に強いた。ここに見えるのは、女の「耐え難い、命令の濫用」(imperium abusivum, importunitas) である。この命令欲がイヴの第二の罪を構成する。なぜなら彼女は二重の罪を犯した、神に対して、また夫に対して。それゆえ二重に罰せられた、アダムのように肉体的苦痛によるばかりか、男の権力に隷属することによって。そういう次第であるから堕罪以降、男がそうするように女が自分の性器だけではなく、顔を隠さねばならず、下腹部の熱さと「命令好きの厚かましさ」という二重の恥を露呈するのだ。この注釈の中で、『創世記』の章句の読解は女の本性の欠点、男が犠牲者であるそうした悪徳に対する論告に行き着く。糾弾はサン＝ヴィクトルのアンドレアスにおいても、緩和された形で現れる。くだんの蛇が女に声をかけたのは、相手がもっと「単純で」、蛇といえども話ができると思うほど賢くないと判断したからだ。しかしこの糾弾は、ペトルス・コメストルにおいて、以前と同じく荒々しいかたちに戻ってくる。

アベラールの説についていえば、それはほかのすべての説を超えている。男は神の姿を写しているが、女はそれに似たものに過ぎない。男は神により近く、したがってより完全だ。ほかのあらゆる被造物についてと同様に、女に対する領主権を保持する。その知恵は男により多くの尊厳を付与する。使命として指導すべき相手への愛ゆえに、男はまたいっそう優しい。その結果、（一）蛇が誘惑を企てた相手は彼ではない。（二）妻が差し出したリンゴを食べたのは、彼女への愛のため、「悲しませる」ことのないためにであった（これは聖アウグスティヌスに由来する――「アダムは彼女を悲しませたくなかった、もし彼の精神から引き離されたと感じたら、彼の愛情のないことに意気消沈するであろうと思ったから」）が、また神の慈悲を過信したためである。悪意よりは愛によって犯しただけに、侮辱の罪が彼には軽いものに思えた。（三）「神が妻よりも彼によってより十全に愛されたこと、この点について誰が同意しないだろうか？」神が蛇を介して話しかけ、自分をだましたと信じることができた以上、彼女は神を愛してはいなかった。

十二世紀、キリスト教とは、もはや儀式、戒律遵守にかかわる問題であるよりは、行い、モラルにかかわる問題なのである。内面の悔悛の習慣の普及が問題をより切実なものにする――罪とは何か？　どこにあるのか？　男よりも女の中に多くある、と学者たちは答える。聖書を読みたまえ。アダムは誘惑されはしなかった、理屈に合わぬことは言わなかった。自分の伴侶に優しすぎたのだ、彼女を傷つけるのを自分に禁じたのだ。イヴに関しては、もはや思い上がりで非難されることはない。彼女を左右するのは、聖アウグスティヌスが見出した悪しき傾向のうちの二番目、創造主の意向に背いて、男に勝とうとする欲求、そしてとりわけ軽薄さ、頭の弱さ、さらには性的行動への好みだ。イヴがなによりもまず淫らな貪欲のかたまりであること、このことはごく一般的に認められていた。そのため、この時代の注釈家たちは、フーゴーを除き、この点に立ち戻る必要はないと判断している。堕罪は――彼らはそれを疑ってもいない――快楽への欲求によって惹き起こされた。

こうして彼らは、聖アウグスティヌスが樹立したような、性的行動と過ちとの関係を覆した。彼は性的行動の中に、過ちの原因ではなく、結果があると指摘していた。失墜して、「男の体は、動物の肉体に現れる病的で致命的な性質を帯び、誕生と死が継起するべく、動物をして交尾に駆り立てる衝動を取りこんだ。」そこで理性的な魂は、肉体の諸器官を煽る衝動に赤面し始める。魂は羞恥心を発見する。十二世紀の師たちはヒッポの司教の説を思い出した。しかしそれは、ロベルトゥスのように、生殖器官を硬直させるあの「無意識の衝動」を「神の怒り」の表現、リビドーの罰だと見なす人がごく稀であると嘆くためであった。「子を作るために一緒に寝る」のを決意する者のいかに稀なことかを。「ほとんど全員をそう仕向ける唯一の理由、それは欲望を満喫する熱情であり、これが神に払うべき敬意だけではなく、子をつくるという意識をも凌ぐのである。」サン＝ヴィクトルのフーゴーもまた、欲望に燃えることは罰だと判断する。同様にペトルス・コメストルは過ちのあとの性行動のほとばしりを次のように描く——「色欲の衝動は生来のものであったが、思春期以前の子供においてそうであるように、抑止され、封じこめられていたのに、それが解放されると、小川のように、揺れ動き、流れ始めたのだ……。」

イヴは神に罰せられた。聖アウグスティヌスは、『マニ教駁論』の中で、「肉体的にではなく、精神的に」判決を読むことを提案していた。「お前は苦しんで子を産む」――子供たちとは、善行であり、苦しみとは、「肉の欲求」が仕向けることを自分に禁じるための努力である、と彼は説明する。後継者たちは聖アウグスティヌスの逐語的な注釈に追随する方を好んだ。そこでは、身を隠し、神に訊問されても、自分の過ちを告白する「謙虚さ」を欠くアダムの思い上がりを強調しており、「性において等しくなくとも、思い上がりにおいて等しく」、それゆえ断罪において分かち難しとして、男も女も同じく有罪だと裁定している。とはいえイヴについては、罰は二重である。彼女への罰は一方において子供をつくること、苦しみながら生きながらえることだが、その理由は彼女の過ちによって死が体内に入りこんだからだ。他方において男に従属することである。「信じてはならない」とアウグスティヌスは言う、「罪を犯す前、男に支配されるために、彼に奉仕するために、『彼を慕う』ために、女は造られていなかったと。『奉仕』といっても、それは別の種類であって、奴隷の奉仕にあらず、聖パウロによれば、キリスト者が『愛ゆえに』互いに捧げるような奉仕であった。」罪を犯す前、従属は「情愛」によるものであった。以後、それは「地位」、身分によるものとなる。聖パウロが夫に行使しようとするのを禁じる、あの支配のもとに女は身を屈する。侮辱された創造主は、その判決により、イヴとその娘たちすべてを貶めた。「女が夫を主人とするような結果を招いたのは、自然ではなく、過ちのゆえであり、かつ夫が奉仕されなければ、自然はいっそう堕落し、過ちは重くなる。」

いくつかの単語を別にして、ベーダにも、アルクイヌスにも、ラバヌス・マウルスにも、同じことが読みとれる。女は、「夫の権力の下で、恐れを抱きつつ神に奉仕する。安心ではなく不安を覚えつつ、女は夫の中で喜びを味わう。もし罪を犯さなければ、彼女は愛情の神聖なる抱擁を交わしつつ彼と交合するだろう。ただし彼女を支配し、肉の衝動を制御し、天上の生の贖罪へと女を導き［アベラールがエロイーズを導いたように］、引っ張ってゆくのは彼の責務である」、とラバヌス・マウルスは提案する。もし規律から逸脱することがなかったならば、女は「協力者」として、「自由」の中で、彼とともに君臨しているであろうに。

十二世紀では、三番目のエピソードに関する注釈は乏しい。法曹家として注釈するリエージュのロベルトゥスは別として。判事の前で、アダムは無罪を主張したが、彼の弁明は「釈明」（excusatio）であるばかりか告発でもあった。盾で身を守りながら、彼は攻撃し、無思慮にも、神を非難し、過ちの責任を神にかぶせ、イヴを、耐え難い女を自分の腕に託したことで神を責めるのだ。女はどうかというと、これは劣らぬ傲慢ぶりで、言葉を濁し、一つのことに別のことで答える。彼女にとって罰は三重であり、「女性器の上に鞭打ちが三回」、「なぜなら罪の量は男より女において三倍は上回るからだ。」彼女は誘惑されるがままであった。快楽を求めた。快楽をアダムに分かちあたえた。それゆえ、もし死が共通の罰であるのならば、神は女から「特別の復讐」を引き出す。「神々のように」なれると信じたからには、神が生者の神であるからには、彼女は死者の母となるに値した。罪の中で孕むものはすべて、キリストによって生命をあたえられないかぎり、魂も体も、死ぬように定められている。肉に加わる苦しみは、同じく肉に加わる、快楽への罰だ、「彼女の下腹部への。」この時代に司祭たちが非難する悦楽の性質については、ためらう余地はない。最後に、夫に敵意を燃やす女たちのあの「執拗さ」に関しては、罰は隷属である。「彼はお前を支配する」という言葉を、ロベルトゥスはそのように説明する。「支配」という言葉は「権力」という言葉よりもっと強い。夫の妻に対する支配は、したがって、父親の娘に対するものよりも厳しい。それゆえ結婚により、女は自分の地位が悪化するのを見る。しかし、と彼は付け加える、「貞潔で忠実な」女たちについては罰は皆無か、あるいはごく軽い。このように話すことは、性的なものへの傾斜を明らかにすることだ。女性にあって制御されてしかるべきもの、それも厳重にそうされてしかるべきものは、放埒に流れる性向と姦通に走りやすい性癖である。

「お前のはらみの苦しみを大きなものにする」と神が言ったとき、「大きなものにする」(multiplicatio)とは、創造の最初の話にあるような祝福、「産めよ、増えよ」ではない。それは懲罰だ。「実際、女は多産であればあるだけ、いっそう苦しむ。懐妊する度に、そのあと出産が、したがって苦しみが来る。自分の血それ自体が彼女を苛む。申し分なく健康なとき、月経によって苦しめられるが、これのある唯一の動物である。」「いっそ生まれないほうがましであったような人間たちの出生を」神の怒りが惹き起こす。リビドーの突発的発作のさなかに、偶然、意図せずに造られた連中だ。「精神の思い上がりから肉の淫乱が生じ、肉の淫乱から懐妊の反復が生じる。」神の母を例外として、すべての女たち、最も高徳の女たちさえもみごもったが、「不道徳な行為のさなかに」、汚物をみごもる、罪のさなかに。原罪だけではなく、原罪の結果にほかならない、彼女ら自身の悦楽願望によって引き起こされた罪。なぜならアダムとイヴは「同衾」の機会をふやすが、子孫を造る配慮からではなく、彼らをむさぼる罪深い興奮の炎を消すためである。

サン＝ヴィクトルのフーゴーの介入は、いくつかの、ただし意味のある注釈に限定される。彼にとっては、ペトルス・コメストルにとってと同様に、罰は妊娠の増大にあるわけではない。人は『出エジプト記』の中に読みはしまいか、「呪われた女、それは石女である」を？　流産の頻度、幼児死亡率の高さによって「無効」となる受胎のあげくの分娩の苦しみによって、われわれすべての中で快楽の結果である、この魂の死によって、女は罰せられる。アンドレアスは自分がまったく同意見であることを示す。女を孕ませることは「幸福」であると主張する。みごもることで苦しむのか？　「むしろ喜びをうる、それも大いに。」

十二世紀の最も学殖ある司祭たちがイヴとその不運を前にしての反応は、したがって以下のとおりだ。異論の余地なく、彼女はアダムより劣る。神がそう定めたのだ。神は自分の姿に似せて男を造った。女のほうは、男の体のささいな一片から、その型、あるいはむしろ影としてであった。女は神の似姿の影以外のものでは決してない。影は、誰も知るように、みずから行動することはない。男だけが行動できる立場にある。受動的な女の動きは、伴侶のそれによって命じられる。それが秩序、根源的な秩序なのだ。アダムを自分の欲望に従わせることで、イヴは秩序を揺るがせた。しかし神が介入し、彼女をその地位に戻し、過ちに対する罰として、男への服従をきびしくした。

この確信の上に、ほかの確信が築かれ、それを聖書テクストの読解が裏づけてくれる。平信徒の社会を悪から引き離すための司祭たちの行動をそれらの確信が支える。支配し行動するのは男たちであるから、改革者たちはまず男たちを助けることを心掛けるが、以後男たちは二つのカテゴリーに、無性の祈る人と有性の者にはっきりと分かたれる。前者は、『創世記』の注釈者たちもその部類だが、課せられた禁欲の掟を努力なしには尊重することができない。それゆえペトルス・コメストル、ロベルトゥス、サン＝ヴィクトルのフーゴーが、彼ら自身の体のいくつかの部分で抑えるのに難儀する、あの「無秩序な動き」に不安がるのを見て驚いてはなるまい。ラバヌス・マウルスと大グレゴリウスに追随したロベルトゥスは別として、創造の最初の話に関するアウグスティヌスの解釈――性差の神話を超越する考え方、それぞれの人間存在の内部で理性的なものと「動物的なもの」（animalis）との間の、「精神」と「情欲」との間の闘争的な離反の「寓意」として神話を見る考え方、「一人の人の中で、女に似せて、女をモデル（exemplum）としているかの部分」の助けをかりて、悪魔に由来する誘惑が勝利したと断言する考え方——を、彼らが受け継がなかったことにも驚いてはなるまい。彼らにとって、掟を侵犯するすべての根源に性が存在する。大罪とは肉の罪なのだ。エデンの園の木の下で繰り広げられたドラマに、彼らは自分たちを苛む欲望の急激な出現をいやおうなしに見ることになる。イヴからリンゴを差し出されたアダムと自分たちを同一視する。禁じられた木の実とは何であったか？　この女の体だ、見るだに甘美で柔らかく、美味な体。彼らは誘われるということは何であるかを知っていて、アダムへの寛大な気持ちに満ちている。男の罪状を、と同時に、自分自身の罪状を軽減することが彼らの自然な性向なのだ。提供された多くの女たちに囲まれて、どのように抗うのか？　この時代の司祭たちにとって、女とは雄の欲求に抵抗なく委ねられるオブジェ、行きずりに齧《かじ》るリンゴであることは、イギリスの年代記作者、コギシャルのラウールの語る奇妙な話が証言している。一一八〇年ごろ、とラウールは言う、当時ランス大司教の食卓の常連、聖堂参事会員ティルベリのゲルウァシウスがシャンパーニュ地方のブドウ畑を散歩していた。彼はある娘と行きかい、自分の好みだと思うと、「いんぎんに淫らな愛」の話をもちかけ、すぐにも事を推し進めようとする。彼女は彼をはねつけ、拒否する——「処女をなくしたら、地獄落ちですわ。」ゲルウァシウスは仰天する。一体どうしてこの自分に抵抗できるのか？　疑いもなく、この女は尋常に非ず。異端者だ、交合ことごとく悪魔的なりとの考えに固執する、これはカタリ教徒の一人だ。言い聞かせようと努めるが、成功しない。彼は告発する。女は逮捕された。証拠に異論の余地がない。女は火炙りにされる。

最も危険にさらされた男たちは、独身者である、とわたしが問いただす学者連は判断する。彼らの僚友である聖職者と、妻のいない騎士。彼らを悪の道に誘おうとてぐすねを引く娘たちが、三つの場所に配置されている。英雄が武勇を披露すべき三つの危険な場所。まずは都市、商売女が徘徊する売春街——フーゴー、アンドレアス、ペトルス・コメストルは、同業者、パリのノートル＝ダムのペトルス・カントルと同じく、彼女たちが職務を、「仕事」を行い、必要な、のみならず有益な役目を果たしていると考える。なぜなら情欲に燃えるすべての雄たちには必要であるから。鎮静するために彼女たちの奉仕を買うことは、小さな罪である、と彼らは宣言する。実を言えば、商売女は、彼女たちを軽蔑するふりをする上流社会の男の脅威となることはほとんどない。彼らが誘惑されるのは田舎であり、ティルベリのゲルウァシウスのように、たまたま駒を進めているときに羊飼い女に出会ったりするのだ。彼女たちを拾うと、「田園詩」と呼ばれる歌が語るように、「屈服させる。」相手は同意し、ravir という単語のもつ二重の意味で、さらわれ、有頂天になる。

わたしがおかしなことをすると、
むこうもいやだと逆らうどころか、
喜々としてそれを望むのであった。

だがそれよりもっと頻繁に、気をそそる果物は家の中で、「空閨で」、手に入れ放題の奪ってもさして罪とはならない女たちの群れる貴族の広い屋敷の中で、提供される。そこからは不義姦通の事態は生じない。彼女たちを手に入れようと、あるいは自慰行為に及ぼうと、贖罪規定書では同じ相場だ。若い男たちにとって、危険は奉公女に原因する。彼らより年長の男たちにとっては、もし物語を信じるならば、歓待の掟によって通りすがりの遍歴騎士の意のままにならざるをえない、乙女たちに。あるいはまた、この場合は深刻だが、家の女主人に原因する。聖者伝では、おしなべて、主人公は思春期において、興奮した年配の婦人の襲撃に抵抗することを余儀なくされる姿で描かれている。聖ベルナールの伝記の一つは、彼がシャチヨン＝シュル＝セーヌの聖堂参事会員のもとで学んでいたころ、最初は夜、寝台で、裸の娘に襲われたことを紹介する。彼女は滑りこみ、しばらくおとなしく待機しているが、やがて行動に移り、「まさぐり、煽り立てる」が、もちろん成功しない。しばらくして、宿泊した城館で、この度迫ってきたのは奥方であった。新しきヨゼフとして、彼は防戦したが、ついには逃れるために叫び、家中の者を起こさざるをえなかった。われわれが至るところで接するのはそのようなイヴたちなのだ。

こういった事態から身を守るための、最も確実なやり方は、一人をつかまえ、自分の寝床にずっと置いておくことである。結婚は最上の防御だ。公教会の権威者たちは十二世紀には結婚の枠組みを組み立て、これを秘蹟の七番目に位置づけていた。婚姻の結びつきとは肉体的、したがって、たとえわずかでも罪があるから、微妙厄介な企てだ。どのようにしてそれが恩寵を伝えうるのか？　学者たちは『創世記』の中に正当化するための説明を見つける。結婚は楽園で父なる神自身によって定められ、秘蹟のうちでかかる格別の計らいを受けた唯一のものである。彼らはまた、結婚解消不可の原理の根拠となるものを、近親相姦の禁忌を正当化するものを、生殖のみが交合の快楽を免罪するとの確証を、聖書の中に見出す。さらには聖書は、夫婦の間で妻が不和の種であることを教える。彼女が優位に立つと、すべては混乱し崩壊する。その結果、奥方が自分の主人に奉仕すべきことを、彼の前ではへりくだった態度に終始すべきことを、聖書自体が命じるのみならず、彼女を「支配する」だけでは十分ではないこと、彼女が屈服させられるべきことを確言している。またペトルス・コメストルは、破瓜《はか》の荒々しい行為の中に、この欠くべからざる隷属の刻印、肉体に情け容赦なく刻まれるしるしを見る。もちろん、アンドレアスは愛についても語る。しかしながら重きをなすイメージは、夫の「主権」の、容赦ない「支配」(dominatio)のそれである。

結局のところ、イヴの言葉を、その動作を、そして彼女に下された判決を根拠にして、司祭たちは罪の重荷を女性性の上に振り向け、男たちの荷を軽くしたのである。そのことから当然に彼らは女たちの欠点を激しく告発するようになる。アダムの「協力者」がリンゴの木の葉群の下で犯し、堕罪を惹き起こした三つの過ちを妻たちの行動に見出すためには、彼らが宮廷の社交界に目を向ければ事足りた。イヴのように、彼女たちは悪魔とぐるになっている。イヴのように、男を服従させようとする欲望に締めつけられる。イヴのように、性的快楽への好みに流される。妖術、攻撃性、邪淫、思い出してほしい、これらはエチエンヌ・ド・フジェールが激しく非難する三つの悪徳である。

これらの悪徳を、十一世紀末以後、ますます多くの聖職者たちは女の魂から根絶させようと努めるが、そもそもそれは悪徳の有害性を弱め、毒気を抜き、男たちをもっとよく保護する意図からであった。一一〇〇年代、改悛した罪深い女の特徴が、マリ＝マドレーヌという人物の中に、イエスの気前のよい従者にして女友だちの特徴を包みこむようになった時代、エジプトのマリアの物語、同じく悔い改め救済の苦行に倒れた娼婦たちの物語が伝播した時代に、ロベール・ダルブリセル、アベラール、ギヨーム・フィルマのような人物は、結婚に失望した奥方たち、結婚を拒み、そのために売女扱いにされた娘たちを駆り集め、彼女たちを慰め、害を及ぼさないようにと、修道院に落ち着かせたのである。もっと後になると、公教会の内部で、最も尊敬すべき存在を筆頭に大貴族の妻たちを、俗界に留まりながら、模範的に敬虔な生き方を貫き、リエージュのロベルトゥスが言及する「聖なる女たち」を悔悛の法廷に召喚するように尽力した。聴罪司祭と対話しながら、彼女たちはおのれの意識を明晰に探求し、善と悪とを識別することができるのか？　しかり、と聖書は答えていた。両性の間に「実体」の相違は存在しない以上、女もまた理性的存在である以上は。創造の話は女の精神的向上の萌芽を含んでいた。わたしが尋問する最も新しい注釈家、サン＝ヴィクトルのアンドレアスは、罪が完全に排除されるときには、男女の間の平等が実現可能な未来であるとまで言うではないか？　当時『創世記』の冒頭部分がかくも熱心に詮索されたのは、世の処女が純潔であり続け、寡婦が貞潔であり続け、奥方が妻の職分を立派に果たすのを懸命に手伝う、あの伝道者たちすべてに肩入れするためでもあった。言葉によって彼らを助けていたのである。

第三章　女たちに語る

十四世紀、十五世紀、公教会は群衆に語りかけた。町の大広場で、城門の前の草原で、あるいは公衆が説教師を見ることができるように、またはっきりとその言葉を聞き取れるように特別に構想された、単純で明るい建築の新しい教会で、公教会は彼らに大きな力強い声で語った。高名の売れっ子たちは当時ヨーロッパを駆け巡り、彼らの来訪のニュースは都市の事件となった。いまや遅しと待ち受けていたから、彼らの説教に民衆は心を揺さぶられ、集団的な悔悛の衝動が突如として発生した。人々は虚栄の衣装や装身具を焼き、わが身に鞭を振るった。悪魔、罪人に対して吐かれた呪詛の記憶や、与えられた道徳的命令の記憶は人々の中に残り、このような方法によって、西ヨーロッパでは徐々に、一般大衆がキリスト教徒になった。説教の躍進が決定づけた意識の激変を、今日のマスメディアの影響になぞらえるのはあながち無謀な試みではない。実のところ、この躍進は、はるかに早い時期、十一世紀から十二世紀に移行する時期に始まったのであり、そのころ、司祭の最上の連中は、イエスの最初の弟子たちが生きたように生きることを、したがって彼らと同じように、世界を巡って福音を伝播することを決意したのである。もはや信徒たちの前で、典礼の儀式にとりかかるだけにとどまらない。信徒たちの理解できる言葉で話し始め、もっと立派に振舞うよう、福音書の教えに従うようにと励ますのであった。とはいえ、このような布教のやり方が司教区で組織化されるまでに、一世紀以上が経過した。確実なチームを形成し、庶民の注意を引き留める方法を実験し、教えを広めるのに好都合な枠組みや、都市環境が強化されるためには、それほどの時間が必要であった。北フランスにおいて、都市が田舎に対して決定的に優位に立つのは、十二世紀の最末期であり、まさにこの時期に、説教の手本を広める最も古い書物が出現する。

とはいえ、それよりずい分前に公教会の人間が女たちにあてた言葉のいくつかを、わたしは読むことができる。彼らが彼女たちのために書いた手紙、それも保存された手紙の中に見出されるのだが、けだしこれらはささやかな文学的記念物なのである。書き手はラテン語の単語を入念に選び、厳密な修辞学の規則に従って並べ、その語調が華麗な大雄弁家の荘重なリズムをテクストに強いるべく案配してあった。なぜならこのような書簡は、受取人がひとりくつろいで黙々と読むように、打ち明け話をするために書かれたものではない。集まった一家の者たちの前で朗読されるために、ほかの家々で読み上げられるために、その反響が徐々に伝わってゆくようにと、それらは書かれたのである。それらの言葉は公的なものだ。こうした手紙は筆写された。文集としてまとめられ、図書室の書棚の古典作家のかたわらに場所を占めた。そのような形で編集されたために、今はわれわれが知ることができるのだ。これらの書簡もまた説教であった。書簡の書き手の一人、ペルセーニュ修道院長アダムスが正確に述べるように、「小説教」だ。彼は案じる――ラテン語で書くから、よく理解してもらえるだろうか？「わたしはそなたに平信徒の言葉で書いたであろう」とシャルトル伯夫人にむかって言う、「もしもそなたがラテン語を解することを知っていなかったら。」助言が続く――「もしもこの中に理解するのが厄介な、難しいことがあれば、そばに控えるあの善良な城館付き司祭がそなたにとって面倒なところを片付けてくれよう。」それにまた、彼は別の手紙の中で、文通相手のある女性の要求に応じて、実際に「修道女の共同体」の前で「彼女たちの教化」のために述べた説教を転写した。

資料は分厚い。選別の必要がある。大部分の手紙の中で、問題になっているのは政治、制度、言い掛かりだけだ。十二世紀に司祭たちが貴婦人たちに抱いていたイメージ、彼らが悪魔の爪から引き離す義務ありと感じていた、かの罪深い女たちに抱いていたイメージを抽出するために、わたしは教化的な手紙を、精神的指導の手紙を選ぶことにする。彼らの本心が変形されてわたしに伝わるということを忘れずに。文学的表現の掟によって、礼節の掟によって信書の受取人、常に高貴な出自の女性をあまりつっけんどんに扱ってはなるまい、煽ってやろうとの心遣いによって、それは歪められているからだ。実際、歴史家はここでもまた、社会的および文化的ヒエラルキーの最上部の人々しか目に入らない。よく振舞うようにとの勧告はすべて非常に高位の人物、司教あるいは修道院長から発しており、それに耳を傾ける女たちのすべてであるいはほとんどが「やんごとない血筋の」、「王家の血と種から生まれた」王女・公女、公教会指導者から特別扱いの「教区所属信徒」なのである。

彼女たちに語りかける者たちは、「女性が深遠な事柄の理解力に欠けてはいないこと」を、官能的快楽を好むようにだけ造られてはいないことを、その中に時として「品行の優雅さと正しさと同時に鋭敏な知的熱意」の見出せることを認めている。これはフルリのフーゴーがギヨーム征服王の娘、ブロワ伯夫人アデールに言ったことだが、このロワール川沿い地方の非常に身分の高い貴婦人には、十二世紀の初め、これらの地方のすべての才人の眼が向けられていた。このような譲歩、半ば真摯な譲歩はしたものの、これらの男たちはみな女が自分たちより劣ると確信している。彼らの目には、女の本性は二つの特徴、まずは「弱さ」(infirmitas) によって、次いで彼女らを下方に引っ張る肉身の重さによって際立つ。ある女の中に力を、あるいは三大美徳(慎重、公正、抑制)の一つを見出すとしても——時にはそういうことも起きる――、この例外的な長所は、彼女の中に男らしさの種をいくつか配した神の摂理、好意の恩恵に起因すると彼らには見える。シャルトル司教イヴォはイングランド王妃マチルダに気に入られようと思い、「神は」と確言する、「そなたの女の胸の中に男の力を導き容れた。」修道女たちに向かって、聖ベルナールは、男たちに性格の強さ（virtus）を見出すのは確かに稀だが、「脆い」から、女においては比較にならぬほどいっそう稀だと繰り返し説いた。それも、と彼は言葉を続ける、彼女が若ければいっそう脆い。老いることで生来の弱さは緩和され、そのうえ、女の、あの疑わしい属性、美も幸いにして褪せる。

そのことから司祭たちは、女は絶えず男の後見のもとにあり続けるべきだと結論する。女自身が公権力を行使するのは望ましくない。もし、たまたま、夫が遠くの戦に出ているときには、あるいは夫が他界した場合であれば、彼女は権力の手綱を握らざるをえない――エルサレム王妃、寡婦のメリザンドの場合がそれだ。その彼女にあてた慰めの手紙の中で、聖ベルナールは彼女にこう言わせる――「私は女、だから弱い体と定まらぬ心の持ち主」、自分が果たす必要のある職務が「私の知力を超えています。」貴婦人は痛ましくも本性を抑え、自分を変え、男にならなければならぬ。性の転換とは、改宗の一種だ。それゆえ高位聖職者は彼女を励ます――「女でありながら、そなたは男であることを見せ、助言と力を活用する意図で責務を全うしなければならぬ。」この助言とこの力こそ、通常女に欠けていると、彼らは確信していたにもかかわらず。

悪魔の攻撃に抗うために、貴婦人はおのれの女性性を抑圧し、男性化せざるをえないとの信条を、ル・マン司教ヒルデベルトゥスはアデール・ド・ブロワあての手紙で披瀝する。彼が最初の手紙を認めたとき、アデールの夫は存命であったが、十字軍に加わり、それも長いこと海外にいた。伯夫人はよく頑張っている。苦労なしではないが、申し分なく公領を管理している。それは奇蹟であった。女におけるこれほどの能力は「本性にではなく恩寵に由来する。」全能の神の格別の助けなしに、「そなたの性の誉れ」となることはできなかったであろう、それも二つのやり方で、「美しくありながら、そなたが貞潔であることで［……］また、伯の権力を任され、これを行使するにあたり寛大を旨とすることで。」女性性に対する二重の勝利だ。女たちが誘惑に用い、みずからを「淫行」に赴かせる、あの天性に対する勝利、また彼女たちを苛み、命令する機会があるとすぐ「残酷な」女に変える、権力欲に対する勝利（この同じ「残酷な」［crudelitas］という言葉で、アンドル司祭ランベールは、好きになれない城館の奥方、ジェルトリュードの意地の悪さを形容していた）。アデールはしたがって勝利したが、実はアデールを襲っていた悪の力が彼女の中に男を見出したからだ。ヒルデベルトゥスから三通目の手紙――この種の文書すべてがそうであるように、この貴婦人だけではなく、同じ身分の女たちすべての教育に資するべく、非常に広い範囲で朗読され、論評され、刊行されるための手紙――を受け取ったとき、アデールは寡婦であった。彼女は修道院に隠棲していた。天上の王の「抱擁」を期待して、騎士、封臣、奉公人の寝台を棄てて以来、この先彼女が享受する幸せを、高位聖職者はそこで称賛する。かつては一人の男の妻であったのが、神の花嫁になっているからだ。もはや処女ではないとの理由から、また処女であったときに神よりは男を、至高の主君よりは騎士を選んだとの理由で、この二番目の夫から軽蔑されたり、離別されたりするのを恐れることはない。キリストは、実際、結婚によって男に与えられ、したがって、汚された多くの女たちと結ばれるのを承諾する。そうであってもキリストは彼女たちを娶り、今度は自分が受胎させる。五十歳を越えると、男たちの伴侶はもはや子供を産むことはないが、キリストの伴侶たちは聖アウグスティヌスの言う善行を生み続ける。この点で、司教はイヴとすべての女たちの劣るゆえんを指摘する、一方では女の性を脆くするあの力の欠如を、他方では肉に対する迎合性を。「肉プラス女、二重の弱点」とラヴァルダンのヒルデベルトゥスは宣言する、「快楽を諦めるのを思い止まらせる結合」は、「そのそれぞれから生じる火を老いが消さないかぎり」、よく生きる決意から離すのであるから、女の魅力が手の施しようもなく褪せる齢に近づくと、この寡婦アデールはこう聞かされる――「そなたの中で女がまた熱くなり、かの狂気の沙汰に飛び帰りたくなるのを感じたら」、用心すべし。揺るがぬ心で守りを固めるべし。女が女でなくなるにつれ、この男性的美徳は実際に女の中で強固になる。おのれに打ち勝つこと、これこそ教会人がまず貴婦人たちに期待していたことだ。

十二世紀を通じて、教会人が手紙を書いた相手の女たちの大部分は修道女であり、彼女たち自身が妻、ただしキリストの花嫁であったが、手紙の書き手自身が修道士、大修道院長、修道院共同体の長である場合、しばしば手紙は愛の手紙である。もとより非常に純粋ではあるが、「情愛」(dilectio)、魂の躍動、「愛における交流」だ。これは神の意向に則り、人類の団結を確かにし、人類を天使の軍団と結びつけ、宇宙の全要素を完璧な体系に結集させるべき、この甘美にして強力な絆、「慈愛」(caritas)への賛美なのである。そのとき男は、書簡の中で、女に、彼の言うところの「奥方」に——修道女として、主の妻となっている以上、実際そうなのだ——頭を下げるふりをしている。したがって、取る姿勢、披瀝する感情、使う言葉は、宮廷風恋愛の戯れにおける、恋人のそれとほとんど差異がない。聖ベルナールが一一三五年ごろ、ブルターニュ伯の寡婦、いまや修道女のエルマンガルドにあてた二通の手紙ほど、両者の驚くべき類似を示すものはほかにない。二通とも感動に溢れ、心情の結びつきを賞揚し、「神の息吹が(とクレルヴォー大修道院長は言う)私の内奥の骨の髄に植えつけた」、いわく言いがたい、あの相互の愛を賛美する。そう、これは愛だ。

しかしながら修道女たちに語りかけるのが司教たちの場合、これほど抒情的な態度を示すことはなく、自分たちの奥方とは呼ばず、妹、よりしばしば娘と呼び、彼女たちを、なるほど家父長的ではあるが、断固として支配するのを誰もが忘れぬことに執心する。実際彼らは、適齢期になれば娘たちの一人を嫁がせる責務がある父親の立場にある。これらの女たちは彼に託されていて、「婚約者」なのである。夫はいと高いところ、天の都で待ち受け、彼女らは成熟すると、その彼と一緒になれるだろう。しかしまだ成熟していない。そこでこの時代、娶られるのが可能になるよりはるか前に婚約させられた小娘同様に彼女たちを扱う必要がある。司教は彼女たちを手中に収めている。彼女たちを導く。道は険しく、困難だ。忍耐、勇気を失わないこと、とりわけつまずかないこと、滑らないこと。いつも警戒を怠らぬこと、自分の最も秘めたものに注意深くあること。たとえば聖アンセルムスは彼女たちに言う、「忘れてはならない、そなたたちのそれぞれに天使がいて、すべての考え、すべての行動を見て、すべてを記録し神に報告することを。そなたらのそれぞれが、愛しい娘たちよ、自分の心と体の動きに目を光らすようにしなければならない、あたかも守護天使が肉の目で見ているように。」恒常的な異端審問。個人の内奥まで調べる、他者の視線。天使は、何も言わず、眼を光らせ、様子を探る。司教たちのほうは、言葉で注意をうながす、それが彼らの職務なのだ。

不従順に対して。何よりも、あの肉体を襲い、肉から、性から立ちのぼる熱さに対して。性は高位聖職者たちの第一の心配事である。われわれの最初の先祖が追放された楽園に、どうしたら戻れるのか？　貞潔によって、とシャルトルのイヴォは答える。彼にとって明々白々に、イヴの罪は肉の罪なのである。「［先ずは］性と俗世の空しいことを踏みにじること、肉体を命あるホスチア〔聖体パン〕に変えること」、これがル・マンのヒルデベルトゥスにとっての根本の掟だ。娘たちはおのれの肉身を供物に捧げ、焼き尽くすべし。命令は激越なものになって繰り返される。群れの中で、子羊は二種類となっている。片方は雄を知っていた。アデール・ド・ブロワ、エルマンガルドのように、修道院に引きこもった寡婦たちである。何人かはかつて夫の腕の中で幸せであり、それを記憶していて、その思い出を払拭するにいたらない。危険はまさにそこにある――「セイレンの歌に聞き惚れること」、エロイーズを苛んだ官能の喜びの甦り、あの発作に身を委ねること、淫らにも夢想にふけること、したがって、天上の夫から遠ざかること。寛大にも天上の夫は、処女を喪失した、そのような女たちも伴侶として迎えることを望む。しかし、地上の夫たちすべてと同様、もちろんキリストも疵物《きずもの》でない女たちの方を好む。処女性は家族の名誉であり、「婚約した女」の価値である。司教たちが処女の修道女たちのほうを好む理由はそれだ。もっぱら彼女たちに配慮が向けられる。おのれの「宝物」を失うことなかれと。

　とはいえ彼女たちの多くは——彼らはそれを知っていて嘆くのだが——できるだけ早く処女性を捨てることをひたすら夢見ている。なぜなら大部分にとって修道院にいるのは、結婚待ちの、トランジットとしてであり、多くはすでに婚約済み、十二歳を越えて、ようやく交合可能になれば、相手の男が受け取りにくるだろう。女子修道院は、幼い婚約者を偶発的な処女喪失から守るのに役立つ。次々に、これらの娘たちは修道院を出ると、行列を組み、喜々として、夫の寝室に向けて立ち去る。とはいえ、両親が片づけることができなかった娘たちは残って、気が気ではない。高位聖職者たちがその世話をしてやり、修道院から修道院へと回送され、何度も彼女たちの前で読まれる書簡によって懸命に励ますのである。勇気を取り戻させるために、シャルトルのイヴォは、寡婦や人妻のほうがはるかに不幸だと納得させようとする。彼女たちが「苦悩の根源たる、かの取り返しのつかぬ肉の堕落」に涙するのに対し、肉体の平穏に包まれて、処女たちは危惧することなく、天使たちのそれに比肩すべき、清澄なる至福のうちに安らぐ、と。神の天使たちとともに、とヒルデベルトゥスは繰り返し言う、彼女たちは「かつて肉の交わりをもたなかった者以外、誰も口にできない幸福の賛歌」を歌うのだ。

　処女性の賛美は、絶えずくどく繰り返されるが、当然予想されるように、見限られた娘たちの心と体から罪の萌芽を、悲しみを、苦々しい思いを、悪しき例にかき立てられた欲望の発作を払拭するには十分ではなかった。実際、司教が聖職に叙階し、功績の序列の最高位にある「身分」(ordo) に永遠にすえた、これらの決定的処女たちの中にも、それが可能だとなると早速ヴェールを脱ぎ捨て、不滅の夫に背を向けると、こちらは触ることができ、その暖かさをすぐにも味わえる別の夫の腕の中に、情欲に燃えさかって飛びこむ者が何人かいた。このような「背教」から修道女たちを引き離すべく書かれた手紙、回状とでも言いたい手紙の一つの中で、聖アンセルムスはこうした転向者の一人を非難するふりをする。彼女は奥方になることを決意したのであろうか、婚約したのであろうか、すでにわが身を捧げたのであろうか。考え直すがよい。まったく世俗的な、このような肉の結びつきを、どうして破棄しないのか? それはできる、まだ間に合う。この娘が後悔すること、世俗の装身具を踏みにじること、キリストの婚約者たちがそうであるように新たに装うことだ。キリストは彼女を呼ぶ。処女でなくとも、少なくとも貞潔な女として、また受け入れるだろう。もちろん地位は下落した。しかしもしかすると、多くの生娘たちよりも高い地位に落ち着くことになるやも知れぬ、「もし彼女が俗界を断念するならば、もしおのれを下落させた男を軽蔑するならば——男はすでに彼女を軽蔑し、いずれにせよ、疑う余地なくやがて軽蔑して、棄てるであろうよ。」奇妙な助言だ。

とはいえ冒険を試みたりせず、用心深く、神の家におとなしく留まり、少しずつ肉体の魅力を損なうことのできる療法を自分に課すほうがよい。とりわけ入浴しないことだ。涙の跡の刻まれた、やつれた顔、苦行衣に擦られた皮膚。それに誘惑に抗する城壁のごとき、囲いの壁。「修道院の壁はそのために、俗世を愛する者が俗世を逃れた者の防御陣営に迎えられることのないように、そなたらが公衆の面前に姿を見せることのないように、そなたらの体が感染にさらされることのないように築かれている。俗界で見たかも知れぬ恥ずべき映像の入りこむのを放置するならば、そなたらの処女性を危険にさらすことになろう。」

男たちとの会話を避けよ。平信徒を警戒せよ、聖職者もまた警戒せよ。「別の男に向かったことで不義の噂の立った貴婦人を死刑で罰するのであれば、不滅の夫との貞潔な婚姻を軽んじ、どこぞの男に肉体的な愛を寄せた女は、どのような罰を受けることになろうか？」

それにまた司教たちは先手を打ち、尼僧たちに結婚を嫌悪させるべく努力する。結婚生活？　何たる幻滅か、とラヴァルダンのヒルデベルトゥスはある隠遁した女性あての手紙で言う。快美だと女たらしたちが主張するかの肉体の試合、「結婚の床が戦場となるかの乱戦は恥辱と嫌悪を生み出す。」子供たち？　彼らをみごもる最中、人は不浄の泥の中で四苦八苦し、産むに際して命を危険にさらし、それから先はありとあらゆる種類の心配事、苦役だ。それにまた夫。女の弱さゆえに彼の勝手気ままに耐えねばならぬことを、あの娘たちは知っているのか？　多産ならば、女は不安を抱えて生きる。石女《うまずめ》ならば、悲しみで死にそうになる。美しい間はいつも疑いをかけられ、美しくなくなると、夫は離れてしまう。この男の気に入るためには、彼を引き留めるためには、妖術の類いに、あの「婆さんたち」が知っている秘密の手口に頼らざるをえない。「わたしは婚姻を誹謗するものではない」とル・マン司教は主張する、「ただし、労働よりは休息を、隷属よりは自由を好む。」これはまさに熱烈な愛を、私心のない、献身を称えるためにエロイーズが選んだ言葉である。しかしここでは意図はまったく違う。自由とは、処女性のことだ。結婚を拒否することで、女は自分の体の主人でいられ、「借金」を支払う義務はない。汚れもまったくない。肉の沈黙、平和、やがて至福、真の結婚、唯一完全な結婚、イエス・キリストとの結びつき。厳しい監督下に集まった生娘たちの眼に、司教たちは競ってこの結婚をちらつかせる。幸せなるかな、まこと誇らしく、まことと純潔のまま、かの夫に向けて進む許婚者たちは。なぜなら彼は天の高みからその愛――「情愛」（dilectio）ではなく、ここでは「愛」（amor）――を与えるがゆえに。「王の褥」で彼女らを待ち受ける。彼女らを腕に抱き入れるだろう。

一一六三年から一一八一年にかけて作られた、リジューの司教アルヌルフスの書簡集から、若い修道女にあてた一通の、慰めの手紙を引用する。この書簡もまた、結びつき、ただし地上の結びつき、男と女の結びつき、だが神の恩寵が肉的なものを霊的なものに変え、無垢のまま見出された天国へと運ぶ結びつきについて語る。七歳にして娘は、双方の親族の合意により、アルヌルフス自身の弟と婚約していた。二人の婚約者が婚姻の床で交合する瞬間が近づいていた。若者は死ぬ。幸運にして、と司教は言う。彼は先に天の褥に入ったのだ。彼はそこで婚約者の場所を用意する。「子羊の結婚の宴に招かれ、彼女は間もなくそこへ行き、子羊の見ている前で交合し、歓喜に包まれて楽しむであろう。」驚くべきトリオだ。それにまた強烈な熱気をおびたこれらの言葉、それが喚起する露骨な、ほとんど猥褻なイメージ。アルヌルフスは続ける――そなたもまた幸運である。そなたは無垢であり、それゆえにそなたたちを繋ぐ愛は比類なく高尚な性質のものである。愛についての省察、二種類の愛、「堕落しやすい愛」とそうではない愛の対比が続く。「堕落した肉の情熱によって生まれた愛は常に堕落の危険にさらされている。発生の初めこそ抑え切れないが、この愛は消滅するのも早く、また跡形もないほどだから、しばしば憎しみに変わり、その喜びは苦い思いとなる［……］。数々の証拠から、この愛が慈愛から生じていないことは明らかだ。」それに対して、もう一方の愛は広がるにつれ強化される。「『慈愛』（caritas）にあっては、キリストの花嫁となった女は、肉身の抱擁から免れた許婚者を慈しみ続けるとき、姦淫の罪を犯すことはない。彼を純粋な愛で包み続けよ、彼を求めよ、肉体の眼ではなく、心の眼で。このような愛に神が嫉妬することはない。」寡婦でありながら相変わらず生娘の哀れな娘、天の恩寵により奇蹟的に守られた彼の「宝」が悲嘆を抑えるのを助けるとの口実で、リジュー司教が愛に憧れる隠修修道女たちの間に配布すべきだと考えた教訓とは、そのようなものである。

一一八〇年ごろまで、司教たちが修道院に閉じこめられた女たちに手紙を書くのは、待つことを受け入れるように励まし、愛を禁じ、愛から守るための場合にほとんど限られていた。その後、それとは反対に、彼女たちに提示されるのが愛になり、しかもその愛の炎は、「純白かつ真紅」である、天上の愛される人の前に婚約した女が現れるとき、それまで待機のやるせなさに青ざめていた愛する女の顔を朱に染めるという。同時にまたイエスがいまや彼女たちに真の男として提示された。彼女たちの生涯の伴侶。彼女たちの幼いとき以来、彼は乳兄弟だ。以後、彼は彼女たちを導く。彼女たちは一歩一歩、十字架までそのあとを追い、彼の疵《きず》を見つめて悲しみに沈むべし。イエスは何よりも「愛の泉」、「愛に苛まれる女たちの唯一の慰め」として示され、その多くが『雅歌』から引かれる語彙であり、比喩は夫婦の静かな愛着よりは、恋人たちの情熱的な躍動を想起させる。ペルセーニュのアダムスの筆になるのはまさにそのようなものであるが、彼の書簡は最も感動的なものの中に数えられる。

アダムスは初めは司祭として、アリエノール・ダキテーヌの娘、マリ・ド・シャンパーニュにおそらく仕え、したがって、クレチアン・ド・トロワや、のちにフィリップ・オーギュストの宮廷付司祭となるアンドレに接していた。マルムチエで修道士となり、そのあとさらに厳格なシトー会修道院に入り、ついに一一八八年、ル・マン司教区のペルセーニュ修道院長となった。その該博な教養と言葉の力で最上流社会に名声を博した。リチャード獅子心王は彼を聴罪司祭に選んだ。彼は教皇によってフランス国王とイングランド国王とを和解させる任務を命じられた。一一九五年には、ローマにいて、フロラのヨアキムと論戦を交わす。ヌイイのフルコとペトルス・カントルに鼓舞されたパリの説教師グループとの親交が深く、一二〇四年に第四回十字軍に参加するが、この遠征が目的から逸脱すると、最も清廉な者たちとともに、シモン・ド・モンフォールとともに十字軍から離脱する。一二二一年の死まで、言葉によって行動することを止めなかった。見事であり非常に広い範囲で聞かれた言葉、なぜなら彼の手紙はいたるところで筆写され、修道院や宮廷で読まれ、繰り返し読まれたから。以下はその手紙の一つで、処女アニェスのために書かれた。実は、それは女子大修道院でアダムスが述べた説教を記録したものだ。処女の集団の中心にあって、自分の影響力を確信し、これらの女たちの熱情をかき立て、ついには酔わせ、陶然となった彼女たちを神秘的な感動へと導くという明白な意図から、言葉を、イメージを選ぶ男を想像してみよう。

この説教は、それが慣わしであったように、聖書の二章句に立脚している。一つは『マタイによる福音書』からの引用で、変容の際の、ペテロのイエスへの言葉を伝える――「主よ、わたしたちがここにいるのは、すばらしいことです」〔一七章四節〕。三人の弟子、ペテロ、ヨハネ、ヤコブが居合わせる。ヨハネは貞潔を、ヤコブは謙譲をあらわし、そして、ほかの者たちを導かせようとイエスが彼らの上に置いたため、優越した地位にあるペテロは愛をあらわす。アダムスはペテロのことを「愛を愛する」と言うが、まさにその彼、「婚約した男の友、婚約した女の守護役」が仲介者の役を務め、カップルの結合を果たすはずだ。もう一つの章句、「恋しい人が語るとき、わたしの魂はとろけてしまう」は『雅歌』〔五章六節〕に由来する。これが説教の真のテーマなのだ。とろけてしまう、けだるさ。欲望から発する熱のように、炎症のように、愛は全身に入りこむ。もちろんもう一つの性に対する欲望、不在から生まれ、それ自体のために培われ、期待のうちに高揚する、欲望のための欲望。魂を苛み、魂をとろかす、抑えがたき渇き、魂もさることながら思考もまた「純粋な愛への欲望で」おのずととろける。渇き、それから酩酊。「愛の力は、あるいはそなたを憔悴させるか、あるいはそなたを酔わせ」、完全な愛に浸す。「主よ、わたしたちがここにいるのは、すばらしいことです。」

忘我に達するために、愛する女は――そこにいる処女たちすべてが、集中して、良心の指導者の言葉に聞き入る――同時代の物語の女主人公と同じ道をたどるよう勧められる。ここでもまた、眼差しを交わすことで、相手の美しさを見ることで、炎は燃え上がり、そのあとに来るのが言葉、交わされるメッセージ、差し伸べられ、締めつける腕、結び合う唇、口づけにおける溶解。さらにそのあと、世俗的な愛の詩よりもっと率直に、わたしに言わせれば、もっと厚かましく喚起された、あの寝台で得る快楽が続く。別の手紙の中で、アダムスはある修道女に「夫と交合することを、婚姻の褥《しとね》の歓びを味わうことを恐れぬように」誘うのであった。ここでは、さらに踏みこみ、彼に耳を傾ける女たちを、閉ざされた寝室の秘密に入らせ、愛される男の香りの染みこむ「小さな花咲く床」へと導き、「婚姻の褥の神秘」を、快楽を、トルバドゥールが慎み深く、強調することなく、一言だけで委細を省略する、あの「それ以上のこと」を夢想させるのだ。アダムスは、「ますます力をこめる優しい抱擁、口づけの甘美」に、肉体の戯れに、しかも動詞「快楽を得る」(oblectare)を活用させて、快楽に立ち戻る。「交合」の快楽。裸と裸で。そしてこの驚くべきくだり――「中に入るのを許されると、婚約した女は神の助言の秘密に近づき、肉の衣と体の装いを脱ぎ棄て、裸になればなるほど、いっそう純潔な姿で進み、変質することなき真実と褥で合体する。」たしかに、ここで問題にされている「交接」は、大いに官能的だが、まったく霊的なものだ。「魂は、まったき歓びのうちに、その愛する相手に仕えるが、おのれの裸身をその無辜《むこ》の裸身から隠すことがなければ、いっそう密接に仕える」のであり、あらわな肉体の誇示に続く「交接」(commixtio)とは、もちろん、「汚点のない」、「えも言われぬ」とみなされる。だが、それにしても。これらの男なしの女たちの精神に、肉体に、このような言葉がどこまで響きえたか？　この点で液化現象が起きる。そう、「愛の大きさによって」、「聖なる愛の炎で」心の液化が、そしてその外から見える兆候は「信心の涙」である。

それ以後、しかも数世紀にわたって、修道院の共同寝室、隠修修道女の独居房、ベギン会修道女の家において、女の体質によって神秘的放埒への素地がある「聖なる女たち」の心情吐露がどうなるか、一二〇〇年前後に、それがこのように一挙に露呈する。とはいえ、わたしは、事を非常に明快にすると思われる変曲点を指摘しておく。メタファーをさらに推し進めることで、ペルセーニュのアダムスは自分の指導する娘たちと彼自身の関係を伝える。彼の演説に導かれ、彼女たちは婚姻の寝室の入り口にたどり着くと、彼は自分を「高位聖職者」(prelatus)、すなわち先に進み導く者として表すのを止める。彼の地位は逆転し、貴婦人の奉仕者となった。宮廷風の愛する男のように。ついにキリストと結ばれる彼女に奉仕する。これからは「天主」の、主人の申し分のない花嫁として、婚姻の寝室に入りこむと、実際、彼女は獲得したばかりの全権力でアダムスを支配する。その結果、以後、アニェスに懇願するのは彼のほうなのだ。「主を最も優しい抱擁で包むとき」、夫の前で奉仕者の立場を守りたまえ。夜、住まいの最も私的な場所で、夫から、愛撫によって、虐げられた女たちの寵愛を夫からかち得たときの、ギーヌのエマのように。このように語ることは、数十年前、ほとんどアベラールだけが付与した価値を、修道女たちの祈りに認めることだ。女たちは、信心深い女たちは、以後、男たちが「控えの間から愛の褥へ」移るのを助けることができると判断されるが、その愛の褥には、彼女たち自身が、彼らに先立って身を置いていた。女性の地位向上のこの上ない、明白なしるしだ。われわれは、ミシェル・ペロー、『女の歴史』の執筆者たちとわたしは、この歴史をふさわしく区切るのを可能な重要な年代を探している。十二世紀末は、異論の余地なく、その一つである。

上流の貴婦人たちにも、公教会の指導者たちは多く書いたが、初期においては基本的に、助言したり、欲望を警戒させたり、良心の指導をするためではなかった。節制への要請、無思慮に性行為にふけらないようにとの要請が、明白に表現されることは決してない。俗世の快楽を軽蔑するようにとの一般的な、月並みな、機械的な説諭の中に、それが暗黙に謳われているにすぎず、道徳的勧告は、身分上の義務を過不足なく果たされよ、ということにほぼ尽きる。大貴族の奥方たちは保持する権力を、とりわけ夫に対して振るうことが奨励される。彼女たちの胸に頭をあずける男を軟化させ、優しい気持ちにさせ、粗暴を和らげ、善に導き、その魂に影響を及ぼし、神を愛し、恐れるように仕向け、「悪しき助言」から彼を遠ざけるように、適切な時期を見計らって、持ち前の魅力を用いるべし、好機をねらい、執拗に絶えず攻撃に出よ――これはすでに女性性への信頼の表明であり、女たちをさほど性悪だと判断してはいない見解だ。奥方たちを、その美徳が男たちの素行を向上させるのに助けとなる、役に立つ味方扱いにすることだ。実を言えば、これらの司教、これらの大修道院長は、作品を上流の貴婦人たちに献ずるときの物語作家や詩人と同様、夫君の愛顧をかち得るために、自分たちを正当に評価してもらい、ある特権、ある利権を授けてもらいたいがために、とりわけ文通相手の女性を当てにしていたのである。実は、権力者の妻たちにあてられた手紙の大部分は請願書だ。

そのことから、高位聖職者たちがこれらの女の救済に無関心だと思うべきなのか？　確実に違う。この世紀初頭からの、教会改革の急速な進行と神の奉仕者全員に課せられた貞潔の掟の適用によって惹き起こされた混乱を前にして、ある社会的事件、すなわち外にたたき出され、助けを求める聖職者の伴侶たちすべてに関わる事件を前にして、また高位貴族の男たちと女たちに婚姻関係の新しいモラルを受け入れさせるべく努力していたから、彼ら高位聖職者の全部ではないしても、その多くは、ラヴァルダンのヒルデベルトゥスのように、そのあとのエチエンヌ・ド・フージェールのように、霊的秩序の中で神が女たちに指定するつもりの場所について自問していた。奥方たちを正しい道に効果的に導くように司牧活動を適応させることに務めていた。しかし改革は女子修道院の急激な伸展をともなった。したがって、彼らはまず、処女であろうと寡婦であろうと、修道女たちに訓戒を垂れるべきだと信じ、シャルトル司教イヴォのように「女子の配偶者たち」に関心を寄せるのは、導入した新しい掟を夫に尊重させるべく彼女たちが介入するという緊急の用件のためであった。遠慮があってそれ以上のことは口にしかねたが、彼女たちが帰属する男が寝室に合流しにくる度に、妻の身分ゆえにやむなく犯す例の罪については、とりわけそうである。すでに九世紀にランス大司教ヒンクマルスは、教会人はその種の事柄に介入すべきではないと裁定した。結婚の枠組みがますます強固になりつつあった時期、夫が現存するかぎり、戦争、巡礼、死によって引き離されていないかぎり、夫をして妻の救済と行為の責任者としておくのは、司教たちにとって当然のことと思われた。十二世紀の最末期に、この遠慮がなくなった。ペルセーニュのアダムスの書簡集の中で、いずれも王家の血を引く大貴族の奥方三人、ペルシュ伯夫人、シャンパーニュ伯夫人、シャルトル伯夫人あてに書かれた三通の書簡の中で、人はそのことに気づく。

アダムスは彼女たちの友人、彼が言うところの「新しい」友情に結ばれている。最近の、という意味ではなく、大胆さ、率直さによって、それまで祈る男と結婚した女との間に成立していた儀礼的な関係とはっきり対照をなす、という意味に解したい。修道院の外、宮廷の中に教えを広めるために、大修道院長はこの感情的な結びつきを引き合いに出す。彼自身が宮廷におもむく。そこで話す。こうして、シャルトル伯夫人の要請で、二日間にもおよび、彼がもり立てた、あの「シンポジウム」の席で——この貴婦人だけが相手ではなく、家中の女たち、よき言葉を聞きによその家々から来た招待客の女たちに囲まれて。しかし彼は書いたものによっても良心の指導にあたる。シャンパーニュ伯夫人ブランシュに送った、あの短い説教を集めたものによって。注文に応じて書いたと自分で言う、あの三通の手紙によって——「そなたが永遠の事物を欲するようにと、そなたがわたしに頼んだのである。」上流の貴婦人たちによって、書簡のテクストが女友だちやそれほど上流ではない妻たちに伝わるが、実際それらは女たちの霊的な期待への返答である。

もちろん現実の状況に合わせた返答だ。これらの信心深い女たちはみな富者である。彼女たちは「悦楽」の境地に生きる一方、戸口では貧者が呻吟する。彼女たちは合法的に富者であって、その地位にふさわしい立場で生き、「血筋の高貴が要求するものに応じて」権力を行使するために、富者であることを義務づけられている。発言は、したがって、伝統的な話題をまた取り上げる——恩恵を受けた者たち、追従する者たちに囲まれ、豪奢な宮廷にあって、いかにしてこの権力を敬虔なやり方で行使し、神を喜ばすことができるのか。謙虚であれ、俗世の快楽を軽んぜよ、との訴えが戻ってくる。説教は、しかし、格調が高いものになった。これらの上流の貴婦人たちは依然として夫の権力に属しているにせよ、もはやこの男に影響を及ぼすことは、愛の抱擁のさなかに、枕の上で、囁きながら彼にとりなすことは要請されない。アダムスは彼自身についても、庇護者たちのためにも、何一つ懇請しない。自己に責任をもつ女人の魂の救済について、最も私的な行為におけるそれについてまで語る。何も所有せずに所有するよう呼びかける。完全に脱ぎ捨てることではなく——それでは、はしたなかろう——、奢侈を拒否することを、質素に生きることを。彼にとって、縁を切るべき贅沢品の象徴は、トレーンを長く引くドレスである。それは当時の女たちを「女性的にして」、恥ずべき狐のような存在に変え、女の肉体に不純なものを、この汚れのほうに傾くあの肉体の重さのイメージ、虚栄のイメージ、領主権力が要因をなすあらゆる強奪のイメージを際立たせる。あのように無益に布地を濫用して、無頓着かつ汚れながら、公共広場を掃く代わりに、貧者の裸身を覆うのに役立たせるべきであろう。富裕のさなかにあって社会の不平等に思いをこらすことが望ましい。過剰に楽しみを見出すのはそれ自体が重い罪だ。それだけで、富者が慈善行為に何も費やさなければ、彼らを断罪するに足りる。またその富が、権力の悪用によって、とりわけ租税を徴収する権利の悪用によって、よからぬ蓄積がなされていたならば、その罪はいっそう重くなる。その時代にすら、新時代の新製品たる税制が民衆に重くのしかかり始めていた。王がそうすべきように、寡婦と孤児に手心を加えるべし、税金で苦しめるべからず。道化者を満足させるために、騎行する大勢の供回りの者を養うために、「この肉体という糞壺」を衣装で覆うために、貧窮した者の持ち物を残らずかっさらうべからず。俗世放棄の精神から領主の収奪に訓戒を垂れること、それが第一のテーマなのだ。それはこれ見よがしの態度に関係する。アダムスは深層に関しても追求する。

寡婦の上流貴婦人たちに、彼は修道院規律に近い生活の掟を指示する。家付きの有能な聖職者に補佐されて、聖典を読むこと。なすべきことをそこに見出すべし。それをなす方法について熟考すべし。祈り、それをなすための助けを天に求むべし。さらには、俗世にあっても修道院にいるのと同様に身を清く保つべし。その境地に達するには何をすべきか？　正しい信仰あるのみ。偽りの予言者どもを、常軌を逸した信心形態を提案する疑わしい説教師どもを信用するべからず。「品行の潔白無垢」、「悪しき欲望に布告した戦争」、なぜなら肉体の中に、罰する必要のある肉の中にこそ、罪が存在するからだ。堅忍不抜。何よりもまず「神を恐れること。」すべてはそれ次第だ、なぜなら上天で厳しく罰する世話を全能の神に委ねるよりは、むしろ自分自身を裁き、直ちに自分を罰することに導いてくれるから。神を恐れることは、精神が告解により、培った悪を排出するよう導く。実際、司祭の前にひざまずき、自己を観察し、悔悛を自分に課し、自分に鞭打つことは、誘惑につきまとわれるこの罪人の女たちには非常に必要だ。修道院の壁に保護された生娘たちよりはるかに必要だ、なぜなら「淫な体の快楽を壊死させねばならぬ」から。もし世俗の奢侈が放つ偽りのきらめきに背を向け、イヴが遺贈した享楽への好みを自分の中で克服し、「中庸」を選び、とりわけ、身分にそぐわないあれらの宝石、あれらの彩り華やかな衣服を諦めることができるならば、これらの寡婦は褒賞を受け取るであろう。彼女たちにとって、夫の存在によって性交を強いられる女たちよりも、収穫は二倍も豊かであろう。とはいえ、すでに処女を喪失し、取り返しのつかないほど汚れているから、処女たちが収穫するものよりは三分の一ほど劣る。彼女たちが意に反して破損したことを神が斟酌しないかぎりは。アダムスがシャンパーニュ伯夫人ブランシュを安堵させる——「婚姻関係において忠実であったが」(すなわち従順で、嫌悪感を克服し、借りを几帳面に返済したとの意味)、いまや彼女は解放された。解放。夫の熱意に応えることは、ここでもなお隷属として経験され、少なくともそのように提示されている。アダムスはそれ以上に踏み込むわけにはゆかない。おそらく彼女はもっと多くのものを手にするだろう。彼はそれを期待する、なぜなら「結婚の絆以前に彼女が処女性に抱いていた極めて熱烈な愛」のことを知っているから。神は意向の裁き手であり、行為のそれでは決してない。神はこの最初の意図を考慮にいれるだろう。たしかに、そなたはそれを守らなかった。しかし、そなたの親族がそなたに強いたのだ。

貴婦人たち、これらの、図らずもであろうとなかろうと、同じく処女性を犠牲にした女たち、まだ夫を厄介払いする機会に恵まれない女たち、俗世の軽薄なことに関わり過ぎ、聖書をあまり熱心に読まない女たち、いかに考え方が厳格、高邁であろうと、男と褥《しとね》をともにし、彼の愛撫に体を委ねるということだけで汚れた女たちに、アダムスは出費を抑えるように、タイユ税の重荷を軽くするように促すことはない。なぜならそれは彼女たちの一存では片付かず、彼女たちは権力に近づけないからだ。だが宮廷で楽しんでいることに背を向けるよう、彼女たちに勧める。運任せのゲームを、のみならずチェス勝負の「煩瑣」を、それ以上に宮廷風の過剰に洗練された流儀を拒否すべし。死に備え、絶えず死を思うべし、死の存在は空しきことどもに屈するのを思い止まらせよう。彼女たちは生きている――それを忘れるべからず――、夢の中のように、霧に包まれて、それも権力の絶頂にあるだけいっそう深い霧に包まれて。そしてこのような「幻覚」は「ほとんど常に官能的な肉に奉仕する」ものだ。このような霧を晴らし、はっきり見ることが肝要だ。これまた神への恐れが鼓舞する信仰、希望、愛によって、だが同時に理性によって。ペルセーニュのアダムスは近代人である。弁証法の力を知り、議論を駆使し、説得にこれを活用する。女たちが論理に敏感で、法律を、法を参照して、神＝裁き手の前でおのれの立場を守るために彼女たち自身が論理を用いる能力ありと、彼は判断する。「光に向けて放たれた彼女らの知性の剣先」によって、真実を発見する能力ありと。彼女たちは何を見るだろうか？　まずは聖処女、この方は蕾を散らすことなく花を咲かせるが、その花の香りは俗世の甘美を味気なく、むしろ苦く思わせる。彼女を熟視し、そなたの腕に抱くように。保護者にマリアを選ぶ者はもはや何も恐れる必要なし。だがとりわけ、もしそなたが罪深い欲望に抗うならば、「愛すべきイエスのいと望ましき姿を見る」にふさわしくなる。「もしイエスへの愛ゆえに、そなたの心の目を曇らせる埃を拭いさるならば、最も熱烈に愛すべきものをはっきり見るだろう。」結婚しているがゆえに、女のうちで最も称賛に値しないこれらの女たちにも、修道女たちに対してと同様、情熱的な愛の対象として、実際イエスは提示されている。彼は美しい、美しくもあれば優しく、賢くもあれば忍耐強く、崇高でもあれば控えめでもある……。理想の恋人だ。彼にそなたをあたえよ、彼に属さないものを、そなたの精神と心から放逐せよ。そなたの「清められた精神は神の観想へと導かれるであろう」、修道院の外ですら、世俗的な生活の喧噪のさなかですら。ただし次の留保は別として――アダムスは貴婦人たちに神秘的な感動を、「液化」を求めない。処女たちだけに、婚姻が約束されている。人妻たちは罪の中に留まる。イエスは彼女たちを離れたところに置く。彼女たちにいかに振舞うべきかを示す。慈悲深く、彼女たちの希望を持続させる。しかし自分の褥に直ちに迎え入れることはしない。

ペルセーニュ大修道院長は同時にペルシュ伯夫人と話したところだ。同じ根本的な教えから出発し、常にへりくだった心で、「物腰に節度を保ち、食卓では質素に、しとやかな顔で、慎ましい言葉遣いで」振舞うように勧める。いつも気前よく振舞い、貧者に欠けるものを鷹揚に与え、そして、これが肝心なことだが、肉体の貞潔を保つこと。何よりもまず「聖霊の恵みにより、そなたを力づける」神の御子を喜ばせるよう努めるべし。そなたは彼にすべてを負う。そなたに自らをすべて与えた彼に、「そなたはそなたのすべてを負う。」けれども、私は自由ではない以上、結婚の絆に絡めとられ、ほかの男に属している以上、どうして自分のすべてを与えられましょうか？　大修道院長は一連の論理的演繹によって答える。彼はまず、助ける者、協力者としてイヴをアダムに与えたとき、神が楽園で発布した「結婚の掟」を参照することから始める。神は人類に交合することを強いなかった。親切心から、救済策としてそれを認めたのだ。欲望の燃焼を消すこと、それが結婚の機能なのである。そしてこの救済策とは、有効であるためには、聖アウグスティヌスによれば、婚姻関係の三つの積極的な側面を構成するものに、立脚しなければならぬ。まずそれは「信仰」に関わる。よく分かってもらおう――夫婦は互いに奉仕する間柄、互いに債務者である。配偶者に自分の肉体を拒否する権利はなく、封臣と主君を結ぶそれに似た契約の約定に従い、肉体を互いのために確保することを義務づけられている。たとえそれがいかに辛かろうと、互いに助け合うこと、そして裏切らぬこと。次に来るのは「後裔への希望」、交合が生み出すところのもの（quod）を、信仰の神秘と神の認識へと教え導く義務。最後に「しるし」——ただ一つの肉を形成することで、夫と妻はキリスト教と公教会の結びつきを、解消不可能の結びつきをあらわす。したがって彼らは別れることを禁じられている。それが掟なのだ。祝祭日と断食の時期を「肉の行使から守る」義務が加わる。寝台で避けがたく犯すあらゆる罪を告解、祈禱、寄進によって洗い清めるべく、これらの日々は禁欲の日と定められている。これらの短い期間、寡婦が生きねばならないように妻は生きることになろう。

これが証明されると、アダムスは、夫の腕の中で借りを払いつつも、奥方が神のものでありうることの証明に専心する。ここで登場するのが完璧な男であり、アダムスはほかの手紙の中で、修道女たちの前で彼女たちの欲望をかき立て、女性性の熱情によって、彼女たちをえもいわれぬ歓び、キリストへと高めるために、その陶然たらしめる光輝を褒めたたえていた。ここにおいて彼は、自分に耳を傾ける相手に、その前でこの書簡が読まれるであろうすべての女たちに、いかなる奥方も実は、二人の夫を持ち、それぞれが彼女に権利を保持するから、共有されていることを説得しようと企てる。彼はある前提から出発する——肉体と魂の本源的な区別、地上の「空しいこと」、夢想、幻想と、天上にある異論の余地のない真実との区別。論証のすべての過程で、「この者」（iste）、すなわち肉の夫と、「あの方」（ille）、すなわち「夫」（maritus）ではなく「夫」（sponsus）と呼ばれる別の存在との対比が進行する。「肉の夫はそなたの肉体の夫であり、神はそなたの魂の夫である。」おそらく「そなたが前者の気に入ることが肝心であろう」が、そなたが前者と後者に属することを忘れてはならない。そなたは前者にも後者にも債務を負うている——

「あの方（ille）はそなたの中に権利を持つ。」実際これは権利の、正義の問題なのだ。「神は魂と肉体を造り、その両方ともが彼の権利に属する。しかし、さしあたり男にそなたの肉体への権利を委譲した［すなわち用益権、使用許可を。妻の肉体とは何か？　物体、なにがしかの条件の下で主君が家臣に委譲する財産に似た一種の封土、あるいはむしろ下賜地、耕し、種を蒔く土地のようなものだ］。さりながら、あの方（ille）は魂は自分のためにのみ要求し、それが他者の権利に移ることを容認しない。」この協定に妻の義務が由来する。彼女は二人の夫に忠実を、貞潔を義務づけられている。まずは慎み深さを。天上の夫には自分の魂の「慎み深さ」（pudicitia）を、肉の夫には、これまた慎み深い、自分の肉体を与えねばならぬ。この肉を、彼女は彼に委ねざるをえない。しかし与えるべきはそれのみ。注意するがよい――「地上のこの者（iste）ゆえに、天上のあの方（ille）にその権利を拒むことがあってはならない。この者がそなたに密着し、貼りついているときは、そなたは大いに楽しむがよい。しかし精神の中では、天上のあの方（ille celestis）にそなたが密着し、貼りついて楽しむように。」もしそなたがこの離れ業に成功し、もしそなたが愛の出会いの狂乱のさなかで、自分を分離することが、自分を公平に分配することが、「同時に」そなたの肉体をこの者に、魂をあの方に与えることができるならば、「もしそなたがそれぞれに借金を返すならば、天上の正義に加担することになる。したがって、男に対してはそなたの肉によって彼の権利を委ねよ、ただし、神からその権利を奪うことなく。この権利をほかの男に委譲することがあっては、そなたにとってよろしからず。」

もちろん、両者のうちでよいのは、あの方（ille）、あのいと貴き存在だ。寛大にも、彼女を許婚者とみなし、肉身のあらゆる高貴よりもっと高貴にする婚資を彼の「婚約者」に与えるが、その婚資とは天使の栄光、魂の純粋、精神の処女性なのである。このような贈り物の価値をよく考えて、そなたにこれを贈る方のもとにおもむき、彼を見つめ、彼を愛し、彼に熱い思いをよせねばならぬ。そなたがたまたま男に「縛られ」、「結婚の掟に反することを何一つ強いぬかぎり、やむなく相手に従い、奉仕せざるをえない」にしても、選ぶべきは「彼」なのだ。結びつきが持続するのは「彼」とともにである。「結婚とは、死を免れぬ肉のために『彼』が制度化したもので、過渡的なものだ。『彼』は不死不滅の夫として不死不滅の魂に自分を与えたのである。」したがって第一に「それあるがためにキリストの婚約者たる、そなたのその部分」に配慮せねばならぬ。そなたもまた、修道女たちと同じなのだ。彼女たちと同じように厳重に、最も強い絆、婚姻の絆に縛られて、奥方は囚われの身なのだ。彼女たちと同様、婚礼を待ち、その日が訪れるだろう。それゆえ彼女は、秘密の交合の場所を自分の美徳で飾り、自分の内部に閉ざされた庭園、一種の修道院、幕屋を、そこに聖霊を迎え入れる婚姻の小部屋として、用心深く守っておかねばならぬ。心の中の「聖別された」――言いえて妙だ――空間、両親によって与えられ、彼女を抱いたあの男、夜にはまたぞろ寝台で迫って抱く男には、もとより出入り厳禁の空間。

　これは驚くべきテクストである。論証の厳密さ、言葉の迫力によってそうだ。とりわけそれが暴露することによって。教会人が女性の肉体を何と考えていたか、女たち自身に何と考えてほしかったのか、それが白日のもとに明らかになる。「糞壺」と彼らは繰り返し言った。いずれにせよ、われわれの遠祖がイヴの過ちによって地上の楽園から追放されて以来、肉の抑えがたい衝動に煽られ、人を堕落させる罪のねぐら。その結果、奥方たち、あの無疵《むきず》を、肉体の無辜《むこ》を保ちえなかった娘たちは、可能なかぎり、それから身を引き、忘れなければならぬ。この滅ぶべき肉を正式に迎え、奪い取り、いまなお喜びを引き出すために燃えるあの男に、なるほど、それを委ねなければならぬ。すべからく結びつきは、両性の交合(commixtio)は成し遂げられるべし。大いに必要だ。それは結婚の掟、夫婦の義務である。理想は、この義務がつらいことであろう。この時代の多くの女にとって、身体的に、それはそうであった。いずれにせよ、貴婦人は、全力をつくして、加担しないように気をつけよう。顔を引きつらせ、歯を食いしばり、石のように冷たくあるべし、快楽に我を忘れることに抗い、拒否すべし。

このような命令は夫婦愛の領域をいちじるしく限定することになるが、それについてジャン・ルクレルクは、十二世紀の修道士たちが阿諛追従《あゆついしょう》の徒となったことの証明に躍起になっている。たしかにわたしがいま引用した言葉は、シトー会修道院、すなわち教会制度で最も謹厳な一角で収録されたものであろう。しかし、それらの言葉は宮廷の悦楽のまさに中心に発せられたのだ。どのように受け入れられたのか？多くの妻たちは——数々の手掛かりから、年代記作者が吹聴するあの陰口から、あまりに若い妻たちのために取られた措置からそうと察しがつくが——処女喪失の夜、彼女たちが一度もその顔を見たこともなく、彼もまた経験不足の若者の、あまりに猛烈な襲撃に痛めつけられ、以後ずっと閉鎖的、冷感症であり続けた。だがほかの妻たちは？　それに、正しくまた有利なものとして提示された、天上の夫と地上の夫の共有は、どのように受けとめられたのか？　神は嫉妬しない、と良心の指導者たちは保証した。そして夫たちは？　彼らはそのことをどう考えたのか？　司祭たちの説教が妻と彼らとの間に建てようと試みた遮蔽壁に、彼らはどのようにして耐えたのか？　まさにこの時期、十二世紀の門口で、貴族階級の男たちの間に、聴罪司祭に対する明確な嫌悪が増えるのを見て、あえて驚くにあたるだろうか？

ペルセーニュのアダムスの手紙とは、すでに述べたが、説教、それも書かれた言葉の反響が実にさまざまなやり方で伝わった以上、広範囲の聴衆をもつ説教であった。といっても、常に私的な、密閉的な空間、修道院、家、貴族の住まいに封じこめられた聴衆だ。ところで、アダムスが書いていた時期、説教することは聖職者階級の基本的な職務の一つになり、説教家を養成することが学校の第一の機能となっていた。教会から、都市の教会から、公に、メッセージが発せられた。ミサに集まる信徒たちに、とりわけ説教の中で覚えていたことを欠席者に繰り返すのが任務の女たちに、説教壇から発せられる言葉を注意深く聴くことが厳しく要求されていた。そのような言葉を口にするのが任務の男たちを助けるべく、説教の手本が作られ、文集にまとめられた。われわれが見ることのできる最古のものは、ペルセーニュのアダムスと同時代のものである。その数は十三世紀に増す。今日残っているのは数千、いずれも手写本の、雑然たる、不透明の膨大な収蔵品だ。二十年ほど前から、学者たちが調査を始め、これらのテクストをふさわしい形で刊行するようになった。これらは――わたしは強調する――手本である。説教集とは実用教則本、職業的な説教家向けの、当時「技術」（arts）と呼ばれていたものだ。彼らがラテン語、聖職者の共通言語で語るのはそのためである。これらの書物から想を得た者は、彼らの信徒の理解できる地方語に内容を移し替えた。

ペルセーニュのアダムスの手紙のいくつかがそうであるように、これらの説教は聖書の一または二節に立脚する。百年前にランやパリの学校で完成された方法にしたがって、そこからある注釈を提示するのだが、それは教師たちが「講読」の中で展開していた注釈、『創世記』の最初の数頁を読み、徐々にイヴ、罪ある女の特徴を精細にしていた注釈学者の注釈に似ている。すなわち単語から出発し、単語の意味を解明しては具体的な勧告、これこれしかじかの状況でいかに振舞うべきか、に到達する。説教の手本が注解と異なる点は、「一般人」のために書かれ、衆人に、単純な連中に、平信徒に紹介されることだ。それは彼らの思考形態に適応し、注意を引きとめ、ときには彼らを居眠りから目覚めさせる、あらゆる手法を援用する。それゆえ面白い小話がふんだんに詰めこまれる。この過剰な文学的作品はその凡庸さで人を驚かす。まずはその単調さで。これらの文集を作り上げた専門家たちは、先人の話を平気で横取りし、その構成をここかしこで変えることで満足する。単調さ、そしてとりわけ、陳腐さ加減。「説話」、聴衆の眠りを覚ますために最上の連中が選んだ短い逸話の愚劣さときたら、唖然とさせられる。期待外れではあるが、この材料には、霊的指導の手紙がもたらす女性像を、いくつかの特徴で補うものが含まれている。

エチエンヌ・ド・フージェールが『諸身分の書』の中に織りこんだものと同様、説教は、当時の表現によれば、社会の異なる「身分」のそれぞれに（ad status）向けられていた。いくつかは、したがって、女たちにあてたものだ。わたしは処女や寡婦に関わる説教の手本にかかずらわない。そこでまた目にするのは書簡文学のあらゆる常套句なのだ。生娘たちには、処女性の計り知れざる価値を、「悪しき思いと陰気な悦楽」を彼女らの精神から追い出す絶対的な必要を繰り返す。好色なこと、汚らわしいことに耳を傾けたり、実行したりするのを制止する、よき羞恥心の楯の下に留まるべしと。それにまた実際的助言、手を使って働くべし、笑うべからず。白粉は不可、娼婦たちが装うあの「不貞の真紅」は不可。柔らかすぎる寝台も不可。寡婦たちには、思い出の甦りに警戒するようにと念をおすが、この場合はいっそう性的快楽を強調したものだ。その代わり、わたしは説教家が奥方たちに語ったことに耳を傾ける。十三世紀初頭、彼らはまだ彼女たちに直接話しかけることは控えていた。説教は「結婚した者に」(ad conjugatos) 語りかける。すなわち、最初に、妻を導く責務のある男たちに。いかにして上品に妻を用いるか、神の気に入るようなやり方で扱うか、とりわけ妻を脅かす罪から守るか、それを彼らに示す。

一二〇二年に没したアラヌス・アブ・インスリスの『説教術大全』は、最も古い手本の一つ、十分に活用するにはあまりにも学問的な内容だ。実はこれは、聖パウロの言葉、「みだらな行為を避けるために、男はめいめい自分の妻を持ちなさい [……]。情欲に身を焦がすよりは、結婚した方がましだからです」〔『コリントの信徒への手紙一』、七章二、九節〕に立脚し、『マニ教駁論』における聖アウグスティヌスの考察をまた採り上げた、夫婦道徳に関する小論である。その考察はここではいくつかの文章に要約されている。結婚が「精神的な」、すなわち真のものであるためには、「肉と精神が理性にしたがって交合することが」、「肉は、女と同様、精神にしたがうことが、精神は、男と同様、妻がそうあるべきように、肉を導き、支配することが」望ましい。肉が反抗するとき、理性が、誘惑されて、分別を失い、肉と淫行を働くとき、秩序が男の内部で破られるとき、すべては流れのままに漂う。わたしはたしかに、男の、雄の内部でと言う、なぜなら勧告が関わる「結婚した者」とは夫たちであるから。彼らだけ、なぜなら彼らだけが能動的なのだから。彼らだけが、離縁、姦通、姦通と同じくらい罪深い行き過ぎ、夫が「妻のあまりにも激越な愛好家」であることを露呈して、あの秘蹟を汚す行き過ぎに責任を負う。アラヌス・アブ・インスリスは人妻に言うべきことは何もない。おそらく彼女は居合わす。注意深いかどうか、それはどうでもよい。肉が精神に、イヴがアダムに、柔らかなもの、たるんだもの、不純なものが、神の意図によって、堅いもの、強いもの、光り輝くものに対するように、あの必然的に従属するオブジェ以外、彼女は何ものでもない。

ジャック・ド・ヴィトリの説教は一二二六年に集められて刊行された。ジャック自身が説教し、大成功であった。おそらく彼は、自分の同業者たちを助けるために、公衆に向けて発した言葉を再録したのであろう。いずれにせよ、話の規模は大きくふくらんだ。アラヌス・アブ・インスリスの説教集ではただ概略的に語られたことを発展させ、多様な変化を見せた。この説教集の一番最後、階層秩序を尊重して、男のさまざまなカテゴリーに関するもののあとに、「人妻への」説教がくる。カンブレー図書館の写本五四四番は三つの手本を含む。そこには、彼ジャックが実際に女たちの面倒をみる姿が見られる。教会身廊の左側、男たちと同じくらい、もしかするともっと多い女たちが、説教する者の前にいる様子を彼は想像する。彼女たちに呼びかけ、つっけんどんにあしらうふりをする――「わたしが女の性悪について語るため、不平をこぼす者の姿が見える。」とはいえ、助言が向かうのは依然夫たちのほうだ。自分の妻をよりよく「支配する」ことに身を入れるべし、妻をもっとしっかり掌握するために、説教は彼らに女の欠陥を知らせる。エチエンヌ・ド・フージェールと同じような意図から、ジャック・ド・ヴィトリは、悪を根絶させるため、常に、基本的に妻に発する汚染の菌から夫婦の結合を浄化するため、悪を指摘する。

アラヌス・アブ・インスリスのように、彼は「結婚の尊厳」を褒めたたえることから始めた。彼は楽園から、イヴの創出から出発した。そもそもの起源から、肉の欲望が男を苛んでいたと確信し、アダムが「ソドムの邪淫あるいは獣姦」に陥るのを避けるため、神が第二の性を創造したのだ、彼はそう言えると信じた。神は女を一人だけ、「性欲を満足させるに充分な」女をアダムに与えた。それが女に割り当てられた使命なのだ。だから彼女も一人のパートナーに満足しなければならないが、これは彼女にはもっと厄介なことだ。なぜならいつでも体を提供する構えで、燃えていて、ひどく要求が多いため、男たちは脅え、時には彼女の前で、タイミングの悪いことに、力を発揮できない。次にジャックは、夫婦に課せられるよき性行動の規範に言及する。結婚とは肉欲の熱狂を和らげるために制度化されたのであるから、女が決して拒まないことが望ましい。しかしまた「自分の欲望を隠す義務があると思う」ことがあってはならない。男については、「女がいつも彼の快楽に従うと考えて、無理強いするべからず。」そして「もし奥方が別のやり方で解放される［彼女を消耗させる熱の昂進から――ここには職務上事情通の聖職者の姿を見て取れるが、おそらく二世紀たって、『医師』に書かれたこと、すなわち、興奮を鎮めるためにときとして女たちがひそかに使う手段のことが彼に伝わっていたからであろう。寛大なのか？　軽蔑的なのか？　いずれにせよ控えめな表現だ］、夫の面目を潰すことなく解放されることが可能ならば、そのことを夫に告げてはならない。妻を軽蔑する傾向のあり過ぎる夫たちが知るべきではないこと、説教壇で話すわけにはゆかぬ事がたくさんある。」理想は、「徳高く名誉を重んじて」、それぞれが自分の権利を控えめに行使し、夫婦の間に和合が成立することだ。節度を守ること、可能なかぎり、自制すること。結婚が避けがたい不純なものを、一緒に味わい、寄進によって贖うべき快楽を抱えることを熟知することで。

人間は動物のようではない以上、人間は絶えずさかりがついている以上、結婚の「名誉」は色欲に、とりわけ「悪魔である」姦通に脅かされている。それが妻によってなされるほうがはるかに重大だ。なぜなら、その場合、それは盗みでもあるから。男たちと違い、女たちは実際自分の体の所有権を持たない。結婚したからには、自分の体をほかの男に与えるとき、それのみかただ単に、ふざけて、あまりにもしばしば貴婦人たちが好んでそうするように、われを忘れて魅力の小銭を配るとき、彼女たちは夫からだまし取るのである。貴婦人たちの出番だ。ジャック・ド・ヴィトリは彼女たちに何を言うのか？

積極的なことは皆無、もしくはほとんどなし。たしかに彼女たちを保護することに気を配り、夫たちには「妻を誹謗したり、虐待したりせず、それどころか寝台で［これが最初に登場する］、食卓で、金銭、食物、衣服に関して、自分の協力者としてみなすように」命じる。また理由なしにめった打ちにしないようにと。妻たちには、自分の主人の世話をよくする、家事をしっかりする、娘たちを立派に躾ける以外、指示する必要があるとは思わない。なぜなら「罪に涙するよりはむしろふしだらになるよう唆す愛の歌を、娘たちに教える者を今日では多く見かけるからだ〔……〕」。しかも、小娘が二人の男の子に挟まれて坐り、片方の男の手がブラウスの中に、もう片方の男の手がスカートの下に入っているのを見ると、妻たちは嬉しがるのだから――『ご覧なさい、わたしの娘がどれほど晴れがましく坐っているか、どれほど若い人に愛され、美人だと見られているか』、しかし間もなくその腹は膨れる。」最後に来るのが「最も重要な義務、すなわちすべてにおいて夫に従うこと。」肉身に関しては、彼女と彼は対等であるが、夫は妻の頭分、「彼女を支配し、身を誤れば矯正し、堕落するおそれがあれば束縛する」権力を授かっている。悪は彼女に由来する以上、ごく必要な支配だ。「楽園で、神とアダムの間には、女は一人だけであった。彼女は絶えず両者を離反させていた。」以後、夫婦の間の和合を壊すのは常に奥方のほうである。単に「脆く」、「淫乱で」、「不安定」、取っ手のない壺のように扱いにくいのみならず、不柔順で、諍い好きだ。殴る女たちには要注意。それをすべきは夫のほうである。神の意志により、導き、そしてまず自制し、彼女たちのように興奮しないのが男の役割である以上。だからこそ、ジャック・ド・ヴィトリの教えるのは男、それも男だけなのである。彼は男しか念頭にないのだ。その功績が彼の目には、イエスに自分のすべてを委ねるため、結婚の義務から逃れたことであるベギン会修道女、マリ・ドワニーに大いに関心を抱きながら、妻の地位をどうにかこうにか受け入れている女たちは放置する。彼女たちのそばに夫がいる。夫が彼女たちを調教し、しかと手中に収めるべし。もしわたしが十三世紀をさらに下り、一二三五年のフランシスコ会入り前後にパリで神学を教えたトゥルネのグイベルトゥスの、一二二七年に没したドミニコ会修道士、ローマンのフンベルトゥスの編んだ説教集に及ぶなら、これ以上に寛大な態度を見出すであろうか？

　そこには、今度こそ確かに、明らかに俗世に生きる女たち向けの説教が見られる。これは新機軸だ。しかしフンベルトゥスの場合は、ほとんど唯一の新機軸だ。エチエンヌ・ド・フージェールと同様、ジャック・ド・ヴィトリと同様、彼は奥方たちの欠点、罪に走る性向を非難し、罵倒し、告発し、廉恥心をかき立て、悪の撲滅を容易ならしめるために、彼女たちを圧倒する。おそらく彼の「すべての女たちへの」説教は女性性の賛美に始まるが、しかしその最も崇高な形態、その「栄光ある身分」においてだ。天上で、再び見出した楽園で、女の性は、と彼は言う、聖処女の中で優位に立つ。それゆえ準備し、自らを清めることで天の手本に近づかねばならぬ。そしてここで女の欠陥のすべてが列挙される。あの魔術を使いたがる傾向を初めとして。それにまた、彼女たちは破廉恥で、おしゃべりで、怠け者で、無情である。このたいそう暗い出だしに続くのが、女のさまざまな種類に対応する六つのモデルだ。貴族の女たちに、フンベルトゥスはほとんど意見しない、あたかもよき血はよりよく防御するかのように。都市民の女たちは、すべてを台なしにする、あの金銭への好みを非難する言葉を聞かされる。家中の女たち、年少の娘たちや奉公女たちの番になると、この師は実は一家の母親に語りかけ、これら潜在的な罪人を厳しく管理するように命じる。まずは生娘たちに目を光らせること、社交から、とりわけ雄たちから引き離し、ほとんど修道院的な状態に置くこと、よき書物、「心をすべてイエス・キリストに対する熱烈な愛へ移す」よう教える書物を彼女たちの手に委ねること。要するに、彼女たちをうら若いベギン会修道女にすることだ。小間使いはさらにもっと監視すること、夜ががつがつ食らい、酔っ払うからではなく、下働きの男たちに言う卑猥な言葉によって、自分らの体の部分を見せつけることで、淫行を働くよう彼らを唆すからだ。どのくらい多くの、生まれのよい、淫売宿に行く勇気のない若者が彼女たちの腕の中で童貞を失ったことか？　彼らは未来永劫に破滅だ。彼らにリンゴの実を差し出したことで、彼女たちは有罪である。説教集中の最後の二つの説教は低層の女たちに向けられた。その威厳、その階級の卓越性の高みから、ローマンのフンベルトゥスはこの人間の屑、百姓女と娼婦の上に、ありとあらゆる不名誉をぶちまける。どうしても彼女たちに語りかけなければならない。イエスはサマリア人の女に話しかけたから。「村の哀れな女たち」は、この世のあらゆる罪を背負いこみ、何よりも淫乱で、誰にでも、聖職者に、自分たちの司祭に、通りすがりの修道士に身を任すから、そうしてもらう必要が一番ある。いっそう危険な存在、娼婦たちとて、低劣から引き出し、救ってもらうことが可能だ。マリ゠マドレーヌがそうではなかったか？　七人の悪魔から解放され、悔悛によって罪を贖い、それも完璧にそうしたために、天上では、聖処女マリアは別として、すべての女たちより栄光に包まれて上座に坐る。一世紀半が過ぎても口調は変わらなかった。教会人は女たちを怖がる。とりわけ彼女たちの性を怖がる。フンベルトゥスは村の女たちへの説教の中ではっきりとそう言う。女とは、イヴ、したがって危険である。基本的に彼女たちが偏狭で、信じやすいからではない。アダムの伴侶のように、女は禁断の木の実を差し出して、楽しむように男たちを唆すからだ。

トゥルネのグィベルトゥスがこの主題を展開する番になると、彼もまた女たちの邪悪さを、彼女たちのコケットリーを、自分の「たて髪」に向ける過度の関心を、このようなやり方でほほ笑むべきか、半ば目を閉じるべきか、柔らかな留め金を選んで、胸のどの部分を見せてやるかと自問しつつ鏡の前で失う時間のことを、彼もまた激しく批判する。さらに、夫を敬うように、すなわち「夫が決めたり言うことに反するような事は一切しない」ように勧める。とはいえ、このフランシスコ会修道士は、わたしの知るかぎり、性的結合を完全な嫌悪の対象とは受け取らず、女性の聴衆の前で夫婦愛を称賛した最初の説教家の一人である。おそらく彼は、慎重に、「社会生活の」情愛（結婚関係の中で結ばれる「協力」、「伴侶」の根底である）と「肉の」情愛とを区別するように訴える。なぜなら愛とは、それが純粋であればいっそう確実で、貞潔であればいっそう喜ばしいから。それゆえこの種の愛着こそ維持する必要がある。これが開花するのは、夫婦が同じように互いに心を寄せ、「意図の対等性」のある場合にかぎられる。したがって――説教はここで親族に、結婚話を仕切る連中に語りかける――夫婦をこしらえるとき、第一に身体の美しさを計算に入れるべきではなく（もし夫婦が「まともな歓びに包まれてともに暮らすこと」を人が望むならば）、財産を計算に入れるべきでもない（妻がもたらす「持参金の重みに制約されなければ、実際、夫はもっと厳しく家庭を管理する」）。対等な相手同士の結婚が最良である。そうなれば「愛の愛着」が、互いに矯正しあうことにより最善に向けて歩むのを助ける。だが、いずれにせよ、「悪徳に身を委ねる者たちの間にも（悪徳とは何か？　快楽のことだ）、情愛らしきものがあり、このような友愛と情愛には、性欲で汚れてはいても、何らかの肯定的な要素があると考えてよいだろう。」譲歩、口先だけの。だがようやく突破口ができた、おずおずとして、孤立した、遅きに失したものだが。

あたかも教会制度が均質の集団を形成していたかのように、わたしは何度も公教会について語ってきた。わたしは言った——公教会はこれをした、あれをした、おのれの結婚観を強要した、この点で目的に達した。このような書き方は、司教たち、大修道院長たち、教師たちのすべてが世界について、とりわけ罪について同じ見方を共有してはいなかった事実を忘れさせかねなかった。彼らのすべてが同じ授業を聴いたのであり、すべてが同じ問題に直面して、社会的な性行動を秩序づけることに腐心した。とはいえ、処女性の擁護者たち、性的汚染の強迫観念に取りつかれた連中は、自然はそれほど悪いものではなく、性にもほどほどに場所を設けてやってよいと確信する、それほど狂信的ではない人々と隣り合わせていた。後者の場合、その多くが宮廷社交界と関わりをもち、彼らの親族や、平信徒の友人にふさわしいモラルをこしらえようと心掛け、その中にはこのモラルを広く伝播するのに最適な道具を作り出す者もいた。彼らは自分の流儀で、世俗的な集まりでの言語で、ロマネスクな物語や、歌、劇を使って説教した。たとえば、十二世紀の後半——わたしにはそう思える——、おそらくプランタジネット王家のヘンリー二世の宮廷で、『アダム劇』という、信徒教育のため四旬節入りに上演した見世物を書いた聖職者。彼のあとに劇の上演を手掛けた者たちと同様、異論の余地なく教会人だ。実際に彼は、せりふの書かれた台本の余白に、俳優の所作を指示するためにラテン語を使う。聖書の注釈、とりわけ聖アウグスティヌスのそれを完全に知っている。とはいえ、はるかに暗くない色調でイヴの姿を見せる。たしかに、劇の冒頭で、神に発言の機会を与え、アダムに自らの結婚観を述べるところを見せるとき、その「命令」、その「規律」の下で、女が男に服従することを、従属下に置かれたイヴが、神の直属の封臣、アダムに仕えねばならならぬ以上、彼女は全能の神の陪臣であることを、作者は断言している。しかしまた、夫に対して、イヴがその「片割れ」、同類であることを、また彼とともにこの「封土」（chasement）を、この神から譲渡された楽園を思う存分に享受することを、作者は神に言わせている。そしてとりわけ、果実の魅力に、その美しさに、約束された甘美な味に心を動かしすぎ、サタンの口車に乗せられ、イヴが誘惑に屈して、過ちを犯したあと、この劇の作者は観衆の同情をこの登場人物に向けさせる。まず性的な罪へのほのめかしは皆無だ。次に、罵りと非難を浴びせるアダムの前で、女ははるかに威厳のある態度を見せる。神が、と彼女は言う、自分の裁き手であり、男のほうではない。神に判断を委ね、低く身を屈し、自分の罪を認める。完璧な改悛者として、おのれを責め、告白し、卑下する。最後に彼女はおのれの希望を宣言する——「神はわたしに恩寵を返して下さるでしょう」〔一〇〇〇行〕。マリ＝マドレーヌのように救われることを、すでに救われていることを確信して、それも愛の力によって。

第四章　愛について

ドニ・ド・ルージュモン以来、愛の発明（とある人たちは言い、別の人たちは発見、発覚と言うが——ペーター・ディンゼルバヒャーは「露見」[Entdeckung]を提案する）を、少なくともわれわれの文化を世界の他のすべての文化と区別する愛し方の発明を、十二世紀に、より厳密にはフランスの上層貴族に人は設定しているが、それは陳腐である。陳腐ではあるが、真実だ。この時代、公教会が望んだような結婚制度の骨組みが強化され完成し、以後の何世紀にもわたって幅をきかすという時期に、結婚の枠組みの外で、男女両性の間に、感情的および肉体的関係を想像する、またもしかして実体験するような、新しいやり方を体系化した儀礼の要素が、数多くの確実な資料によって明らかになる。もしかして、とわたしは言う。実際、このような儀礼に関わる情報のすべては文学作品に由来する。これらの作品は楽しませることが目的だ。したがって慣習的なもの、日常的なもの、実体験したものの外に、プロットを移しかえてしまう。生きている騎士たちの中に本物のランスロや本物のゴーヴァンが何人、貴婦人たちの中に本物のグニエーヴルが何人、乙女たちの中に本物のフェニスがいったい何人いるだろうか？　誰もそれを言うことはできまい。唯一明白な事実とは、えり抜きの貴婦人を褒めたたえる歌曲、恋する男とその恋人の冒険を語る物語が、十二世紀を通して宮廷の言語で作られたこと、そのいくつかが文字によって書き留められるにふさわしいと判断されたこと、それらのテクストの多くが保存されたことである。この事実から、この事実のみから、中世社会の歴史家は出発できるし、出発しなければならない。

このことからすでに次のように、それもためらいなく推論することが可能である――この文学の主人公たちや女主人公たちに付与された仕草と感情は、詩人たちが喜ばせようと腐心した男や女の行動と無関係ではなかった。なぜならこれらの歌曲、これらの物語は気に入られたのであり、さもなければ、彼らの言葉は決してわれわれにまで伝わらなかったであろう。それらが気に入られたのであるから、現実の一面を反映していたこと、それらの中に登場した人物たちが幻想とはいえそれほど奇異でもなく、かけ離れ過ぎてもおらず、彼らの愛の進展を情熱をこめてたどる騎士や貴婦人が、登場人物に自分自身の特徴のいくつかを、自分自身の態度のいくつかを認め、夢想の中で、彼らと自分とを一体化することが可能であった。ランスロ、グニエーヴルが身近に思えた。模倣できない相手ではなかった。現に彼らは模倣され、人は彼らを模倣するのを楽しんだ。聖者伝のように、気晴らしの文学はモデルを提示した。これらの手本は、度合いの違いはあれ追随者を生み、そのような模倣の結果、社会の現実はフィクションにいっそう密接に近づいた。

異論の余地のないもう一つの事実は、封建フランスの最も有力な王侯貴族たちの宮廷で恋の手続きの規則が練り上げられたことである。わたしが調査を遂行した宮廷よりは、南仏の宮廷ではもっと早くだろうか？　ベリー地方、ブルボネ地方と境を接し、ポワトゥー地方に始まる、北に近い南仏の宮廷でなのだろうか？　そのことは一般に認められている。テクストの保存状態がそう信じさせる。とはいえ、一世紀半、二世紀後に、トルバドゥールの初期の編者――大部分はイタリア人――によって、奔放な空想力を駆使して書かれたあの解説的コメント、「解題」(razos)、「伝記」(vidas) が証明とならないように、それを証明するものではない。たとえば、ジョージ・ビーチの的確な批評の後で、最古かつ最も美しい愛の歌の作者とされる「ポワチエ伯」が、まさしくその在世中、修道院の歴史家たちから厚顔かつ冗談好きな淫蕩者とのレッテルを貼られたアキテーヌ公ギヨーム九世であると、誰が異論の余地なく証明できようか？　あるいは有名なディ伯夫人が本当に女であると？　わたしに関しては、高度の文化に対する公教会の支配がはるかに排他的であり、そのため羊皮紙にロマンス語方言の言葉を転記することだけでなく、ただ単に記憶することも長いこと阻げられた北フランスにおいて、十二世紀の初頭に同じく愛が歌われたことを、明白な事実とみなす。アベラールはエロイーズへの愛を歌った。彼はギヨーム九世と同世代であった。それにまた、オウィディウスに熱中した別の学僧たちが同じ時期にエロチックなラテン語の詩を作り、そのいくつかは現存する。いずれにせよ一一六〇年以降、プランタジネット家のヘンリー、シャンパーニュ伯あるいはフランドル伯の周辺で、ガストン・パリスが適切にも宮廷風と名づけた愛のモデルを、文人たちが完成の域にもっていったこと、これを疑う者はいない。

愛の象徴体系が熟成されるのは早かった。なぜなら王侯たちはたがいに競い合ったからだ。彼らの栄光、彼らの権力の大部分は宮廷の華々しさに依存していた。人がそこで楽しく生活できることに、肉体と精神に最も華やかな装飾をまとわせることに、彼らは気を配った。この目的のために、彼らは家中に最上の詩人たちを抱えた。王侯たちはまわりに集まった男や女を教育することを義務と考えていた。それは古い伝統であった。カロリング期にあっては、王の宮殿はよい作法の学校であった。雇われた作家によって書かれた作品はこうして教育的な機能をもっていた。非常に育ちのよい人、宮廷の人、《宮廷人》と、《田夫野人》、田舎者、無作法な男とを区別する礼儀作法を、それらは教えたのである。とりわけ戦士たちに、王侯の周辺で接する女たちを仕来たりに即して扱うことを教えた。

さらに、王侯たちはおのれが秩序に責任があると感じていた。全能の神が彼らにその権力を委譲してくださったのだと。彼らが平和を維持することを、神は期待していた。彼らの最も切実な懸念の一つは、たとえ齢を重ねていても、結婚していないがために「若者たち」と呼ばれる戦士たちの騒がしさを抑えることであった。彼らは非常に大勢いた、なぜなら家長権者は世襲財産の細分化を避けるために、次男以下の息子が正嫡の子をもうけぬように目を光らせ、彼らに独身を強いたからだ。これらの妻をもたない男たちはみな、毎晩自分の妻と合流する長兄に嫉妬し、宮廷社会のトラブルの種であり続けた。彼らは当主に詰め寄り、従妹を、姪を、死亡した封臣の若い寡婦を妻として与えるように要求した。保護者は全員に所帯をもたせることはできなかった。大部分は独身で、放浪、不安定のまま、虎視眈々、何らかの獲物を入手する気でいた。なるほど、九世紀にそうしていたように、力ずくで捕らえ、拉致するわけではない。強奪に誘惑が取って代わった。「若者たち」は、家族を騙しては、結婚を待つ娘たちの寵愛を、あるいは夫を騙しては、奥方たちの寵愛を獲得することに努めた。彼女たちはよく答えてくれた、エチエンヌ・ド・フージェールの言葉を信ずるならば。そしてそれは、同じエチエンヌが言うように、「戦争の種」〔『諸身分の書』九八三行〕であった。

騎士たちにとって、騎馬槍試合の夕べに賞金を獲得したのと同じか、それ以上に自慢できる見事な冒険、偉業は、ポワチエ伯のいくつかの詩が賞揚した、あの快楽への信じがたい能力、性的勝利ではなかった。それは妖精を、ヴォルムスのブルカルドゥスの同時代人がある日、森の外れで巡り会いたいと望んだあの奇妙かつ移ろいやすい妖精の一人を、自分の腕の中に引き寄せること、それはとりわけ女の中でも最も厳しく禁じられた相手を横取りすること、それは姦通者と逆臣に約束された恐るべき罰に挑戦し、貴婦人を、主君の妻を奪うことであった。たしかに二重の大罪である。だが大胆さの赫々たる証明であり、栄光の肩書の最も羨望されるものだ。ギヨーム・ル・マレシャル賛美の執筆を任務とした才人作家は、共通の主君、若王ヘンリーの妻を誘惑したことで、主人公のライヴァルたちがギヨームを告発したことを伝える。この詩文の作者はギヨームの無実を証明しようとはしないが、事実を確認するわけでもない。ル・マレシャルは本当に王妃の愛人であったのか？　この完璧な騎士、当時独身であった男は、この格別な殊勲が自分に帰せられたことを誇りとして、おそらく自ら疑惑が漂うがままにしたのであろう。ところで騎士道において、手荒いものであろうと優しげなものであろうと、誘惑が華々しい手柄と見なされることは、宮廷の平穏にとって危険がないわけではなかった。この危険を、王侯たちは回避しようと努めた。女たちの好意を引き寄せることに熱心な戦士の企てを貶めることなく、それらに規制を加えることで、礼節の体系に封じこめることで、その影響を減じようと努力するが、宮廷文化の中で極めて限定された地位を戦士の企てに与えることで、礼節の体系の構築は彼ら王侯の統制の下で遂行されたのである。宮廷風（ラテン語の curialitas、ロマンス語の cortezia）ということである。彼らは性的襲撃の荒々しさを儀礼の枠内に、社交の楽しみ、詩人たちが賛美する新しい愛という、社交の楽しみの枠内に抑えこもうと努めたのである。ゲームの一種として。

このゲームは、だれもが知るように、三人で——奥方、夫、愛する男——で行われるものだ。奥方はゲームの要の駒である。物語作者は彼女のことを王妃と言う。実際には、彼女は人妻、宮廷の主君の妻だ。この資格で、騎士たちに対して三重の権力を保有する。教育者、なぜなら、住まいの内部の責任者として、彼らに行儀よく振舞うことを教えるから。仲介者、なぜなら彼らのためによかれかしと主君にとりなすから。最後に誘惑者、豪奢な装いをこらした彼女の肉体に、彼らの欲望が集中する。愛する男は、既婚者ではなく、冒険を追い求める。若い男たちはことごとく彼の中に自分の姿を見出す。彼はその欲望を、そのフラストレーションを具現する。果敢、無鉄砲をあらわす。彼の役割は貴婦人を入手すること、防御を突破すること、おのれに屈服させることだ。「年長者」(senior)、老人、夫はどうか、愚弄されるのか?さに非ず。実際には彼がゲームをリードし、裏ですべての糸を引き、「若者たち」に対する彼の権威を強化するために利用するのだ。

実際、エチエンヌ・ド・フージェールが言うように、奥方は彼の名誉である。彼女は彼の誇りだ。だからこそ装身具で覆い、人目にさらす。『グラエラン』の短詩は、毎年、春と騎士身分の祝日、聖霊降臨祭の日に、宴会の終わりに食卓に上がり、集まった諸侯の前で服を脱ぐようにと、アーサー王が妻に命ずるくだりを紹介する。かつて彼らはこれ以上美しい肉体を見たことがあるのか? クリスチアヌ・マルケロ=ニジアによれば、この象徴的な脱衣の意味は次の通り——「王妃の美しさ、封臣たち相手に行使できる誘惑とは、王権の属性の一つ、王権行使の様態の一つにすぎない。」奥方は受動的である。裸身となるのを決めるのは彼女ではない。彼女をその権力のうちに収めている男が見世物にするのだ、あたかもおのれの権力を華々しく顕示する際に、自分の回りに宝物の品々を、気前のよさで愛され、よりよく奉仕されるために、時折りそこから施しものを取り出す貴重品のコレクションを見せびらかすように。王妃はこれらの貴重品の最も輝かしいもの、最も渇望されるものだ。厳かに夫は妻の密かな魅力を友人たちの視線に委ねる。振舞うこの贈与によって、彼らを引き留めるが、すべての贈与が奉仕を要請するからだ。妻のほうもまた、寛大なところを見せる必要がある。小まめに分配する愛顧によって、彼女を取り巻いて手に入れようと夢想する騎士たちの希望を繋ぎとめるのが彼女の義務なのである。その反対給付として、彼らは忠実な封臣として彼女に奉仕し、そうすることで彼らは飼い馴らされ、徐々におとなしくなる。奥方とは、実は、姦通と不忠の二重の禁忌にぶつかるまでゲームを続けさせる夫の手中のおとりなのだ。このゲームに関しては、すべての利益は彼に還元される。奉仕する騎士が妻の気に入られようと懸命になるとき、それは彼に捧げる臣従の礼のようなものではないか？　騎士はまた、そしてたぶんまずは彼の気に入られようと、彼の愛を獲得しようと努めるのではないのか？　欲望と愛の奉仕は奥方の体の上にはね、最後に保護者の体に向けられるのではないのか？　そのフィギュア、厳密に制御されたフィギュアが主君の妻と宮廷のこれこれの騎士との間で続けられている愛の無言劇が、実際にはこれら二人の男の間に愛を、その上に主従の秩序、封建の秩序、すなわちこの時代の国家が基盤を置く相思の愛を、真実の愛、実質的な愛を育んでいたと考えるのは向こう見ずであろうか？　これこそが——わたしはそう確信するが——この文学、十二世紀後半に作られた物語、われわれ歴史家が、この時代の宮廷恋愛について知りうることすべての源泉となるこの文学から判明することである。

宮廷恋愛に言及することで、わたしが本題から遠ざかると言う人もいよう。そんなことはまったくない。わたしはこの本の中で、教会人が女たちについて想像するやり方をもっとよく認識しようと努めているのだ。さて、わたしが調査を進めてきた地方、オイル語圏フランスにおいて、騎士道文学の創始者たちは教会人であった。大小貴族の家で、彼らは神に仕え、聖堂でミサをあげ、告解を聴いていた。それが彼らの第一の職務であった。しかし、その他に、彼らが学校で身につけていた方法や知識、偏見、考え方、イヴのイメージ、貴婦人のイメージを世俗の習慣の中に導入してもいた。彼らは皆、学校で学び、多くの者は師という称号をもち、それを自慢していた。立派な教育を受けていたことは、慎ましい宮廷で仕えていたアルドルのランベールの例が証言している。演説にも議論にも巧みな彼らは、それによって魂の情熱が表現される言葉を読み、書き、よく知っていたし、頭の中に満ち溢れている聖書の章句、キケロの名文、オウィディウスの詩句をラテン語から翻訳していた。こうして、ステファン・イエーガーが示したように、十世紀の司教たちがオットー朝の皇帝のもとではたした役割を、教会人はノルマンディー公やギーヌ伯のもとではたしていたのである。彼らは石をひとつずつ積み上げて「宮廷風」(curialitas)、宮廷文化を構築するに当たり、公教会がその貯蔵庫になっていた帝政ローマのキリスト教化された高度の文化の遺跡を再利用していた。騎士たちが互いに騎馬槍試合をしたり大きな獲物を追って森を走り回ったりするのを一時やめるとき、人間を尊敬に値する者にする徳である「礼節」(honestas)の名の下に彼らは気品を教え、仲間同士で笑ってする猥雑な冗談や集合の呼び声や呪詛以外の言葉を発することを教え、食卓でよりきちんと振舞い、貴婦人たちをもう乱暴に扱わずに、彼女たちに気に入られるようにすることを教えたのである。教会人は、師匠や同級生から受け継いでいた愛に関する彼ら自身の観念を騎士たちに伝えた。実際、彼らは学校とまったく切り離されたわけではなく、どのように「友愛」(amicitia)や「愛」(amor)という単語が徐々にそこで新しい価値を担うようになっていたかを知っていた。欲望の価値、快楽の価値を。これらの価値を彼らは詩に移し、それによって宮廷恋愛の儀式がわれわれに知られるのである。十二世紀を通じて北フランスの社会の上層部で、貴婦人たちを別なやり方で見たり接したりするようになったのは、西欧が「発明した」愛のかたちが普及したのは、人は十分それを考えていないとはいえ、学識者たちがクレルヴォー、シャルトル、パリで、修道院、律修参事会員の共同体、大聖堂参事会において感情の領域に関して発見していたことが宮廷付き聖職者たちを介して王侯の宮廷に到達したからというのが大きな理由なのである。

当時、ヨーロッパは大きな成長の勢いに流されていた。単語や文章の使用法、文法、修辞学の教え方において、すべてが変わっていた。ラテン語の世俗の著作家たちの注釈に、より大きな場が与えられていた。「十二世紀ルネサンス」と呼ばれるもの、古代の模範に対する従来以上に強い崇敬は、多数のイメージや表現以外に、異なった人間観、人間と自然や超自然との関係に関する異なった観念を伝えた。キリスト教内部で、すべてが変わっていた。新約聖書をより注意深く読むようになり、東方のキリスト教との絆は強められた。パレスチナでキリストと弟子たちが生きた町や田舎を通る経験から、人間イエスの存在はより近くに感じられるようになり、神学者やモラリストたちは受肉の神秘を瞑想し、悔悛の、すなわち責任の理論を練り上げつつ、人間において肉が精神と同じく重きをなすことを認めるように傾いていた。外界でもすべてが変わっていた。道路に活気を与え、あらゆる交換を発展させるあの新たな流通によって。物質的な進歩の光景は、時の流れが否応なくあらゆる物を腐敗へと導くのではない、人間は段階を追ってより良い方向に上ることができ、その上昇の過程で、人の中にある肉の領分もまた喜びによって高揚させられうると考えるように仕向けていた。これらの深層の動きが結びつき、個人を集団から一層引き離す方向に向かわせ、恋愛関係を二人の間の自由な対話と見なすように導いていた。さらに、最高の学識者たち、前衛として思想の躍進を率いていた者たちは、先人たち、修道院という閉鎖された城塞にごく若い時期に入れられ、世俗について何も知らなかった先人たちとは違う道をたどっていた。彼らは俗世を青春期の終わりにようやく離れ、改宗し、生活を変え、クレルヴォーのベルナールのように修道院に入ったり、ラヴァルダンのヒルデベルトゥスのように伴侶を追い出したりした。彼らは、人生とは何か、とりわけ女たちとは何かを知っていた。これらの変化、これらの経験によって、三世代の間に、イル＝ド＝フランス、ピカルディー、ロワール渓谷の司祭や修道士たちは、先輩たちとはまったく異なる形で愛を描くようになったのである。

先人たちは、愛を欲として考えていた。一方で、その欲望は高みへ、霊的なるものへ、神へ向けられ、彼らはそれを「慈愛」(caritas)と呼んだ。あるいは、低いところへ、地上のものへ向けられ、それを彼らは「貪欲」(cupiditas)と呼んでいた。この単純な分割の上に、善悪に関する道徳が作られ、とくに、女性に対する雄たちの振舞いに関する思考が形成されていた。愛は利己的な欲動、欲望として見られていた――あれこれのオブジェ、存在にわたしが突進するのは、わたしのため、わたしの貪欲を満たすためなのだ。蛇の言葉を聞き、木の実に手を伸ばしたときのイヴのように。十二世紀初頭、パリの学校で、ひとつの転換が現れる。愛は、良い愛は、もはや捕獲としてではなく、贈与として見られる。『神学』への序文において、アベラールは次のようにそれを定義している――「それは他者に向けられた、他者のための良い意志であり、相手が立派に行動することをわれわれに望ませるもので、それをわれわれはわれわれゆえというよりは他者ゆえに欲する。」最初の典拠はキケロで、キケロにとって友愛(友愛[amicitia]であって愛[amor]ではない)とは意志、友の善を望む意志であり、同じような意志が友もまた動かすのである。パウロの『ローマの信徒への手紙』に注釈を施しつつ、アベラールはさらに推し進めて言う――「もし人が神のためではなく自分のために神を愛するなら、そして、われわれの意図の目的を神の中にではなくわれわれの中に置くのであれば、神に向けられた愛と言うことはできない。」

聖ベルナールはこれを受け、さらに進める。一一二六年ごろに書かれた著書『神への愛について』は、欲望の漸進的な昇華を描く。最初の段階では、人は自分自身を慈しむ。肉の最も深層に欲望はその出発点をかならずもつ。われわれは肉なのだ。神は肉の身をとり、肉を復権させた。肉こそが、その上にすべての霊性が建てられる基盤をなす。ついで、一つ段階を上り、人は神を愛するにいたる。しかし最初は利己的に、「自分のため」、神をわがものとするためである。さらに上ると、人は神を神のために愛するようになる。これが決定的な一歩だ。なぜなら、『ヨハネの手紙一』〔四章一六節〕において聖ヨハネが断言するように、神は「愛」(caritas)であり、それゆえ神もまたみずからを与えるからである。こうして、最終段階が開かれる――人は、神の愛に吸い込まれたようになり、完全に自分を忘れ、みずからの欲望の対象の中で溶ける。そのとき人は「真の」愛に、もはや原因をもたず、いかなる貪欲も消えて報いを期待しない愛に到達する。その実りとはそれ自体なのだ。「わたしが愛するのはわたしが愛するゆえ、わたしは愛するために愛する。」無償の愛、「純粋の」愛、「人が意識できるものがまったく神々しいだけに、いっそう甘美で心地よい」愛。しかしながら、両者を隔てる無限の距離にもかかわらず、被造物が創造主と結ばれることがどうしてできるのか、しかももはや恐れを伴わない愛、「畏怖を知らない愛」によって? それは、この愛が、キケロの友愛と同じく、「意志の協調」から発しているからである。対等な友人同士では、あらゆる序列が消されるのである。

四半世紀後の『雅歌に関する説教』、肉体的な愛のあらゆる感嘆と圧倒的な情熱を称えるあの歌についての一連の説教においては、証明はまったく別の広がりをもつ。この『雅歌』は、十二世紀を通じて、それまで以上に頻繁に注釈を施され、その後もそれほど注解の対象になったことはない。それは当時、最先端の知的集団において、恋愛関係がいかに関心の的になっていたかを示している。聖ベルナールは、「花嫁」(sponsa)、自分の体を愛撫に委ねようとする婚約者、「恋人」(amica)、恋する女、結婚の絆の枠外で快楽を人が引き出す娘と愛される男との対話の燃えるような言葉を手がかりにすることを選んだ。聖ベルナールは、これらの台詞を燃やす熱情をまったく緩和しない。むしろ、その注釈は官能的な意味を強化している。なぜなら、彼の意図は、結婚の歓喜の中に蒸発するまで欲望をかき立てることにあるからである。彼は一歩ずつ、愛の熱の進展を追ってゆく。交わされる視線、そして「愛の確認」である言葉、告白し、呼びかける言葉。密かな場所に引きこもろう、「ブドウ畑に働きに」行こうという呼びかけ。何も恐れないで下さい、わたしたちには「それ」(id)、わたしたちがともに「平等に」(pariter) 欲する「それ」をする時間はたっぷりあるでしょう。その後、接吻、そして抱擁、最後に交合、そこから「喜びが溢れ出る」「分離しえない混交」。シュラムの乙女、「それは誰だ? われわれだ。あえて言うなら、われわれは彼女なのだ」――あらゆる人間の魂、誘惑された魂、あわれにも「彼」、つまり両腕を差し伸べる神より劣った魂。しかし、神もまたみずからを与える。和合はしたがって可能であり、歓喜の波が相互に流れる。燃えるように。「愛に燃えるわたしの胸。」密着、「結びつき」(adhaesio) はここでは燃えること、際限ない火のことである。発泡、沸騰。酩酊、激烈。シトー会修道士、ペルセーニュのアダムスが書簡の中で使った用語が見られる。実際、聖ベルナールの弟子たちは、その言葉を繰り返し、下から上へ火事が広がる様、愛の「攻撃」、「躍動」を狂気の発作のように描写した。

聖ベルナールとその兄弟たちは、神を愛するとは何かをよりよく理解しようと努力していた。彼らも、その他の教会人も、もう神学者としてではなくモラリストとして、被造物が別の被造物をどう愛するのがふさわしいかを、不可知の存在を慈しむのではもはやなく、普遍的な調和のうちに、秩序の中で互いにどう慈しむのがふさわしいかも求めていた。彼らは同じ「愛」(amor)、「友愛」(amicitia) という単語を、あれほど多くの瞑想や推論とあの神への情熱的な指向が極度にその意味を高めていた単語を用いていた。

二人の男の間の愛情関係のモデルを作るために、彼らはそれを躊躇せずに使った。『アンボワーズ領主の歴史』の著者は、彼の叙述の主人公たちが各世代にわたってその主君であるアンジュー伯と保ってきた関係の模範性を示すために、当然のように「友愛」(amicitia) を語り、この絆がいかに緊密で豊穣であったかを証明するために、多くの引用を挙げながらラテン語の著作家たち、とりわけキケロがそれについて語ることを拠り所としている。しかしながら、戦友たちを結びつけ、封臣たちがその前でひざまずき、その両手をみずからの両手の中に収めた者と封臣たちを結ぶべき心の熱烈さを強調する際には、絶えず「愛」という単語が繰り返される。たとえば、女性がほとんど登場しない『ギヨーム・ル・マレシャルの歌』において。トリスタンを主人公とする物語の一つにおいて、イングランドの重臣たちがマルク王に嫡出の後継者をもうけるよう迫るとき、王は答えて言う。すでに自分には後継者がいる、甥が、妹の息子がいる、息子以上に彼を慈しんでいるのだと。王をこの男子に結びつける絆を定義する際、彼は何と言うのか? 愛だ。彼はトリスタンを見た途端に愛し、一目見ただけで彼の存在の中に炎が燃えた。トリスタンに向かって王は言う——「お前への愛ゆえに、わしは一生妻を娶らずにいたい。お前に対してわしが忠実であるようにお前がわしに忠実で、お前をわしが愛するようにお前がわしを愛するのなら、わしらは生涯一緒に幸せに生きられるであろう。」ここには、完全に男性のものであり続ける、女たちを必要としないような軍事社会の夢が強力に表現されている。十二世紀の騎士身分において——公教会の内部においても——、当然の愛、友の栄光のためにみずからを忘れ、偉業をなしてみずからの限度を超えるように仕向ける愛とは、同性愛である。わたしは、それが必然的に性交に到達するとは言わない。しかし、実に明らかに、雄同士の愛、封建的主従関係の道徳から借用した忠誠と奉仕の価値によって強化された愛の上に、秩序と平和はうち立てられると見なされており、神学者たちの思考が「愛」(amor) の単語に与えていた新しい熱情をモラリストたちは当然のごとくこの愛に移したのである。

それに対して、教会人が男と女の関係に関心を示すとき――結婚の倫理を樹立しよう、合法的な男女の性関係が存在しうる唯一の場と彼らには見えた婚姻の枠組みを強化しようと当時彼らは努力していた以上、それは第一の関心事の一つであった――、彼らはきわめて慎重な態度を示す。なぜなら、この場合には性が必ず介入するから、なぜなら性は罪、躓《つまず》きの石だからだ。教会人はいくつものイメージ、あまりに官能的なイヴのイメージ、レンヌ司教マルボドゥスが嚇《おど》しとして語ったキマイラのイメージにぶつかる。また、シュラムの乙女の魅力にあれほど敏感な聖ベルナールをして、祈りのために男女が集まるセクトにおいて、無秩序で見境のない動物的な性交に互いに突進することなく隣り合わせで男たちと女たちが夜を過ごすことができるという想像をするのを阻止した、あの広く共有された妄想にぶつかった。風習の改善のために努力していた司祭たちにとって、結婚とは何よりも肉欲の制御、秩序づけであった。既婚者たちは、神が創設したような社会の均衡をその調和のとれた集合で支えるべきあの「身分」の一つをなしていた。「伴侶たちの身分」は、寡婦の身分、神の奉仕者の身分のように、義務と束縛からなるモラルによって骨組みを作られねばならなかった。とくに厳格なモラルが必要であった。なぜなら結婚は生殖を機能としているから、生殖は性交の結果であるから、そのような行為は汚れなしにはすまないからである。それはまた、十二世紀末、異端者たちの中で最も危険なカタリ派がきわめて激しく主張していたことでもある。彼らはその理由で結婚を断罪していたのである。それに対して、公教会の指導者たちは結婚を世俗社会の基礎にしようとしていた。それゆえ、いわば純粋さと交接を和解させようと努めた。アラヌス・アブ・インスリスはそれを試みた。「認めよう、と彼は言う、結婚は性交なしには成就しえない。しかしながら、性交は常に罪ではない。なぜなら、秘蹟は肉体関係が重い罪ではない、まったく罪でないとさえするからである。」ただし、その交合において、パートナーのそれぞれが正気を失わないこと、快楽に襲われるがままにしないこと、各自が自制するという条件がつく。自制。魂と神の結びつきの結果である高揚を描写する際に聖ベルナールが使っていたあの激しい言葉のすべて、「酩酊」、「激烈」といった単語は、もはや使われない。モラリストたちは身を任せること、噴出をもはや語らない。彼らは制御を語る。無償性ではなく義務を語る。アラヌス・アブ・インスリスは聖ヒエロニムスに続いて繰り返す――「自分の妻をあまりに激しく愛する」者は「不義を犯す。」夫婦は「借り」を払うべきであるが、できる限りそこから快楽を引き出してはならない――快楽の中には過ちがある。ペトルス・ロンバルドゥスは断言する、娼婦の腕の中で味わう喜びを妻から期待することは罪だと。節度、節制の努力は悪の最大の部分を抹消し、残る部分は長期の苦行によって贖うことができる。よく注目しよう、禁止は夫にしか向けられていない。夫こそが自制すべきであり、とりわけ、妻のあまりに情熱的な躍動を抑制すべきなのである。なぜなら周知の通り、女性の性質は「性欲の強烈な松明に燃えて」いるからである。オルデリク・ウィタリスにしたがえば、男たちがイングランドに長く滞在したために待ちくたびれて、興奮を鎮めに他所に行くと脅迫したあのノルマンディーの奥方たちのように。ジャック・ド・ヴィトリやその他多くの者たちは、性欲を実によく抑えたために妻に決して触れなかった夫たちの偉業をふんだんに称えていた。マリ・ドワニの夫のように。聖処女マリアの夫、ヨゼフのように。

一一四〇年ごろ、サン＝ヴィクトルのフーゴーは神の母の処女性について瞑想していた。それは、夫婦の愛がいかなる形をとるべきかを明確にするよう彼を仕向けるものであった。マリアとヨゼフは契約によって結ばれ、彼らはその条項を遵守すべきであった。その契約は、自分を相手に拒否しないことを義務づけるものである。マリアは、妻としての義務をはたしながら無垢であり続けられたのか？　然り、とフーゴーは答える。なぜなら、体の結合を要求する結婚の生殖機能、「務め」は二次的であり、本質に対して、アダムが眠りから覚め、かたわらに妻を発見した際に自覚した「結びつき」（adhaesio）に対して付随的だからである。このような結びつき、息子を両親につなぐ絆、息子が妻をとる際に解消される絆に類似した結びつきは、肉体的ではありえない。それは感情のレヴェルに属し、「心の向き」から生まれ、「情愛」（dilectio）がそれを強化する。「情愛」（dilectio）、それこそ聖パウロが新約聖書においてキリストと公教会の結合を定義するときに使った単語である。結婚は、このような霊的結合の「秘蹟」、しるしである。それを再現するのだ。結婚が秘蹟であることから、夫婦が「愛に燃える」とき、彼らの過ちはいささか緩和される、とフーゴーは『命題集』の一つで認めている。しかしそれは、断罪すべき加熱に注意するよう促すためなのである。実際、「情愛」（dilectio）と欲望の突発である「愛」（amor）の間には共通点は何もない。「情愛」（dilectio）は「友愛」（amicitia）でもない。なぜなら、ここには自己の贈与があっても平等が欠けているからである。夫はキリストの位置を占めるが、キリストは異論の余地なく頭である。フーゴーは著書の結論で不平等を強調している。「心の向き」によって、夫は妻の前で、寛大とは言わなくとも憐憫によく似た態度をとらねばならない。彼に委ねられたこの弱い存在に向かって彼は身を屈め、彼女を純潔な優しさで包む。一方、妻の方は「その身分の要請」ゆえに、すなわちその本性の弱さゆえに、「連合の情愛」の完全な慎み深さのうちに受動的に主人から慈しまれるままでしかいられない。

シトー会修道院の静寂の中で展開された思考の結実を聖職者階層に提示していた修道士たち、将来の司教たちの前で聖典に注釈を施していた教師たち、十二世紀に平信徒の行動を改めようと心を砕き、大半は雄たちしか考慮に入れていなかった男たち、彼らは皆こうして、われわれが愛と呼ぶものを明確に異なる四つのカテゴリーに分類するよう促していた。彼らはそれらのうち、「姦淫」と呼ぶものは区別していた。それは単なる肉体的な気晴らし、精液の放射にすぎず、相手が修道女でも人妻でもない場合、あるいは職業女、娼婦の勤めが求められている場合は、夢精同様に重大ではないと彼らは見なしていた。この蔑視すべき行為には拘泥せず、彼らは恋愛感情の中に三つの段階を認めるよう呼びかけていた。最も高いところに、聖ベルナールの言う「純粋」の愛がある。憔悴させる火事、精錬、転換であり、肉欲から粋を取り出し、神に捧げるものだ。次いで、それほど激しくはないが実に熱く、優しさにも欠けていない愛＝友愛、あるいは恋愛的友情があり、これが男性社会の結束を固める。最後に、夫婦の間で保つのがふさわしい理性的で節度があり、温かく、かすかな愛情、後にメルトゥイユ侯爵夫人がヴォランジュ夫人に書くように、「夫婦の絆を美しくし、それが課す義務をいささか和らげる」ことができる「誠実で甘い感情」がある。なぜなら、結婚の床においては、今度はモンテーニュが言っていることであるが、快楽は「抑えられ、真面目で、ある厳しさが混ざっている」状態であるべきだからである。世界のあらゆる文化の中で、社会の秩序の基礎をなす結婚は実際、愛の嵐に対して守られるべき重大事ではないだろうか？

以上が宮廷付き司祭たちが教えられていたことである、王侯貴族の家で、主人が騎士たちを鎮めさせるのを手伝い、その目的で、ラテン語著作家たちの物語やブルターニュやオリエントの伝説のうち彼らのもとに達していた物語を十二世紀中葉以後翻案しつつ、トリスタン、イヴァン、クリジェスの冒険を語っていた聖職者たちが。彼らの主人は、姦淫と結婚の間に一つの場をこしらえることを彼らに期待していた。それによって騎士たちが彼らの激しい奪取欲をいくらか抑制するような習慣をつけ、妻たちが口説かれても陥落しないような習慣を、夫たちがあまりに嫉妬深い態度を見せないような習慣をつけるようになることを主君が希望していた巧妙な戯れが展開しうる場を。この詩人たちは、純粋な愛、神への愛からその激しさと無償性を借用した。戦士同士の愛、それが含む忠誠と奉仕の義務は彼らに、自然の序列を逆転させ、いかにして恋する男を選ばれた奥方の前で服従する位置に置くかを示していた。しかし、彼らは快楽も、モラリストたちが結婚から排除しようとしていたあの肉の楽しみも無視しなかった。野蛮な時代から受け継いだ内縁関係の古い慣習、聖地とスペインへの旅が放浪する騎士階級の中に再び蘇らせていたこの慣習をもとにし、楽しい放縦に答える綺麗な娘、「恋人」の特徴のいくつかを彼らは女性の登場人物に付与した。さらに、トルバドゥールに耳を傾け、物語作家が語ることを要求されていた教育的な発言の中に、欲望を支配し、それを頂点に高めるまでかき立てる呼びかけを置いた。ある特定の対象、貴婦人の体、ベルナルト・デ・ヴェンタドルンが歌う「白く、肉付きがよく、滑らかな」あの体に向けられた欲望を。「衣裳の下に」(soz la vestidura) 推測されるあの体、礼儀作法によって若い従兄弟たち、家父の若い友人たちが奥方に迎えられるときや暇乞いをするときに両腕に抱き締めることが許されていたあの体、欲望とは単にマントの下でそれに触りたい、裸で見たいというだけのものではなく、そこから快楽を引き出したいという欲望であった。これはまったく実現不可能な夢だったろうか? 宮廷社会に関してわれわれが推定するかぎり、可能であると考えさせる。マリ・ド・フランスの『短詩』は示唆するが、当時の奥方たちは断固として残酷なままではいなかった。オック語の詩の中では、意味深いことに、貴婦人の作とされる作品のほうが恋人の熱情が容易に満たされる様を示している。また、エチエンヌ・ド・フージェールが夫たちの心配を表現し、妻たちが単に恋人に陥落させられるままにするだけでなく勝者たる恋人のほうにみずから進んで行くと非難するとき、その心配はたしかに杞憂ではなかった。しかしながら貴婦人たちは、望みはどうであれ、実に強力に守られ、堅固な砦に囲まれていた。まず、物理的な砦——家の中、果樹園の中で、「恰好の」良い場所をどこに見つけられるか、どうやって視線を逃れるか？　欲望に燃えた若者たちが絶えず覗き魔、邪魔者、嫉妬する者、「密告者」によって裏をかかれる様を描くとき以上に恋愛文学が当時の現実に近いことはない。いつでも束の間の、脅かされた抱擁のために、物語の主人公たちが片隅に潜り込み、蔭に身を隠す様子をわれわれは目にする。それ以上に恐るべきは、道徳——戦士のそれも司祭のそれも——が姦通に対して、女性の最悪の過ちに対して与えていた決定的な断罪、誰もが夫たちに認めていた、わずかな疑いで妻を殺し、焚刑に処す権利であった。実は、詩と物語は、主人公がすべて男であり、女の登場人物は脇役であって男性の優位の引き立て役でしかないこの男性の文学は、矛盾の上に、掟と欲望の葛藤の上に立てられている。その矛盾をオイル語の詩人たちは解決しようと躍起になった。なぜなら、彼らは教会人だったから、ミシェル・ザンクが示唆するように、「宮廷風とキリスト教道徳の両立不可能性をトルバドゥールほど無邪気に、簡単に容認することができなかった」からである。

彼らは、典礼の非現実の中に、聖性の中に欲望の充足を移すことで和解を試みた。それは、クレチアン・ド・トロワが『荷車の騎士』においてしたことだ。ランスロがついに王妃に合流する寝室は、聖域の様相を呈し、寝床は祭壇のようであり、恋する男は欲する体の前で聖人の聖遺物を前にするかのようにひれ伏し、それを「崇める」。それは、褒賞を受ける前に心臓のごく近くに、「肌着と肉の間に」入れていたグニエーヴルの金髪を長い間崇めていたのと同じである。物語作家たちは、「純粋な愛」(amor purus)、聖ベルナールの「至純」の愛——肉体から離れた、いや正確には人のきわめて親密で熱い部分である心臓、あらゆるエネルギーの坩堝、欲望からすべての肉の滓がなくなって澄んだものになる蒸留器に閉じこめられた愛——を称揚しながら肉欲を正当化しようとした。この種の絆が『ジラール・ド・ルシヨン』の諸版においてジラールとエリッセンを、彼に約束されていながら婚約が破棄され、別の男の妻になったエリッセンを結びつけている。たしかに不義の絆ではあるが、はっきりと純潔である。恋愛の遊戯は損害なしに続けることができた、もしも貴婦人の心をその体から離すのであれば、夫の占有権から逃れさせる自由が彼女にはなく、それを奪取すると背信行為となる体から。

このような分割はたやすく平静のうちに生きられるものではない。それはトマの『トリスタン』の教訓の一つだ。不義の愛は幸せではない。心の愛と体の愛が秩序と平安の中で結びつけられるのは、婚姻の絆においてだけである。それゆえ、十二世紀最後の数十年間、公教会当局がその結婚観を定着させる作業を終え、貨幣経済の拡張が息子たちの何人もに妻を娶らせることを以前ほど躊躇しないように貴族の家系の長たちを仕向け、「若者層」が起こしていた騒動がこうして徐々に沈静化していたとき、宮廷文学は、宮廷社会の前に差し出されていたこの鏡——宮廷社会がその実際の特徴をそこに見出すためではなく、そうあるように努力しなくてはならないものの像を見出すために差し出された鏡——は、ごく自然に結婚の枠内に自由恋愛を導入するようになった。婚礼へのプレリュードとして。『クリジェス』、クレチアン・ド・トロワによる反トリスタンにおいて、若いアレクサンドルに、若いドレ・ダムールに次の忠告を与えるのは、王妃自身であった——「あなた方の振舞いから、二つの心を一つにしたことが分かります[……]、あなた方の恋する気持ちに狂気を入れてはいけません。誠実に結婚によって結びつきなさい。そうすれば、あなた方の愛は、わたしが思うに長続きするでしょう」〔二二五六行以下〕。愛、純粋な愛は予備として、二人の体を、とりわけ花嫁となる女性の体を、身を任せるように、恋人のそれと同じように「甘美な」対象になるように準備させる。この若い文学において、ヒロインの顔が変わる。彼女は婚約した乙女の顔、あまりに厳格な良心の指導者たちの勧告にもかかわらず腕の中で震えてくれることを夫に期待される新妻の顔になる。二人とも幸せだ。このような幸福の模範的なイメージをクレチアン・ド・トロワはエレックとエニードの姿で提示する。

二人は一つの床に横たわり
互いに抱き合い、接吻し合う。
彼らにそれ以上に気に入るものはない。

しかし、パリのノートル＝ダムの参事会において、サン＝ヴィクトルの修道院において教師たちが教えていたことにクレチアンは耳を貸さなかったわけではない。結婚の中で愛が奔放になってはならない、夫が節度を守らねばならないことを彼はよく知っていた。エレックは一瞬それを忘れてしまった。妻をあまりに「激しく愛する」ゆえに、自分を見失い、正気を失い、雄々しさを失った。過剰な官能に消耗して、「妻の頭」であることを止めてしまった。彼に自分を取り戻させ、男性の立場に戻らせ、夫婦の間でふさわしい種類の愛に戻らせるには、一連の試練が、エニードも分かち合う試練が必要であった。その愛は、たしかに肉の歓びを認めはする。ふたりが合流したとき夜、彼らは早足で進む。
それは大いなる甘美であった。
　夜、月は明るく輝いていた。
　　〔『エレックとエニード』、四八九八行以下〕

　そのとき、彼らは再び抱き合い、抱擁する。しかし今度はサン＝ヴィクトルのフーゴーが称えていた「心の愛情」の監督下であった。夫婦の愛と純粋の愛を隔てていた堀がこうして埋められると、宮廷社会は全面的にこの戯れの中に入っていった。女性の地位上昇の結果か？　おそらく。だがとりわけ、雄たちの行動、利害、欲望を変更させたあらゆる変化の結果である。今度もまた、問題は男たちだけなのである。

十二世紀末、おそらく一一八六年に、パリである奇妙な本の執筆が終わっていた。『愛について』あるいは『誠実な愛について』、「気品をもっていかに愛するか」という書物である。その著者のアンドレ〔アンドレアス・カペラヌス〕は教会人だ。彼はシャンパーニュの宮廷で、伯夫人マリのもとでその活動を始めたようであるが、このアリエノール・ダキテーヌの娘こそ、その権勢を誇る夫アンリ・ル・リベラル伯に気に入られるために詩人たちが作品を捧げていた奥方である。彼女は一一七四年、クレチアン・ド・トロワに物語『荷車の騎士』の主題を提供したとされている。しかしながら、アンドレが彼の作品を終えたとき、彼は「王宮付き司祭」であり、国王に仕えるようになっていた。国王の叔父であるシャンパーニュ人たちが、王をより厳格な監督下に置くため、信頼できる人物たちを王のもとに派遣していた時期であった。アフレット・カルナインは、アンドレ・ル・シャプランが尚書局で勤めていたことを明らかにした。彼の作品はルーヴルの塔に保管された最古の行政台帳の一覧に載っている（この書庫に置かれたことは、この本が注意を引いた事実を証言している）。おそらく国王に直接は献呈できなかったため、写本の管理にあたっていたゴーチエ・ル・シャンベランの息子ゴーチエに捧げられている。一一八六年、フィリップ・オーギュストは年老いてはいない。しかしすでに結婚してじきに父親になろうとしている王は、言葉の正確な意味の「若者」でもない。ゴーチエは「若者」であった、ランスロのように、イズーに出会ったときのトリスタンのように。愛の矢に――乱暴な攻撃をするものとして冒頭から示される愛――傷つけられ、彼は愛する者たちの「騎士身分」に入ったところである。「新参者」であり、「馬の手綱をとる」ことがまだ上手にできないため、師に教えを請う。アンドレは彼のために指南書を書く、見習いが仕事を覚えるための実用的な技術の集成を。しかし、『愛について』はそれだけには留まらない。これは一般教養の道具なのだ。著者は、立派な男性教育が必要とする学科の中に愛を数える。狩猟と騎馬槍試合の暴力を通じて騎士が体を強く柔軟にし、勇気を鍛えるのと同じく、議論、討論を通じて言葉の巧みさを身につけ、朗読を聴きながら精神を豊かにするのと同じく、愛に身を任せることで、欲望の荒波を抑える術を学ぶのである。

愛について、アンドレ・ル・シャプランは複数の定義を与えている。それは、と著書の冒頭〔第一書一章〕で言う、「他の性を見ることから〔アンドレは戦士の間で結ばれる愛＝友情は扱わない。後に彼は明記する、「愛は相対立する性の者同士にしか存在しえない」、なぜなら「自然が禁じるものを容認することを愛は恥とする」〔二章〕からであると〕、そしてその美を執拗に考えること〔視覚による印象が精神を襲う動揺の起源にあり、精神はその魅力を発見した物理的、身体的な対象からもはや離れることはできない〕から生まれる自然の〔自然の掟に従属した〕情熱〔感動、人間を揺り動かすもの〕である。」「衝撃」(impetus)の激しさ、それが引き起こし、何も抑えられない躍動の激しさ、欲求、貪欲、明らかに性的な獲物から快楽を引き出したいという強い願望、これらの性質は第二の定義で強調されている——「愛とは、抱擁によって情熱的に快楽を得たいという抑えがたい欲望である。」ここでは人が征服欲によって捕らわれ、惑わされている様が示される。そしてアンドレ・ル・シャプランは語源に基づいてさらに強調する——「この『愛』(amor)という単語は、とセヴィーリャのイシドルスを参照しつつ彼は説明する、捕らえるないし捕らえられるを意味する動詞 hamare から派生している」〔三章〕。つかまえられた。この語彙は釣りの用語だ—— hamus とは鉤、釣り針のことだ。男は愛によって釣られ、捕らえられる、あるいは病気のように愛にかかる。情熱、もやは歯止めはない、自己喪失。奔流、恐るべき威力。愛はつまり悪なのか？　そうではない、あらゆる善の源である。実際、自然である愛の欲動は厳格主義者たちが望むように全力を挙げて排斥し、壊滅させるべきではない。管理され、支配されるなら、その力は自己の実現へと導く。物語の遍歴の騎士たちが通過儀礼となる放浪の間にそうであるように、愛の騎士道に加入した若い雄は一連の試練に立ち向かう。それを乗り越えれば、冒険によって成長する。友情と同様に愛は気前の良さ、宏量へと仕向けるから。結婚同様に、道を外れがちな肉の渇望への薬であるから。獲得欲を一つの対象、一人の女性に固定するから（「愛の光線が照らす者は、どれほど美しくても別の女性の抱擁を考えることはまずできない」〔四章〕）。さらに、恋人の、つまり偉業を判断し、保証し、褒賞を与えるこの女性の寵愛を得るために自分を超越するよう導くから。愛は王だ。アンドレはそれに金の冠をかぶせる。「周知の通り、この世においてすべての善と宮廷風はそれから派生している。」

肝心なことはこの二語、「この世に」（in mundo）にある。アンドレ・ル・シャプランはこの単語によって、彼の論点を閉じ込めることに決めた空間を定義する。「世俗的」な物事の場である。彼が与える教訓は、創造の全体の中で世俗と聖、肉と霊、「貪欲」（cupiditas）と「慈愛」（caritas）、地と天、俗世とそれから離れ、それを蔑視するもの、神の掟によって支配される場と神がその統治を人間の法と自然の法に委ねた場との根本的な区別が隔てる二つの領域の一方だけに関わる。世俗の愛、男と女の愛は、「自然の情熱」であるがゆえに善の源である。ベルナルドゥス・シルウェストルのようにアンドレは、眼前でこの「世」を変化させるあらゆる変化に魅了される学者の一人である。自然を良いものと見なし、その中に神の意志の熱心で豊かな補助を見出す。それゆえ、愛の訓練が要求することに従うとき、人は一歩ずつ立派になってゆくと彼は断言できるのだ。

その訓練に関して、ただし領域はしっかり限定しておくのがふさわしい。まず、時間に関する問題。あらゆる年齢で愛を行うことはない。あまりに早く始めてはならない。男子は、十四歳で結婚適齢期にあると宣言されても、愛の冒険に乗り出すにはなお四年間待ち、辛抱すべきである。同じく、あまりに長い間続けてもいけない。試練からすべての利益を引き出したら、引退する、愛を諦めるにふさわしい時期がやって来る。この書物は三巻からなる。第一書は愛とは何か、いかにそれを獲得するかを提示する。第二書はいかに愛を生きるかを示す。第三書で著者は、愛から抜け出る手段を説明する。この部分は前二書の逆を行く。贋作だと見なす人々もいる。しかし、明らかにそうではない。それは、基になっているオウィディウスの『恋愛術』に該当する箇所があるからだけではない。この作品全編を通じて忠実に守られている弁証法の規則が、一つの同じ問題の二つの面を対比させるよう命じている——良い面の後はその裏面を、愛の探求の称賛、賛成論の後はそれを誹謗する反対論——からだけではない。そうではなく、この教育的な手引書において、道筋は上っているからである。段階的に生徒は下から良い方へ、肉から霊へと導かれる。騎手にとっての最初の乗馬訓練、学問をする者にとっての文法練習と同じく、愛の戯れは男の完璧さへ到達する道程における一段階にすぎない。不可欠な段階だが、過渡的である。この戯れに、それが要求する種類の技術にいまや自分が熟練したと見なす者には、乗り物の手綱をしっかりした手でつかみ、好きなようにそれを乗りこなせる者には、自己への配慮はさらに遠くに行くことを義務づける。人生の第二面の高みから、この世の虚栄が明らかにされる段階まで。

時間の問題だけでなく、空間に、社会的な場に関する問題もある。愛はあらゆる領域で「気品をもって」行われるのではない。このゲームから、ある種の男女がその身分ゆえに排除される。まず、神の掟に従う者たちがそれに該当する。もちろん修道士たちだが、アンドレは彼らに言及すらしていない。すでに天使の仲間入りをしているのだ。修道女と聖職者には言及する。彼らは弱いから。実際、愛は、世俗の愛は、柵を破り神聖の領域に侵入するほどの激しさをもっている。それゆえ、アンドレは彼が教育する者たちに警告を与える。修道女には注意せよ。触れてはならぬ。彼女たちと一対一に決してならないように。「もしこの女性たちの一人が状況を軽い戯れにふさわしいと見なすと、間もなくそなたの意志に答え、燃える愛撫に身を任せるだろう」〔第一書八章〕。聖職者たちは、それほど速くは燃え上がらない。男だから。情熱をよりよく制御するから。それゆえ、アンドレ・ル・シャプランは彼らを「実に気高い」、性的な純粋さが与えるあの高い威厳を備えた者と言う。彼らはそれを忘れてはならず、名を汚さないよう注意すべきである。「しかしながら、肉の罪を犯さずに人生を送る者はいない以上」〔七章〕、聖職者たちは「絶えず無為にあり良い食べ物を食べているために他の雄以上に誘惑にさらされている」〔同〕ため、「愛の騎馬槍試合」に参加しても、それは赦されるべきである。社会の序列の下にいるその他の男性、その他の女性たちは、あまりに身分が低いゆえにこの戯れから排除される。娼婦がそうだ――彼女たちは身を売り、金を期待している。すべての肉体労働者、あの田舎者、「野卑な者」――アンドレは念頭に置いていたロマンス語の「野卑な者」(vilain)をラテン語に訳している――と呼ぶあの都会の者たちもそうだ。「野卑な連中」、彼らに美しい愛は不可能だ。「理性的な魂」(anima rationalis) は、肉の激流をふさわしく抑えるには弱すぎ、不器用すぎる。彼らにとって、愛は労働、耕作と区別されない。この野卑な者たちは獣のように愛を行う。気品をもって愛することは、第一に、無償性、完全な無私を要求する。したがってアンドレにとって、彼女の魅力を引き立て、恋人の思い出を喚起する装身具、リボン、装飾品以外のものを受け取る奥方は、娼婦の中に位置づけられる。本当の娼婦を相手にしたほうがよかろう、その方が安くつくから。他方、「気品をもって」愛することは「暇」(otium) を要求し、肉体労働が痛めてしまうであろう、遊ぶ以外に何もすることがない男たちだけが特権的にもつ体の優美さを要求する。この者たちだけが競技場に入る権利をもつ。もちろんそれは、彼らがそこから出て、他所で狩りを展開することを妨げはしない。庶民のある女が気に入れば、通りがかりに享受するがよい。ただし面倒な準備なしに、近寄るための苦労はせずに。そうするには値しない。「もし万一、田舎の女がそなたを引きつけたなら、おだてる必要はない〔……〕、恰好の機会を見つけたら、躊躇せずにそなたの欲望を満足させたまえ。力ずくで捕まえよ〔……〕、無理強いして、羞じらいを奪ってやらねばならない」〔一一章〕。もちろん、ここには偉業もなければ栄光もない。雄たちにはこのような逸脱は許容すべきである。彼らは手の届くところに現れたものすべてを摘む。それが彼らの性質だ。周知の通り、聖職者たちは娘たちを追いかける。名士、暇な男は田舎風の暴力的で獣のような愛を軽蔑しない。

しかしながら、男性性の良い使い方によって価値を高め、勝ちたいのであれば、彼はみずからの世界にとどまる方がふさわしい。その世界とは宮廷世界だ。ここでこそ、愛は王であり、冠をかぶり、褒賞を配る。愛が源であるすべての善を、アンドレは「宮廷風」と言ってはいないか？　しかし、十二世紀末の宮廷社会は複雑である。男たちは――そして夫の肩書をもち、彼の特権を共有する以上、奥方たちも――三つのレヴェルに分けられる。下の段には日曜日と祝日にしか十分に暇をもてない人々が配置される。それ以外の日、彼らは「仕事」（negotium）に励む。少し前から王侯がその周囲に受け入れるようになっていた実業家、金権家たちである。アンドレは彼らを指すラテン語を探し、「平民」（plebeius）がよいように思われる。古典作家たちは、地位は低いが市民として民衆を上から見下ろしていた人々を指すのにこの単語を使っていた。明確な境界によって彼らと貴族は区別される。貴族階級は生まれによるもので、完全な自由を含意する。それは二つの段階に分けられる。「貴族」（nobilis）の上に、さらに高貴な「上流貴族」

(nobilior) が位置する。この序列は、見かけ以上に堅固で、かつ必要なものだ。実際、威厳の配列、優先権の規則、それが生み出す神経過敏といったものを王侯は活用し、家の内部での騒動をよりよく避けようとしていた。それゆえ、愛の戯れの掟の中で、地位をしっかり守るように義務づける掟は最も寛大なものではなかった。「気品」(honestas) とはこのことでもある、自分の地位に留まる術を知ること。『愛について』はそれを喚起している。ある男がある貴婦人より先に挨拶したとしよう。「彼がその地位ゆえに彼女より多くの特権をもっているなら、許可を求めずに彼女の近くに坐ることができる。同じ地位であれば、許可を求め、同意を得た上で近くに坐ることができるが、決して同意なしではいけない。男が低い地位の場合〔……〕、下座に坐ることを懇願しなくてはならない。けれども、彼女が許すのであれば、彼女の近くに坐ることができる」〔六章〕。些事か? 否、作法である。しかしながら、このような秩序は冒険心をまったく抑えはしない。形式を守りさえすれば、「恋人の騎士階級」の成員は誰でも、チャンスをねらう自由がある。騎馬槍試合において、称号がどうであれ、最良の者が勝利を収めるのと同じく。誰もが賭金を、奥方たちを、宮廷の奥方たち全員を求めて争う。それゆえ、「平民」が自分よりはるかに上を目指し、「最も気高い」女性に攻撃をしかけ、彼女の寵愛をあえて求める様が見られる。彼女は負けるだろうか? ありえなくはない。アンドレは戯れを観察する。生徒のゴーチエに彼は何を教えるのか?

それを確定することは、かなりの配慮を必要とする。なぜならわれわれにとって、『愛について』は解釈がむずかしいからである。これを対象にして何十年にもわたって学者たちが行ってきた相矛盾した注釈の数々がそれを証言している。明らかに、アンドレは「マリ・ド・シャンパーニュから発想源を得て」執筆したわけではない。ある人々がいまだにそう言ったり書いたりしているとはいえ。また、この本のフランス語訳を刊行したクロード・ビュリダンが与えた題名のように『宮廷恋愛論』でもない。これが扱うのは性道徳であり、肉の激しい欲動を徳に変質させることが可能だと示すのである。それを証明するに当たり、われわれには馴染みがない方法を使っている。この本に織り込まれている命題を解きほぐし、その意味を明らかにするには、フィリップ・オーギュストの時代にパリの知識人が考えていたように考える、彼が知っていたことすべてを、ただし彼が知っていたことだけを知る、彼のように概念を組織する、彼がするように合理的推論と言語連想を結びつける、といったことができねばなるまい。著者は「師」(magister)とみずからを紹介し、学校の、彼が学んだ最良の学校のラテン語を使って表現している。彼は同級生、同輩、宮廷の聖職者たちに向けて書いている。また、国王に仕え、著者の言葉を理解する能力のある、次第に数を増す「学識ある騎士」たちのためにも書いている。彼が啓蒙し、教訓を与えてやろうと意図している宮廷社会全体に自分の言うことを広めるに当たり、この人々を頼りにしている。彼がスコラ学の厳格さの中に言説を閉じ込めるふりをするのは、彼があえて表明するきわめて破壊的な思想があまりに速く断罪されないため、彼の著書が、焚刑に処される代わりに、古文書の書庫に恭しく保管されるためだったのかもしれない。

アンドレは知識の泉だ。単語の操り方、世界の調和、医学、法律、二種類の法律、教会法とローマ法に関して当時習えたことすべてを、彼の時代のパリで教えられていた通りに彼は知っている。神聖の、神の研究に、神学に携わろうとする者に必要な知的装備をすべてもっている。彼は「この世に」(in mundo)、俗世に留まる。しかしこの領域を彼は網羅的に踏査した。今日の読者が知らなくはない通り――それが読者を困惑させる点だ――、彼の断言の一つ一つの下に、それを支え、明らかにする膨大な知識のあれこれの部分を置かねばならないのだ。提示の手法もまた当惑させるものだ。たとえば、ある「問題」を扱う場合にアンドレ・ル・シャプランがとる、一つの論拠とその反対の論拠を同じく断固とした調子で擁護する仕方。また、彼の使う用語が担う多様な意味。それらをすべて把握しているという確信は誰にもない。さらに、皮肉も考慮に入れなくてはならない。この本が書かれてから一世紀後にロマンス語に訳し、われわれよりその本当の調子を把握するにはよりよい位置にいたドルアール・ラ・ヴァッシュは、序文において、この本を読みながら爆笑したと述べている。しかし、冗談はどこに始まるのか？　どこで終わるのか？皆と同じく無知なわたしではあるが、この豊かすぎる傑作の中に、緊密に連合した三つの計画が見てとれるように思う。

一つは、かなり明らかである――アンドレは、手引書を、彼が言うように誘惑の「技術」を書こうとしている。自分の価値を増やすために、愛の騎士は女たちを獲得しなくてはいけない。アンドレは教える、いかに彼女たちを「巧みな」(ingeniosus) やり方で「騙す」か、捕まえるための罠を張るか、いかに彼女たちを「引き寄せる」(allicere) か、言葉の網に囲い込んで彼女たちの防御を一つ一つ崩していくかを。雄弁は、相手の発言を打ち負かし、論破する器用さは、騎士文化の主要な価値の中に数えられていた。戦士は、剣によって勝とうとすることを止めるや否や、話し始め、返答の鋭さや柔軟さで会話の中で目立とうと努力した。イングランド国王ヘンリー一世が娘の相手として選んだプランタジネット家のジョフレーの価値を試そうとしたとき、王はかたわらに彼を坐らせ、会話を始め、その能弁振りを証明するように仕向けた。『愛について』は、こうして恋愛の議論の八つのモデルを含んでいる。作品の中心に置かれ、その最も大きな部分、最も充実した部分をなしている。アンドレは、それぞれ宮廷社会の三つのレヴェルに置かれた男女を三人ずつ、計六名の人物を選び、彼らが二人ずつ向き合うように設定している。彼らに対話をさせ、こうして威厳の尺度の、また愛の価値の尺度の段階を彼らとともに上るように読者を導く。最初は「平民」(plebeius) の男が、まずは対等の女性に話しかけ、次いで上の位の女性二人に話しかける。次が「貴族」(nobilis) の男の番である。彼は貴族の奥方と、上流の奥方に話をする。最後に「上流貴族」(nobilior) の男が登場する。彼は下から始め、三人の女性たちと次々に議論を展開する。この動きは上昇するもので、技術におけるあらゆる進歩の、あらゆる習得の動きである。

十二世紀の文献に対話は欠けてはいない。スコラ思想のすべての前進は、「議論」、言語の騎馬槍試合から発しており、教育的な著作は師と弟子の会話という形式をしばしばとった。エロイーズとアベラールの手紙は相互に答え合っている。物語でも田園詩でも、言葉のやりとりによって筋立てが作られる。しかしながら、ラテン語を用いた学問的な文献においては、なるほど論争ではないが、男と女が一対一でする一連の会話の上に証明を打ち立てたのはアンドレ・ル・シャプランがたしかに最初である。男女は平等の力関係にある。この刷新は注目に値する——当時の社会の上層部で両性間の関係に関わる変化があったことを明らかにする。男性と女性という二つの対立する原理が衝突する。いつも男が攻撃する。それが彼の役目だ。狩人のように、馬上槍試合の混乱の中で身代金を目当てに敵にねらいをつける騎士のように、彼は突進し、侵攻し、槍を構えて攻撃する。とはいえ、この気品ある愛の提要は節度をもつこと、言葉をよく吟味することを彼に忠告する。女性たちを警戒しなくてはならない、彼女たちは攻撃者をやり込め、「鋭い言葉で嗤《わら》いものにする」ことができる。徐々に、彼は前進して行くであろう。女性の原理はその逆に、保守のそれだ（一八五九年にミシュレは「女性は保守的で、安定を欲する」となお書いている）。安定を守る貴婦人たちは抵抗し、必要な叱責を行い、心と体が定める地位から逸脱しないように促す。「あなたは勇敢だとはいえ、と彼女たちの一人は言う、生まれが良くありません。」また別の男には「あなたは良い血筋だからといって、十分な徳を示しているとは限らない」とも言う。追求する男は論拠を重ね、道理を説く。彼は炎をかき立てる必要もある。彼女に詰め寄る上流貴族の男に対して「平民の女」(plebeia)が答えるのはそれだ。「矢」、傷はどこにあるの？「心を動かす感情」が彼女の中で打ち勝たないのなら、愛の王の寵愛を期待することが彼女にできるだろうか？凍った、脳だけの性愛ではない。感興がなければ愛における幸福はない。奥方たちは反撃し、攻撃をかわす。実に優美にそれをやってのける。アンドレが彼女たちに言わせる台詞は、いかに彼女たちを尊重しているかを証言するものだ。巧妙で、議論にきわめて優れ、同じように皮肉を使うこともできる彼女たちは、言語の使い方において男たちに劣っているようには見えない。この教会人が提示する女性のイメージ、宮廷女性のイメージは、その輝かしさ、繊細さで印象的である。このような事実は大いに注目に値する。しかしながら、みずからの値打ちを上げ、拒絶しつつ、ただし混乱を避けながら完全には拒絶しないようにした後、女性たちは降伏する。彼女たちの役割は負けることだ。とはいえ名誉をもって陥落しなくてはならない。

一人の男と一人の女が一緒に話をする。彼らが同じ身分の場合、主導権を握り、戯れの規則を説明するのは彼、雄の方だ。「平民の女」に対して、平民の男は「他人の支配に完全にしたがう以上に女性にとって大きな贈り物はない」と喚起する。彼女は身を任せるだろう、疑いなく。しかし、自分を抑え、待つ喜びを持続させる術を知らねばならない。安易すぎるのも、強情すぎるのもだめだ。自分と同じ身分の女に対して「貴族の男」(nobilis)は同じ態度を命じ、それを一つの寓意で正当化する。若いころ、ロベール・ド・ドルーの楯持ちをしていたとき、彼の呆然とした目の前にある日出現した「愛の宮殿」を描いてみせるのだ。「フランス国王の森」で彼は狩りをしていた。大きく開けた地平線に、冠をかぶった男性が率いる大勢の騎手たちが見える。彼が近づくと、行列の先頭に実に優雅に着飾った女性たちの一団が見分けられる。元気な馬に乗った彼女たちは秩序正しく、それぞれが三名の騎士に伴われて側対歩(アンブル)で進んでいる。他の女性たちが後に続くが、彼女たちは乱れて進み、徒歩のあらゆる種類の男たちに迫られている。最後の一団がやって来た。「卑しく下劣な」この女たちは、土埃をたてて駄馬にまたがっている。大変な美女たちだが服装はみすぼらしく、身につけている狐の皮の中で暑さに打ちひしがれている。楯持ちの少年は彼女たちのひとりを止め、質問する。お前が目にしているのは、と彼女は答える、死者たちの軍勢よ。週に一日、「全世界を統治し、この世で彼なしには誰も善を行うことができない」愛の神は、騎馬行進の先頭に立つ。彼はこの女性たちを一人ずつ裁き、その功績に応じて三つの集団のいずれかに振り分ける。彼は最初の集団を閉ざされた庭園の中へ、大きな命の木の下、木陰と泉の涼しさの中に導いて行く。寝床が用意され、音楽家たちが彼女たちを囲む。彼女たちがこの静かな幸せを味わえるのは、その勇気を評価することができた男性たちに寵愛を与え、「賢明に」振舞ったからである。第二の集団の女性たちは、道を外れ、みだらで、分別も節度もなくあらゆる種類の恋人たちに身を任せたのであった。溢れる冷たい川の流れが灼熱の太陽の下、彼女たちを閉じ込める第二の輪を襲う。同じように暑い第三の輪では、茨の椅子が最も厳しい罰を受けた女性たち、あまりに気難しく、閉鎖的な女たちを待っている――彼女たちは愛の奉仕を拒否したのである。

教訓は明白だ。男が獲物を狩り出すと、追いかけることを楽しむ。追いつめたい獲物が巧みに逃げれば逃げるほど、彼の喜びは増す。しかし、この喜びは捕獲によって頂点に達する。この点で、問題が出てくる――この書物は誘惑する術を教えるが、誘惑した女からいかに賢く快楽を引き出すかも説明しようとしているのか？　この誘惑者の手引書は性愛の手引書でもあるのか？　ベスティー・ボウデンが提案したように『宮廷風性交論』と呼ぶべきだろうか？　二重、三重の意味をもつすべての単語、駄洒落、場違いな子音、それを発音する者に実にあけすけなロマンス語の単語を喚起する無害なラテン語の用語といった、ドルアールが爆笑したこれらすべてのことは、たしかにこの題名を与えるように促すかもしれない。わたしはむしろ二つの点に注目したい。上昇する道程の最後、八つの対話の最後で、上流貴族の男女が、彼らの高貴な生まれが許す完全な自由の中で愛について議論している。男は女の前でへりくだり、彼女の権力に賛辞を捧げる。皮肉として、最後の術として、男は最終の障壁を崩すために身を低くするふりをしているのだろうか？　あるいは、愛は優れた友情と同じく、その最も洗練された形態においては序列を廃止するという断言なのだろうか？　彼らは、もし戯れを突き進めた場合、最も純粋な者たち、聖職者、とりわけ結婚前の娘たちにふりかかる危険のある汚れを議論し始める。区別するのがふさわしいだろう、と大領主は言う、「不純の愛」(amor mixtus)(何と訳すべきか? ビュリダンが言うように肉体的な愛では決してあるまい。わたしはむしろ、混ざった愛、不完全な愛、混濁した愛と言いたい)と「純粋の愛」(amor purus)(これは当然、至純の愛、純粋の愛と訳すべきだ)とを。「後者の愛は、情熱の力すべてを込めて[……]二人の心を結びつける。精神の瞑想と心の感情からなる。口への接吻まで、抱擁まで、恋人の女性の裸への接触、ただし慎み深い接触までは行く。しかしながら、最終的な快楽は排除される。」ここにはあの「試練」、何人かのトルバドゥールが歌った、しかし非現実的な未来に、到達しえない蜃気楼のように常に置かれた恋人の体、ついに服を脱いで完全に差し出され、味わわれ、ただし敬意を払われる恋人の体という夢が見分けられる。もちろん、ここでも語るのは、攻撃を続けているのは男である。彼が襲おうとしている女に、この試練、この偉業の段階に自分もまた止めておくと約束することではないだろうか? 純粋な愛は「常に強められ続け」、欲望が持続すればするほど高められる、もう一方の愛は実を摘むとすぐにさめてしまうとつけ加えながら。しかし、相手の女性は熟練した弁証法を操る者として提起する質問によって反撃する。以前、と彼女は言う、二人の求婚者に口説かれている貴婦人がいた。彼女は二人に提案する——「一人が私の体の上半身を選びなさい、そうすればもう一人は下半身を得るでしょう。」どちらが最良の部分をとったのだろうか? ここで、議論は新たな展開を見せる。上流貴族の男女は、明らかに楽しんでいる。彼女は不利な方を弁護し、最も強い快楽は帯より下で感じられる、したがって愛がその最高潮に達するのはその場であると主張する。彼の方は、宇宙の全体の中で上は常に下より優れている、それゆえ「論理的な秩序は、多くの懇願の後、まず上半身の美しい快楽を得ることを、そしてその後ようやく段階を追って残りの快楽に達することを要請する」と反論する。なぜなら、純粋な愛が質において勝っているとして、不純の愛にも魅力がなくはないからだ。「自然の欲動によってすることを単なる悔悛で清めることができる」以上、なぜ後者をなおざりにしなくてはならないのか？　ここでも自然が引き合いに出されている。単に無罪にするためではない。よりよく味わいを享受するようにいざなうためだ。制御しつつ、最後まで欲望を管理しながら。

わたしは、ダニエル・ジャカールとクロード・トマセが提起する点にも注目したい。ラテン語のテクストの言葉を綿密に検討し、それを訳す際にドルアールが使うロマンス語と対比してみると、乙女の処女を奪ったり姦通したりした場合の忌まわしい結果が回避できる抱擁の技術を教える実用的な忠告がスコラ的論拠の覆いの下に多く発見できると彼らは言った。肝心なのは、社会秩序を保持する、私生児をもうけない、つまり戯れの相手を孕ませないことではないだろうか？　重要なのは、快楽でもなかろうか？　あるいは、人が十全に自分の体と精神を支配し続けていられる場合の方が快楽は少ないのだろうか？

この著書の中に読むことすべてを真剣に受けとめないように注意しよう。とはいえ冗談や性愛の機微だけで満足したら、同じように間違うことになるだろう。この本は――これがその第三の意図だ――「宮廷人」(curiales)に向けて厳密な道徳を与えている。われわれが若いうちは、野卑な者たちからわれわれを切り離す囲いの中で、われわれだけで恋愛を楽しもう。大いに喜ぶこととしよう。しかし、われわれの貪欲を制御する術も学ぼう、こうして「貪欲」(cupiditas)を「慈愛」(caritas)に変化させて、神への愛に近づく準備をしながら。結局、アンドレ・ル・シャプランの手法はベルナール・ド・クレルヴォーのそれと大きく違うのだろうか? 彼は単により低いところから出発し、肉のレヴェルに固執し、「この世」の外まで続けてゆかないだけだ。彼の作品は時事的なものである。十二世紀最後の数十年にパリで、全体的な進歩の結果を前にして提起されていた諸問題の一つに答えようとしている。ごく近く、ノートル＝ダム参事会では、ペトルス・カントルとその弟子たちが自問していた。権力と、国王、判事、徴税官たちの増大する権力とどう対していくべきか、随所に浸透し、すべてを乱している様がよく分かる金に対してどのような態度をとるべきか、と。アンドレは、若い王の周囲で女性たちの数が増えている様を見ていた。それまでは、前の治世においては修道士と司祭たちで満たされ、典礼漬けになっていたフランス王宮が、成功を博した詩と物語が貴族たちの宮廷から広める流行にいまや大きく開かれている。貴婦人たちにどう対処すべきか? 新しい愛に対してどうしたらよいのか?

この新しい愛は結婚の外でしか展開できない、と人は言う。それは「上流貴族」の男の視点である。彼が口説く貴族の奥方は反論する――わたしには夫がいて、彼は礼儀正しく、有徳の士です、彼の床を汚すのは犯罪でしょう。「彼は心からわたしを愛していますし、わたしも熱烈に彼に愛着を抱いている」だけに。それに対する答え――「夫婦が結婚によって結びつけられたときに互いに抱くべき感情に関して愛という単語を使うことが」どうしてできよう？　「愛が彼らの間に存在しえないことは周知の通りです」、彼らは契約で繋がれており、その契約は互いを慈しむ、一緒に寝ることを含意している以上。愛は自由なものでしかありえない。さらに、この「人目を忍んでする束の間の抱擁を情熱的に享受したいという抑えがたい欲望」が、肉の交わりが合法的である婚姻関係の中にどうしてありえるだろうか？　危険がなければ手柄もない。合理的で理屈好きの貴婦人は答える――夫婦の間で秘密の抱擁が、興奮が、情熱があってどうしていけないのですか？　わたしが選んだ男が夫であり恋人であることは不可能ですか？　ありえない。結婚において「生殖の意志あるいは借りを払う意志を」快楽が越えたら、過ちとなる、重大な過ちだ、「なぜなら、聖なる事柄を濫用すること、冒瀆することだから。」議論を閉じるに当たり、「上流貴族の男」(nobilior) はマリ・ド・シャンパーニュの手紙を取り上げる。アンドレはそれを全面的に捏造したのだ。彼は悪戯心から、その日付を五月一日、愛の祝日とし、クレチアン・ド・トロワが『ランスロ』を書いていた一一七四年としている。「愛とは、と伯夫人は述べたとされる、その権利を夫婦間に広げることはできません。実際、恋人たちは、いかなる強制にも拘束されずに無償にすべてのものを互いに与え合います。ところが夫婦は、義務によって互いの意志にしたがうべきとされ、互いに拒絶することは決してできません。」これは栄誉に関する問題だ、と上流貴族の男は注釈する。「夫婦は、恋人たちのように愛撫し合うとより多くの栄誉をもつだろうか？　彼らの功績はそれで増えはしない。権利によって前からもっていたもの以上には明らかに何ももたない。」つまり、交合の仕方、二人で快楽を得る仕方には二通りあるのだろう、結婚の中とその外という二通りが。一方は義務、安全、愛着。他方は無償性、試練、危険、そして人が恋愛と呼び得るもの。

彼がよく知っている世俗文学の描くような宮廷風恋愛をアンドレは軽蔑している。トルバドゥールの恋愛遊戯、その御託、甘ったるさへの言及においてはすべてがパロディであり、南仏の貴婦人たち、アリエノール・ダキテーヌ、エルマンガルド・ド・ナルボンヌのものとして彼が捏造した判決は笑うべきものである。実は彼の意図は——リューディガー・シュネルはそれをよく見抜いた——、架空の恋愛宮廷の規定を馬鹿げた結果にまで推し進め、学校でモラリストたちが結婚の掟を扱うのと同じ手法で宮廷恋愛の法を扱うことで、結局のところこの二つの体系はカップルに似たような拘束を課す、いずれの場合も同じような地位が女性にあたえられると示すことであった。自由恋愛においても婚姻においても、女性は同様に服従させられ、搾取され、支配されている。それゆえ、「気品ある」愛の領域は広がり、宮廷社会全体に開かれる。同じ対話の中で上流貴族の男はすべての役割を自分が果たすと主張している。わたしは聖職者だ、と彼は言う、そして少し後で、わたしは結婚しているとも。相手の女性は答える——「あなたの奥様で満足しないとは、あなたは肉欲の奴隷に違いありません。彼女はあれほど美しいのですから。」「妻はたしかに美しい、わたしは彼女に、夫たる者が感じることができる愛着［彼は正しい単語を使っている］を感じています」、しかし愛は別の質をもち、わたしは欲望を満足させることだけを求めているのではありません。若い娘たちと同じなのです、と彼は続けて言う。彼女たちは愛の王の軍隊に加入する権利があります。結婚する前に愛することは彼女たちにとってよいことです。イズー、ブランシュフルール、フェニスを参照しつつ、彼は断言する——「もしも乙女が愛の力によって高い栄誉を得ようと努めないのであれば、尊敬に値する夫を与えられる資格はない。」

愛の実践は、実際、女性たちを調教するのに役立つ。それがこの著書の最後の、最も強力な教えである。女性性に適した一連の規則を、貴婦人たちが自分を超越し、彼女たちもまた「立派な」女性になるように仕向けるべき規則を提示している。それは賢い、賢明な女性たちのことで、雄と同じように振舞い、彼らと同じように狩人になりたいという嗜好を抑えられる女性たちである。金銭や高価な贈り物のために寵愛を振りまかない女性は尊敬すべきである。とりわけ、「賢く巧みな恋人」（sapiens et ingeniosus amator）であることを立証するだろう、しかるべきときに自分を制御できるだろうと認めた相手を一人だけ、自由に、「熟考の後に」選ぶ慎重な女性は尊敬に値する。魅力的ではあっても貪欲ではない。心から選んだ男に愛着をもつ、忠実な女性。アンドレは、王侯の奥方が司会を務める、最も価値ある女性たちから構成された審査員のようなものを想像する。彼女たちは非難と称賛を正しく配りつつ、自分を管理せず、身を任せるのが速すぎるか、強情に拒否するような女たちを排除し、野卑な者たちの中に押し込める全面的な権力をもつ。こうして訓練された貴婦人たちは、柔軟な乗り物、頑丈かつ従順、男たちの快楽のために調教された者となる。

この著書は、根本的に女性蔑視である。女性性に対する軽蔑の最も説得力のある表現は、この作品の最後に置かれた「恋愛非難」（reprobatio amoris）においてアンドレが多くの者たちに続いて取り上げた過剰な罵詈雑言の中にはない。なるほど、「あらゆる女たち」が王妃ですら何にも役に立たない、「いかなる女の火もどんなやり方であれ鎮めるだけ強い」男はいない、「どんな女も一人の男の愛には答えない」といった言葉が繰り返されるのを聞く。しかし女性蔑視は、宮廷の貴婦人たちに取るに足りない特権をいくつか、恋する男に一時話す時間を許すか否かの権利や最も愛らしい男に花の冠をかぶせる権利を与えてやろうという尊大さの中に、より露骨に現れている。身のこなし、坐り方、文章の言い回しといった作法の遵守以外に何も重要なことがない戯れの空間に女性たちの権力を押し込めること、それはその権力を抑制する、押し潰すことであり、男性の頭の中で女性恐怖を和らげることである。空しい事柄に関して彼女たちに委ねる無意味な権威は、男たちを安心させる。恋愛決議論の迷路の中に閉じ込められて、女たちが損害を与える度合いは減るだろう。こうしてまた、恋愛遊戯は社会の平安に貢献する。なぜなら、まず第一に女性たちは「制御され導かれる」べきだからである。『愛について』にちりばめられている乗馬の隠喩すべてにおいて良い軍馬について言われているのと同じく。

この本はつまり、女性たちが別の、敵対する種類をなすという男たちの確信を強化するのであった。この不均衡が自然の掟に適合している、したがって正しいとまず彼らを納得させる。たとえば、男子よりいくらか早く恋愛に適するようになる女子について。「思春期の初めに忠実さは最もはっきりと現れ、変わらない可能性が大きい［したがって彼女は浮気性にはならないだろう］」。それゆえ、男より先に彼女が恋愛行為を行うことを自然は許したのである［まだ柔らかい体の中に絆が固く、持続的に食い込みうる、ごく早い時期から夫に愛着をもつことができる］。それは［単なる肉体的な条件の結果として］女性が冷たい体質に支配されており、一方、男性が自然の熱をもつからである。」この著作はまた、この敵の前で決して屈服しない、その見かけの甘さを決して信じない、愛においても結婚においても男の力に従属した対象の地位に女を置いておくといったことも男たちに納得させた。他の男の妻ないし恋人が自分を拒否しないと同時に、自分の妻や恋人が忠実である、という不可能なことを騎士たちは望んでいるようだ。『愛について』の両義的な道徳は、この二つの期待に応えようと試みる。いずれにせよ、自分たちはまったく自由に行動できるという彼らの確信に合致している。貴婦人が二人の恋人を掛け持ちすることは許されるか？　もちろん否。「それは男たちには許容されている。なぜなら、それは彼らの習慣であり、この世で本来的に破廉恥なことを進んで行うことは男性の特権だからである。しかし貴婦人においては、その性の節度が要求する慎み深さによってこの行動は大いに罪深いとされるため、複数の男に身を任せた後、彼女は貴婦人たちの仲間に認められるに値しなくなる。」二つの種族。一方の能動的な側には許容。否応なく支配された受動的な側には抑圧。

愛の効用について。愛が課す訓練は、女性たちを優美で魅力的、巧妙で慎み深く、また鷹揚で、夫を裏切らずに身を任せることができるようにすると見なされている。夢だ。男性たちの方は、若さが遠ざかり、いまや完全に「馬の手綱を締める」術を知り、みずからの勝利を誇りに思い、戯れがもはや楽しくなくなると、成熟し、食傷した彼らは魂の救いに思いを馳せるようになる。そのとき、アンドレは姿を消し、神学者たちに道を譲る。

自然について、物事の自然、人間の本性について、アンドレ・ル・シャプランは鋭い視線を投げかける。理性の光が照明を当てる。彼は女性たちを知っていると信じている。わたしが本書のなかでその特徴を再構成しようと試みてきたあらゆるイメージより、彼が与える女性のイメージは忠実なのだろうか？　多くの司祭たちのように、身分の偏見によって目を眩ませられているわけではない。彼は、あえて教えることにした相手である新参騎士の目で貴婦人たちを見つめようと努めている。しかし、若ゴーチエのように、彼は守りの姿勢をとる。彼の見方を曇らせるのは、女の体を前にしてのあの心配、男たちが二つのやり方で乗り越えようと試みていたあの不安である。卑猥さによって、あるいは非現実への移行によって。アンリ・レイ＝フローが言うところの「根本的な逃げ腰の交互に現れる二つの面」。二つの防御策。ギヨーム・ダキテーヌの作とされる詩にそれは共存している。あるいは第六の詩のように、女体を「ゲーム台」にし、攻撃を繰り返し、この悪い、不義の、貪欲で陰険な肉を連打し、男の暴力すべてで傷つける。あるいは第四の詩のように、その体を漠然、不確定の中に押し込め、溺れさせる（「わたしには恋人がいるが、それが誰かは知らない」）、無に、「まったくの虚無」にしてしまう。百年後、大いにもてはやされた文学作品の中にこの二つの回避策の実にはっきりとした表現を見ることができる。

それはまずジャン・ルナールの物語である。彼の諸作品は、女性たちのあるがままを提示する。冒険家の女――それは『鳶』の女主人公アリス、ひとりだが強く、親切に男たちを世話しながら生計を十分に立てる。髪結い、お針子として、モンペリエで構えた店で、宮廷世界と高級売春の周縁で。彼女がとくに強いのは、その他の女たちとの絆、彼女たちにとって唯一本当の愛ゆえである。トゥールで泊めてくれ、寝床に合流しに来たイザベルの愛。自分の寝床に引き入れようとしたモンペリエの城主夫人の愛――しかしアリスは拒否した。なぜなら、立派な宮廷風の恋人と同じく忠実な彼女は寵愛を分割しないから。このように敵は現れる。女たちを密接に結びつけるこの連帯、互いの愛撫がその力となる連帯ゆえに恐るべき敵が。しかし、打ち負かすことが可能になる弱点はまさにそこにある、この激しさ、彼女たちがもつ快楽への情熱に。幸いにも、彼女たちの大半は両性具有だ。それを活用しよう。「さあ、騎士諸君、奥方たちを攻めよう！」もう一つの物語『ギヨーム・ド・ドール』の主人公、「若者たち」に囲まれた「若い」皇帝は、この鬨《とき》の声を挙げる〔二二二三行〕。草原の中、聖霊降臨祭の美しい太陽の下、女たちは待っている。自由で、差し出されて。夫たちは遠くに狩りに出かけたと言われるが、彼女たちは騙されはしない。彼女たちは若者たちの方へ腕を差し伸べる。打ち負かされ、進んで負けて、彼らを幕屋の中に連れてゆく、あちらこちらの幕屋へ。「この世の喜びはすべてそこにある。」

だが罪は？　淫乱な者たちに約束された責め苦は？　心配性の人々、老いつつある者たち、聴罪司祭がその支配下に置く者たちには、信心という逃げ場がある。欲望をあの世へ向けること、彼岸から与えられる優しさが危険を伴わず恩恵をもたらしてくれるあの別の貴婦人たちのイメージの方に向けること。その貴婦人たちの中で、最も魅力的なのは聖母である。すでにカロリング時代から拡張し始めていたその崇拝は、十一世紀末から、聖アンセルムスが神の母の中に新たなイヴ、反イヴを見て以来、キリスト教世界に怒濤のように溢れていた。イヴとアヴェ――逆転。巡礼、奇蹟。女たちは聖遺物へ、体の残りではなく――天使たちが天の最も高いところに体を運んだ以上――聖母が着た衣裳へ、シャルル禿頭王がシャルトルに預けた肌着へ、ソワソンに保管された靴へ、乳の数滴などへ突進していった。そして、男たちもまた征服された。結合、愛をあこがれつつ。十二世紀初頭、ユトレヒトの聖堂参事会員たちはケルン大司教にタンケルムという異端の開祖を告発した。彼の同時代人ロベール・ダルブリセルと同じく、霊的な励ましを求める女たちを引き連れて、彼は公衆の面前で聖処女との結婚式を挙げた、と非難したのである。ある日「彼は群衆の真ん中に聖マリアの像をもってくるよう命じた。前に進むと、彼は像の手の中に自分の手を置き、その姿で聖マリアと結婚した。冒瀆的な口から、結婚の誓いとすべての厳かな言葉を発した。」どれほどの修道士、司祭、騎士たちが心の奥底で、同じような神秘的婚姻を夢見なかっただろうか？　そうして大きな罪、性行為から身を守ることを？「マリアを敬い、慈しみなさい。彼女を崇拝し、称え、気に入られるよう努めなさい［……］」、彼女の甘美な愛のきわめて甘い喜びを味わいなさい」とペルセーニュのアダムスは手紙の一つの中で、この言葉を使ってある若者に――すなわちすべての若者に――、宮廷風の恋する男が恋人に仕えるように聖母に仕えるよう説いている。これらの若い雄の成長しつつある体の中では、火が燃えている。誰よりも罪を犯す危険にさらされている。身を守るがよい。「われらが聖処女の愛が満たす者にはそれは容易です［……］」。聖母を母として、乳母として、妻として、恋人としてとらえなさい」と言った後、大修道院長は結論する――「そなたが愛をもって愛するなら、彼女に体を捧げるなら、決して裏切られることはない。」結婚におけるような体の贈与、そして罪から体を解放するために。

同じく広く普及し、同じような満足をもって聴かれたジャン・ルナールの物語に対して、わたしは『聖母マリアの奇蹟』をそれゆえ配する。その家系の成員が特別席をもっていたソワソンのサン＝メダール大修道院で十五歳から修道士になっていたゴーチエ・ド・コワンシーは、一二一八年から一二三〇年にかけて、宮廷人の言葉でこの一連の韻文作品を執筆した。ユダヤ人を憎み、野卑な人々を軽蔑する彼は、傲慢で支配的な既成の公教会の完全な代表者である。彼の肉を苛む誘惑が、悪い欲望が、「苦い味がする」愛が、「臭い」愛がなければ、自分の暮らす物理的にも知的にも静かな安楽の中で、彼は完璧に幸せになれるであろう。幸いにも、彼を逸脱から守ってくれる恋人がいる。わたしが言うのは貴族の女性たちでもなければ、聖母の靴を管理しているソワソンのノートル゠ダムの修道女たちでもない。処女にして殉教者レオカードのことである。彼がヴィク゠シュル゠エーヌの小修道院の指揮にあたっていたとき、彼は彼女の遺体を見守っていた。それは彼の「恋人」である。だがわたしは、とりわけ聖母マリアのことを言っている。ゴーチエはあらゆる調子で、実に巧みに聖母を歌い上げる。この世紀を通じて、神の母の体をその他すべての女の体から区別する特徴を明らかにしようと神学者たちが懸命になっていたのに対し(彼女が神の子を産んだとき、女としての腹の扉は不思議にも閉じたままであった。他の女と同じく、月経の血によって汚されたことは一度でもあったのか? 人類の中で一人だけ、原罪を免れたのではないか? すでに一一四〇年から無原罪の御宿りを祝う考えが出ている)、心地よく韻文にされたこの一連の短編の中では、マリアはきわめて女性的なままである。夜、「装飾が大いに施された肌着をつけ」長い髪をなびかせて出現するとき、悪魔を幻惑するほどまでに魅力的である。ゴーチエを引きつけるのは彼女の胸、乳、可愛らしい乳、「あれほど甘く、丸く、美しい」乳だ。彼自身聖母に仕えているが、聴く者にも彼女に仕えるように呼びかける、忠実に、熱心に、至純の愛をもって。聖母を愛する者すべてに、彼女は気前が良い。しかし嫉妬深くもある。彼女をなおざりにしようものなら、怒りを爆発させる。結婚式の晩、聖母は彼女を裏切った花婿と彼が楽しもうとしている花嫁との間に割って入る。「わたしを捨てたのね、彼女の方が立派で綺麗だと思うの?」もちろん、勝つのはマリアである。恨むことなく、彼女は後悔した恋人に約束したものを与える、「喜び、楽しさ、付き添い」を。天国の彼女の寝室に、じきに彼は合流するであろう。小間使いたちが寝床を準備する命令を受けている。聖母は心を息子に残してやるであろう。体は彼女がもつであろう。「純粋な愛」（amor purus）か？　あるいは、たしかに昇華され、汚れがないとはいえ、強く官能が混ざった「不純な愛」（amor mixtus）か？

十五年前、拙著『騎士、女性、司祭』〔邦訳『中世の結婚』〕の最後の文で、わたしは問いを投げかけていた——女たちについて、われわれはいったい何を知っているだろうか？　それ以後、十二世紀の貴婦人たちが残した痕跡すべての中をわたしは探してきた。彼女たちに愛着をもつようになっていた。その顔、身振り、踊ったり笑ったりする仕方については何一つ見えないだろうことはよく分かっていたが、彼女たちの行動のいくつかの面、自分たちや世界や男たちに関して彼女たちが考えていたことは見分けられるだろうと期待していた。わたしが垣間見たのは影ばかりであった。浮遊し、つかめない影。彼女たちの言葉の一つとして、直接わたしには届かなかった。当時、彼女たちに付与された言説はすべて男のものなのだ。

少なくとも、彼女たちの陣営において、男の権威が彼女たちを包むヴェールの下で、それが閉じ込めておこうと思った要塞の中で、男たちの罵言と軽蔑が歴史家の目の前に建てる幕の後ろに、わたしは彼女たちを見抜く。互いに伝え合う秘密によって、この時代に軍勢の結束を固めていたものに比較できる愛の諸形態によって、固く結ばれた女たち。妻の立場から家中の者たちにもつ権力を、母親として子孫たちにもつ権力を、そして取り囲む騎士たちに対しては教養と魅力と、彼女たちが不可視の力と結んでいると見なされていた関係によってもつ大きな権力を与えられた女たち。わたしは彼女たちの強い様を見抜くのだが、その姿は想像していた以上に強く、もしかすると幸せだったのかもしれない。ともかく、罪の不安ゆえに雄たちが彼女たちを弱体化させようと努力するほど、彼女たちは強力だった。他方、ヨーロッパを動かしていた激しい成長の躍動が最も勢い盛んだった一一八〇年ごろこそ、これらの女たちの状況がいくらか改善され、男たちが、彼女たちを人として扱い、彼女たちと議論を戦わせ、彼女たちの自由の領域を拡大し、超自然と彼女たちをより接近させる特殊な才能を育てるといったことに慣れ始めた時期だと見なせるようにわたしには思われた。わたしが推進してきた研究から最も明確に浮き出るのはその点である。

さらにわたしは、彼女たちの時代の男たち、彼らが女たちに投げる視線を以前よりよく知るようになった。イヴは彼らを引きつけ、イヴは彼らを怖がらせた。彼らは、慎重に女から離れるか、あるいは生来の優位を頑固に確信したまま、彼女たちを乱暴に扱ったり嘲笑したりした。結局のところ、女たちを取り逃がしたのは男たちなのだ。

訳者あとがき

本書は、Georges Duby, *Dames du XIIe siècle*, 3 vol., Paris, Gallimard, collection Bibliothèque des Histoires, 1995-1996, 175 + 238 + 219 pages の全訳である。原著はその後、文庫版（Folio）としても出版されている。フランス語版は三巻に分けて出版されているが、翻訳は一巻にまとめて刊行し、各巻をⅠ、Ⅱ、Ⅲで示している。

原著を刊行した直後に没したジョルジュ・デュビー（一九一九―一九九六年）は、フランスを代表する中世史家であった。職人の家系に生まれた彼は、リヨン大学で地理と歴史を学び、一九五三年に博士論文『マコネ地方における十一、十二世紀社会』を刊行。エクス＝アン＝プロヴァンス大学教授を経て一九七〇年にコレージュ・ド・フランス教授に就任し、一九九一年に定年で退官するまで、多くの研究者を迎えるセミナーを開催しつつ、独自の研究を推進した。一九七四年には碑文・文芸アカデミー、一九八七年にはアカデミー・フランセーズの会員に選出され、テレビ界でも活躍したため、多くの著作は専門家だけでなく広い層に読まれている。自伝『歴史は続く』の中でみずからの学問的軌跡を詳しく語っているので、詳細はそれを参照していただきたい。

本書は、一九八一年に原著が刊行された『中世の結婚』と部分的に重なる史料を使って女性のイメージに接近しようとしている。人によってはデュビーがいつも同じ文献を使っていると批判することもある。しかし、原著が刊行された後にインタビューで答えている通り、『中世の結婚』における接近法が社会人類学的な手法を用いたものであったのに対し、『十二世紀の女性たち』は、より自由で心理的、内面的な傾向を強めている（«L'art, l'écriture et l'histoire. Entretien avec Georges Duby», *Le débat*, 92, novembre-décembre 1996, p.174-191）。ただし、研究書に通常つけられる注がまったくないことから、勝手な夢想を描いていると決めつけてはならないことは当然である。なぜなら、一九八〇年代からコレージュ・ド・フランスで様々な専門家と行ってきた研究の成果が随所に生かされているからである。たとえば聖母マリアに関する論文集(D. Iogna-Prat, E. Palazzo et D. Russo éd., *Marie. Le culte de la Vierge dans la société médiévale*, Paris, Beauchesne, 1996）やマリ＝マドレーヌをとりあげた論文集（*Mélanges de l'Ecole française de Rome. Moyen Age*, 104, 1, 1992）を参照するならば、本書の背景をよく理解することができるだろう。また、雑誌 *Clio. Histoire, Femmes et Sociétés*, 8, «Georges Duby et l'histoire des femmes», 1998 を見ると、どのような学者がデュビーのセミナーに参加していかなるテーマの発表を行っていたか、またデュビー自身が毎年の講義や執筆をどう進めていたかなどに関して、具体的な情報を得ることができる。

デュビーの著作にはすでに邦訳が出されているものが少なくない。論文を除いた単行本だけを並べるなら、次の通りである。

『フランス文化史』（ロベール・マンドルーとの共著、前川貞次郎・鳴岩宗三訳、人文書院、一九六九年）
『紀元千年』（若杉泰子訳、公論社、一九七五年）
『ロマネスク芸術の時代』（小佐井伸二訳、白水社、一九八三年）
『中世の結婚――騎士・女性・司祭』（篠田勝英訳、新評論、一九八四年）
『歴史家のアトリエ』（ギー・ラルドローとの対話、阿部一智訳、新評論、一九九一年）

『地中海世界』(フェルナン・ブローデルほかと共著、神沢栄三訳、みすず書房、一九九二年)
『ブーヴィーヌの戦い——中世フランスの事件と伝説』(松村剛訳、平凡社、一九九二年)
『歴史は続く』(松村剛訳、白水社、一九九三年)
『ヨーロッパの中世——芸術と社会』(池田健二・杉崎泰一郎訳、藤原書店、一九九五年)

さらに、監修ないし編集にあたった仕事の中では以下のものが訳されている。

『女の歴史』(杉村和子・志賀亮一監訳、藤原書店、一九九四—二〇〇一年)
『女のイマージュ——図像が語る女の歴史』(杉村和子・志賀亮一監訳、藤原書店、一九九四年)
『「女の歴史」を批判する』(小倉和子訳、藤原書店、一九九六年)

その他の多数の著作を含めた集成が最近フランスで次の三巻にまとめて再刊されており、簡単に読めるようになっている。

Féodalité, Paris, Gallimard, 1996, 1568 pages.
Qu'est-ce que la société féodale? Paris, Flammarion, 2002, LXXVIII + 1755 pages.
L'art et la société. Moyen Age. XXe siècle, Paris, Gallimard, 2002, 1316 pages.

*

本書の翻訳は、原著が刊行された直後から新倉先生によって始められ、Ⅲの半ば(本書三九六ページ)までほぼ完成した原稿ができあがっていた。長い闘病生活の間もデュビーの名文をいかに日本語に移すか、苦心なさっていたようである。二〇〇二年三月に先生が亡くなった後、ほとんど完成している訳稿を眠らせてはなるまいという白水社の小山英俊氏の強い情熱を受け、私が残された部分を訳し、全体を再検討して刊行にいたった次第である。その間、編集部の芝山博氏には細部にまで丁寧な見直しをしていただくことができた。私の雑事に追われて遅れがちな作業であったが、辛抱強く助けていただいたことを心より感謝申し上げる。

松村　剛

二〇〇三年一月

装丁　東　幸央

訳者略歴
新倉俊一（にいくら・しゅんいち）
一九三二～二〇〇二年
東京大学名誉教授
中世フランス文学専攻
主要著書
『中世を旅する』、『フランス中世断章』、『ヨーロッパ中世人の世界』
主要訳書
『結婚十五の歓び』、ダヴァンソン『トゥルバドゥール』、『フランス中世文学集』全四巻（共訳）、フロリ『中世フランスの騎士』、ボシュア『ジャンヌ・ダルク』、ポフィレ『中世の遺贈』

松村剛（まつむら・たけし）
一九六〇年生まれ、東京大学大学院助教授
中世フランス文献学専攻
主要著書
Jourdain de Blaye en alexandrins. Edition critique, Genève, 1999（フランス学士院碑文・文芸アカデミーよりランティエ賞受賞）
主要訳書
シュミット『中世の身ぶり』、同『中世の迷信』、デュビー『ブーヴィーヌの戦い』、同『歴史は続く』、パストゥロー『悪魔の布』（共訳）、同『紋章の歴史』（監修）

十二世紀の女性たち

二〇〇三年二月二〇日印刷
二〇〇三年三月五日発行

訳　者 ©　新倉俊一
　　　　　松村　剛
発行者　川村雅之
印刷所　株式会社三陽社
発行所　株式会社白水社

東京都千代田区神田小川町三の二四
電話　営業部〇三（三二九一）七八一一
　　　編集部〇三（三二九一）七八二一
振替　〇〇一九〇―五―三三二二八
郵便番号一〇一―〇〇五二
http://www.hakusuisha.co.jp
乱丁・落丁本は、送料小社負担にてお取り替えいたします。

松岳社（株）青木製本所

ISBN4-560-02845-1

Printed in Japan

中世を生きぬく女たち

レジーヌ・ペルヌー
福本秀子訳

これまでの歴史書でほとんど扱われることのなかった「中世史における女性の役割」というテーマを中世フランス史の権威ペルヌー女史が具体的に語った女性史。図版多数収録。

本体3200円

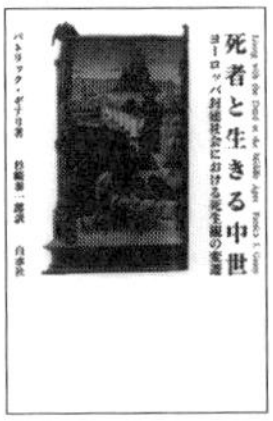

死者と生きる中世
—ヨーロッパ封建社会における死生観の変遷

パトリック・ギアリ
杉崎泰一郎訳

中世西欧社会において、死者とは生者にとってどんな意味をもっていたのか。死者と生者の間での贈与交換、聖遺物礼拝、聖人伝研究を通し、封建社会における死生観の変遷を考察する。

本体4800円

ヨーロッパの知的覚醒
—中世知識人群像

フィリップ・ヴォルフ
渡邊昌美訳

西欧世界にはじめて社会的にも文化的にも真にヨーロッパ的なものが出現したのはいつだったのか。ヨーロッパに知的覚醒が生み出される歴史的過程をドラマティックに描いた古典的名著。

本体3200円

冒瀆の歴史
—言葉のタブーに見る近代ヨーロッパ

アラン・カヴァントウ
平野隆文訳

神を冒瀆する言葉とそれに対する政治・宗教権力の対応の変遷をたどり、この「言葉による罪」を手がかりに十六世紀以降のヨーロッパ社会の構造を読み解こうとした刺激的な試みである。

本体4300円

価格は税抜きです．別途に消費税が加算されます．

重版にあたり価格が変更になることがありますので，ご了承下さい．